21세기 글로벌무역의 이해

이 재 기 저

청목출판사

머리말

1940년대 이후 글로벌 경제질서를 주도해 왔던 관세 및 무역에 관한 일반협정(GATT : General Agreement on Tariffs and Trade)체제는 우루과이라운드(UR : Uruguay Round) 협상을 계기로 보다 강력한 기구인 세계무역기구(WTO : World Trade Organization)체제로 대체되었다. 1995년에 WTO가 출범하면서 국가간 경쟁은 더욱 더 치열해지고 있다. GATT는 사실상 구속력을 크게 갖추지 못한 단순한 국제협상에 불과한 반면 WTO는 서비스, 지적재산권 등 신분야를 포괄함과 동시에 기존의 GATT의 한계점을 보완할 수 있는 신규정을 갖추고 있어서 사실상 모든 교역이 WTO 관할 하에 놓이게 되었다.

따라서 1995년 출범한 WTO는 GATT와는 달리 의사결정이나 교역당사국 간의 분쟁해결에 있어 훨씬 구속력을 갖춘 기구이며 글로벌 경제질서의 안정에 크게 기여하고 있다고 할 수 있다. 이러한 WTO의 등장으로 글로벌 무역환경은 크게 변모하고 있다. 대표적인 사례로 다자주의(multilateralism)체제 하의 지역주의(regionalism)의 확산을 지적할 수 있다. 또한, WTO체제의 출범으로 각국 무역정책의 역할도 크게 변모하고 있다. 즉, WTO체제 하에서 정부의 역할은 정부가 민간부문의 경제활동에 크게 관여하지 않고 시장경제체제(market economic system) 하에서 각 경제주체들이 공정하고 자유로운 경쟁(fair and free competition)이 보장되도록 그 여건을 조성해 주는 방향으로 전환되고 있다.

글로벌질서(global order)의 측면에서는 1990년대 초 구소련을 비롯한 사회주의 진영이 붕괴된 이후 미국의 단극체제(unipolar system)로 재편되고 있다. 그러나 미국이 일방적으로 주도하는 글로벌질서가 심화될수록 이에 대한 반작용도 강화되고 있다. 이러한 글로벌질서가 어떻게 전개되느냐에 따라서 세계화(globalization)의 방향과 속도도 영향을 받게 된다. 향후 글로벌질서는 미국 중심의 단극화가 지속될 것인지 아니면 러시아, 유럽 그리고 중국이 가세하는 다극체제(multipolar system)로 이행될 것인지 그 귀추가 주목되고 있다.

본서는 글로벌무역의 동향과 전망, 냉전체제의 종식에 따른 글로벌질서의 향방, 도하개발아젠다(DDA : Doha Development Agenda) 출범에 따른 글로벌 무역환경의 변화, 국제무역이론 및 정책에 대해 폭넓게 소개하려고 노력하였다. 본서의 구성은 제6편 26장으로 구성되어 있다. 제1편에서는 글로벌무역과 상품시장의 동향과 전망을, 제2편에서는 글로벌 무역환경의 변화를, 제3편에서는 글로벌무역의 주요 이슈를, 제4편에서는 국내무역의 주요 이슈를, 제5편에서는 무역이론을 그리고 제6편에서는 무역정책을 다루고 있다.

본서는 다양한 주제에 대해 저자를 비롯한 여러 학자들의 시각과 논리, 그리고 관련참고문헌과 자료를 될 수 있는대로 폭넓게 소개하려고 시도하였으나 경우에 따라서 중복과 논리적인 비약도 있으리라 생각된다. 본서가 가지고 있는 내용상의 미흡함에 대해서는 넓은 아량으로 이해해 주기 바란다. 선배제현과 독자 여러분의 아낌없는 질타와 조언을 기대해 보며 오류로 지적되는 부분이 있으면 차후에 이를 수정할 계획이다.

끝으로 출판계의 어려운 사정에도 불구하고 본서의 출판을 흔쾌히 승낙해 주신 청목출판사의 유성렬 사장님과 편집에 여러모로 수고해 주신 편집부 직원들에게도 감사의 뜻을 표한다. 본서의 집필기간 동안 가정에 소홀했음에도 불구하고 항상 사랑과 격려를 보내주고 편안한 안식처를 제공해 준 사랑하는 아내 경심과 대한민국의 남자로서 국방의 의무를 다하기 위해 군복무에 열중하고 있는 소중한 아들 형진에게 고마움을 전한다.

2006년 7월 12일

안서동 연구실에서 이재기

차 례

제 2편 글로벌 무역환경의 변화

제5편 무 역 이 론

■부 록

제 1 편

글로벌무역과 상품 시장의 동향과 전망

제1장

글로벌무역의 동향과 전망

최근 들어 세계경제는 고유가, 테러, 자연재해 등 외부 충격(external shock)에 대해 매우 유연한 구조를 보여주었다. 고유가 등의 외부적 영향에 세계경제의 성장세가 둔화될 것이라는 우려에도 불구하고 오히려 중장기 인플레이션 압력(inflationary pressure) 상승에 대한 우려가 더욱 중요한 이슈가 되었으며 허리케인 카트리나, 리타 등에 대한 글로벌 금융시장(global financial market)의 반응은 예상과 달리 일시적으로 영향을 미쳤을 뿐이다. 이러한 유연성(flexibility)을 근저로 세계경제는 성장의 모멘텀(momentum)을 지속함으로써 2005년도의 성장세는 전통적인 비즈니스 사이클(business cycle)에서 다소 이탈한 비정상적인 성장세를 유지하였다.

그러나 이러한 성장세가 향후에도 지속될지에 대해서는 국제경제학자들 사이에 다양한 시각이 존재하고 있다. 우선 세계경제는 향후 최소 2~3년 정도 지속적으로 장기추세선 이상의 경제성장을 시현할 것이라는 시각이 있는가 하면, 세계경제가 미국 가계소비(household consumption)에 과도한 의존(overdependence)상태에 있어 미국의 금리인상으로 인한 미국 소비자의 소비여력이 약화되는 경우 현재의 세계경제 호황이 지속되기는 어려워질 수 있다고 보는 시각도 다수 존재하고 있다.[1] 또한, 중장기적인 인플레이션 압력에 대한 우려가 상존하고 있음도 간과할 수 없다.

---

1) 현재 미국의 개인저축률은 마이너스 상태를 보이고 있다(대외경제정책연구원, 세계경제, 2005. 12. pp. 32~51 요약 · 재구성).

즉, 2004년 이후 지속적인 경제성장세에도 불구하고 근원물가지수 상승은 잘 억제되어 왔으나 장기간 지속되는 고유가로 인해 주요 선진국의 근원물가지수 상승에 대한 우려가 커지고 있는 실정이다.

〈표 1-1〉 세계경제성장률 추이(2003~2005년) (단위: %)

	2003년	2004년	2005년(추정치)
세계경제성장률	2.6	4.0	3.4
미국	2.7	4.2	3.6
일본	1.4	2.6	2.4
EU지역	0.8	1.8	1.4

자료: Global Insight, 2005. 11.

제1절 글로벌 무역환경의 영향요인

글로벌 무역환경은 향후 대체적으로 다음 6가지 요인에 의해 영향을 받을 것으로 보인다.

1. 미국 경제의 성장 모멘텀을 기초로 세계경제 성장세 지속

2006년에는 세계적인 동반금리 인상 등 실질국내총생산성장(real GDP growth)에 부정적인 영향을 미치게 될 요인들이 존재하나 미국 경제의 건실한 성장 모멘텀을 기반으로 하여 세계경제의 성장세가 2006년에도 지속될 것인지의 여부이다. 2006년에도 미국 경제가 허리케인 카트리나와 리타의 피해복구에 따라 건설부문 지출 증가와 유가 안정으로 인해 건실한 성장세를 지속하게 될 경우 이를 기반으로 글로벌 무역의 성장세는 지속될 것으로 보인다.

2. 칸쿤 WTO 각료회의 이후 DDA 협상의 합의도출 가능성

멕시코 칸쿤에서 개최된 WTO 각료회의 이후 지지부진하던 DDA 협상이 향후 어떻게 합의를 도출할 것인가의 문제이다. 만약 2005년 12월에 개최된 홍콩 각료회의가 성공적으로 타결될 경우 국제통상환경은 크게 개선될 가능성이 크다고 할 수 있다.

3. 지역무역협정의 성과

최근 전세계적으로 활발하게 논의되고 있는 지역무역협정(RTA: Regional Trade Agreement)이 2006년에 어느 정도의 성과를 거둘 것인가 여부이다. 우리는 2006년에 ASEAN, 캐나다 등과 FTA 협상을 종료하고 인도를 비롯한 여타 국가와의 FTA 협상을 본격화할 계획인데, FTA 추진은 우리 경제에 다양한 기회를 제공하게 될 것으로 기대된다.

4. 조류 독감의 확산 위험 극복

2006년 글로벌 무역환경에 가장 큰 위협 요인으로 작용하게 될 가능성이 있는 조류독감(AI: Avian Influenza) 확산의 위험을 어떻게 극복하느냐 여부가 중요하다. 2005년 말부터 2006년 상반기까지 철새 이동철과 대서양의 허리케인 시즌이 맞물려 조류독감의 확산이 불가피하게 초래될 것으로 예상된다. 이는 글로벌무역의 흐름에 심각한 악영향을 미치게 될 것으로 판단된다.

5. 고유가의 지속성

고유가의 위험이 2006년에도 지속될 것인가의 문제이다. 2005년 국제유가 급등의 주요 요인은 OPEC의 잉여생산능력 부족, 미국 경제의 성장세 지속, 중국·인도 등 신흥개도국의 에너지 수요 폭증 등에 있었다고 할 수 있다. 이 같은 요인들이 2006년에도 시장교란요인(market disturbance factor)으로 작용할 가능성이 상존해 있다.

6. 글로벌무역에 대한 중국요인의 영향성

향후 글로벌 무역환경을 전망하는데 있어서 중요한 점은 중국요인이 글로벌무역부문에 어떠한 충격을 줄 것인가의 문제이다. 2005년 우리의 제1의 무역상대국으로서 우리의 무역수지 흑자(trade surplus)에 지대한 영향을 미쳤던 중국이 최근 경제성장이 둔화될 것이라는 우려와 함께 위안(Yuan)화 평가절상 문제 등과 맞물려 중국요인이 향후 글로벌 무역환경에 주요 변수로 부상하고 있다.

〈표 1-2〉 세계경제 전망(2006~2007년) (단위:%)

	Global Insight		IMF		World Bank	
	2006년	2007년	2006년	2007년	2006년	2007년
세계경제성장률	3.4	3.2	4.3	n.a	3.2	3.3
미국	3.4	3.1	3.3	n.a	3.5	3.6
일본	1.9	1.6	2.0	n.a	1.8	1.7
EU지역	1.8	1.7	1.8	n.a	1.4	2.0

자료: Global Insight, 2005. 11.
IMF, World Economic Outlook, 2005. 9
World Bank, 2006 Global Economic Prospects, 2005.

제2절 글로벌무역의 전망

제1절에서 간략히 정리한 글로벌 무역환경에 영향을 미치는 6가지 요인을 근거로 향후 글로벌무역을 전망하고자 한다.

1. 글로벌무역의 성장세 지속가능

2006년의 글로벌무역규모는 2005년보다 확대될 것으로 보인다. 이 같은 전망의 근거로 IMF, OECD 등 주요 국제기관의 분석에 따르면 세계경제의 성장세가 2005년과 유사한 3.2~3.4%를 보일 것으로 예측되어 세계경제의 장기추세선인 3%를 상회하는 성장세를 기록할 것으로 전망되고 있기 때문이다. 특히, 2006년에도 미국 경제의 건실한 성장 모멘텀이 지속될 것으로 예상되며 태풍 등 자연재해로 인한 세계경제의 마이너스 효과는 0.1% 정도로 추정된다. 상기한 부정적 효과들이 2006년의 성장세에 영향을 미치기는 어려울 것으로 판단된다. 그러나 세계경제가 당면한 위협요인(immediate risk factor)은 점진적으로 감소하고 있지만 중장기적인 위협요인은 여전히 상존할 것으로 예상된다. 따라서 2006년은 이러한 중장기적인 위협요인이 단기적 위협요인과 함께 잔존할 것으로 예상된다. 특히, 2006년은 구조적인 글로벌불균형(global imbalances) 이슈가 세계경제의 주요 위협요인으로 부상할 가능성이 있다. 미국의 금리 상승으로 인해 미국 소비와 투자가 부정적인 영향을 받을 경우 미국이 중장기적으로 지속적인 세계경제의 성장엔진이 되기는 힘들 것으로 보인다.

한편, 유럽과 일본의 성장세가 부진할 경우 2006년 하반기에는 세계경제 성장의 소프트패치(soft patch) 우려가 급부상할 가능성도 존재하고 있다. 또한, 현재 세계경제성장의 구조적인 문제는 미국과 일부 아시아 국가 이외에 다이내믹한 성장엔진 역할을 담당할 국가가 존재하지 않는데 있다. 특히, 유럽(2004년 1.7% 성장)과 일본(2004년 2.6%)의 성장세가 미국이나 여타 아시아 개도국(developing countries)에 비해 매우 저조한 실정이다. 2005년 하반기에 이들 지역의 수출과 내수가 다소 회복되는 조짐을 보이기는 하였으나 2006년 세계경제성장에 대한 순기여는 크지 않을 것으로 보인다.

2. DDA 협상의 결과가 글로벌 무역환경 변화에 미치는 영향은 미미함

2004년 8월 1일 147개 WTO 회원국은 세부원칙(modality)에 대한 기본골격(framework)에 합의하였다. WTO 일반이사회는 이에 관한 합의문(WT/L/579)을 채택하였으며 2005년 12월 13~18일 홍콩에서 '제6차 WTO 각료회의'를 개최하기로 합의한 바 있다. 그러나 주요 이슈에 대한 회원국 간의 이견은 여전히 상존하고 있는 실정이다. 이제까지의 협상동향을 평가해 볼 때 농업, 비농산물 시장접근, 서비스 등이 주요 쟁점분야이며, 그 외에 규범(반덤핑, 보조금, 지역무역협정)과 무역원활화 등도 주요 이슈가 되고 있다. 그러나 DDA협상의 전체적인 성공에 가장 영향을 미칠 분야는 농업부문으로 평가된다. 2003년 멕시코 칸쿤에서 개최된 WTO 각료회의 결렬의 표면적인 이유는 싱가포르 이슈에서의 이견으로 인식되어 있으나 농업분야, 특히 농업보조금 감축과 관련하여 개도국그룹인 G-20과 미국, EU 등 선진국이 강하게 대립한 점도 주요 요인으로 지적되고 있다.[2)]

이 같이 선진국과 개도국간 이견이 크기 때문에 향후 협상을 전망하기는 용이하지 않다. 전술한 바와 같이 2004년 8월 '세부원칙에 대한 기본골격'이 합의되었음에도 불구하고 농업, 비농산물 시장접근, 서비스, 규범 등 주요 이슈에 대해 회원국간 이견이 상존하고 있다. 홍콩 각료회의에서 합의가 도출된다고 하더라도 '무역자유화'라는 측면에서 볼 때 그 수준은 낮을 것으로 전망된다. 즉, 홍콩 각료회의의 결과가 국제통상환경의 변화에 미치는 영향은 미미할 것으로 평가되며 WTO 중심의 다자주의(multilateralism)에 대한 비판(비효율성을 중심으로)이 고조될 것으로 전망된다.

DDA 협상의 난항은 우리 경제에 결코 바람직하지 않다. 수출지향적인 경제구조(export-oriented economic structure)상 수출여건의 개선을 위해 전세계적으로 무역장벽(trade barrier)이 완화되는 것이 필요하기 때문이다. 따라서 우리는 DDA 협상의 조기타결을 위해 협상력을 결집시켜야 한다. 대내적으로 세심한 대책과 국민적

2) G-20은 농업시장개방에 적극적인 개도국을 지칭하며 브라질, 중국, 인도 등이 중심국으로 활동하고 있다.

인 공감대가 형성되지 않고서는 대외협상력을 발휘할 수가 없다. 국민적인 공감대 형성과 지지 확보가 무엇보다 긴요한 시점이다.

〈표 1-3〉 WTO 협상논의 단계와 전망

<table>
<tr><th>단계</th><th>1단계</th><th>2단계</th><th>3단계</th><th colspan="2">4단계</th></tr>
<tr><td>기간</td><td>2001년 11월~
2003년 9월</td><td>2003년 10월~
2004년 7월</td><td>2004년 8월~
2005년 12월</td><td colspan="2">2006년 1월 이후</td></tr>
<tr><td rowspan="2">협상
내용</td><td rowspan="2">분야별
입장표명</td><td rowspan="2">세부원칙
기본골격</td><td rowspan="2">분야별
세부원칙 및 주요이슈</td><td>홍콩:성공</td><td>협상마무리</td></tr>
<tr><td>홍콩:결렬</td><td>분야별
세부원칙</td></tr>
</table>

주: 상기 단계는 분야별로 상이할 수 있음

3. 자유무역협정(FTA)의 급속한 확산

전술한 바와 같이 WTO의 DDA 협상이 큰 진전을 보이지 못한 가운데 미국, 중국 등 주요국들을 비롯한 세계 각국이 경쟁적으로 자유무역협정(FTA) 체결을 추진하고 있다. 이에 따라 FTA 등 지역무역협정은 2006년 중에도 전세계적으로 더욱 확산될 것으로 예상된다.

최근까지(2005년 7월) WTO에 통보되고 발효 중인 지역무역협정(RTA)은 총 180건이며 WTO에 미통보된 FTA도 상당수 존재하고 있다. 전통적으로 우리와 입장을 같이 하며 다자주의의 강화를 주장하면서 지역주의(regionalism)의 폐해를 지적해 오던 일본, 싱가포르, 호주, 뉴질랜드 등 다수의 국가가 점차 FTA를 통상정책의 주요한 도구로 인식하고 이를 적극적으로 추진하고 있다. 특히, 일본, 중국, 싱가포르, 태국 등 세계적인 FTA 대열에의 동참에 신중한 자세를 견지해 오던 다수의 동아시아국가가 뒤늦게 FTA 체결을 위해 국가의 역량을 결집시키며 상호 경쟁하는 양상을 보이고 있다.

〈표 1-4〉 세계 FTA의 체결 현황(발효 중인 RTA 기준) (단위: 건)

1969년	1970년	1980년	1990년	1995년	2000년	2005년 7월
3	6	17	27	60	99	180

자료: WTO

이 같이 최근 전세계적으로 확산되고 있는 FTA 추진에서 나타나는 특징으로 다음 2가지를 지적할 수 있다.

① FTA 체결은 전세계적인 추세임

이전에 WTO 등 다자무역체제에 우선 순위를 두고 FTA 등 지역무역협정 체결에 소홀하였던 국가들을 포함하여 전세계적으로 거의 모든 국가가 매우 적극적으로 FTA 체결을 추진하고 있다. 즉, 지역주의에 상대적으로 관심을 표명하지 않았던 한국, 일본 등 동아시아국가들과 호주, 뉴질랜드 등 오세아니아 국가들도 활발한 FTA 체결 움직임을 보이고 있다. 더욱이 일부 국가의 경우에는 자국의 통상정책을 추진하는데 있어서 지역무역협정에 더 우선순위를 두고 있는 실정이다.

② 선진국과 개도국 간의 FTA 체결 증가 추세

미국·칠레 FTA, EU·칠레 FTA, EU·멕시코 FTA 및 호주·중국 FTA 등의 사례에서 알 수 있듯이 선진국과 개도국간 상호 특혜무역협정의 체결이 증가하는 추세를 보이고 있다. 이는 이전에 비해 선진국들의 일방적인 특혜관세제도에 대한 개도국들의 의존이 감소하고 있다는 점을 반영하는 것으로 볼 수 있다.

2006년에도 협상 중인 FTA가 추가로 타결되거나, 검토단계에 있는 FTA에 대한 협상이 새롭게 시작될 가능성이 매우 높다. 또한, FTA가 추가로 발효되어 지역주의가 확산될 경우 이에 따른 경제적 고립 및 불이익을 방지하기 위한 차원에서 지역주의에 뒤늦게 참여한 국가들이 경쟁적으로 FTA 체결을 추진할 것이며 결국 이에 따르는 세계경제의 개방화는 더욱 가속화될 것으로 보인다.

특히, 각국의 FTA 추진 실적에서의 차이는 FTA 참여국과 비참여국간 경제개방(economic opening)의 정도 및 속도에서의 차이를 상당 부분 야기시킬 것으로 보인다. 더욱이 FTA의 경우 참여국의 수가 적기 때문에 WTO에 비해 협상 타결에 소요되는 기간이 상대적으로 단기간이며 협상범위가 상당히 포괄적이어서 개방의 폭과 깊이가 더욱 크다는 점을 고려하면 FTA 참여국과 비참여국 간의 경제개방 정도 및 속도에서 차이가 발생할 것으로 판단된다. 최근 FTA는 경제적인 목적 이외에도 정치적인 목적, 안보상의 목적 및 자원 확보의 목적 등 다수의 측면에서 활용되고 있다. 이 같은 FTA 체결 목적의 다양성을 고려할 경우 2005년 12월 홍콩에서 개최된 WTO 각료회의 이후에도 당분간 FTA 체결은 이어질 것으로 전망된다. 더욱이 이러한 다양한 목적 등을 고려할 경우 기존의 경우에서와 같이 인접한 자연적 교역대상국들(natural trading partners)과의 FTA뿐만 아니라, 일·멕시코 FTA, 호주·중국 FTA 등과 같이 지역간(cross-regional) FTA의 체결건수가 증가할 것으로 예상된다. 또한, FTAA 등 대륙 전체에 걸친 지역무역블록(regional economic bloc) 형성의 움직임이 활발하게 나타날 것으로 보인다. 특히, 고유가시대를 맞아 산유국인 중동국가들과의 FTA 등 에너지 및 자원 위기에 대비한 자원 확보형 FTA 체결건수도 증가할 것으로 전망된다.

상기한 세계적인 추세에 부응하기 위한 최근 우리의 활발한 FTA 추진 움직임은 우리 정부의 적극적인 경제개방의지를 반영하고 있다고 평가할 수 있다. 각국의 FTA 네트워크에 적극적으로 참여함으로써 해외시장을 안정적으로 확보하고 세계적인 FTA 확산에 따른 피해를 최소화하며, 개방을 통한 우리 경제시스템의 선진화 및 경쟁력을 제고하기 위해서 적극적으로 FTA를 추진할 필요가 있다.

4. 조류독감(Avian Influenza)의 확산 위험성 상존

2005년 말부터 철새 이동철과 대서양의 허리케인 시즌이 맞물려 2006년 상반기 초까지 조류독감의 확산이 불가피할 것으로 예상된다. 세계은행(World Bank)의 발표에 의하면 현재까지 조류독감에 대처하기 위한 비용은 세계 GDP의 0.1%에 불과한 것으로 나타났다. 그러나 World Bank는 조류독감이 아시아 일부 지역에서 전세계적으로 확산되고, 인간전염으로 확산되는 경우 직접 및 간접 비용[3]을 포함해

8,000억 달러 이상의 비용이 발생할 가능성을 경고한 바 있다.[4] 특히, 전세계에 미치는 단기 충격은 SARS보다 더 크고 장기에 걸쳐서 나타날 것으로 경고하였음에 유의할 필요가 있다.

조류독감으로 인한 피해는 선진국보다는 의료보건체계가 빈약한 개발도상국이 더욱 클 것으로 예상된다. 특히, 베트남, 태국 등 동남아시아국가와 중국을 비롯한 동아시아국가의 피해가 클 것으로 전망된다. 이 경우 세계경제는 상당한 타격과 함께 무역흐름에 심각한 장애요인으로 작용하게 될 가능성이 있다.

대외경제규모가 국내총생산(GDP)의 70% 이상을 차지하고 있는 우리의 경우 세계 주요 통상국가의 일원으로서 이 같은 조류독감의 확산이 현실화될 경우 심각한 한 상황에 직면하게 될 가능성도 배제할 수 없다. 따라서 정부당국은 세계 각국과의 공조체계를 구축하고 세심하고 면밀한 대책을 수립해야 한다.

5. 고유가 지속 가능성 증대

2005년 국제유가 급등의 주요 원인은 석유수출국기구(OPEC)의 잉여생산능력 부족, 미국 경제의 성장세 지속, 중국·인도 등 신흥개도국의 에너지 수요 폭증 등 수급요인에 1차적 원인이 있었다. 이외에도 정제시설 부족, 허리케인으로 인한 정유시설 피해, 중동정세 불안 등도 고유가를 야기시킨 주요 원인이었다. 상기한 요인들이 향후에도 시장교란요인으로 작용할 것으로 전망되고 있다. 보다 구체적으로 향후 국제유가에 영향을 미칠 주요 변수로는 다음 5가지를 정리할 수 있다.

① 미국 경제성장세 여부(미국 경제성장률과 국제유가의 높은 상관관계)
② 중국과 인도 등 신흥개도국의 에너지 수요 증가세 여부
③ 이란의 핵개발 추진과 서방세계와의 갈등

---

3) 1999년 미국의 연구에 의하면 10만~20만명 사망, 1,000억~2,000억 달러의 손실을 추정하고 있으나, 개도국의 경우에 보건의료 체제의 미비로 경제적 손실은 훨씬 클 것으로 전망된다.
4) 2003년 800명이 희생된 SARS가 동아시아지역 GDP의 2%를 감소시킨 것을 단순 비교해 전세계 GDP가 비슷하게 2% 감소할 경우 그 규모는 8,000억 달러가 될 것으로 추정된다(세계은행, 2005. 11. 7 발표자료 참고).

④ 이라크 상황의 내전으로의 확대

⑤ 자연재해로 인한 정유시설 파괴

이 같은 5가지 요인이 향후 국제유가 결정의 변수라고 한다면 원유수급구조와 미국의 정제시설 부족문제는 2006년에도 지속될 것으로 전망되어 석유제품가격 상승이 원유가격 상승을 유도하는 현상이 지속될 것으로 보인다. 최근 우리의 수출입구조의 불균형과 해외 에너지에 대한 의존도가 지속적으로 증가하는 상황 속에서 고유가의 지속은 향후 우리 경제에 다수의 시사점을 던져주고 있다. 1, 2차 오일쇼크(oil shock)를 경험하면서 우리 경제가 고유가에 견딜 수 있는 내성을 키웠다고 할 수 있다. 그러나 여전히 고유가는 우리 무역정책과 경제정책에 다수의 어려움을 가져다 줄 것임에 틀림없다. 따라서 우리의 통상정책은 GCC국가를 비롯한 중동지역에 대한 전략적 접근방식을 강화해야 한다.

6. 중국 경제의 지속적 성장 및 위안화의 평가절상 가능성 증대

최근 대중국과의 교역이 급증하면서 중국은 우리의 제1의 무역상대국으로 부상하였다. 따라서 수출을 통하여 경제성장을 이루고 있는 우리로서는 무역정책 및 통상정책의 수립에서 중국 요인이 무엇보다도 중요한 변수가 되고 있다. 중국은 2005년 1분기 9.4%, 3분기 9.5%, 3분기 9.4%의 성장을 기록함으로써 2003년 이후 9% 이상의 고도성장 추세를 시현하고 있다. 향후 글로벌 무역환경을 전망하는데 있어서 중국의 이 같은 고도성장이 2006년에도 지속될 것인지 여부는 매우 중요한 요소이다. 최근 중국의 고도성장은 해외수요(수출)와 투자에 크게 의존하고 있다. 그러나 일부 경제학자들은 GDP 성장이 투자증가에 크게 의존하는 상황이 지속되는 것에 대해 공급과잉(oversupply) 유발과 경제성장의 구조적 불균형이란 차원에서 우려의 시각을 제기하고 있다. 즉, 과잉투자에 의한 공급과잉(과잉생산능력)으로 경쟁이 격화되어 기업의 이윤율이 크게 감소하는 현상이 나타나고 있다.[5] 따라서 과잉생산과

5) 중국 상무부가 최근 발표한 '600종 주요 소비재와 300종 주요 생산재 수급상황 조사보고'에 따르면 600여종의 주요 소비재 중 수급균형을 이룬 것은 26.7%인 반면에 공급과잉 상품은

기업들의 수익성(profitability) 악화가 지속될 경우, 민간부문의 투자가 감소하여 경제성장이 둔화될 가능성이 제기되고 있다.

〈표 1-5〉 중국의 주요 경제지표(2003~2005년 3분기) (단위:%)

	2003년	2004년	2005년					
	연간	연간	1분기	2분기	7월	8월	9월	3분기
GDP성장률	9.3	9.5	9.4	9.5	9.4			
공업생산	17.0	11.5	10.5	16.5	16.1	16.0	16.5	16.2
소매판매	10.9	13.3	13.7	12.6	12.7	12.5	12.7	12.6
고정자산투자[1)]	28.4	25.8	22.8	25.4	26.1			
수출	34.6	35.4	35.3	30.9	28.7	32.1	25.9	28.9
수입	39.9	36.0	14.0	15.4	12.7	23.4	23.5	19.9
환율(위안/달러)	8.28	8.28	8.28	8.28	8.108	8.097	8.093	8.099
소비자물가	3.2	3.9	2.8	1.7	1.8	1.3	0.9	1.3
외국인직접투자	37.3	13.3	9.3	-10.4	-4.9	-0.3	2.9	-0.8
총통화(M2)	19.6	14.6	14.0	14.8	16.3	17.3	17.9	17.2

주: 1) 고정자산투자 분기별 데이터는 누계치임
자료: 중국국가통계국(NBS), KOTIS, 한국은행 북경사무소

이 같이 투자에 과도하게 의존하는 중국의 성장패턴은 국내소비(domestic consumption) 부족과 저축 과잉에서 기인하는 바가 크다. 대규모 무역흑자(trade surplus) 역시 저축 과잉에 의해서 발생되고 있는데 대외적인 무역불균형(무역 흑자)을 시정하기 위해서라도 국내소비 진작이 요구되고 있는 상황이다. 이에 따라 중국은 2006년부터 시작되는 11차 5개년 계획기간 중 소비촉진을 위한 세제혜택과 소비자금융 확대 등의 조치들을 시행할 것으로 보인다. 그러나 미흡한 사회보장으로 인해 노후대비, 의료, 교육을 위한 개인의 미래 대비형 저축(prudent saving)이 많은 구조적인 요인은 단시일 내에 해소되지 않을 것으로 보인다. 따라서 2006년 중국 경제성장의 구조적 건전성(structural soundness)과 지속가능성(sustainability)은 국내소비가 어느 정도 활성화될 수 있느냐에 의해 결정될 것으로 판단된다.

한편, 중국의 급속한 성장은 글로벌 불균형을 심화시키고 있으며 이는 글로벌 무

73.3%에 이르고 있다. 이에 반해 공급부족을 보이고 있는 상품은 단 1개도 없는 것으로 조사되고 있다.

역환경의 새로운 이슈로 부상하고 있다. 글로벌 불균형의 근본적인 원인은 미국의 대내 불균형에서 야기되었다고 볼 수 있다. 근본적인 이유가 어디에 있든 글로벌 불균형의 심화는 미국 및 세계경제의 급격한 조정과 글로벌 금융시장의 불안정(instability of global financial market)을 초래하게 되고 결국 미국의 대규모 경상수지 적자(current account deficit)가 지속될 경우 기축통화로서 달러화의 위상이 저하되고 달러화 가치가 급락할 가능성이 존재하게 된다. 따라서 완만한 조정을 위한 정책 변화의 필요성이 대두되고 이러한 정책적 필요성에 의해 위안화의 평가절상문제가 또다시 대두될 가능성이 매우 높은 편이다. 이미 2005년 7월 21일에 위안화는 2%의 평가절상을 단행하였고 복수통화바스켓제도를 도입한 바 있다. 그러나 2006년도 글로벌 불균형 문제를 해소하기 위한 위안화의 추가절상 압력은 지속될 가능성이 매우 크다고 할 수 있다.

중국은 2006년에도 8.0% 이상의 고도경제 성장을 시현할 것으로 전망된다. 이는 2006년은 중국의 '11차 5개년 계획(2006~2010년)'이 시작되는 첫 해로서 이 계획에 따른 투자계획의 집행 등을 통해 견실한 성장을 유지할 것으로 전망되기 때문이다. 고용창출(job creation)을 위한 고도성장을 중시하는 중국 정부의 정책기조는 당분간 지속될 것으로 전망된다.6)

〈표 1-6〉 중국의 주요 경제지표 전망(2005~2010)

주요 경제지표	2005년	2006년	2007년	2008년	2009년	2010년
실질GDP성장률	9.3	8.0	7.5	7.0	7.0	6.9
소비자물가상승률	1.9	1.0	2.2	2.4	3.0	2.8
재정적자규모(GDP 대비, %)	-1.7	-1.9	-1.7	-2.0	-2.3	-2.4
경상수지흑자(GDP 대비, %)	6.8	4.6	2.5	2.2	1.7	1.0
위안화 달러환율	8.2	7.9	7.6	7.6	7.5	7.5

자료: EIU, 2005.

한편, 위안화 환율은 보다 실질적인 추가 절상이 이루어질 것으로 보이나 그 폭은 크지 않을 것(5% 내외)으로 전망된다. 이는 2005년 7월 이후 소폭의 위안화 평가절상이 중국의 수출경쟁력(export competitiveness)과 경제성장세에 커다란 영향

6) World Bank와 EIU는 2006년 중국의 경제성장률을 각각 8.7%와 8.0%로 예측한 바 있다.

을 미치지 않았을 뿐만 아니라 오히려 동 기간 중 무역흑자가 크게 증가하여 추가적인 평가절상(appreciation)을 유도하는 대내외 환경이 조성되고 있기는 하나 중국의 경제성장이 수출과 투자에 크게 의존하고 있는 상황에서 수출에 심각한 차질을 빚어 고용불안을 야기할 수준의 대규모의 평가절상은 단행하지 않을 것으로 전망되기 때문이다.

그러나 현재 중국의 경제성장이 해외 수요(수출)와 투자에 과도하게 의존하고 있는 구조적 불균형문제를 중국 정책당국도 인지하고 있어서 국내소비 진작과 보조를 맞춰 점진적으로 위안화의 평가절상을 용인할 것으로 전망된다. 위안화의 평가절상은 2005년 7월 21일과 같이 단번에 환율을 조정하기보다는 환율의 일일변동을 확대해 결과적으로 평가절상을 용인하는 방식으로 이루어질 가능성이 크다고 할 수 있다. 최근 우리의 교역과 투자의 중국경제권에 대한 의존도가 급속히 제고되고 있는 추세 속에서 이 같은 중국의 경제성장 지속가능성과 위안화의 평가절상문제는 우리의 무역정책에 많은 시사점을 던져주고 있다. 특히, 그 동안 우리는 미국, 일본 및 유럽시장을 중시하는 무역통상정책을 추진해 왔으나 향후 중국을 비롯한 중화경제권에 대한 변화에 대응하여 효과적인 대비책을 수립할 필요가 있다.

제2장

글로벌 상품시장의 동향과 전망

국제유가는 중국과 인도의 고도 경제성장 등 지속적인 세계석유수요 상승과 더딘 공급능력의 증가로 인해 2006년에도 WTI 가격을 기준으로 연평균 70달러 내외의 고유가를 보일 것으로 예상된다. 최근 고유가의 구조적 원인인 석유수출국기구(OPEC)의 낮은 잉여 생산능력과 미국의 정제시설 부족문제가 향후에도 크게 개선되지 않을 것으로 보인다. 그리고 미국의 경기 상황, 이란과 이라크 등 중동정세 및 북핵문제 등으로 인한 지정학적 리스크(geopolitical risk) 증대, 허리케인 피해 여부, 중국 내 석유가격정책 등이 유가에 중요한 영향을 미치는 변수가 될 것이다. 일부 비철금속은 최근 가격상승의 원인이 된 재고부족문제가 완화될 것으로 보이나 알루미늄과 아연 가격은 상승세를 지속할 가능성이 크다고 할 수 있다.

제 1 절 글로벌 상품시장의 동향

1. 석유

국제유가는 2005년에 2003년 이후 나타난 고유가 현상을 지속하였다. WTI 가격은 장중 한때 70달러를 초과하여 사상 최고수준을 기록하기도 했다. 2005년에 44달러(WTI 가격 기준) 수준에서 출발했던 국제유가는 5월에 일시적인 하락세를 보이기는 했으나 3분기까지 상승세를 지속적으로 이어갔다. 이 같이 급등했던 국제유가는 허리케인 카트리나(Katrina) 피해에 대응한 국제에너지기구(IEA)의 비축유 방출이 시작된 9월초 이후에는 현저히 하락세로 반전되었다. 최근의 국제유가 급등의 가장 근본적인 원인으로 2004년 이후 지속된 석유수출국기구(OPEC)의 잉여생산능력 부족에서 야기된 수급상황을 지적할 수 있다. 중국의 석유수요 급증과 미국의 경기호조가 겹쳐 세계 석유수요는 급증했으나 산유국의 원유생산능력의 확대는 완만한 속도로 이루어져 OPEC의 잉여생산능력은 150만 b/d 수준으로 하락하였다. 이 같은 여건으로 인해 국제원유시장에서는 소규모 충격에도 유가가 급등하는 양상을 보였다. 구조적이고 중기적인 이 같은 수급여건 이외에 2005년의 유가급등을 초래한 요인으로 4가지(① 미국의 경기호조, ② 정제시설의 부족, ③ 중동지역의 지정학적 리스크 증대, ④ 허리케인의 피해)를 들 수 있다.

1.1 미국의 경기호조

미국 경기는 2005년 상반기에 당초 예상보다 훨씬 호조를 보였으며, 5월에 소프트 패치(soft patch) 가능성이 제기되었다. 하반기에도 건실한 성장이 지속되면서 세계 석유수요와 유가의 상승을 강하게 견인했다. 당초 국제경제 전문가들은 2005년 미국 성장률이 3.0% 내외를 기록할 것으로 전망했으나 실제로 미국은 1분기와 2분기에 각각 3.8%와 3.3%라는 높은 성장률을 시현했다. 7월까지의 국제유가 상승분 중 적어도 10달러 내외의 상승은 미국의 경기호조로 인한 석유수요 증가요인의 결과로 추정할 수 있다.

1.2 정제시설의 부족

세계적인 정제설비 부족문제도 2005년 내내 국제석유시장을 불안하게 만든 중요한 요인으로 작용하였다. 1979년부터 2005년 사이에 세계 석유수요는 2,000만 b/d나 증가했으나 세계 전체의 정제능력은 500만 b/d 증가하는데 그쳤다. 특히, 미국의 정제설비 부족이 심각했는데 미국의 정제가동률은 2005년 대부분의 기간 동안 실질적인 완전가동수준인 95%를 상회하였다. 이 같은 상황에서 노후화된 설비가 가동되고 적기에 정비가 이루어지지 않아서 7월 이후 정유시설 가동 중단사태가 빈번히 발생하였다. 정유공장의 가동 차질로 휘발유나 난방유와 같은 석유제품가격이 상승하면 원유가격도 동반 상승하는 연쇄효과가 발생하였다. 특히, 2005년 하절기에 발생한 유가상승분 10달러 중 7달러 내외는 정제설비 부족과 가동 차질에서 야기된 것으로 분석된다.

1.3 중동지역의 지정학적 리스크 증대

불안정한 중동정세도 2005년에 국제유가에 영향을 미쳤다. 이라크에서는 헌법초안 마련과 국민투표 실시 등 정치일정이 예정대로 진행되었으나 시간이 경과할수록 사태는 오히려 악화되었다. 즉, 새로운 집권 세력이라고 할 수 있는 시아파와 정권에서 소외된 수니파 간의 대립양상이 격화되었다. 이라크 사태 이외에도 파드 사우디아라비아 국왕의 서거는 일시적으로 사우디아리비아 정세에 대한 불확실성(uncertainty)을 야기했다. 한편, 가장 큰 불안요인으로 이란 핵문제의 악화를 지적할 수 있다. 그러나 이 같은 중동정세의 불안정은 상당 부분 이미 시장에 반영되었기 때문에 2004년만큼 국제유가에 큰 영향을 미치지는 않았다.

1.4 허리케인의 피해

국제유가에 지대한 영향을 미친 또 다른 요인으로 미국 멕시코만을 강타한 허리케인을 지적할 수 있다. 2005년 8월 말의 카트리나와 9월 중순의 리타로 멕시코만에 위치한 미국의 원유 생산과 정제 시설이 큰 타격을 입었다. 이러한 영향으로 국제유가의 급등이 초래되었으나 IEA의 신속한 비축유 방출 결정으로 국제유가는 오히려 하락세로 반전되었다. 하루 200만 b/d씩 30일간 총 6,000만 b/d의 전략적 비축유를 방출하겠다는 2005년 9월 2일 IEA의 결정이 없었다면 국제유가는 최소한 10달러 정도 추가 상승했을 것으로 판단된다.[1)]

1) 그러나 이 같은 IEA의 결정이 시장의 불안감을 진정시키면서 유가는 2005년 4분기에 지속적인 하락세를 보였다.

2. 원자재

비철금속가격은 2004년에 이어 2005년에도 전반적인 강세를 보였다. 미국과 중국의 경기호조에 의한 수요증가가 강세의 기본적인 원인으로 지적할 수 있다. 또한, 일부 품목의 경우 재고 감소와 생산 차질이 가격상승의 원인으로 작용하기도 하였다. 특히, 2005년 8월말 미국 남부지역을 강타한 허리케인 카트리나 영향 이후 주요 비철금속의 가격이 일제히 강한 상승세를 나타내었다. 비철금속 중 전기동, 알루미늄, 아연이 특히 2005년에 비해 가격이 크게 상승하였다. 반면에 주석과 니켈은 2005년 12월 초의 가격이 2005년에 비해 오히려 하락하였고, 납가격은 유사한 수준을 유지하였다.

특히, 전기동은 2005년 초에 톤당 3,100달러 수준에서 12월 초에는 4,500달러 내외까지 가격이 상승하여 약 45%의 상승률을 기록하였다. 재고가 사상 최저수준까지 하락하고 전기동의 세계 최대 생산지인 칠레에서 광산노동자의 파업 발생이 가격 상승의 주요 요인으로 작용하였다. 알루미늄가격은 2005년 초에 톤당 1,800달러에서 12월 초에는 2,200달러까지 상승하여 18%의 상승률을 보였다. 아연의 경우에는 톤당 1,200달러에서 1,700달러로 상승하여 42%의 상승률을 기록하였다. 알루미늄과 아연의 가격은 2005년 7월까지 대체로 안정세를 유지하였으나 원가 중 큰 비중을 차지하는 에너지가격 상승과 카트리나의 영향 등으로 8월 이후 급등세를 보였다.

제2절 글로벌 상품시장의 전망

1. 석유

최근 고유가를 야기하고 있는 구조적 원인인 타이트한 수급상황은 당분간 큰 변화가 없을 것으로 전망된다. 이는 세계의 석유수요는 지속적으로 증가할 것으로 예상되나 산유국의 공급능력은 석유수요와 유사한 속도로 증가하거나 오히려 그 속도보다 느릴 것으로 예상되기 때문이다.

1.1 수급문제

(1) 수요측면

IEA는 2005년 10월에 2006년 세계 석유수요가 2005년에 비해 180만 b/d 증가한 8,530만 b/d에 이를 것으로 전망한 바 있다.

(2) 공급측면

공급능력 측면에서는 비OPEC 산유국의 생산량은 2006년에 전년에 비해 130만 b/d 증가할 것으로 전망하였다. 따라서 수요 증가분을 흡수하기 위해서 OPEC의 생산량이 최소한 50만 b/d는 증가해야 하나 OPEC의 생산능력은 2006년에 최대 70만 b/d 이상 증가하기는 힘들 것으로 전망된다. 따라서 OPEC의 잉여생산능력은 2006년에도 전년과 유사한 수준이거나 약간 증가하는데 그칠 것으로 보인다. 한편, IEA가 아프리카 산유국이나 러시아의 석유 생산능력을 다소 낙관적으로 전망하고 있다는 점을 고려할 때 이들 국가의 공급량이 예상만큼 증가하지 않을 수도 있다. 이 경우 OPEC의 잉여생산능력은 오히려 감소하게 된다. 따라서 산유국의 공급능력 부족에 대한 우려가 2006년에도 세계 석유시장을 지속적으로 지배하고, 그 결과 작은 충격에도 세계 석유시장은 민감하게 반응할 것으로 보인다.

〈표 2-1〉 세계석유수급전망 (단위: 백만 b/d)

	2005년	2006년
총수요	83.5	85.3
OECD	49.9	50.3
북미	(25.6)	(26.0)
비OECD	33.6	34.9
중국	(6.7)	(7.1)
기타 아시아	(8.7)	(9.0)
총공급	-	-
비OPEC	50.6	52.0

자료: 국제에너지기구(IEA), Oil Market Report, 2005. 10.

1.2 정제시설문제

세계 석유시장의 또 하나의 불안요인인 정제시설 부족문제도 2006년에 크게 개선될 가능성이 없는 것으로 판단된다. 미국 석유회사들이 정제시설 부족을 해결하기 위해 증설투자를 시작했다고 하더라도 정제설비가 실제로 가동되기 위해서는 최소한 3년은 소요된다. 따라서 이 문제가 단기간에 해결되기는 어려워 미국의 석유제품가격 상승이 원유인 WTI 가격 인상을 초래하고, WTI 가격이 다른 유종의 가격에 영향을 미치는 연쇄효과가 2006년에도 지속될 가능성이 큰 편이다. 상기한 구조적인 문제가 지속되어 2006년에도 기본적으로 고유가 상황이 지속되겠지만 국제유가의 정확한 수준은 미국 경기, 이라크 정세, 이란 핵문제, 중국의 석유가격정책, 허리케인 피해 여부 등의 변수에 의해 크게 영향받을 것으로 보인다.

1.3 미국의 경기상황

미국의 경기상황과 그에 따른 미국의 석유 수요 변화는 향후 국제유가에 지대한 영향을 미칠 것으로 보인다. 미국은 세계 전체 석유수요의 25% 정도를 차지하고 있어 국제 원유 수급에 큰 영향을 미치고 있다. 특히, 최근에는 미국 경제성장률과 국제유가 변동률 간에 강력한 상관관계(strong interrelationship)가 있는 것으로 분석되었다. 미국산 WTI의 선물가격이 국제유가를 선도하는 역할을 하기 때문에 미국의 석유수요 동향이 다른 유종의 가격에도 매우 큰 영향을 미치고 있다. 2005년 4분기 이후 고유가의 영향으로 물가상승이 가시화되고 있고 미 연방준비제도이사회(FRB)도 이에 대응하여 금리를 인상하고 있는데, 미국 경기가 이 같은 정책의 변화에 어느 정도 영향을 받느냐가 향후 국제유가의 중요한 변수가 된다. 금리 인상에도 불구하고 미국이 3%대 중반 이상의 비교적 높은 성장세를 시현한다면 국제유가는 상당한 상승압력을 받을 것으로 예상된다.

1.4 중동지역의 정세

이라크와 이란을 중심으로 한 중동지역의 정세변화도 여전히 국제유가의 중요한 변수로 작용하게 된다.

(1) 이라크 정세

이라크의 새 헌법안이 2005년 10월에 국민투표에서 통과되었으나 석유수익의 배분방식과 관련하여 향후 종파간 갈등이 더욱 첨예화되고 미군을 비롯한 연합군의 철군이 시작되면서 치안상황은 악화될 가능성이 크다. 만약 이라크 상황이 내전으로 확대되고 석유시설 파괴가 저항세력의 목표가 될 경우 국제유가는 지대한 영향을 받을 것으로 보인다. 현재 이라크는 190만 b/d의 석유를 생산하여 150만 b/d를 수출하고 있는데 정국불안과 재원부족으로 전쟁이전에 비해 여전히 50만 b/d 정도 적게 생산되고 있다.

(2) 이란 핵문제

이란의 핵문제 역시 아직 뚜렷한 해결책이 부재하기 때문에 석유시장의 불안요인으로 작용할 전망이다. EU와 미국이 이란 핵문제의 UN 안전보장이사회 회부를 지속적으로 추진하고 있고, 이란은 이에 대응하여 석유의 무기화 가능성을 여러 차례 언급한 바 있다. 만약 이란 핵문제가 UN 안전보장이사회에 회부되고 이에 대응하여 이란이 석유수출을 일부 중단할 경우 세계석유시장은 큰 혼란 상태를 보일 것으로 예상된다.

1.5 중국의 석유가격정책

향후 국제유가의 중요한 변수 중 하나로 작용할 수 있는 것은 중국의 석유가격정책이다. 중국의 석유소비 증가세는 2005년 6% 수준으로 크게 둔화되었는데 이것은 최근 중국 정부가 강력한 에너지절약정책을 추진하고 있기 때문이다. 중국은 최근 석유 절약을 위해 자동차용 연료에 대한 연료세 도입을 검토하고 있다. 2006년에 이것이 도입되면 국제유가의 중요한 하락요인이 될 것으로 예상된다. 중국은 2000년대 초부터 휘발유와 디젤유에 연료세 부과를 검토하기 시작하여 2005년부터 시행할 예정이었으나 유가급등으로 인해 시행을 연기하고 있다. 중국 정부의 연료세 부과 원칙은 확고하기 때문에 2006년에 시행될 가능성이 큰 편이다. 현재 중국의 국내석유가격은 디젤이 리터당 43센트, 고급휘발유가 48센트로 미국보다도 낮은 수준이다. 전체 석유소비 중 30% 이상이 운송용으로 사용되고 있으며 최근 고유가로 국내자동차 판매가 감소한 점을 고려할 때 연료세 부과는 상당한 석유소비 억제효과를 발생시킬 것으로 보인다.

1.6 허리케인의 피해문제

최근 빈번히 발생하고 있는 허리케인 피해여부도 국제유가의 결정적인 변수가 될 것으로 보인다. 카트리나와 리타의 영향이 1년 이상 지속될 것으로 예상되는 상황에서 추가적인 허리케인 피해가 발생할 경우 대규모 국제유가 상승이 유발될 것으로 전망된다.

원유수급상황과 정제시설 부족이라는 구조적 문제로 인해 향후에도 기본적으로 고유가 상황이 지속될 것으로 보이며 결국 유가수준은 이 같은 변수의 향방에 따라 결정될 것으로 판단된다. 중동지역과 러시아 등의 생산능력 확대가 순조롭게 진행되고 미국 경기가 2005년보다 소폭 둔화된다면 2006년도 국제유가는 WTI 기준으로 연평균 60달러 내외가 될 것으로 보인다. 금리 인상에도 불구하고 미국 경제가 지속적으로 강세를 유지하거나 중동정세 악화, 허리케인 피해 등 불안요인이 가중된다면 유가가 최고 100달러까지 상승할 가능성도 존재한다.

2. 원자재

비철금속을 중심으로 한 원자재가격에 관한 향후 전망이 매우 불투명한 상황이다. 다수의 경제전문가들은 비철금속에 대한 수요증가세가 둔화되고 2004년 이후 지속되었던 재고부족문제가 점진적으로 해결되면서 2005년 하반기 이후에는 비철금속가격이 하락할 것으로 전망한 바 있다. 그러나 일부 품목의 경우 생산지에서의 공급차질이 발생하고 중국의 수요도 지속적으로 증가하면서 예상과는 달리 상승세를 지속하였다. EIU(Economic Intelligence Unit)는 금속의 평균가격이 2006년에는 약 9.1% 하락할 것으로 전망하고 있다. 그러나 2005년 말까지도 일부 품목의 경우 수급상황이 개선될 가능성은 작아 보인다.

2.1 전기동

가장 큰 폭의 가격상승을 보인 전기동의 경우 공급량이 증가하면서 2005년 4분기 이후 추세가 전환될 것으로 보았으나 아직은 공급 부족상황이 지속되고 있으며 신규 증설설비로부터의 공급도 예상보다 지체되고 있는 실정이다.

2.2 알루미늄

알루미늄도 전기동과 비슷한 실정을 보이고 있다. 원료인 알루미나 가격이 높은 수준을 유지하면서 알루미늄 제련업체의 원가부담이 커서 공급량이 확대되지 않고 있다.

2.3 아연

아연은 중국으로부터의 수요가 크게 증가하면서 공급에 대한 불안감이 제고되고 있는 상태이다.

2.4 납 · 니켈

납과 니켈은 시장이 공급과잉 상태를 보여 가격이 하락할 것으로 전망된다.

(1) 납

납은 신규 광산이 생산을 개시함에 따라 2006년에는 80,000톤의 공급과잉(over-supply)이 발생할 것으로 보인다.

(2) 니켈

니켈은 스테인레스강에 대한 수요 감소로 가격이 하락할 것으로 전망되고 있다.

결국 비철금속을 중심으로 한 원자재가격은 향후 중국의 수요증가세가 어느 정도 둔화되느냐 하는 것과 지난 2년 간의 신규 증설 결과 예상되는 공급량 증가가 얼마나 원활하게 이루어져 재고부족을 해소하느냐에 좌우된다고 할 수 있다. 품목별로는 알루미늄과 아연 가격은 상승세를, 니켈과 납 가격은 하락세를, 그리고 전기동 가격은 보합세를 보일 것으로 전망된다.

제 2 편

글로벌 무역환경의 변화

제3장

글로벌 불확실성의 증대

1990년대 이후 세계경제적인 측면에서 새롭게 등장한 조류(global trend)는 세계화의 진전과 정보통신(IT)산업의 발전이라고 할 수 있다. 이러한 조류는 세계자원 이용의 효율성 증대, 생활의 편의성 및 생산성 증대, 세계정치의 안정 등을 통해 세계경제 발전에 기여하고 있다고 평가할 수 있으나 한편으로 이러한 조류들은 세계 빈부격차의 심화, 다극체제(multipolar system)의 붕괴 등을 초래하여 불확실성(uncertainty)을 증대시키는 요인이 되고 있다. 이러한 불확실성 증대의 여파는 한국과 같이 소규모 개방경제(small open economy)체제에서 외부충격(external shock)에 취약한 대외의존적 경제구조를 가지고 있는 국가에는 더욱 더 큰 영향을 미치게 된다.

제 1 절 불확실성의 개념 · 경제적 의의 · 기업전략

1. 불확실성의 개념

불확실성은 미래에 발생할 수 있는 사건의 개연성이 명확하지 않거나 측정 불가능한 상태(the situation that the likelihood of future events is indefinite or incalculable)를 의미한다. 불확실성이 리스크(risk)와 상이한 점은 리스크는 위험이 발생될 수 있는 확률(probability)이 어느 정도 알려져 있는데 비해 불확실성은 그것이 알려져 있지 않다는 점에서 차이가 있다.

2. 불확실성의 경제적 의의

불확실성이 증가하면 결국 경제적 비용(economic cost)이 수반되고 자원배분의 효율성(efficiency of resource allocation)이 저하된다.

2.1 경제적 비용의 초래

경제주체들은 불확실성이 증대되는 상황하에서는 어떤 경제사건(economic event)에 대해 장기적인 시각에서 의사결정(decision making)을 내리기가 어렵게 되며 다수의 경제활동이 단기적 관점에서 이루어지게 되어 사회의 안정성(social stability)이 저해되어 결국 사회전체적으로 경제적 비용이 초래된다.

2.2 자원배분의 효율성 저하

경제주체들은 불확실성의 증대로 인해 발생될 수 있는 모든 가능성에 대한 준비를 철저히 해야 하므로 자원의 투입이 과다해지게 되고 결국 자원의 효율적 배분이 이루어지지 않게 되어 국민경제의 후생(welfare of domestic economy)이 저하된다.

9·11 미 테러사태 이후 세계 각국은 테러에 대한 불안감으로 인해 사회안전(social security)에 대한 불안감이 증폭되었다. 결국 미국은 테러방지와 사회안전을 보장하기 위해 경제의 생산성 제고와 무관한 분야에 막대한 자금을 투입하게 되었으며 1990년대 초반 이래 경기침체(recession)에 시달리고 있는 일본도 경기침체로 인한 고용불안 및 소득감소의 가능성이 증가하고 정부부채 누증에 따른 국민들의 연금제도 불신 등으로 인해 불확실성이 증대되면서 민간부문의 소비감소와 저축증대 현상이 나타나고 있는데 이것이 경기침체의 장기화와 디플레이션(deflation, 물가하락)의 주요 요인이 되고 있다.

2.3 경제정책의 유효성 저하

불확실성의 증대가 정책당국의 정책실패(policy failure)에 의해 초래된 경우에는 정부정책에 대한 경제주체들의 신뢰상실(loss of confidence)로 이어져 경제정책의 유효성(effectiveness)을 저하시키게 된다.

3. 불확실성 하의 기업전략

생산량의 결정, 생산제품의 결정, 제품가격의 결정, 표준모델의 설정 등 기업이 당면하는 경영의사 결정과정(business decision-making process)은 각종 예측과 그에 따른 계획의 연속이라고 할 수 있다. 그러나 이러한 미래를 정확히 예측하기란 사실상 불가능하다. 1968년 독일의 공학자 디트리히 브라이스가 발표한 '브라이스의 역설'은 지극히 상식적이고 단순한 예측도 틀릴 수 있음을 보여주는 고전적인 사례(classic example)로 지칭된다. 브라이스는 수년에 걸친 연구결과 고속도로를 확장하는 것이 항상 교통소통을 원활하게 하는 것은 아니며 가끔씩은 교통혼란을 가중시키는 경우도 있음을 발견하였다. 이는 차로가 증가하면 운전자가 차로를 변경하려는 욕구가 더욱 강해지기 때문에 발생하게 된다.[2)]

이러한 사례는 최근 과학계에서 이슈가 되고 있는 복잡성(complexity)으로 설명할 수 있다. 개체가 상호역할을 주고받으며 움직일 경우 전체의 움직임이 어느 방향으로 움직일지는 예측하기 어렵다. 수많은 개인이 참여하고 수많은 변수가 작용하는 주가(stock price)의 움직임이 복잡성의 대표적인 사례라고 할 수 있다. 저명한 증권분석가들도 주가의 상승과 하락을 알아맞히는 확률 50%의 게임에서 자주 오류를 범하게 된다. 이러한 상황을 인식해서 주가를 설명하는 이론 중의 하나인 'random walk theory'도 파생되었다고 할 수 있다.

에이전트기반모형(agent-based modeling)은 이 같은 복잡성을 인식해서 개체의 행위를 실제 상황에 유사하게 프로그램밍한 다음 컴퓨터를 통해 모의가상실험(simulation)을 해보는 방법이다. 이 방법은 주로 수학공식으로 풀 수 없는 동적인

2) 동아, 2003. 4. 9. 참조

상황(dynamic situation)을 예측할 때 사용된다. 세계적 경영컨설팅기업인 캡 제미니 언스트 앤드 영은 최근 휴렛 팩커드(HP)의 조직변화 프로젝트를 수행한 바 있다. HP의 경영진은 서비스부문을 강화하기로 결정한 후 기업충성도(company loyalty)는 낮지만 해당업무에 경험이 많은 컨설턴트들을 상다수 채용하여 조직의 약점을 보완하는 방안을 검토했는데 이는 기존 직원들의 충성도가 워낙 높았기 때문에 별 문제가 없는 것으로 판단했기 때문이다. 그러나 '에이전트기반모형'을 이용한 시뮬레이션 결과는 예상과는 달리 충성도가 높았던 직원들의 이직을 촉진시켜 기업의 존립기반이 위태로울 수 있다는 결과가 나왔다. 또한, 기업전체의 지식수준도 저하되는 것으로 나타났으며 따라서 HP는 결국 수년에 걸친 점진적인 변화를 선택하게 되었다.

기업을 둘러싸고 있는 환경변화를 예측해서 대응하는 것도 중요하지만 기업이 불확실성에 대처하는 가장 최선의 방법은 미래를 만들어 나가는 것이라고 할 수 있다. 즉, 타 기업보다 앞선 기술력과 양산능력을 기반으로 시장의 주도권을 획득하여야 한다.

〈표 3-1〉 불확실성 하의 기업전략

	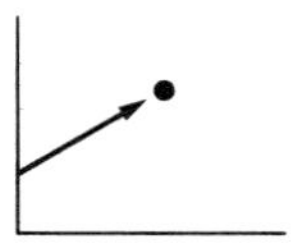 미래가 분명한 경우	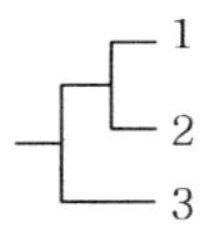 몇 가지 경우의 수	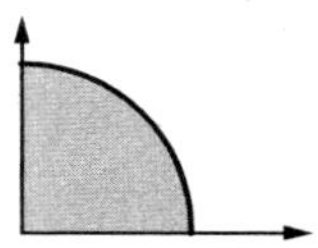 미래의 범위	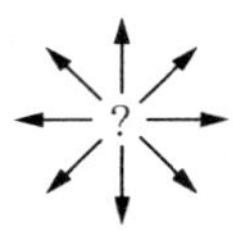 진정한 불확실성
의미	· 명확하게 하나의 예측이 가능할 때	· 미래의 몇몇 서로 다른 결과	· 발생할 수 있는 결과의 범위가 있을 때	· 미래를 예측할 근거가 없을 때
분석도구	· 전통적인 전략 기법	· 의사분석 · 옵션평가모형 · 게임이론	· 잠재수요 예측 · 기술예측 · 시나리오계획	· 유추/형태 인식 · 비선형 동적모형
사례	· 저가 항공사의 진입에 대한 대응	· 규제가 풀린 지역 통신시장 진입을 위한 장거리 전화회사의 전략	· 인도처럼 신흥 시장에 진입할 때	· 1992년 러시아 시장진입

자료 : Harvard Business Review

제 2 절 경제적 불확실성

이라크전이 예상보다 신속하게 종결되었으나 세계경제의 불확실성(uncertainty of global economy)은 여전히 남아 있다. 일부 경제학자들은 전쟁이라는 불확실성만 제거되면 2000년 이후 미국경제를 비롯하여 세계경제가 침체되고 있는 현상이 어느 정도 극복될 수 있을 것으로 기대하였다. 그러나 신속한 이라크전의 종결에도 불구하고 해소될 수 없는 성격의 불확실성이 여전히 세계경제를 짓누르고 있다. 이라크전 이후 세계경제의 불확실성을 야기시키고 있는 3가지 측면을 살펴보고자 한다.

1. 기업투자

시장의 기대대로 전쟁이 종료되면 기업은 설비투자가 활성화되고 기업수익이 증가할지 여부부터 불확실하며 현재로서는 가능성이 높지 않다고 할 수 있다. 이러한 전망의 근거는 기업들이 전쟁종결을 기다리고 설비투자 시기를 지연시키고 있는 것이 아니라는 점이다. 아직도 대다수의 기업들은 신규설비를 확대해 생산능력(production capacity)을 제고시키기보다는 오히려 과잉설비 문제를 어떻게 해결하느냐에 역량을 집중시키고 있다. 지난 1990년대 말 정보통신부문을 비롯한 일부 산업분야에서 이루어진 과도한 시설투자의 부작용에서 아직도 완전히 벗어나지 못하고 있는 실정이다.

2. 재정적자

미국의 재정적자가 통제불능상태로 확대될지에 대한 불확실성도 정책당국자들(policy makers)의 커다란 부담이 되고 있다. 2003 회계연도(2002년 10월~2003년 9월) 첫 5개월간 미 재정적자규모는 1,939억 달러로 증가하였다. 이는 전년도 동 기간에 기록한 재정적자 규모(677억 달러)의 3배에 이르는 액수이다. 경제계 일각에서는 이라크 전비를 포함하지 않더라도 2003년 재정적자는 당초 예상수준(3,004억 달러)보다 훨씬 많은 4,000억 달러에 육박할 것이라는 분석도 제기되고 있다. 부시 행정부는 재정적자의 심각성에 대해 평가절하시키고 있지만 이라크 전비, 재건비용, 감세로 인한 세수의 축소, 경기부양 조치 등으로 정부지출 수요가 지속적으로 확대될 수밖에 없어 재정적자는 당분간 미국의 구조적인 문제가 될 것으로 예상된다.

특히, 재정적자(fiscal deficit)가 급증하여 미국정부가 이러한 적자를 보전하기 위해 대규모 국채발행을 단행할 경우 시중금리가 급등하여 미 경제전반에 악영향을 미치게 될 가능성도 높은 것으로 지적되고 있다.

〈표 3-2〉 미국의 연방재정수지 추이 (단위 : 10억 달러)

1992	1997	1998	1999	2000	2001	2002	2003
-302	-22	84	150	224	40	-254	-455

3. 세계 각국의 군비 지출 증대

2001년 발생된 9·11 테러의 여파로 2002년 세계 군비(軍費) 규모는 예년 비율의 2배 이상 급증한 것으로 나타났다. 이러한 추세는 미국의 국방비 지출이 급팽창한 결과여서 '미국 대 유럽 및 나머지 세계' 사이의 군사적 격차는 더욱 크게 확대되고 있다.

스웨덴 '스톡홀름 국제평화연구소(SIPRI)'가 2003년 6월 17일 발간한 「SIPRI 2003년 연감」에 따르면 2002년 세계 군비 총액은 7,940억 달러(약 963조원)로 2001년에 비해 6% 증가한 것으로 나타났다. 세계 1위의 군비지출국인 미국은 군사력 혁신(innovation of military power)과 테러와의 전쟁을 추진하며 예년에 비해 10% 증가한 3,360억 달러를 지출하여 세계 전체의 43%를 차지하였다.

앨리슨 베일스 SIPRI 소장은 연감 서문에서 수퍼파워의 영향력을 적극적으로 추진하고 있는 미국이 지난 18개월간 세계 안보개념을 지배했다며 적국은 물론 동맹국까지 미국이 향후 어떠한 방향으로 나아갈지 우려하고 있다고 지적하였다.[3)]

3.1 미국 대 나머지 국가들의 군비격차 확대

미국은 2001년에 이어 2002년에도 첨단신무기 조달사업비를 780억 달러 증가시킨 데다 추가로 620억 달러의 이라크 전비까지 지출하여 세계군비지출의 40%를 초과하였다.

이는 2001년 2위인 일본의 10배 수준이며 상위 15개국 중 나머지 나라를 모두 합한 지출을 초과하는 압도적인 규모이다. 더욱이 첨단무기 구매와 연구·개발(R&D) 예산분야의 격차는 더욱 심한 것으로 조사되었다.

2000년에서 2002년 사이 미국은 첨단전투기 등 재래식 무기와 신무기 구입을 위한 지출을 26% 증가시킨 데 반해 북대서양조약기구(NATO)에 소속된 서유럽국가 전체의 장비지출은 오히려 3% 감소하였다. 미국 대 유럽연합(EU)의 군사 R&D 투자도 4 대 1로 격차가 더욱 커진 것으로 나타났다.

3.2 지역별 군비지출

지역별 군비지출을 비교하면 중동지역이 국내총생산의 6.3%를 지출하여 세계 평균치 2.3%보다 훨씬 많았으며 아프리카, 아시아, 서유럽은 각각 2.1%, 1.6%, 1.9%로 상대적으로 낮은 수준을 기록하였다. 미국과 캐나다는 GDP의 3%를 지출하였다.

한편, 미국과 세계 여타국가간 군비격차가 확산되고 있는 가운데 중국과 러시아의 팽창도 두드러진 것으로 나타났다. 두 나라는 2002년 군비지출을 각각 12%, 18%로 증가시켰다. SIPRI는 러시아는 최근 방위산업체의 기술력 정비 및 군개혁 분야에 지출을 확대하고 있고 중국도 군 현대화에 박차를 가하고 있음을 지적하였다. 특히, 중국의 2002년 군비지출은 국내물가수준을 감안한 구매력 기준 환산치(PPP)로는 1,429억 달러로 평가되어 세계 2위 수준을 나타내고 있다. 또한, 중국은 2002년 세계 무역구입의 14%를 차지하여 최대의 무기수입국이 되었다. 무기수출국으로는 러시아가 2002년 48억 달러를 수출하여 미국을 추월하여 최대 무기 수출국으로 부상하였다. 한국은 2002년 135억 달러의 군비를 지출하여 세계 10위를 기록하였다.

---

3) 중앙, 2003. 6. 19. 참조

〈표 3-3〉 세계의 군비 추이 (단위 : 10억 달러)

1995	1996	1997	1998	1999	2000	2001	2002
707	691	696	690	696	723	741	794

SIPRI는 아프가니스탄전과 이라크전에서 미국이 무인정찰기(UAV) 프레데터를 실전배치하면서 향후 10년 내에 무인항공기 시장의 폭발적 팽창이 기대된다고 전망하였다. 특히, 미국은 무인전투기(UCAV)까지 개발하여 수출할 수 있을 것으로 전망하였다. 또한, SIPRI는 이라크전에서 정확성을 입증한 크루즈 미사일(Cruise Missile)과 같은 지상공격용 정밀 미사일 기술도 신속하게 보급될 것으로 예상하였다.

〈표 3-4〉 세계 각국의 군비지출 현황 (단위 : 10억 달러, %)

순위	국가명	지출규모	세계에서 차지하는 비중
1	미국	335.7	43
2	일본	46.7	6
3	영국	36.0	5
4	프랑스	33.6	4
5	중국	31.1	4
6	독일	27.7	4
7	사우디아라비아	21.6	3
8	이탈리아	21.1	3
9	이란	17.5	2
10	한국	13.5	2

자료 : SIPRI, 2003.

〈표 3-5〉 이라크전 종전 이후에도 해소되지 않는 불확실성

불확실성	파급여파
기업 설비투자 활성화·이익 증가	기업 과잉설비 축소에 주력 → 신규투자여력 빈약 기업 가격통제력 축소 → 기업실적 악화
고용시장 회복	기업 비용절감 → 인력감축, 신규고용 축소 고용시장 위축 → 개인 가처분소득 감소 → 소비지출 둔화
가계소비지출	미 가계부채 급증·주택경기 거품 조짐 → 소비둔화 가능성
재정적자 지속	재정적자 통제불능 확대 → 달러자산 매력 추락 국채발행 급증 → 금리급등, 기업실적 부담
미 정부 경기부양능력	미 금리 41년래 최저 → 추가 인하 여력 소진
지정학적 불확실성	북한·이란 문제 → 지정학적 불안요인 상존
무역마찰	독일·프랑스 등 반전국과의 무역마찰 → 국제무역질서 혼란 우려

자료 : 매경, 2003. 3. 25.

제3절 정치·사회적 불확실성

1. 냉전종식에 따른 단극체제의 도래

구소련에 이은 동구 사회주의체제의 붕괴로 냉전이 종식되면서 세계 각국은 군사적 대결을 지양하고 자국의 경제발전을 이루기 위해 모든 자원을 집중시킬 수 있는 기회를 가지게 되었다. 즉, 냉전종식으로 일부 지역의 국가를 제외하고 세계 각국은 무기개발, 군비확장을 위한 군사비 지출을 축소하고 경제성장, 빈곤해소, 환경보존 등 자국민의 경제적 후생(economic welfare)을 증진시키는데 국가의 역량을 집중할 수 있는 호기를 맞이하게 되었다. 이러한 상황 하에서 미국은 IT부문에서 세계 제일의 경쟁력을 갖추게 되면서 1990년대 이후 장기성장을 구가하게 되었다.

미국은 기존의 경제적 측면에서 세계 최강의 경쟁력에다 냉전시대 유일한 경쟁국인 구소련의 몰락으로 인해 정치·군사적인 면에서도 세계 최강의 위치를 차지하게

되면서 세계는 미·소의 양극체제에서 미국 중심의 단극체제(unipolar system)로 변화하고 있다.

2. 지역분쟁의 확산

냉전종식으로 미·소 양극체제 시절에 우려했던 핵전쟁에 이은 제3차 세계대전의 발생가능성이 크게 감소되었지만 지역간, 종족 간에 발생되고 있는 국지적 분쟁은 냉전체제에서 보다 더욱 빈번하게 발생되고 있다.[4] 전세계적으로 전쟁 등 분쟁발생 건수는 1980년대 연평균 1.1회에서 1990년대에는 3.2회로 급증하였으며, 특히 최근 들어 더욱 더 발생빈도가 높아지고 있다.[5]

1990년대 이후의 국지적 분쟁의 증가추세에 대해 Peter J. Spiro는 Foreign Affairs에 기고한 논문에서 다음 2가지 요인으로 설명하고 있다.

① 힘의 불균형상태

냉전종식으로 미·소를 주축으로 형성되었던 양대 진영 내의 통제력과 결속력이 급속히 약화된 뒤에 힘의 불균형상태가 초래되었다.

② 미 외교정책의 전통적 고립주의로의 회귀

단극체제(unipolar system) 하에서 미국의 외교정책이 전통적인 고립주의(traditional isolationism)로 회귀하는 경향을 보임에 따라 국지분쟁을 조정하고 통제하는 중심축이 상실되었기 때문으로 분석하고 있다.[6]

---

4) 이 같은 지역분쟁은 주로 발칸반도, 중동지역, 아프리카 등 제3세계 지역에서 발생되고 있다.

5) 국지적 분쟁발생건수는 2000년에는 6회, 2001년에는 11월까지 8회의 분쟁이 발생하였다.

6) Peter J. Spiro, 'The New Sovereigntists : American Exceptionalism and Its False Prophets', Foreign Affairs, Nov/Dec 2000. 참조

〈표 3-6〉 전쟁 등 분쟁발발 추이* (단위 : 회수)

형 태	1940~1979	1980~1989	1990~1999	2000	2001. 1.~11.
국가간 분쟁	0	1	7	0	4
대미 테러공격	0	0	1	1	1
내전, 쿠데타	8	5	16	3	1
종교분쟁	8	5	8	2	2
계 (연평균)	16 (0.4)	11 (1.1)	32 (3.2)	6 (6.0)	8 (8.0)

주 : 2001년 11월 기준임

자료 : The History Guy, New and Recent Conflicts of the World, 2001. 11.

3. 무차별적 테러의 확산

2001년 9월 11일 발생한 미 테러사태는 지역분쟁이 무차별적 테러로 확산될 수 있으며 따라서 세계분쟁으로 비화될 수도 있음을 여실히 보여준 사건이라고 할 수 있다. 따라서 단극체제가 정착되면서 지난 냉전시대에 비해 오히려 세계정세의 불확실성은 더욱 증대되었다고 평가할 수 있다. 즉, 냉전시대의 대립은 치명적이기는 하나 사용가능성이 희박한 핵무기(lethal but not usable nuclear weapon)가 중심이 되었던 반면에 지역분쟁 및 무차별적 테러는 치명적이면서도 수월하게 사용할 수 있는 생화학무기(lethal and readily usable biochemical weapon)가 중심이 될 수 있어 국제정세의 불안정성을 더욱 증폭시키고 있다.

향후 UN 등 국제기구가 중심이 되어 지역, 종족 및 종교분쟁에 대한 적극적인 조정역할을 효과적으로 수행하지 않을 경우 9·11 미 테러사태에서 알 수 있듯이 또 다른 형태의 잠재적인 분쟁요인(potential dispute factor)이 상존하게 되어 세계정세의 불확실성이 증대된다. 따라서 현재의 불확실성을 해소(解消)하기 위해서는 미국을 비롯한 선진제국들이 국지분쟁을 비롯한 국제문제에 대해 강력한 조정자로서의 역할을 충실히 수행하여야 한다.

4. 이라크 전후 세계의 위험성 증대

미국의 조지 W. 부시 행정부가 '악의 축'으로 지목했던 이라크의 사담 후세인 정권을 제거했지만 세계가 더욱 위험해졌다는 평가가 우세한 것으로 나타났다. 즉, 미국은 이라크전에서는 압도적인 군사력과 치밀한 전략으로 손쉽게 승리했지만 전후 세계 각국의 우호적 여론을 얻는 데는 실패했다고 평가할 수 있다.

국제여론조사기구인 갤럽이 2003년 5월초 전세계 41개국 32,000명을 대상으로 '이라크 전쟁 이후 세계관'을 조사하여 5월 12일 발표한 보고서에 따르면 '전쟁이 종료되었지만 지구촌이 더욱 위험해졌다'는 답변이 대부분의 나라에서 '더욱 평화로워졌다'는 답변보다 많은 것으로 나타났다.

이라크 전쟁 이후 지구촌이 '더욱 평화로워졌다'는 답변이 우세했던 곳은 이라크를 침공한 미국(48%)과 세르비아계의 인종청산시 미국의 직간접적인 보호를 받았던 코소보(59%), 알바니아(64%) 등 3개국뿐이었다. 반전운동이 드셌던 한국은 13%를 기록하였다.

〈표 3-7〉 이라크 전쟁 이후 주요국의 세계관 (단위 : %)

국가명	더욱 평화로워짐	미국 군사행동의 정당성	UN 권위 손상
한국	13	20	79
미국	48	68	54
영국	22	54	63
프랑스	9	27	79
독일	23	28	62
일본	15	36	69

자료 : 한국갤럽

후세인 정권이 붕괴된 지금 미 군사행동의 정당성을 묻는 질문에는 세계 각국의 반응이 상이하게 나타났다. 독일, 프랑스 등 반전축을 형성한 유럽국가들뿐만 아니라 유엔안전보장이사회에서 이라크에 대한 무력사용을 지지했던 스페인 등은 '정당화될 수 없다'는 의견이 주류를 이루었다.

반전축 국가들이 종전 이후 이라크 재건사업에 참여하려는 데에는 부정적인 의견이 더욱 많았다. 엄청난 군수비용을 투입한 미국과 영국은 말할 것도 없고 프랑스와 독일 등 반전축 내부여론도 자국의 참여보다는 UN이나 아랍권국가의 참여를 더욱 선호하였다. 한국에서도 'UN이 나서야 한다'는 여론이 압도적인 것으로 나타났다.

이라크 전쟁으로 UN의 권위가 손상되었다는 답변은 UN을 시종일관 무력화시켰던 미국, 영국 등에서도 더욱 우세한 것으로 나타났다. 이는 향후 국제질서의 재편이 중차대한 과제임을 시사한다고 할 수 있다.

제4장

디지털경제의 부상

1990년대 이후 세계경제는 급속도로 국경없는 세계경제(borderless global economy), 즉 단일경제권으로 통합되고 있다. 무역 및 투자자유화(trade and investment liberalization), 경제통합의 확대(expansion of economic integration), 정보기술(IT) 및 물류혁명 등 경제의 범세계화를 촉진하는 다양한 요소 중에서도 가장 두드러진 현상은 정보기술혁명(IT revolution)이라고 할 수 있다. 전자상거래와 그의 원천이 되는 정보기술산업의 급속한 성장으로 21세기는 소위 인터넷과 정보기술에 기반을 둔 디지털경제(digital economy)의 시대가 될 것으로 전망된다. 현재 태동기에 있는 디지털경제가 향후 세계경제환경에 지대한 영향을 미칠 것임은 자명한 사실이다. 다만 디지털경제의 등장은 18세기 후반의 산업혁명(industrial revolution)에 비유되는 새로운 혁명으로서 정보기술혁명 또는 신산업혁명으로 지칭되고 있으며, 세계경제를 그 어느 때보다 신속하게 통합시키는 동시에 새로운 국가 및 기업경영의 형태를 만들어 내면서 소득과 고용을 창출하는 세계경제성장의 원동력이 될 것으로 기대된다.1)

1) 인터넷 비즈니스는 1990년대 중반 가능성 모색 단계를 거쳐서 이제 본격적인 사업화 단계에 진입했다. 인터넷은 21세기 산업발전의 원동력이 될 것으로 전망되고 있다. 각종 미디어의 이용자 수가 5천만명을 돌파하는 데에 소요된 시간을 기준으로 볼 때, 라디오가 38년, TV가 13년, PC가 16년이 소요된 데 비해 인터넷은 불과 4년에 지나지 않았다는 점에서 인터넷은 인류역사상 가장 급속도로 확산된 미디어라는 평가를 받고 있으며 그 내용면에 있어서도 인터넷 비즈니스는 유통은 물론이고, 금융, 주식거래, 경매, 오락, 택배서비스 등 산업전반으로 급속히 확산되고 있다(강인수 외, 국제경제학원론, 박영사, 2003. pp. 425~439

제1절 통신기술의 혁명적 발전

1. 국경없는 경제의 실현

1990년대 이후 정보통신기술(IT)의 발달은 디지털기술(digital technology)의 급속한 발전으로 인해 가능해졌다. 이전에 디지털은 기술적 의미로만 사용되어 왔으나 1990년대 이후 산업전반을 변화시키는 원동력으로 강력한 영향력을 행사하고 있다.2)

1950년대 컴퓨터의 상용화를 계기로 출현한 디지털기술은 1980년대까지 정보기기 및 통신기기의 디지털화가 실현되면서 더욱 급속히 진전되었다. 1990년대 들어 인터넷의 보급은 본격적인 디지털경제시대를 가능하게 하는 촉매제 역할을 하고 있는데 이제 디지털은 기술발전과 인프라구축의 차원을 넘어서 향후 지식기반사회(knowledge-based society)의 핵심이 되고 있다.

디지털경제 하에서 가장 두드러진 현상은 경제통합의 가속화(acceleration of economic integration)에 따른 국경없는 경제(borderless economy)의 실현이라고 할 수 있다. 즉, 디지털화되어 전자전송이 가능한 서비스로 인해 이제 전세계적인 생산과 단시간 내의 유통이 가능하게 되었다. 이에 따라 상품 및 서비스의 거래가 지역이나 시간 또는 국경에 관계없이 이루어질 수 있게 되었다.

시간과 공간의 제약성을 극복한 정보통신기술의 발달은 엄청난 경제적 효과를 파생시키고 있다. 이러한 경제적 효과는 다음 4가지 측면에서 살펴볼 수 있다.

① 공급자와 수요자 사이에 존재해 왔던 복잡한 유통단계를 제거시킴으로써 일반

요약 · 재구성).

2) 디지털은 연속적인 신호나 현상을 그 자체의 물리량으로 나타내는 아날로그(analogue) 신호를 '0과 1의 조합'으로 나타낸 것이다. 예를 들면, 인간의 목소리를 아날로그로 표시하면 연속파형의 형태로 나타나지만, 이를 디지털화하면 0과 1의 이진수로 표현할 수 있다.

소비자나 기업들이 지불해야 할 거래비용(transaction cost)을 크게 절감시키고 있다.

② 거래시간이 단축되고 중간상의 필요성이 없어지면서 거래비용이 대폭적으로 감소됨에 따라 소비자들이 지불해야 할 가격 역시 파격적으로 낮아지게 된다.

③ 신규기업의 시장진입에 부수되는 비용이 제거된다. 디지털경제 하에서는 수많은 기업, 특히 새로이 영업을 하려는 기업들의 시장진입이 보다 용이해지면서 일부 기업의 독과점적 지위의 유지가 실질적으로 어렵게 된다.

④ 디지털시대에는 모든 기업이 경쟁상황에 직면하게 되고 그에 따라 소비자뿐만 아니라 중소기업까지도 커다란 혜택을 볼 수 있게 된다. 이제 대기업이나 중소기업 등 기업규모에 관계없이 모든 기업들이 범세계적 시장에 완전한 참여가 가능하게 된다.

2. 지식과 정보의 중요성 증대

디지털경제시대에서의 또 다른 중요한 특징은 지식(knowledge)과 정보(information)가 가장 중요한 생산요소로 부상하게 되고 세계경제통합(global economic integration)의 가장 주된 동력을 제공한다는 것이다. 글로벌경제를 실현시키는 데에는 정보가 핵심요소가 되고 있다. 1980년대에는 무역 및 투자의 급증이 경제의 범세계화에 추진력을 제공했으나, 이제는 국경없는 경제를 형성하는 기술에의 접근능력이 그 추진력이 되고 있다. 물론 기술의 확산은 최근에 갑자기 등장한 것은 아니지만 컴퓨터, 전화, 팩스기 등이 경제의 범세계화를 가속화시킴과 더불어 그 범위도 한층 확대시키고 있다.

특정 지역이나 국가에 국한되지 않는 디지털경제는 토지나 노동력 또는 자본에 기반을 둔 전통적 경제사회와는 근본적으로 구별되고 있다. 정보기술에 기반을 둔 디지털경제는 어느 곳에서나 생성·발전하면서 과거에 경제적 잠재력(economic potentials)을 결정했던 토지, 노동, 자본 등 전통적 생산요소들의 특성을 약화시키고 있다. 즉, 전통적 생산요소가 절대적으로 부족한 국가나 지역들도 무한한 성장가능성을 가지게 됨으로써 새로운 국제관계를 형성하는 계기가 된다.

〈그림 4-1〉 디지털경제에서의 경제구조변화

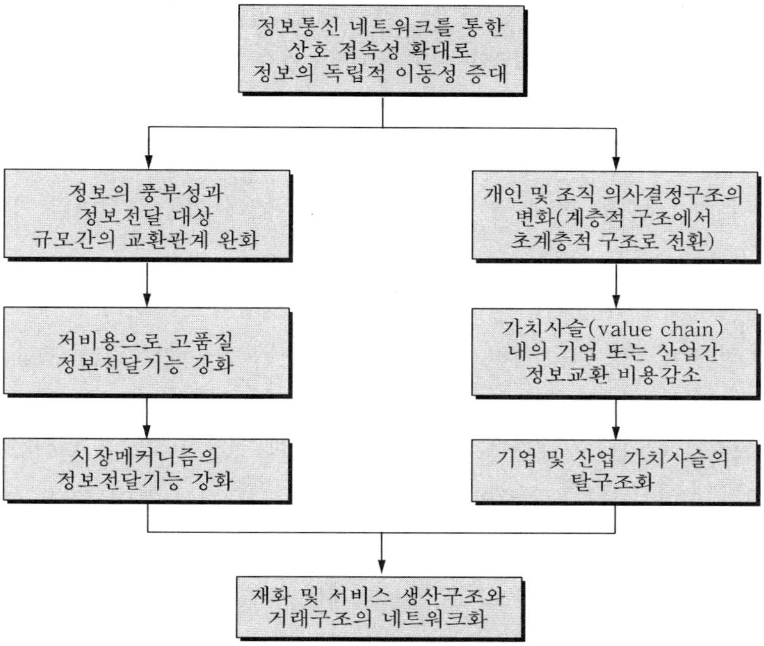

자료: 강인수 외, 『국제경제학원론』, 박영사, 2003. p. 429.

3. 전자상거래의 발전

전자상거래(EC: Electronic Commerce)란 일반적인 의미에서 사이버 비즈니스(cyber business)라고도 하며 컴퓨터통신망을 통한 기업이나 정부기관과 같은 조직간, 또는 조직과 개인간 상품과 서비스의 구입, 판매, 광고, 고객 마케팅, 조달 등의 거래행위를 의미한다. 보다 광의로는 사이버 비즈니스는 물론이고 광속상거래(CALS: Commerce at Light Speed)도 포함하기도 한다.[3] 한편, 경제협력개발기구

3) CALS란 제품의 기획, 설계, 생산, 유통, 폐기에 이르기까지 수명주기(life cycle) 전반에 관련된 데이터를 통합하여 공통의 표준(common standard)을 사용하거나 교환하여 생산성향상을 추구하는 일련의 과정을 의미한다.

(OECD)는 전자상거래를 문자, 소리, 시각이미지를 포함하여 디지털화한 정보의 전송, 처리에 기초하여 이루어지는 모든 형태의 상업적 거래로 정의하고 있다.

세계 전자상거래 규모는 1994년 약 2억 5,000만 달러에서 2000년에는 1조 6,000억 달러, 2006년에는 약 4조 5,000억 달러에 이를 것으로 전망되고 있다. 그러나 전자상거래에 대한 명확한 정의가 확립되어 있지 않고, 전자상거래의 성장 및 변화속도가 매우 신속하고 다양하며, 전자상거래와 전통적인 거래가 동시에 수행됨에 따라 그 구분이 모호하다고 할 수 있다. 따라서 전자상거래 활동과 관련된 가치를 정량화하는 것은 용이하지 않다.

전자상거래의 발전은 기본 무역방식의 형태를 혁명적으로 변화시키고 있다. 인터넷은 양 방향 마케팅, 주문처리, 대금결제, 고객지원 등을 가상공간(cyber space)상에서 가능하게 한다. 따라서 무역 EDI를 통한 무역자동화뿐만 아니라 재화와 용역을 국제적으로 매입하고 매도하는데 있어서 시간과 공간의 제약을 넘어 거래비용을 최소화하고 있다. 따라서 기존의 비통합적이면서 단편적인 무역시장은 가상공간에서 구현되고 있으며 신용장 발행, 수출입 승인이나 추천, 보험증권 발행, 수출입 신고 등 복잡한 무역절차가 간소화되거나 폐지되고 있다. 예를 들면, 거래처 개발과 광고마케팅의 필요성은 여전히 존재하지만 이를 구현하는 방법이 크게 변화되고 있는 것이다. 또한, 대금결제에 전자화폐 등 새로운 수단이 이용되고 상품의 운송이나 물류에 항공운송이나 국제특송 등이 활발하게 이용되고 있다.[4)]

이러한 변화는 국가 간의 거래형태에 대한 변화뿐만 아니라 국가경제의 총체적인 변화와 함께 경제, 사회, 문화 등 경제의 각 부문에서도 다양한 변화를 야기시키고 있다. 즉, 정보통신기술의 발전에 따른 새로운 정보통신기기 및 서비스는 인터넷 등 전자적인 매체에 의한 거래에 새롭고 편리한 기능을 제공하게 되었고 이는 시장 구성원 간의 관계를 재구성하게 되며 기업간, 산업간, 국가 간에 있어서도 새로운 환경을 전개하는 계기가 되고 있다.

---

4) 기존에는 세계시장의 단일화에 따라 현지생산과 배달이 급속히 발전하고 통신망의 발전에 따른 국가 간의 서류교환이 급속도로 적어져 국제특송시장이 위축될 것으로 예상되었으나 오히려 인터넷을 통한 소액물품거래의 활성화에 따른 상품배송의 확대로 인하여 국제특송시장은 상대적으로 발전되고 있다.

[사례 1] 신경제의 등장

미국경제는 지난 1991년 3월 이후부터 2000년 상반기까지 경기확장을 지속하면서 미국 역사상 최장기 호황을 시현한 바 있다. 특히 경제성장률이 1997년 4.5%, 1998년 4.3%, 1999년 4.1%로 과열을 우려할 정도로 높은 수준에서 유지되었음에도 불구하고, 소비자물가상승률은 1996년의 2.9%에서 1997년에는 2.3%로 하락했으며, 1998년과 1999년에도 각각 1.6%와 2.2%를 기록하는 등 대체로 지속적인 하강추세를 보인 바 있다. 반면 생산성증가율은 1996년에서 1999년에 이르기까지 각각 0.8%, 1.6%, 1.7%, 2.1%를 기록함으로써 현저한 상승세를 나타냈다. 동 기간에 실업률 역시 완전고용수준인 4%대로 낮아짐으로써 전통적 경제이론(traditional economic theory)으로는 설명하기 어려운 새로운 경제 패러다임(new economic paradigm)이 형성되었다.

고성장세를 유지하면서 실업률이 지속적으로 하락해도 물가가 저수준상태를 보이는 현상을 다수의 경제학자들은 '신경제(New Economy)'라고 표현한다. 신경제 하에서는 실업률과 물가의 상충관계를 설명하는 전통적인 필립스곡선(Phillips curve)이론이 무의미하게 된다. 또한, 전통적 경제이론에서 설명하는 수확체감의 법칙(law of diminishing returns), 즉 일정수준 이상의 생산요소가 투입되면 단위당 생산량이 감소한다는 경제이론이 오히려 정반대인 수확체증의 법칙(law of increasing returns)으로 대체될 수도 있다.

미국은 1980년대의 노동시장 및 기업·금융구조조정, 1990년대의 정보기술 인프라 투자와 정보기술산업 육성을 통해서 신경제를 탄생시킬 수 있었던 것으로 평가된다. 1981년 레이건 행정부의 출범 이후 경제구조조정에 주력한 결과로 지식기반산업(knowledge-based industry)의 기반이 마련되고 기존산업들의 경쟁력이 제고되었으며, 그 후 1993년 클린턴 행정부가 등장한 이후 정보기술산업에 대한 투자를 본격화함으로써 생산성 향상(productivity improvement)과 경제성장이 가속화되었다. 실제로 1993년 이후 미국은 정보기술산업에 대한 설비투자가 민간 설비투자의 50%를 상회함으로써 정보기술혁명(IT revolution)의 기초를 마련했으며, 이를 통해 여타국가에 비해 정보기술산업에서 우월적인 경쟁력(superior competitiveness)을 확보하고 전자상거래 등 새로운 분야에서도 우위를 선점하게 되었다. 그러나 2000년 하반기부터 나타난 미국경기의 침체현상으로 신경제의 의미는 상당히 퇴색되었다. 다만 신경제현상의 지속가능성에 대해서는 논란의 여지가 있으나 다수의 경제학자들은 1990년대에 미국경제에 나타난 제반현상을 정보기술혁명에 기초한 신경제로 설명하는 데에는 큰 무리가 없는 것으로 인식하고 있다.

[사례 2] 필립스곡선과 신경제

필립스곡선(Phillips curve)은 1958년 경제학자 필립스(A.W. Phillips)가 발표한 논문에서 임금상승률과 실업률과의 상충관계를 설명한 데에서 비롯되었다. 그로부터 2년후, 미국경제학자 새뮤얼슨(Pual Samuelson)과 솔로우(Robert Solow)는 그와 같은 상충관계가 물가

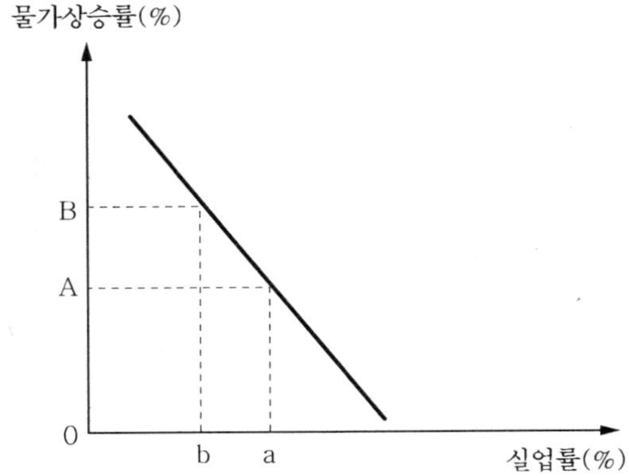

상승률과 실업률에 일반적으로 나타난다는 사실을 발견하고 그와 같은 관계를 설명하는 곡선을 '필립스 곡선'으로 명명했다.

필립스 곡선에 의하면 물가상승률이 A%에서 B%로 상승할 경우 실업률은 a%에서 b%로 하락함으로써 물가상승률과 실업률 간에는 상충관계가 존재한다는 것이다. 즉, 실업률을 낮추기 위해서는 그에 상응하는 물가상승률을 감수해야 한다는 것을 의미한다. 따라서 고성장 · 저물가 · 저실업으로 대변되는 신경제 하에서는 필립스곡선이 설명하는 물가상승률과 실업률의 상충관계가 의미가 없게 된다.

제 2 절 경제환경의 변화

1. 소비 및 생산활동

디지털경제는 소비자의 소비활동이나 기업의 경영 및 생산활동에도 지대한 영향을 미치고 있다.

1.1 소비활동

(1) 제품선택기회의 확대 및 제품 질의 향상

소비자의 경우에는 정보통신의 발달로 물품을 구입할 수 있는 지역적 범위가 전 세계로 확대됨으로써 제품 선택의 폭이 넓어진다. 시장공간의 제한이 제거되면서 제품의 종류도 다양해질 뿐만 아니라 개개의 제품에 있어서도 가격이나 질적인 차이를 고려하여 소비자 기호(consumer tastes)에 적합한 물품을 구입할 수 있는 기회가 훨씬 확대되는 것이다. 현재 세계무역기구(WTO)에서는 전자상거래를 통상차원에서 취급함으로써 인터넷을 통한 거래에 대해 무관세는 물론이고 새로운 조세의 신설을 금지하는 등 전자상거래의 자유화 보장을 위한 다자간 협상을 추진하고 있다. 현재에도 잠정적이나마 인터넷을 통한 물품구입에는 관세를 부과하지 못하도록 하는 데에 WTO 회원국 간의 합의가 이루어진 상태이다. 이 같은 다자간 차원의 노력이 성사될 경우, 전자상거래에 대한 시장진입장벽이 낮아짐으로써 경쟁이 촉진되고 그에 따라 제품의 질도 전반적으로 향상될 것임은 주지의 사실이다.

(2) 거래비용의 절감

인터넷을 통해 간편하고 신속한 절차에 의한 물품구입이 가능해짐으로써 소비자의 거래비용도 현저하게 절감시키는 효과가 발생된다. 즉, 전자상거래와 관련된 모든 서류도 전자문서로 대체되고 대금지급까지도 인터넷상의 사이버 은행을 통해 전자카드로의 결재가 가능하게 되는 등 각 단계별 중개 메커니즘을 거치지 않음으로써 소비자의 편의는 물론이고 거래비용도 대폭 절감되게 된다.

(3) 가격인하효과

디지털경제 하에서는 경쟁이 촉진되고 유통단계에서의 중개기능이 제거됨으로써 유통마진의 축소에 따른 가격의 인하효과가 발생된다. 현재 전자상거래가 급속히 확산되는 과정에서도 가격하락이 크게 발생하지 않고 있는데 그 주된 이유는 아직까지 기존의 전통적인 유통망의 영향력이 크기 때문인 것으로 분석되고 있다. 그러나 최근 들어 인터넷을 이용한 구매형태의 신뢰도가 제고되고 가격인하가 확산되고 있다. 예를 들면, 인터넷 상점은 일반상점에 비해 가격이 10~15% 정도 저렴한 것으로 조사되고 있다. 이 같은 현상은 향후 인터넷으로 인해 전통상점의 가격인하가 사회 전체로 확산될 것으로 예상된다.

1.2 생산활동

전술한 모든 현상은 디지털경제 하에서 모든 경제활동이 소비자 중심으로 이루어진다는 것을 의미하는데 이는 결국 소비자뿐만 아니라 기업의 경제활동도 크게 변화시키게 된다. 디지털경제가 정착됨에 따라 기업들의 조달 및 물류비용, 재고비용, 판매비용, 유통비용 등 제반비용이 대폭 절감된다. 그러나 이 같은 효과는 정도의 차이만 있을 뿐 모든 기업들에게 공통적으로 적용되는 일반적 효과이며 시장진입장벽이 현저히 낮아져 경쟁이 심화된 상황에서 개별기업들이 효율적으로 경쟁하기 위해서는 정보기술투자를 대폭 확대해야만 한다. 소비자기호의 변화에 신속히 부응하기 위해 소비자에 대한 신속한 정보수집을 바탕으로 제품의 다양성을 확보하는 동시에 개별 소비자의 취향에 맞추어 신속히 제품을 생산할 수 있는 능력을 갖추어야만 한다.

(1) 정보기술투자의 확대

기업들은 과거의 대량생산체제(mass production system)에서 다품종 소량생산체제로 전환해야 되는데, 이를 위해서는 디자인 능력이나 제품혁신 능력이 필요하다. 따라서 기업들에게는 효율적 정보수집 및 네트워크체계를 기반으로 하는 정보기술투자의 확대가 절대적으로 요구된다고 할 수 있다.

(2) 고급인력에 대한 수요증가

자동화투자, 전산화투자 등 기업의 정보기술투자가 확대되면서 정보기술 등을 구비한 전문인력, 즉 고급인력에 대한 노동수요도 증가하게 된다. 고급인력에 대한 노동수요의 증가는 사회전반에 걸쳐 노동생산성(labor productivity)을 증가시키는 효과를 야기시킬 것이며, 이는 결국 개개인의 경제활동을 변화시키는 동시에 전반적인 산업구조를 지식기반산업 중심으로 개편하는 결과를 초래하게 된다.

2. 산업구조

디지털경제의 정착에 따른 세계화(globalization)의 진전은 지식과 정보를 기반으로 하는 각국의 산업을 고도화시키게 된다. 1990년대 이후 세계화가 전세계에 확산되면서 세계의 다수국이 지향하고 있는 '지식기반산업'으로의 이행은 이 같은 현상을 잘 설명하고 있다. 사실상 지식기반산업에 대해 국제적으로 확립된 정의는 없으며 오히려 OECD 등 국제기구에서는 '산업'(industry)이라는 용어보다는 '경제'(economy)라는 용어를 자주 사용함으로써 오히려 '지식기반경제'라는 용어가 국제적으로는 더욱 활용되고 있는 편이다. 다만 지식기반경제로의 이행은 결국 산업구조의 변화를 필수적으로 필요로 한다는 측면에서 지식기반산업이라는 새로운 용어가 탄생한 것으로 이해할 수 있다. 새로운 지식이 창출되는 과정에서 지식과 정보는 산업구조의 고도화를 위한 핵심적인 자원이며 생산요소인 동시에 그 자체가 제품이나 서비스가 될 수 있다.

〈표 4-1〉 디지털경제에서의 경제활동의 변화

구분	산업사회		디지털경제	
	가치창출의 주요수단	필요 생산요소, 기술 및 능력	가치창출의 주요 수단	필요 생산요소, 기술 및 능력
제품 및 기술개발	대량생산용 제품개발	복제기술, 공정혁신	다양성, 맞춤성, 짧은 제품수명주기 (product life cycle)	디자인 능력, 제품혁신, 적기 시장화능력 (time to market)
조달 및 물류	수직적 결합(vertical integration)을 통한 구매력 확보	자본력 및 시장지배력	가상적 결합(virtual integration), 전방위조달(global sourcing)	네트워크효과, 정보수집 및 교환능력
제품생산	규모의 경제(economies of scale)를 통한 비용절감	대기업, 대량생산	다품종 소량생산을 통한 재고감축	전문기업, 대량고객상대 주문생산 (build-to-order, just-in-time)
판매 및 유통	대규모 시장과의 근접성, 시장점유율	대리점, 영업사원, 홍보물	개별판매 (ono-to-one marketing)	소비자 DB 확보, 사이버무역 (cyber trading), 정보 인프라
A/S	불량품의 회수 및 수리	담당인력의 확보	효율적 활용을 위한 도움	Q/A, DB 및 알기 쉬운 설명서 (smart manual) 제공, 소비자 의견 수렴의 원활화

자료: 강인수외, 전게서, p. 434.

지식기반산업을 구축하는 데에 주도적 역할을 수행하는 것이 바로 정보통신기술이라고 할 수 있다. 따라서 토지, 노동, 자본 등 전통적인 생산요소에 대부분의 기반을 둔 현재의 산업구조는 정보와 지식을 기반으로 하는 첨단기술산업이나 하드웨어, 소프트웨어 등 컴퓨터관련 산업, 그리고 제조업의 부가가치를 제고시키는 각종 서비스산업 위주의 산업구조로 전환되게 된다. 이 같은 산업구조상의 변화가 반드시 정보통신산업에만 국한되는 것은 아니다. 지식집약도가 높은 산업, 지식 자체가 거래대상이 되는 산업, 또는 지식을 투입함으로써 부가가치나 생산이 증대하는 산업 등이 모두 지식기반산업으로 분류될 수 있다. 따라서 전자·통신기기, 소프트웨어, 데이터베이스(database) 등 정보통신산업뿐만 아니라 정밀화학, 신소재, 생명공학, 디자인, 환경에너지 등 지식이 투입되는 모든 산업이 지식기반산업이라고 할 수 있다.

한편, 다수의 경제학자들은 디지털경제시대에는 정보통신산업이 모든 산업의 기간산업이 될 것으로 보고 있다. 즉, 정보통신기술을 바탕으로 신산업이 등장함과 더불어 기존 산업 역시 정보통신의 활용도를 제고시켜 고부가가치를 창출하는 고부가가치형 산업구조가 형성되게 된다. 정보통신기술의 발달은 모든 산업에 있어서의 생산력을 비약적으로 증대시키고, 인간의 삶에 대한 관심이 제고되면서 생명공학이나 환경산업분야 역시 급속히 발전하게 된다.

3. 교역환경

디지털경제시대에는 각종 정보기술이 통합적으로 활용되어 가상공간(cyber space)에서 전자방식을 이용한 국경간 재화 및 서비스의 거래가 활성화된다. 국경간 기업들이 개방형 네트워크인 인터넷을 활용하여 가상공간에서 상품 및 서비스를 주문하고 지불하는 거래형태가 일반화되는데 이는 곧 무역환경의 엄청난 변화를 의미한다. 정보수집 및 광고단계에서부터 의사교환, 계약체결, 대금결제, 물류운송에 이르기까지 기업들의 모든 상행위 및 관습이 대인적 거래방식에서 컴퓨터와 정보통신을 활용하는 비대인적인 거래방식으로 전환되게 된다.

3.1 인터넷의 역할 증대로 인한 국제교역의 확대

다수의 공급자와 수요자가 거래할 수 있는 시장이 인터넷상에 생성되어 특정제품이나 서비스의 공급자와 수요자가 사이버 공간을 통해 직접적으로 접촉하게 된다. 즉, 인터넷이 기존의 무역중개상 역할을 대신하고 수요자는 이를 통해 정보를 수집하는 동시에 거래관련 의사교환을 하게 된다. 따라서 인터넷상의 무역알선사이트가 생산자와 구매자를 알선하여 거래가 가능하도록 중개상의 역할을 하게 된다.

이러한 경우 신속한 거래와 거래비용의 절감이라는 이점과 함께 다수의 공급자와 수요자가 접촉하게 함으로써 국제교역의 대폭적인 확대가 이루어지게 된다.

〈그림 4-2〉 기존 무역거래와 사이버 무역의 비교

기존 무역거래		사이버 무역
거래알선기관 직접방문	정보수집	국내외 거래알선 사이트 정보검색
카탈로그, 매체광고, 우편, 출장	광고마케팅	홈페이지, 거래알선사이트, 유즈넷, 메일링 리스트
국제전화/팩스, 우편출장	의사교환/계약체결	전자우편, 인터넷, 국제전화/팩스
신용장, D/A, D/P(은행)	대금결제	신용카드, 전자화폐 전자자금이체
포워드, 해운, 항공운송	물류운송	온라인전송 특급운송

자료: 강인수 외, 전게서, p. 438.

3.2 전자적 수단에 의한 계약체결 및 결제방식의 확대

이전의 물리적 우편방식으로 전달되는 서류 또는 직접 대면에 의한 계약체결 방식보다는 전자적 수단에 의한 계약체결 방식이 적극적으로 활용된다. 물론 이를 위해서 전자문서에 대해 국제적으로 공통된 인증 및 표준제도가 마련되어야 한다. 결제방식에 있어서도 이전의 은행의 신용장을 중심으로 이루어지던 결제방식이 신용카드, 전자현금, 전자수표, 전자대금이체 시스템으로 대체되게 된다. 현재에는 기업과 개인 간의 소액거래에 대한 결제만이 전자수단에 의해 이루어지고 있으나 향후 기업 간의 대규모 거래를 포함한 모든 거래에 대해서 전자결제수단이 활용되게 된다.

3.3 물류운송의 변화

물류운송에 있어서는 제품과 서비스 간에 있어서 현격한 차이가 있을 것으로 보인다. 제품의 운송에 있어서는 이전의 해운이나 항공운송이 지속적으로 활용될 것이나 공급자 간의 경쟁촉진으로 보다 신속한 운송이 가능한 특급운송의 형태가 지속적으로 개발될 것으로 보인다. 제품에 따라서는 각국의 투자환경개선에 따라 상업적 주재에 의해 해당지역의 구매자 취향에 적합한 현지생산 및 배달도 활성화되게 된다. 그러나 전자상거래의 발달에 따라 운송에 있어서 획기적인 변화가 예상되는 부분은 무엇보다도 서비스의 운송이라고 하겠다. 과거에는 구매자나 공급자가 직접적으로 국경을 이동하거나 혹은 기업의 현지 주재, 즉 상업적 주재에 의해서만 가능하던 서비스의 거래는 다수의 분야가 이제 인터넷을 통해서 구매자에게 직접 전달되는 것이 가능하게 된다. 금융, 통신, 법률서비스는 물론이고 교육 및 의료서비스까지도 인터넷을 통한 거래가 가능하게 될 것으로 예상된다.

상기한 제반무역환경의 변화가 어느 정도 신속하게 발생할 것인지의 문제는 모든 국가가 얼마나 신속하게 전자상거래의 기반을 구축하느냐의 여부에 좌우된다고 할 수 있다. 현재에도 대부분 국가의 수출입업체의 경우 인터넷을 통한 무역정보서비스의 이용은 물론이고 자사의 홈페이지를 설치·운영하는 사례가 급증하고 있다. 따라서 사이버 무역이 기존무역을 신속하게 대체해 갈 것으로 전망된다.

제5장

세계화의 확산

제 1 절　세계화의 기초

1. 세계화의 개념

1980년대 이후 세계경제는 급속도로 변화하여 왔다. 국가 간에 물리적인 국경의 의미가 상실되고 세계경제는 상호의존관계가 심화되어 하나의 지구촌을 형성하고 있다고 할 수 있다. 즉, 기업들의 활동영역이 자국의 범위를 넘어 전세계를 무대로 활약하는 세계기업화가 급속히 추진되고 있고 정보통신기술의 발달은 세계를 단일 정보권으로 묶게 하여 이러한 세계기업들의 활동을 기술적으로 뒷받침하고 있다. 또한 자본자유화의 진전에 따라 국제금융자본은 고수익을 찾아 세계 각국의 금융시장에 자유롭게 유출입하게 되었으며 구소련의 몰락으로 인한 냉전체제의 종식으로 국가간 이해관계의 중심축은 경제 · 정치적 문제에서 경제적 문제로 전환되었다. 이러한 국가간 이해관계는 다국적기업을 중심으로 활발히 추진되고 있는 실정이다.

세계화라고 하는 용어가 세계인의 주목을 받게 된 것은 1980년대 중엽 하버드대학의 마이클 포터(Michael E. Porter)교수가 미국산업의 경쟁력에 관한 미 대통령 자문위원회 보고서에서 세계화와 경쟁적 우위라는 개념을 소개하면서 세계화라는 용어를 사용한데 비롯되었다고 할 수 있다. 한편, 국제통화기금(IMF)은 세계화를 단순히 재화와 서비스 및 금융자본, 그리고 기술이 무제한으로 국경을 넘어 거래되는 양(量)과 양상(樣相)의 증대(1997)라고 정의하고 있는데 세계화는 이러한 국제관계의 변화에 의해 지구전체가 하나의 통합체로 구축되어 가는 과정에서 단일시장이 형성되고 이러한 단일화된 세계시장에서는 하나의 공통된 규범, 즉 세계규범(global standard)이 광범위하게 적용되는 추세를 의미한다고 할 수 있다.

다시 말해서 세계화란 각국 경제가 국경없는 세계경제(borderless world economy)화됨을 의미한다. 국경없는 세계경제란 일국의 경제활동, 즉 생산·판매·투자·소비·저축 등이 어느 특정지역에서 벗어나 전세계를 대상으로 이루어지는 것을 지칭하며 국가간 자본이동·무역거래·서비스·생산활동 등이 최적의 기회(optimum opportunity)를 제공하는 지역을 찾아 자유자재로 이동될 수 있다는 것을 의미한다.

2. 세계화의 특징

세계화의 과정은 단선적이고 일면적 과정이 아닌 중층적이고 복합적인 과정으로 이해할 수 있다. 즉, 세계화는 다양한 영역간·인종간·지역 간에 상이한 전개과정 속에 진행된다. 이러한 전개과정 속에서 세계화의 특징은 다음 4가지 과정으로 파악해 볼 수 있다.[1)]

2.1 사회의 정보화·지식화

정보기술부문의 비약적 발전은 자본·자원에 기반한 문명에서 지식·정보에 기반한 문명으로의 전환을 가속화시키고 있다. 이 지식기반문명에서 인간의 생활은 크게 변화한다. 고도의 정보통신 네트워크를 통해 사회의 모든 관계가 혁신되고 있다. 정보통신혁명은 시간과 공간을 결정적으로 압축시키고 있어서 모든 분야의 사람들을 국경을 초월하여 직접 연결시키고 서로 대화할 수 있게 만드는 쌍방향적 통신시대를 가능하게 하고 있다. 정보의 양과 속도가 이전과는 비교할 수 없을 정도로 거대해지고 빨라지고 있다. 따라서 우리 생활의 모든 부분이 정보화에 의해 변화되고

1) 신경환 외, 『세계화와 국제통상』, 도서출판 두남, 1997, pp. 251~255 참조

있다고 할 수 있다.

지식정보화 사회에서는 정보통신부문의 기반구축이 사회의 가장 중요한 인프라스트럭처가 된다. 국가 행정 · 기업 경영 · 교육 · 환경 · 복지 · 문화, 그리고 개인생활의 모든 영역에서 정보시스템의 구축이 필수적인 과제가 된다. 이에 따라 정보를 효율적이면서도 저렴하게 구입 · 생산 · 이용할 수 있는지의 여부가 국가경쟁력의 척도가 되고 있다. 따라서 국가경쟁력의 제고 및 장기발전전략은 신사회간접자본으로서 정보통신 기반의 체계적 구축에 달려 있다고 볼 수 있다. 정보고속도로로 지칭되는 이러한 정보통신기반은 일국에만 국한되는 문제가 아니라 지구촌 전세계의 정보고속도로로 신속히 확장되어 지구촌 전체의 시간적 · 공간적 제한을 무너뜨릴 수 있는 전세계가 함께 해결해야 될 과제로 부상하고 있다.

2.2 경제 · 기술의 초국적화

세계가 시장경제로 통합되면서 기업들의 초국적화가 급속도로 진행되고 있다. 세계경영체제를 구축한 기업들은 기업의 조직을 고도로 분화시켜 최적의 투자지역을 찾아 전세계 곳곳에 진출하고 있다. 따라서 세계화 시대의 기업들에게 중요한 것은 국적이 아니라 수익성 · 성장성 · 안정성 측면에서의 최적의 투자지역이 된다. 상품에 있어서도 무국적 상품이 대세를 이루며 인력 · 정보 · 상품 · 자본이 최적의 조건을 찾아 전세계 각국을 자유롭게 드나들고 있다. 과거에는 경제가 국제화한다고 하더라도 경제적 영토주권이 국가에 귀속되어 있었으나 세계화시대에는 이러한 개념이 크게 희석되고 있다. 이러한 추세는 개별 국민경제 상호 간의 상호의존성과 통합성을 증대시키는 방향으로 진행된다.

예를 들면, EU · NAFTA · APEC 등이 지역적 수준의 상호의존성과 통합을 지칭한다면 WTO는 범세계적인 수준에서의 상호의존성을 나타낸다. 이러한 추세의 특징, 즉 상호의존성의 증대는 경쟁을 배제하는 것이 아니라 경쟁을 심화시키는 데 있다. 이러한 경쟁의 심화는 기업에 한정되지 않고 정부 · 지방행정 · 교육 · 개인 등의 거의 모든 분야에서 경쟁력을 자율적으로 제고시켜야 되는 시대가 되고 있다.

이러한 맥락에서 세계경제는 상호의존과 무한경쟁이라는 딜레마에 놓여 있는데 따라서 경쟁을 상호의존의 틀과 조화시킬 수 있는 새로운 규칙의 제정이 필요하다.

실제로 무역과 투자의 자유로운 이동을 저해하는 각국의 장벽이 상당 폭 제거됨에 따라 경쟁의 게임규칙에 대한 경제주체들 간의 합의가 그 어느 때보다 중요하게 부각되고 있다. 이러한 게임규칙은 제로섬(zero-sum)이 아닌 포지티브 섬(positive-sum)의 원칙 하에 설정되어야 한다는데 각국은 대체적으로 인식을 같이 하고 있다.

2.3 지구환경의 중요성

지구온난화, 오존층의 파괴, 대기 및 수질의 악화, 토양오염, 생물종의 감소, 지구의 허파구실을 하는 열대우림의 파괴, 그리고 이상기후의 만연 등이 지구환경의 위기를 심화시키고 있는 주요 요인들로 지적할 수 있다. 이러한 지구환경의 위기는 인류의 생존에 대한 자각과 환경파괴에 대한 경각심을 불러일으키고 있다. 따라서 전지구적 환경위기의 극복은 더 이상 지체할 수 없는 중차대한 과제가 되고 있다.

그러나 이러한 환경위기의 극복은 일국 또는 일부 국가들의 노력만으로는 안 되며 전지구적 공동노력이 없이는 해결 불가능하다는데 문제의 심각성이 있다. 즉, '환경적으로 건전하고 지속가능한 발전'이 세계화시대의 전지구적 과제가 되고 있다. 이러한 과제를 달성하기 위해서는 각국의 생산시스템을 포함한 전반적인 경제시스템과 각자의 소비양식이 에너지를 효과적으로 소비하면서 환경친화적으로 전환되어야 한다. 이와 함께 지식정보문명의 성과를 환경문제의 해결에 광범위하게 이용하는 것이 중요하다. 예를 들면, 공해를 유발하지 않는 깨끗한 기술(clean technology), 녹색환경산업의 중요성이 부각되어야 하며 각국은 이의 장려를 위해 전력을 기울여야 한다.

한편, 전세계의 환경관련 상품제조와 관련한 국제기준의 강화 및 이러한 제품의 수요가 증가함에 따라 환경관련 산업의 부가가치는 점점 높아지고 있다. 이에 따라 각국은 정보기술혁명의 성과를 환경분야에 적용시키려는 노력이 광범위하게 이루어지고 있으며 이 분야의 국제경쟁도 심화되고 있다. 그린라운드(Green Round)와 관련하여 환경이 새로운 국제경쟁의 무대가 되고 있다.

2.4 문화의 중요성

세계화 진전에 따라서 문화의 중요성이 더욱 커지고 있다. 근로시간의 단축에 따른 근로자의 여가시간이 증가하고 자아실현에 대한 개인적 욕구와 문화활동에 대한 욕구가 확대되면서 문화는 개인적 삶의 부차적 영역이 아닌 중심적 영역이 되어가고 있다. 즉, 문화생활의 영위가 개인적 삶의 질을 결정하는 핵심적 요소가 되고 있다고 할 수 있다.

문화는 환경과 마찬가지로 국가의 새로운 고부가가치 산업으로 변모하고 있다. 경제와 문화의 상호연관성은 해가 갈수록 더욱 커지고 있으며 대중매체 · 영상 · 음악 · 게임 · 디자인 · 문화적 유산 등을 포함한 문화산업은 국가의 경쟁력을 제고시키는 새로운 고부가가치 산업이 되고 있다. 이에 따라 지식정보문명시대에 부응하는 문화인프라스트럭처를 효율적으로 구축하는 것이 국가의 중요한 과제가 되고 있다.

한편, 정보통신혁명의 진전 및 교통수단의 비약적인 발전으로 국제교류가 급속도로 증가하고 있어서 미국을 중심으로 한 선진국의 생활양식 · 욕구 · 가치 · 규범 등이 전세계로 확산되고 있다. 이러한 선진국의 생활양식 · 가치 · 규범 등의 전파가 개도국 · 후진국들 시민들의 의식을 선진화시키는 등 긍정적인 측면도 있지만 서구의 바람직하지 못한 저질문화가 이들 국가의 청소년층들에게 급속도로 전파되고 있어서 부정적인 측면도 크다고 할 수 있다. 따라서 세계화는 이러한 이질적인 문화들을 서로 융합하면서 각 민족과 국가 또는 지역의 문화적 차이를 초월하는 통합적 기능을 하여야 된다.

이러한 맥락에서 세계문화란 단편적 · 획일적인 문화를 의미하는 것이 아니라 다원적인 민족적 · 국지적 문화들의 조화가 이루어진 개방된 문화가 되어야 한다. 즉, 세계화시대에 세계문화, 특히 타 문화에 대한 이해에 있어서 중요한 것은 자기 문화의 고유성에 대한 관심과 자긍심은 가지되 타 문화에 대해서도 폐쇄적 태도에 빠지지 않고 열린 마음으로 이해할 수 있어야 한다는 점이다.

3. 세계화의 의의

1990년대 이후 국제간 자본 및 무역거래가 빈번해지고 정보통신기술이 비약적으로 발전하면서 세계화의 물결이 거세지고 있으나 경제사적 측면에서 보면 세계화는 인류의 창의적 발전과 기술혁신(innovation)에 의해 꾸준히 진행되어온 역사적 과정으로 해석할 수 있다. 이러한 해석은 세계경제는 100년 전에도 지금과 같은 형태는 아니지만 세계화의 과정이 진행되고 있었다는 것을 의미한다. 다만 1990년대 이후에는 인터넷을 비롯한 정보통신기술의 급속한 발전으로 세계경제의 통합속도가 이전에 비해 훨씬 가속화되었다는데 바탕을 두고 있다.

이러한 세계화가 국제무역 및 자본거래를 통해서 경제발전에 기여한다는 사실은 역사를 통해서 확인할 수 있다. 예를 들면, 세계 각국은 무역을 통하여 비교우위 상품을 거래하게 되고 자본거래를 통하여 일국의 자본을 보다 수익률이 높은 곳에 투자할 수 있는 기회가 제공되면 해당국가의 경제적 효율성(economic efficiency)이 증대된다는 것인데 대부분의 선진국 및 일부 선진개도국들은 이러한 무역 및 자본자유화에 의해, 즉 세계화 과정에서의 활발한 참여에 의해 경제성장을 성공적으로 이루었다.

이의 대표적 사례로는 수출을 통해 세계화의 과정에 적극 참여하여 외향적 발전전략을 추구하여 경제성장을 성공적으로 이룩한 한국을 비롯한 동아시아 국가들을 들 수 있다. 그러나 1997년 이들 국가가 외환위기를 겪으면서 세계화로 인한 빈부격차의 심화 및 금융불안 등 세계화의 위험성도 지적되고 있다. 반면에 경제개발에 따른 자국경제의 종속화를 우려하여 국내산업 육성을 통해 수입대체적 발전전략을 채택한 남미의 국가들은 경제발전에 실패하였다고 할 수 있다.

이제 세계화는 개별국가들이 원하든 원치 않든 간에 각국 시민들의 경제생활에 지대한 영향을 미치게 되었다. 즉, 개별기업이나 개인들이 통합된 지구촌 사회에서 단일화된 세계시장을 상대로 경제활동을 영위하게 되었다고 볼 수 있다. 이러한 세계화의 의의는 다음 4가지 측면에서 파악될 수 있다.[2)]

3.1 단일세계체제의 형성

제2차 세계대전 이후 냉전체제 하에서 동서 양진영의 체제경쟁이 구소련의 붕괴와 독일통일로 종식되면서, 즉 자본주의와 사회주의 양 체제의 경쟁이 종료되면서 단일세계체제(single global system)가 형성되고 있다. 각국 간에 견고하게 존재하였던 이념적 벽은 이제 허물어졌으며 각 국가들의 관계는 경제적 이해관계에 따라 재

2) 신경환 외, 전게서, p. 247 참조

정립되고 있다.

3.2 시장경제체제의 확산

세계화는 전세계를 시장경제체제(market economic system)로 형성시키고 있다. 이러한 시장경제의 확산은 전세계를 가난과 궁핍으로부터 벗어나게 하고 민주주의의 토대를 이루기도 하지만 전세계를 무한경쟁(unlimited competition)의 장으로 내몰고 있다. 이 과정에서 자본·기술·상품·서비스 등이 물리적인 국경의 제한이 없이 자유롭게 각국 간에 이동하고 있으며 치열한 경쟁을 벌이고 있다.

3.3 단일생활권의 형성

정보통신기술과 교통수단의 발달로 세계는 하나의 생활단위가 되어가고 있다. 과거에 존재했었던 각 지역 간의 시간적 격차와 공간적 거리는 급속도로 압축되고 있다. 즉, 인적·물적 자본의 이동 및 생활과 문화의 전파속도도 엄청나게 빨라지고 있으며 지구촌이 하나의 공동체가 되어가고 있다.

3.4 상호의존성의 심화

어느 일국 또는 한 지역의 문제가 아닌 지구촌 전체의 이익과 관련되는 문제들, 이를테면 환경·자원·에너지·빈곤·고용·인권·교육 등이 세계사회가 공동으로 해결해야 할 중요한 과제가 되고 있다. 따라서 각국 간의 경제적·사회적·문화적·정치적 상호의존성(interdependence)이 심화되고 그에 따라 국제적 협력 및 조정이 그 어느 때보다 중요시되고 있다.

4. 세계화의 배경

세계화의 흐름은 자유민주주의가 기존의 자유민주주의 진영 외에 구소련 붕괴후 동유럽을 중심으로 급속히 확산되고 시장경제체제에 대한 상호의존성이 증대되면서 세계경제의 통합이 급속도로 진행된 것과 인터넷으로 대변되는 정보통신 및 교통체계의 혁신적 발전으로 인한 세계경제의 단일경제권화, 그리고 국경없는 무한경쟁시

대의 도래 등이 그 배경이 되었다고 할 수 있다.[3)]

4.1 신자유주의 이념의 대두

구소련 붕괴를 계기로 사회주의가 몰락하면서 제2차 세계대전 이후 50여년 이상 유지되어온 미소 냉전체제가 종식되었다. 따라서 세계 각국에 있어서 자본주의와 사회주의로 대변되는 이념적 대립은 그 의미를 상실하였다고 할 수 있다. 구소련을 비롯한 이들 동유럽 국가는 서방의 경제적 지원을 받아 정치적으로는 민주주의, 경제적으로는 자본주의를 각국마다 전개방식 및 속도에 차이가 있기는 하나 나름대로 수행해 오고 있다. 지금 전세계는 신자유주의(neo-liberalism) 이념이 미국을 중심으로 한 서방세계의 지지를 바탕으로 전성기를 맞이하고 있다.

신자유주의 이념은 수요와 공급에 따른 시장원리가 준수되고 민간기업의 자유로운 경제활동이 보장되어야 경제성장과 복지증대를 이룰 수 있다고 주장하며 모든 국가에게 경제를 개방하고 자유시장질서를 준수할 것을 요구한다. 즉, 정부의 규제(regulation of government)가 없는 시장이 가장 효율적이기 때문에 국가가 민간의 경제활동에 간섭하는 것을 최소한으로 줄이고 시장경제의 질서를 유지하는 역할을 충실히 수행할 것(야경국가로서의 기능수행 강요)을 기대한다.

특히, 국제무역이나 자본이동에 대한 국가통제를 철폐하여 전세계가 하나의 경제권 하에서 시장경쟁원리에 따라 움직이도록 해야 한다는 점을 강조하고 있다. 애덤스미스(Adam Smith)로 대변되는 고전학파 경제학자들이 주장한 자유방임주의, 즉 고전적 자유주의가 시장경제의 우월성을 주장한 이후 시장의 자기조절 기능은 여러 측면에서 그 한계를 드러내고 비판을 받아왔다. 이러한 관계는 1929년 세계대공황(Great Depression)을 맞이하면서 케인즈(J. M. Keynes)가 주장한 유효수요의 증대를 통한 경기부양, 즉 경제에 대한 정부간섭의 증대(정부의 공공지출 증대를 통한 경기부양책)가 힘을 얻었으나 다시 1970년대 말 케인즈주의적 경제정책(경기침체를 극복하기 위해서는 정부가 공공사업 등의 재정지출 확대를 통해 유효수요를 증대시켜야 한다는 정책)이 실패하면서 자유시장원리는 다시 부각되기 시작하였다. 1979년 영국에서는 대처 수상이, 1980년 미국에서는 레이건 대통령이 신고전파 경제학

---

3) 박유영 외, 『세계화와 현대경제』, 도서출판 두남, 1999, pp. 119~121 참조

자들이 주창한 신자유주의를 경제정책 시행에 적극적으로 수용하는 새로운 경제정책원리로 채택하였다.

1980년대 이후 전세계에는 경제개방화가 급속도로 확산되었으며 세계 각국은 이러한 신조류에 적응하기 위해 세계화를 추진하고 있다. 각국은 국가경쟁력 강화를 위해 각종 법규의 정비, 행정구조를 개편하는 개혁작업을 서두르고 있다. 이 같은 세계화 추세는 각국으로 하여금 자유무역 · 시장개방 · 규제완화(deregulation) · 민영화를 강력히 추진하게 만들었으며 따라서 각국은 더욱 치열한 경쟁상황에 직면하게 되었다.

4.2 WTO 체제의 출범

제2차 세계대전 이후 세계무역체제는 미국이 주도하는 관세 및 무역에 관한 일반협정(GATT : General Agreement on Tariffs and Trade)에 의해 발전되어 왔다. GATT의 기본내용은 한 회원국이 다른 나라에 무역상의 특혜를 주는 경우 이를 모든 회원국에게 적용해야 한다는 것과 과세 · 유통문제에서 국내에서 생산된 상품이나 용역(service)과 동일하게 대우하며 무역에 대한 수량제한(quota)을 완화하는 것들이었다. 그러나 전후 수십년간 국제무역질서를 주도했던 GATT체제는 1970년대 이후 신보호주의(neo-protectionism)의 대두로 인한 보호무역주의의 확산 · 배타적 지역주의(exclusive regionalism)의 등장 · 불공정무역(unfair trade)에 대한 국제적 차원에서의 제재의 한계성 등 새로운 국제무역의 구도변화에 효율적으로 대처하는데 한계성을 노출하였다.

이에 따라 전세계 각국은 GATT체제의 한계를 극복하고 변화된 국제무역질서에 효율적으로 대처할 수 있는 새로운 국제기구의 등장을 기대하게 되었으며 1986년부터 1994년 4월까지 7년 반 동안 우루과이라운드(UR : Uruguay Round) 협상을 벌인 끝에 1995년 세계무역기구(WTO : World Trade Organization) 체제를 출범시켰다.

WTO 체제의 목표는 국경을 초월한 국제무역 및 기업경영의 보장, 무역장벽(trade barrier)의 철폐, 각국 정부의 자국산업 지원에 대한 규제 등을 통하여 세계무역의 무한경쟁을 유도하고 자유무역을 확대하는 것으로 전세계는 단일경제권 내에서 치열하게 경쟁해야 하는 세계화시대를 맞이하게 되었다.

4.3 정보통신기술의 발전

디지털혁명(digital revolution)으로 지칭되는 컴퓨터 기술의 비약적 발전과 인터넷의 등장으로 인한 정보통신기술의 혁명적 발달은 시간과 공간의 제약을 제거시키고 정보의 수집 · 처리비용을 저렴하게 하여 개인 및 기업 경제활동의 세계화를 촉진시키는 주요 역할을 담당하였다.

정보화는 산업사회가 정보화사회로 전환되게 하여 부(wealth)의 원천을 전통적인 생산요소인 자본 · 자원으로부터 정보 · 지식으로 전환되게 하였으며 개인 · 기업 · 국가 모두 정보가 가장 중요한 경쟁력의 원천이 되는 정보패권주의를 확산시키고 있다. 또한, 정보화는 기업운영에 있어서 모기업이 자회사 또는 지사들을 연결하는 네트워크 조직을 가능케 함으로써 이들 조직 간의 자율성(autonomy)을 보장하면서 상호연계를 강화하여 통합으로 인한 장점을 크게 함과 동시에 시간 · 공간의 장벽을 허물어뜨려서 생산성(productivity)을 향상시키고 기업활동 영역을 확대시켜서 기업의 세계화를 촉진시켰다.

한편, 정보화의 급속한 추진으로 각국의 초고속 통신망 구축사업 등이 활발하게 추진되고 있어 궁극적으로 전세계를 연결시킬 수 있는 지구촌 초고속정보네트워크가 이루어지면 세계화는 더욱 가속화될 것으로 전망된다.

제2절 세계화 현황

1. 세계화 현황

1.1 Foreign Policy · AT Kearney의 평가

미국의 국제문제전문잡지 '포린 폴로시(Foreign Policy)'와 세계적인 미국계 컨설팅업체인 'AT Kearney'가 공동 조사해 2002년 1월 9일 발표한 '2002년 글로벌라이제이션 인덱스'에 따르면 한국의 세계화 수준은 조사대상 62개국 중 중간수준인 31

위로 나타났다.

세계화지수(글로벌라이제이션 인덱스, globalization index)는 세계화의 수준을 계량화하기 위해 개발한 척도로 이번이 1998년 이후 두 번째 발표된 것인데 이들 두 기관은 세계화 순위를 다음 4부문에 대해서 평가한 뒤 이를 종합하여 산출하고 있다.

① 세계경제와의 활발한 교역정도
무역, 외국인 투자, 자본유출입 등으로 평가한다.

② 국민의 해외접촉빈도
해외여행, 국제전화사용 등으로 평가한다.

③ 국제사회 참여도
유엔(UN) 등 국제기관에서의 활동으로 평가한다.

④ 인터넷 환경
네티즌 수 등으로 평가한다.

(1) 강소국

이번 62개국의 세계화지수 조사결과 강소국들이 세계화에 앞서 있는 것으로 나타났는데 아일랜드(1위), 스위스(2위), 싱가포르(3위), 네덜란드(4위), 스웨덴(5위), 핀란드(6위), 덴마크(8위), 오스트리아(9위) 등이 대거 상위권에 진입하였다. 이들 강소국이 세계화에 앞선 배경을 아일랜드와 핀란드를 중심으로 간략히 살펴보고자 한다.

① 아일랜드

아일랜드는 영어사용국이라는 기본적인 이점(basic advantage)을 기업친화적 정책과 결합시키는데 있어서 성공했다는 평가를 받고 있다. 1980년대 초까지만 해도 서유럽의 한 소규모 국가에 불과했던 아일랜드는 해외투자의 적극적 유치가 자국 경제발전의 가장 핵심적 요소임을 인식하여 해외기업이 아일랜드에 진출하는데 있어서 유리한 조건을 제공하기 위한 법적, 제도적 장치의 마련에 전력을 기울였다.

아일랜드는 1980년대 초만 해도 실질국내총생산(real GDP)이 -1%대를 기록하여 유럽에서도 빈국(貧國)에 속하였는데 해외투자를 적극적으로 유치한 결과 1987년부터 연평균 6%가 넘는 고도성장을 지속하여 1인당 GDP가 세계 10위권에 드는 부국이 되었다.

〈표 5-1〉 외국기업의 아일랜드 선호 요인

순 위	주 요 요 인
1	통신망 발달
2	저렴한 법인세
3	노동시장의 유연성
4	임금수준
5	교육시스템
6	노동인력
7	교통 · 수송망
8	산업간 연계성
9	근로자 수준
10	물가안정

주 : 순위는 2001년 6월말 기준임
자료 : 아일랜드 경영연구소(IMI)

이미 유럽에서 가장 낮은 수준이었던 법인세를 1998년에 더욱 인하하였으며 공기업의 민영화(privatization)에도 박차를 가하여 이동통신과 은행들을 민영화하였고 통신인프라를 확충하였다.

또한, 정보기술(IT)산업화에 신속하게 대응하여 마이크로소프트(MS), 인텔(Intel), IBM 등 세계 일류 첨단기업들의 유럽본부들을 유치하여 미국의 실리콘 밸리(Silicon Valley)에 비교할 수 있는 '실리콘 아일'을 구축하였다.

② 핀란드

세계경제포럼은 최근 발표한 '세계경쟁력보고서'에서 조사대상 75개국 중 가장 경쟁력 있는 국가로 핀란드를 꼽았다. 인구 520만명의 소국인 핀란드가 생산성, 잠재력과 향후 5년간 성장예상치에서 세계 주요 경제대국들을 밀어내고 가장 경쟁력 있는 국가로 평가되었고 세계화 순위에서도 6위에 선정된 핀란드의 경쟁력 원천은 다음 2가지 측면에서 살펴볼 수 있다.

가. 교육 · R&D 투자

파보 리포넨 핀란드 총리는 뉴욕에서 개최된 '세계경제포럼 연례총회'에서 세계경쟁력에 관한 보고서에 대해 핀란드의 경쟁력은 두뇌의 힘과 기술수준 제고를 위한 정부 및 기업의 폭넓은 투자와 포용력 있고 개방적인 사회를 창출한 데 있다고 지적하였다. 리포넨 총리는 핀란드가 자원을 토대로 한 경제에서 지식에 기반을 둔 경제로 발전했으며 이는 교육의 결과이자 연구개발(R&D) 분야에 대한 투자의 결과라고 평가하였다.

핀란드는 신문독자와 공공도서관 사용인구 비율에서 세계최고 수준을 나타내고 있으며 교육과 더불어 연구기술 분야에서 정보교환이 원활히 이루어지고 있어 인적자원(human resources)을 충분히 활용하고 있는데 이러한 것들이 경쟁력 및 세계화수준을 제고시키는데 크게 기여하고 있다.

이번 세계경제포럼의 '세계경쟁력보고서'의 감수를 맡은 하버드대학의 제프리 삭스 교수는 핀란드의 세금부담률은 매우 높은 수준이지만 국민이 낸 세금의 상당부분을 연구개발에 투자하고 있기 때문에 두뇌의 국외유출이 없음을 지적하고 있다.

나. IT분야 집중육성

핀란드는 정보통신 등 하이테크 산업(high-tech industry)을 집중육성한 결과 노키아(NOKIA) 등 IT 분야의 세계적인 기업을 보유하게 되었으며 이를 바탕으로 세계적인 경쟁력을 확보할 수 있게 되었다. 이러한 IT분야의 경쟁력 향상에 오타니에미 과학단지(Otaniemi Science Park)의 역할이 중요하게 작용하고 있다.

ⓐ 오타니에미 과학단지

핀란드의 성장엔진인 오타니에미 과학단지는 헬싱키 근교의 소도시인 에스포에 소재해 있다. 이곳은 연구소, 기업, 대학이 한 곳에 집결하여 협력하는 핀란드식 산학협동체제를 잘 보여주고 있다. 과학단지 안팎에 노키아 본사를 비롯하여 250여개의 대기업 및 중소기업과 핀란드기술연구센터(VTT), 헬싱키공과대학(HUT) 등이 입주해 있으며 3,000여명에 이르는 연구인력을 갖추고 있다.

과학단지 내에 위치하고 있는 벤처센터인 인노플리(Innopoli)는 새로운 사업 아이디어를 벤처기업들에 연결하고 경쟁력 있는 기업으로 성장하도록 지원하는 역할을 담당하고 있다. 즉, 인노폴리는 벤처기업들에게 다양한 편의를 제공하는 것은 물론이고 경영관련 사항인 마케팅, 재무관리 등을 교육시키는 인큐베이터(incubator)의 역할을 수행한다.

오타니에미 과학단지 내의 벤처센터에 창업과 함께 입주하는 기업은 평균 10년 이상 머무르고 있는데 이는 네트워크 형성에 유리하기 때문이다. 인노폴리의 벤처기업은 생존율이 무려 90%에 이르고 있는데 따라서 미국의 실리콘 밸리에 소재한 벤처기업들처럼 고위험을 수반하고 있는 진정한 의미의 벤처는 아닌 것으로 평가되고 있다. 인노폴리는 벤처기업의 선정부터 엄격하게 하고 있으며 보육과 지원시스템이 완벽해서 일단 창업한 기업이 퇴출당하는 경우는 매우 드물게 나타나고 있다. 인노폴리는 공익성이 강하지만 금융기관(47%), 노키아를 비롯한 주요 기업(37%)이 대부분의 지분을 소유하고 있어 정부의 간섭이 거의 없는 자율적인 경영을 하고 있다.

〈표 5-2〉 오타니에미 과학단지 현황

소재지	대 학	연구소	벤처센터	각종 지원단체
· 헬싱키 동쪽 30 ㎞ 에스포 소재 · 외곽에 노키아 본사 위치	· 헬싱키공과대학 (HUT) (대학생 : 15,000명) · HUT 부설 생명공학연구소	· 핀란드기술연구센터(VTT) · 제지연구소 (KCL) · 핀란드지질학연구소(GTK) · 과학기술정보 (CSC) · 연구원 3,000여 명에 이름	· 벤처기업 250여 개 입주	· 핀란드 발명재단 · Culminatum (연구를 사업으로 전환하도록 지원)

ⓑ 효율적 과학기술정책

핀란드 정부는 기술정책의 효율화를 위해 총리 산하의 과학기술회의를 중심으로 교육과 과학기술을 일원화시키고 있다. 교육에 대한 지원은 과학기술 분야, 특히 정보기술에 집중되어 박사배출자의 10%는 IT관련 전공자이다. 또한, 연구개발에 대한 정부의 체계적이고도 전폭적인 지원정책도 핀란드의 국가경쟁력 및 세계화 수준의 업그레이드에 크게 기여하고 있는데 연구개발의 효과적 지원을 위해 국내총생산(GDP)의 3.3%를 투입하고 있다.

③ 기타국

경제규모는 작지만 세계화 측면에서 경쟁력이 강한 나라들, 즉 강소국들이 대거 상위권에 랭크되었는데 상위 10개국 가운데 캐나다 · 영국을 제외한 8개국이 강소국으로 분류할 수 있다. 특히, 네덜란드 · 스웨덴 · 핀란드 · 덴마크 등 북유럽국가들은 통신인프라와 개방적인 투자환경으로 주목받고 있다.

(2) 대국

영국(10위), 미국(11위), 프랑스(13위), 독일(14위) 등 서구 강대국들은 경제규모에 비해 세계화의 수준이 낮은 것으로 평가되었다. 특히, 세계 최대경제국인 미국(12위)과 유럽 최대경제국인 독일(14위), 세계 2위의 경제대국인 일본(38위) 등은 10위권 밖에 처져 있어 충격을 주고 있다.

미국과 독일처럼 경제규모가 큰 나라들의 세계화수준이 상대적으로 저평가된 요인으로는 내수시장 규모가 커서 수출지향적인 국가들보다 수출비중이 비교적 작기 때문으로 지적되고 있다. 일본은 2년 전보다 세계화 순위가 크게 하락했는데 경제개방도와 인터넷 환경이 뒤졌으며 국제사회 참여도도 미흡(未洽)하다는 평가를 받았다.

(3) 동아시아국

동아시아국가 중 세계화 수준이 가장 높은 국가는 싱가포르로 나타났다. 싱가포르는 전체 3위에 올라 동아시아국가 중 유일하게 10위내에 포함되었는데 싱가포르는 무역 · 투자 · 자본유출입 등 세계경제와의 활발한 교역정도와 인터넷 환경 등에서 높은 평가를 받았다. 말레이시아는 20위를 기록하여 싱가포르에 이어 동아시아국가 중 세계화수준이 높은 나라로 평가되었으며 WTO 가입으로 글로벌 경제체제(global economic system)에 편입한 중국은 53위를 기록하였다. 한국은 인터넷 환경에서는 높은 평가를 받았지만 국민의 해외접촉빈도, 국제사회 참여도 등에서 좋은 평가를 받지 못하여 31위를 기록하였고 대만은 32위로 나타났다.

〈표 5-3〉 세계 주요 국가의 세계화 순위(AT Kearney)

순 위	국 가 명
1(6)	아일랜드
2(4)	스 위 스
3(1)	싱가포르
4(2)	네덜란드
5(3)	스 웨 덴
6(5)	핀 란 드
7(10)	캐 나 다
8(11)	덴 마 크
9(7)	오스트리아
10(8)	영 국
12(12)	미 국
13(16)	프 랑 스
14(14)	독 일
20(20)	말레이시아
31(31)	한 국
38(29)	일 본
39(45)	러 시 아
51(30)	태 국
53(48)	중 국

주 : ( )안은 2000년 순위임

1.2 일본경제연구센터의 평가

Foreign Policy와 AT Kearney의 세계화지수 발표와는 별도로 일본의 니혼게이자이신문(日本經濟新聞) 부설 '일본경제연구센터'가 2002년 1월 15일 발표한 국가별 경제글로벌화 순위에서는 한국이 조사대상국(31개국 조사) 중 25위에 랭크되었으며 일본은 28위에 올랐다. 경제협력개발기구(OECD) 회원국 및 동아시아 주요국을 대상으로 한 조사에서 1위는 홍콩이 차지하였으며 싱가포르(2위), 아일랜드(3위), 스위스(4위) 등이 뒤를 이었다. 조사항목으로는 출국자수, 수출액, 대외투자액 등을 지표로 한 '대외글로벌도'를 산출하였으며 입국자수, 수입액, 대내외국투자액 등을 감안한 '대내글로벌도'는 27위로 평가되었다.

〈표 5-4〉 세계 주요국의 글로벌화 순위(일본경제연구센터)

순 위	국 가 명
1(1)	홍 콩
2(2)	싱가포르
3(3)	아일랜드
4(5)	스 위 스
5(4)	벨 기 에
8(12)	말레이시아
10(7)	영 국
18(6)	미 국
21(14)	프 랑 스
25(25)	한 국
28(23)	일 본

주 : ( )안은 국내총생산(GDP) 요인을 감안해 조정한 순위임

1.3 한국에의 시사점

세계화는 이제 거스를 수 없는 대세임을 세계 각국은 공통으로 인식하고 있다. 특히, 우리와 같이 대외의존적인 경제구조를 가지고 있는 국가들에 있어서 세계화에의 적극적인 동참은 국가의 생존이 달려 있는 중차대한 과제가 되고 있으나 우리의 세계화 수준은 조사대상 62개국 중 31위를 차지하여 중위권으로 평가되고 있어서 세계화 수준이 여전히 기대이하인 것으로 나타났다. 1997년 외환위기 이후 세계표준(global standard)에 의한 구조개혁이 강도높게 추진되고 있지만 우리의 세계화 수준이 세계 주요 조사기관에 의해서 낮게 평가되고 있어서 경제구조개혁의 추진실적이 여전히 미흡하다고 할 수 있다. 이번 AT Kearney 및 일본경제연구센터의 평가로 인해 그 동안 기업퇴출과 대량실업, 그리고 주요 기업 및 은행의 저평가에 의한 해외매각 등 국부유출 논란까지 감수하면서 강력히 추진해온 세계화 노력은 이제 그 추진방식 등을 전면 재검토해야 할 시점이 되었다고 지적할 수 있다.

특히, 유럽의 소국인 아일랜드가 세계화 1위에 평가된 것과 상위 10개국 가운데 8개국이 우리와 유사한 인구 및 국토조건을 가지고 있는 국가들이란 점에서 세계

어떤 나라든지 노력 여하에 따라 수준높은 세계화가 가능하다는 것이 입증되었다고 할 수 있다.

세계화의 필수적인 요소로 외국기업에 대한 개방 이외에도 국민의 해외접촉 빈도나 국제사회 공헌도, 양호한 인터넷 환경 등이 지적될 수 있는데 결국 문제의 핵심은 외국기업이 한국의 경영환경에 대해 우호적인 시각을 가질 수 있도록 양호한 경영여건을 제공하고 세계화에 우호적인 기업환경을 지속적으로 개발하는데 있다. 예를 들면, 노동시장의 유연성(flexibility of labor market), 교통인프라스트럭처의 정비, 저렴한 법인세와 선진적 교육시스템 등이 효율적으로 구축되어야 한다. 한국의 경우 지난 수년간 물가수준이 안정되어 있어 상기한 부문에 있어서 경쟁력을 구비한다면 우리의 세계화 수준은 크게 제고될 것으로 기대된다.

결국 세계화의 성공적인 추진은 정부, 기업, 국민이 모두 세계화의 중요성을 인식하여 각자의 역할을 적극적으로 수행하고 미진한 부문을 지속적으로 개선시켜 나갈 때에만 가능하게 된다.

2. 세계화의 전개과정

세계화는 1993년 12월 우루과이라운드(UR) 협상이 타결되고 1995년 1월 세계무역기구(WTO) 체제가 출범함에 따라 그 확대속도가 가속화되기 시작하였다. 이러한 세계화 추세에 따라 세계 각국은 자국의 모든 경제정책을 무역자유화・서비스자유화・금융자유화 등을 지향하는 세계시장경제에 부합되도록 조정해 나가고 있다.

그러나 선진국 중심의 무분별한 세계화는 각국의 상이한 경제적 환경을 무시한 채 일률적으로 전개되어 그 부작용을 심각하게 드러내고 있어서 개도국을 중심으로 세계화에 대한 반성이 거세게 제기되고 있다.

각국에서 발생된 세계화의 역작용을 분야별로 간략히 지적하고자 한다.[1)]

2.1 경제부문

1980년대 다국적기업의 주도로 이루어진 경제의 세계화는 국경없는 경제전쟁을

1) 중앙, 1999. 3. 3. 참조

초래시켰다. 당연히 다국적기업들이 주축이 된 각국 간의 치열한 경쟁은 경제부문에서도 약육강식의 정글법칙이 적용되는 사례를 남기고 있다.

국제금융시장의 개방은 경제부문 세계화의 핵심인데 이는 미국주도 하에 이루어졌다고 볼 수 있다. 1997년 7월 태국 바트화에 대한 국제단기성 투기자금(헤지펀드)의 공격은 궁극적으로 아시아의 경제위기를 초래시켰다. 이어 1998년 러시아·브라질 경제가 거의 파탄지경에 이르렀으며 최근에는 동유럽 일부 국가와 터키경제가 악화되고 있어 유럽도 경제에 관한 한 더 이상 안전지대가 아님을 여실히 보여주고 있다.

마하티르 말레이시아 총리는 금융의 세계화, 즉 투기자본의 아시아 금융시장 공략이 아시아경제위기(Asian Economic Crisis)의 주요 요인이라고 주장하며 헤지펀드(hedge fund)의 자국 외환시장 공략에 제동을 건 바 있다. 홍콩도 곧 이러한 조치를 뒤따랐다. 유럽은 1999년 유로화 출범으로 미국주도의 경제세계화에 제동을 걸었고 일본도 엔화의 국제기축통화화를 추진하며 달러경제에 대항하고 있는 실정이다.

따라서 시장개방과 자유무역으로 대변되는 신자유주의 물결은 지구촌 곳곳에서 분쟁을 야기시키고 있다. 미국은 유럽과 농산물과 관련한 통상분쟁을 계속하고 있으며 일본은 자국산 철강에 대한 미국의 덤핑판정에 항의하여 세계무역기구에 미국의 반덤핑법을 제소한 바 있다. 지난 1998년에만 각국이 WTO에 제소한 건수는 무려 158건을 기록하였다.

2.2 사회 · 환경부문

세계화의 과정에서 전세계적으로 1억 4,000만명에 이르는 실업자가 양산되었으며 전세계 인구의 10%가 전세계 부(富)의 70%를 차지하는 빈익빈 부익부 현상이 심화되고 있다. 중국은 1998년 3월 주룽지(朱鎔基) 총리체제 출범 이후 국영기업의 개혁 등 대대적인 경제구조조정을 시행 중에 있으며 이는 세계화에 대응하기 위한 불가피한 선택으로 인식되고 있다.

태국과 말레이시아도 실업에 따른 시위가 1998년에만 수십건에 이르고 인도네시아에서는 1999년 5월 시위가 폭동으로 번져 100여명이 숨졌으며 이러한 사회불안은 이슬람과 기독교간 종교분쟁으로 비화되었다. 네덜란드 암스테르담에 본부를 둔 다국적연구소의 수전 조지 부소장은 그의 저서 『외채부메랑』에서 제3세계의 외채부담은 아마존과 인도네시아 열대우림지역에 대한 남벌로 이어져 지구의 환경파괴를 가속화시키고 있다고 경고하였다.

2.3 문화부문

미국과 유럽의 문화전쟁이 해를 거듭할수록 격심해지고 있다. 거대자본을 앞세운 헐리우드(Hollywood)로 대변되는 미국영화는 유럽영화시장의 70%를 점유한 상태이고 유럽 TV 프로그램의 60%가 미국산이다. 역사와 전통을 자랑하는 유럽문화조차 세계화라는 자본의 힘 앞에 무너지고 있다. 유럽은 미국문화의 유럽침투에 대항하기 위해 1998년 10월 경제협력개발기구(OECD)의 다자간 투자협정(MAI) 논의에서 미국문화 개방을 둘러싸고 협상했으나 결렬된 상태이다.

한편, 미국은 문화도 경제와 마찬가지로 국경없는 세계화로 나아가야 한다는 입장을 고수하고 있으며 모든 종류의 문화개방을 유럽에 요구하고 있는데 일본 역시 문화에 관한한 미국에 편승하여 유럽문화 개방을 강력히 요구하고 있는 실정이다.

제 3 절 반세계화운동의 대두

최근 들어 반(反)세계화(anti-globalization) 시위 움직임이 거세지고 있다. 세계화의 진전과정에서 경제성장과 효율성(economic growth and efficiency)의 문제에만 집중했던 1990년대 이후의 세계경제는 최근 다양한 세계화 저항세력의 강력한 반발에 직면해 있다. 세계화의 흐름은 분명 거스를 수 없는 하나의 추세이며, 세계화의 이익이 그 비용을 초과하는 것으로 평가되고 있는 것도 사실이다. 그러나 한편으로 세계 각지에서 최근 거세게 발생하고 있는 반세계화운동을 간과할 경우 세계화의 효율적인 진행 자체가 어렵게 될 것이다. 따라서 반세계화 시위가 급속히 확산되고 있는 현 시점에서 세계화에 따른 이익을 극대화하면서 그 부작용과 비용을 최소화할 수 있는 제도적 장치를 마련해 나가는 것이 중요하다고 할 수 있다.

세계화의 문제점과 반세계화운동에 대해서 살펴보고자 한다.

1. 세계화의 문제점

선진국, 특히 미국이 중심이 된 세계화의 진전속도가 1990년대 후반 이후 급속히 진행되면서 세계화에 대한 비판이 거세지고 있다. 이러한 비판은 세계화의 가장 큰 피해자인 저개발국들뿐만 아니라 비정부기구(NGO), 미국이 주도하고 있는 세계금융기구들인 IMF · IBRD, 그리고 심지어는 미국 내부에서도 제기되고 있다.

최근 국제통화기금(IMF)이 선진금융기관들의 무분별한 진출이 세계 각국, 특히 개도국들에게 적지 않은 부작용을 수반할 수 있다고 강조한데 이어 세계은행(IBRD)도 후진국 시장개방이 빈부격차를 해소하는데 도움이 되지 못하고 있다고 지적하였다. 세계은행은 2001년 9월 13일 60개 국가의 6만명을 대상으로 조사한 보고서를 발표하였는데 이 보고서에서 세계은행은 개도국과 후진국의 경제성장 촉진을 위해 시장경제와 자유무역이 필수적이라는 기존 명제에 반론을 제기하고 진보적 세제의 도입 · 토지개혁 · 공공교육의 확충 등 폭넓은 접근이 필요하다고 제시하였으며 개발도상국가에는 시장을 일시에 개방하는 것보다 점진적으로 선진기업들의 투자를 유도하는 것이 더욱 바람직하다고 제기하고 있다.

IMF도 아시아 · 남미 · 동유럽 국가들이 선진 외국은행의 진입을 유도하는 시장개방을 추진하고 있지만 선진금융기법을 앞세운 외국은행들이 수익성 높은 기업을 주고객으로 하고 있어 국내은행들은 상대적으로 위험성이 높은 대출을 할 수밖에 없어 부실이 증가될 수 있다고 경고한 바 있다. 앨런 그린스펀 미 연방준비제도이사회 (FRB) 의장, 스탠리 피셔 IMF 부총재 등 국제금융계의 거물들도 세계화의 부작용을 지적하는 발언을 잇달아 제기하고 있다.

1.1 빈부격차의 심화

(1) 빈부격차의 실태

미국을 비롯한 주요 선진국들이 주도하고 있는 세계무역기구(WTO)는 IMF 등이 추진하는 세계화가 빈국들의 경제상황을 더욱 어렵게 하고 부국 내의 빈부격차도 더욱 악화시키는 심각한 부작용을 초래하고 있다고 지적한 바 있다. 학계에 따르면 19세기의 자유방임주의(laissez-faire)가 시장메커니즘만을 맹신한 나머지 경제적 약자들을 보호하지 못하면서 급진이데올로기가 발생했던 것처럼 요즘의 반세계화는 보호받지 못한 계층의 불만이자 자유방임주의의 재등장에 대한 경고라고 지적하고 있다.

세계은행의 자료에 따르면 지난 10여년간 세계화가 꾸준히 진행되었지만 전세계 인구의 약 50%인 28억 명이 하루생활비 2달러(최빈국가 63개국의 1일 생활비 2달러 미만 인구 비율의 평균은 57%), 이 중 1억명은 1달러도 안 되는 극빈생활을 하고 있다고 밝혔다.

〈표 5-5〉 세계 각 지역의 빈곤실태 (단위 : %)

지 역		1일 생활비 2달러 미만 인구비율
아시아	인도	86.2
	네팔	82.5
	인도네시아	66.1
	중국	53.7
중남미	온두라스	68.8
	과테말라	64.3
	볼리비아	38.6
아프리카	잠비아	91.7
	나이지리아	90.8
	에티오피아	76.4
	레소토	65.7

자료 : 세계은행

세계화의 선봉인 미국 역시 건국 이래 최장기 호황을 구가하고 있는 가운데 부유층과 빈곤층의 격차가 갈수록 커지고 있어 세계화의 부작용에 미국 역시 예외가 아님을 보여주고 있다. 미국 예산정책과제센터와 경제정책연구소가 발표한 보고서에 따르면 미국내 최상위 소득계층 20% 그룹은 1988년과 1998년 사이의 10년 동안 소득이 15%나 증가한 반면 최하위 소득계층 20%의 소득증가율은 1%에도 못 미친 것으로 나타났다.

최하위 소득층의 가구당 소득은 이 기간에 겨우 110달러 늘어 12,990달러에 그친 반면 최상위 소득층의 가구당 소득은 17,870달러 증가한 137,480달러로 10배 이상의 격차를 보였다. 보고서는 이 같은 소득격차는 경제성장의 혜택이 전계층에 골고루 돌아가고 있지 않다는 결정적 증거라고 분석하고 월가(Wall Street)의 장기호황, 제조업종을 대체하고 있는 서비스 업종의 저임금, 교육수준이 낮은 근로자와 전문직종 종사자간 임금격차 확대 등을 주요 원인으로 지적하였다.

〈표 5-6〉 미국의 계층별 평균소득 증감액(1978~1998) (단위 : 달러, %)

소득계층	소득증감	증감률
최상위 5%	84,760	55
상위	34,370	33
중상위	6,900	11
중위	2,250	5
중하위	-104	-1
하위	-900	-6

미국의 경우 계층 간의 소득격차뿐만 아니라 주(州)별 소득격차도 심화되고 있는 양상을 보이고 있다. 주별 소득편차는 금융의 중심지 월가와 정보통신발달을 주도하는 첨단기술산업의 집산지 및 석유를 비롯한 에너지산업의 중심지역에서 특히 뚜렷하게 나타나고 있다. 뉴욕 · 애리조나 · 뉴멕시코 · 루이지애나 · 캘리포니아 · 텍사스 · 오리건 · 켄터키 주는 상위 20% 계층의 평균수익이 하위 20% 수익의 11배를 초과하였다. 뉴욕은 하위 20% 계층의 소득이 10년 전보다 오히려 1,970달러 감소한 10,770달러에 머문 반면 최상위 소득계층 20%는 19,680달러 증가한 152,350달러로 소득격차가 가장 컸다. 경제성장과 더불어 저임금 근로자의 임금도 상승하였지만 금융 · 인터넷 · 미디어 · 엔지니어 등 전문직 종사자의 소득증가에 비해 그 증가폭이 상대적으로 적었다고 할 수 있다. 월가 종사자의 보너스만 해도 1994년 60억 달러였던 것이 1999년에는 120억 달러로 2배 증가하였다. 한편, 주별 소득편차 조사결과 소득격차가 가장 적은 지역은 유타주였고 인디애나 · 아이오와 · 노스다코타 · 콜로라도 · 알래스카 · 메인 주 등도 상 · 하위계층 간의 소득격차가 적은 것으로 나타났다.

〈표 5-7〉 미국 주별 소득격차 수준 (단위 : %)

소득격차 상위 7개주		소득격차 하위 7개주	
주	상·하위간 소득비율	주	상·하위간 소득비율
뉴욕	14.1	유타	6.9
애리조나	13.1	인디애나	7.3
뉴멕시코	12.8	아이오와	7.4
루이지애나	12.0	노스다코타	7.9
캘리포니아	11.9	콜로라도	8.1
로드아일랜드	11.8	알래스카	8.1
텍사스	11.6	메인	8.1

자료 : 미국 경제정책연구원

(2) 빈부격차 심화의 원인

디지털경제시대를 맞아 지역·계층간 빈부격차가 날로 심화되고 있다. 이는 정보의 활용 정도가 부(富)로 직결되면서 정보를 소유하고 있는 자와 소유하고 있지 못한 자간의 소득격차가 갈수록 커지고 있기 때문이다. 이러한 문제를 방치할 경우 정보화 시대가 인류의 생활을 편리하게 하고는 있지만 보다 중요한 문제인 심각한 빈부갈등을 야기시킬 수 있다는 점에서 빈부격차 심화의 문제는 일국만의 문제가 아닌 전세계가 합심하여 공동으로 해결해야 할 과제로 떠오르고 있다.

특히, 인터넷이란 단어조차 생소한 아프리카를 비롯한 제3세계에서는 디지털경제가 가져다주는 급격한 부의 확산이 환상에 불과하다. 정보화시대 도래와 함께 정보화에 앞선 선진국들이 사이버 세계에서 막대한 부를 축적하는 과정을 이들 국가는 그냥 지켜볼 수밖에 없는 실정이다. 정보를 소유한 자가 세계경제를 지배하는 추세 속에 이들 국가의 낙후된 정보산업기반은 더욱 심각한 국가 간의 부익부 빈익빈 현상을 초래할 수 있다.

이러한 선진국과 제3세계 국가 간에 존재하는 디지털격차(digital divide)가 빈부격차를 야기시키는 가장 중요한 요인으로 지적되고 있다. 즉, 정보·지식이 곧 부를 의미하는 세계화시대에 정보산업에서 낙오되면 영원히 후진국을 벗어나지 못하는 상황이 전개되고 있다. 이러한 현상은 국가뿐만 아니라 한 국가 내의 정보를 가진 계층과 가지지 못한 계층 간에도 동일하게 발생되고 있다.

정보력 차이로 인한 계층 간의 소득격차를 미국과 일본의 경우에서 살펴보고자 한다.

① 미국의 소득격차

정보화사회로 본격 진입한 미국의 경우에도 인종·계층·지역간 빈부격차가 갈수록 커지고 있다. 1999년말 발표된 미 상무부 보고서에 따르면 1998년 고소득층과 저소득층간 소득격차가 전년 대비 29% 증가했는데 상무부는 인터넷 등 정보활용의 빈도차이에 따라 소득격차가 확대되었다고 설명하고 있다.

실제로 연봉 75,000달러 이상의 고소득 가정이 10,000달러 이하의 저소득 가정보다 컴퓨터를 보유하고 인터넷에 접속하는 비율이 7배나 되었으며 도농(都農)간 격차는 더욱 심해 도시지역 고소득층 가정의 62%가 컴퓨터를 보유하고 있는데 반해 농촌지역의 컴퓨터 보급률은 2.9%에 불과했다. 정보기술(IT) 산업 종사자와 비(非)IT 산업 종사자 간의 소득격차도 갈수록 커지고 있다. 1998년 IT 산업 종사자의 평균 연소득은 1997년의 34,000달러보다 52% 증가한 52,000달러였으나 비(非)IT 산업종사자의 연소득은 29,000달러에 불과하였다.

② 일본의 소득격차

일본의 경우도 미국과 비슷한 상황을 보여주고 있다. 일본 경제기획청이 발표한 소비동향조사에 따르면 1999년 10~12월 PC를 구입한 세대(전체의 3.8%)의 대부분이 고소득층이었다. PC를 구입한 세대의 비율이 연소득 400만엔 미만에서는 1%에 불과했으나 1,200만엔 이상의 세대에서는 8%였다.

PC를 많이 활용하는 직종의 근로자일수록 임금수준도 높은데 일본 노동성의 임금구조 기본통계에 따르면 PC를 자주 이용하는 서비스 업종의 30대 후반 이상 근로자의 중도채용임금이 전체산업 평균치에 비해 10만~30만엔이나 많은 것으로 나타나고 있어 정보력의 차이에 따른 소득격차가 선진국 내에서도 발생되고 있음을 보여주고 있다.

(3) 빈곤극복 방안의 모색

2000년 5월 아시아개발은행(ADB)이 ADB의 사명을 아시아지역의 경제개발 촉진에서 이 지역의 빈곤퇴치로 전환한데 이어 9월엔 UN과 세계은행(IBRD)이 향후 중점 과제를 각각 빈곤퇴치로 결정하면서 세계화 진전에 따른 세계 각 지역의 빈부격차가 세계경제가 당면하고 있는 중차대한 과제가 되고 있다.

특히, 세계은행은 경제전문가들로부터 그 동안 개도국 내 경제 및 정치 엘리트들의 이익만 대변한다는 비난을 받아왔는데 2000년 9월 12일 발표한 연례 '세계개발보고서'에서 여태까지의 '경제성장제일주의'에서 탈피하여 새로운 빈곤극복전략이 필요함을 촉구하고 있어서 이례적인 일로 받아들여지고 있다.

이제 세계은행은 '지속가능한 세계화'의 가장 큰 장애요인으로 빈곤문제에 관심을 가지게 되었다고 볼 수 있는데 이는 최근 미국 아스펜 재단 창립 50주년 기념식에서 행한 제임스 울펜손 총재의 연설에서도 살펴볼 수 있다. 울펜손 총재는 세계화에 대해 수천년 전부터 지속되어 왔던 거스를 수 없는 대추세로 전제하고 있으며 우리가 염려해야 할 것은 세계화가 너무 진척되는 것이 아니라 세계화로부터 가장 큰 이익을 보는 선진국 국민들과 개도국 엘리트들이 세계화의 진전에 따른 피해자의 고통을 방치 또는 심화시킴으로써 세계화가 좌초되고 그 화가 결국 자신들에게까지 미치게 되는 가능성이라고 지적하고 있다.

세계은행은 세계화의 공적에 대해서 긍정적인 평가를 내리고 있다. 즉, 세계은행은 이번 연례보고서에서 1820년 세계전체 인구의 75%가 빈민이었던 반면 현재는 그 비중이 20%로 크게 개선되었음을 지적하며 그 공을 세계화에 돌리고 있으며 세계화는 특히 한국을 비롯한 동아시아 지역의 빈곤퇴치에 크게 기여하였다고 평가하고 있다. 세계은행을 중심으로 모색되고 있는 주요 빈곤퇴치관련 방안들에 대해 간략히 살펴보고자 한다.

① 직접적 구제방식의 채택

실제로 세계은행은 창립 이래 개발도상국들의 빈곤문제 해소를 최대과제로 삼고 있다. 최근에는 세계화 추세와 관련하여 이들 국가의 빈곤문제 해결을 위해 전략을 다소 수정하고 있는데 대표적인 것이 직접적 구제방식의 채택이라 할 수 있다.

그 동안 세계은행의 빈곤퇴치 전략은 다음 2가지 방향에서 이루어져 왔다.

가. 노동집약적·산업 육성을 통한 고도경제성장을 통해서이다.

나. 보건·교육·사회 안전망 강화 등 사회적 자본(social capital)의 확충을 통한 전략이다.

그런데 최근에는 빈곤퇴치의 효율성을 제고하기 위해 빈민들에 대한 권능부여(empowerment)를 추가하였다. 이는 향후 이들 지역의 빈곤퇴치를 위해 해당정부와는 상관없이 국제기구가 직접 이들 지역의 빈민들을 구제하는 방식을 채택하겠다는 것이다. 이는 더 이상 이들 지역정부와 엘리트들에게 빈곤퇴치 사업을 일임할 수 없다는 정책상의 변화를 의미한다. 상기한 방식의 채택은 그 동안 국제기구의 지원이 해당지역의 빈민들에게 직접적으로 혜택이 돌아가는지에 대한 의문이 꾸준히 제기되고 있는데 따른 것이라 할 수 있다.

이러한 정책상의 변화는 해당지역의 인권보호 문제와 함께 이제는 빈부격차와 빈곤상황에 대해서도 해당 지역정부의 독점적 권한, 즉 주권을 인정하지 않을 수 있다는 의미를 내포하고 있다.

② 마이크로 대출제도

마이크로 대출제도의 선구자인 방글라데시의 무하마드 유너스 박사는 빈민이 되는 가장 중요한 요인이 '빈민을 등쳐먹는 고리대금 금융구조'라고 지적하고 있다. 즉, 빈민들은 정상적인 금융혜택을 받지 못하고 있는데 이것이 이들을 빈곤 상태에 있게 하는 가장 큰 요인이라는 것이다. 유너스 박사는 이들에게 일반대출금리보다는 높지만 고리대금보다는 낮은 자금을 빌려줄 때 많은 빈민들이 구제될 수 있다고 주장하고 실제로 이를 실천하여 입증해 보였다.

한편, 이러한 마이크로 대출제도도 대도시 지역에서는 효과를 발휘하지 못하는 것으로 나타나고 있다. 마이크로 대출제도가 공동체의 응집력과 견제력이 있는 시골지역에서만 성공할 수 있다는 가능성을 보이고 있고 또한 여성들에게만 실효가 있는 것으로 나타나고 있는 점 등이 이 제도의 한계성으로 지적되고 있다.

③ 정보화기반 구축

UN은 관련기관과 연계하여 아프리카 등지에서 인터넷 인프라스트럭처(internet infrastructure) 구축사업을 지원하며 디지털경제의 확산에 적극적인 입장을 표명하고 있다. UN의 목적은 이들 국가를 정보화 물결에 동참시킴으로써 이들 국가의 국민들이 실질적으로 세계화의 혜택을 누리게 하자는데 집약되고 있다.

가난한 개도국과 NGO들의 세계화에 대한 비판에 대해 부분적으로는 동의할 수 있으나 개도국의 빈곤이 전적으로 국제금융기구의 실패와 하자 때문이라는 시각은 옳지 않다. 세계화는 세계 각국이 당면하고 있는 피할 수 없는 과제이다. 따라서 세계화를 선진국이 후진국을 착취한다는 19세기적 개념으로만 볼 수는 없다.

향후 세계화의 추진과정에서 닥쳐올지도 모를 세계경제의 위기에 대처하기 위해 IMF를 비롯한 국제금융기구의 진취적인 개혁이 필요하며 선진국의 후진국에 대한 보다 폭넓은 경제원조가 더욱 더 필요하다고 생각된다.

현 세계경제가 당면하고 있는 가장 중요한 문제들인 남북문제 · 빈부의 격차문제 등을 해결하기 위한 범세계적인 관심과 협력이 그 어느 때보다 긴요한 시점이다.

(4) 세계식량정상회의

국제연합(UN)의 식량농업기구(FAO)가 주최한 '제2차 세계식량정상회의'(WFS : World Food Summit)가 2002년 6월 10~13일간 이탈리아 로마에서 180여개국 정상 또는 정부고위관리 등이 참석한 가운데 개최되었다. 2001년 11월 개최예정이었으나 9 · 11 미 테러사태로 연기되었던 이번 회담에서는 기아(飢餓), 인구감소, 에이즈(AIDS, 후천성 면역결핍증), 농토의 염분증가, 도시인구집중 문제 등을 논의하였다.

① 세계식량위기의 주요 요인

가. 기아인구의 급증

1996년 이탈리아 로마에서 개최된 '제1차 세계식량회의'에서는 2015년까지 세계의 기아 인구를 현재의 약 8억명(이 중 어린이는 3억여명에 달함)에서 50% 수준인 4억명으로 감소시킨다는 계획을 채택한 바 있다. 따라서 각국 대표들은 이번 회담에서 기아문제해결을 위해 구체적 지원 방안을 논의하였다.

이러한 계획이 실현되기 위해서는 매년 전세계의 기아인구를 2,200만명씩 줄여나가야 하지만 최근 수년간 실적을 살펴보면 연간 600여만명 밖에 줄이지 못해 현재 추세대로 진행될 경우 2015년에 가서도 기아인구는 6억명에 달하게 된다. 2015년에 목표를 달성하기 위해서는 매년 1,800억 달러의 자금이 투입되어야 할 것으로 분석된다.

세계식량계획(WFP)과 세계식량농업기구(FAO)의 조사결과에 따르면 아프리카 남부 6개국(잠비아, 모잠비크, 레소토, 말라위, 스와질랜드, 짐바브웨)에서만 1,280여만명이 아사위기에 직면해 있으며 당장의 아사위기를 벗어나기 위해서는 최소한 400만톤의 식량이 필요한 것으로 나타났다.

나. 에이즈의 확산

에이즈의 확산이 보건문제에 그치지 않고 전세계, 특히 빈곤국의 식량문제와 직결되어 있는 것으로 나타나고 있다. 에이즈가 빈곤지역의 농촌으로 확산되면서 이 지역의 식량생산을 크게 저하시킴에 따라 농촌지역의 생존을 위협하는 요인이 되고 있다. 특히, 전세계적으로 에이즈문제가 가장 심각하게 나타나고 있는 사하라 이남 아프리카의 경우에는 에이즈 감염자 2,800만명 중 50% 정도가 농촌에 거주하고 있어 향후 20년 내에 농촌노동력의 약 26%가 상실(喪失)될 것으로 예상하고 있다.

다. 인구의 도시집중

인구의 도시집중 문제도 세계식량위기의 주요 요인이 되고 있다. FAO의 분석에 따르면 2005년엔 세계인구의 50% 이상이 도시 또는 근교에 거주할 것으로 예상되며 현재 인구 1,000만명 이상의 도시가 전세계에 20개나 되고 이들은 동일한 농촌인구보다 식량을 30% 더 소비하는 것으로 나타났다. 도시화의 확대(expansion of urbanization)로 농토가 축소되고 식량생산지와 소비자들 간의 물리적 거리가 멀어져 생산・유통 단가가 상승하고 있다.

라. 농토의 염분화

관개(灌漑)시설이 구비된 세계농토의 약 10%가 염분화로 인해 훼손되고 있는데 이러한 농토의 염분화 심화현상은 세계식량위기를 초래하고 있는 요인으로 지적되고 있다. 전세계 농토 중 관개시설이 되어있는 비율은 약 17%이며 세계식량생산의 40%를 담당하고 있는데 가뭄현상의 심화로 농업용수의 염분비율이 높아져 각종 농업생산의 생산성을 급격히 저하시키거나 토양을 훼손시키고 있다. 염분화 현상은 관개시설을 갖춘 전세계 토지를 매년 1~2%씩 훼손시키고 있어 이에 대한 대책이 시급한 것으로 나타나고 있다.

② 회담결산

이번 '제2차 세계식량정상회의'는 기아문제 해결에 있어서 큰 진전을 못 이루고 농가보조금 지급과 유전자변형(GM) 농산물 등에 대한 선・후진국들 간의 이견(異見)을 좁히지 못한 채 폐막되었다. 이번 회담의 참가국 대표들은 현재의 세계기아

인구 8억명을 2015년까지 4억명 수준으로 감축시키기로 한 1996년의 '제1차 세계식량회의'의 합의사항을 신속히 이행한다는데 공통된 인식을 하였으나 세계적 환경단체인 그린피스(Greenpeace) 등은 1996년 이후 지난 6년간 세계의 기아인구수에는 커다란 변화가 없었으며 이번 회의에서도 선진국들의 무관심 하에 실질적인 소득이 없었음을 지적하고 있다.

이번 2차회의를 조직한 자크 디우프 세계식량농업기구(FAO) 국장도 회의 결과에 대해 실망스러운 견해를 피력했으며 부국(富國)들의 빈곤(貧困)에 대한 관심수준이 여전히 미흡함을 지적하였다. 또한, 이번 2차회의는 1996년 1차회의 때와는 달리 선진국 정상들이 대거 불참석함으로써 애초부터 가시적인 성과를 도출하는데 난항이 예상되었다.

1996년 '제1차 세계식량정상회의'에서는 유럽의 선진국 정상들이 대부분 참석하였으나 이번 2차회의에서는 경제협력개발기구(OECD) 회원국 중에 개최국이자 의장국인 이탈리아의 실비오 베를루스코니 총리와 스페인의 호세 마리아 아즈나르 총리만 참석하였다. 정상들의 저조한 참석률은 9·11 미 테러사태 이후 제기된 안전문제와 2002년 8월 남아프리카공화국의 요하네스버그에서 개최되는 '지속가능개발 정상회의' 등 정상외교행사의 중복이 지적되고 있다.

(5) 선진국의 빈국지원

경제협력개발기구(OECD) 개발위원회는 2002년 5월 13일 발표한 자료에서 선진국들이 장기적으로 개발원조 규모를 증가하겠다고 공언해온 것과는 달리 2001년 OECD 22개국의 정부개발원조(ODA)가 총 514억 달러로 2000년의 537억 달러보다 1.4% 감소하였다고 지적하였다. 따라서 이번 OECD 개발위원회의 조사자료는 빈국들에 대한 경제적 지원을 증가하겠다는 선진국들의 약속이 제대로 지켜지지 않고 있음을 여실히 드러내고 있다고 할 수 있다.

ODA 규모의 축소와 더불어 ODA가 이들 국가의 국내총생산(GDP)에서 차지하는 비중도 0.22%에 그친 것으로 나타났는데 이는 1990~1992년의 0.33%에 비하면 무려 33.3%나 감소한 것이다. 2001년에 OECD의 개발원조금액이 감소한 가장 주요한 요인은 일본이 경제침체의 장기화로 개발원조를 40억 달러나 감소시켰기 때문으로 분석되고 있다. 일본의 개발원조 감소로 2001년의 개발원조에서는 미국이 10년

만에 최대지원국이 되었는데 미국은 2000년 99억 6,000만 달러에서 2001년에는 9.4% 증가한 109억 달러의 개발원조를 제공하였다.

한편, 2001년 미국은 ODA부문에 있어서 세계 최대의 지원국이 되었음에도 불구하고 ODA 지원금이 국내총생산에서 차지하는 비중은 0.11%에 불과하여 OECD 22개 국가 가운데 최하위를 기록하였다. 정부개발원조 제공액이 이처럼 감소한데 대해 미국은 2006년까지 개발원조제공액을 매년 50억 달러씩 증가시키겠다고 밝힌 바 있으며 유럽연합(EU) 역시 2006년까지 GDP 대비 개발원조 비중을 0.39%로 제고시킬 것임을 천명하였다.

OECD 국가 중 UN이 목표로 하고 있는 개발원조의 GDP 대비 비중 0.7%를 충족시키고 있는 국가는 덴마크, 노르웨이, 네덜란드, 룩셈부르크, 스웨덴 등 5개국에 불과한 것으로 나타나서 경제대국들의 GDP 대비 ODA의 비율 확충이 선진국의 빈국지원에 있어서 중차대한 과제가 되고 있다.

(6) 선진7개국 재무장관회의

선진7개국(G7) 재무장관들은 2002년 6월 15일 캐나다 핼리팩스에서 개최된 'G7 재무장관회의'에서 빈국지원방안, 금융위기 방지책 등을 논의하였다.

개최국 캐나다의 재무장관 존 맨리는 미국과 주요 경제대국들이 2001년 9·11 테러사태로 인해 경기가 침체된 후 최근 들어 미국을 중심으로 경제회복세를 보이고 있으나 여전히 문제는 남아 있다고 언급하면서 농가보조금 지급 등 미국의 일부 무역정책이 타 국가의 경제개혁(economic reform)을 추진하는데 있어 장애요소가 되고 있다고 지적하였다. 맨리장관은 또한 이번회의가 'G7정상회의'에서 캐나다의 장 크리티앙 총리가 제안할 '새로운 아프리카 개발계획'을 논의하는 준비회의임을 지적하여 빈곤문제가 세계경제가 안고 있는 최대이슈 중의 하나임을 분명히 하였다.

1.2 반(反)세계화 정서의 확산

구소련의 몰락으로 냉전종식과 함께 세계 각국의 이해관계의 중심은 이념적 대결에서 경제적 관계로 전환되었다. 이러한 이해관계 전환의 중요한 선봉에 세계화와 신경제가 앞장서 있다. 그러나 최근 들어 개도국·제3세계를 중심으로 세계화의 부작용에 대한 심각한 우려가 제기되고 있다. 이들의 주장은 세계화와 신경제가 결국

인류 공통의 번영을 가져오는 것이 아니라 총체적 경제위기, 즉 지난 1920년대 후반에 전세계를 강타했던 세계대공황(Great Depression)을 다시 야기시킬 수 있다는 것이다.

우선 세계화의 중심에 서 있는 미국과 유럽의 현실을 볼 때 세계인들은 세계화에 대해 의구심을 가지게 된다. 세계화의 핵심인 통일된 세계규범, 즉 계약주의와 법치주의에 이들 국가 또는 기업이 합당하게 운영되고 경영되는지에 대해 의문이 제기된다. 자신들의 국가운영·기업경영에서 이러한 원칙을 준수하지 않는 국가가 어떻게 타국 정부 또는 타국의 기업들에게 자신들이 제정한 범세계적 규범을 제시할 수 있는가에 대한 의구심이다.

또한, 지난 10여년간 미국경제를 호황으로 이끌어 온 신경제의 위력도 최근 들어 급격히 위축되고 있다. 특히, 닷컴(.com) 기업들로 대변되는 신경제 기업들의 도산은 세계에서 유일한 신경제로 인식되어 오던 미국경제에 대한 신뢰를 저하시켰다. 유럽연합 역시 자국기업들에 매년 미국의 5.5배가 넘는 엄청난 직접보조금(OECD에 따르면 지난 1999년 EU가 자국기업들에 지급한 직접보조금은 2,170억 달러에 이르고 있음)을 지원하면서도 미국의 역외기업에 대한 세금혜택, 즉 간접보조금에 대해서는 무역보복조치를 취하고 있는 것은 시장의 이름을 빌린 강대국의 경제패권주의(economic hegemonism)라고 하지 않을 수 없다.

2. 반세계화 운동

세계화의 도도한 흐름 속에서 성장과 효율의 문제에만 치중했던 1990년대 이후의 세계경제는 최근 주요 다양한 세계화 저항세력의 강력한 반발에 직면해 있다. 1999년 미국 시애틀 세계무역기구(WTO) 회의에서부터 시작해 최근 국제회의가 개최될 때마다 세계 각국에서 모인 시위대가 어김없이 등장하고 있다. 소위 '시위대(the protesters)' 혹은 '반세계화 시위대(the anti-globalizationa protesters)'로 지칭되고 있는 이들은 세계화의 급속한 확산에 반발하고 있다.

세계화의 흐름은 거스를 수 없는 세계경제의 추세임에 분명하다. 또한, 다수의 연구보고서 결과는 세계화의 이익이 그 비용을 초과하는 것으로 나타나고 있어 쉽게 정당화되는 경향이 있는 것도 사실이다. 그러나 한편으로 세계 각처에서 최근 거세게 일어나고 있는 반세계화 운동을 간과할 경우 심각한 사회문제를 야기할 소지가 있으며 세계화의 효율적인 진행 자체가 어렵게 된다.

2.1 반세계화 운동의 확산

최근 반세계화 시위 움직임이 심각한 수준에 이르고 있다. 세계화에 저항하는 시민단체들의 반세계화 운동이 해가 갈수록 거세지고 조직화되는 양상을 보이고 있다. 세계 각국의 시민단체들은 1999년 시애틀에서 개최된 WTO 각료회의를 계기로 대규모 반세계화 시위를 전개하기 시작하였으며 이러한 시위는 최근 세계무역기구(WTO), 국제통화기금(IMF), 세계은행(IBRD) 등 국제경제기구의 행사, G7 정상회의, 다보스 세계경제포럼(WEF) 등 세계경제통합(global economic integration)을 논의하는 회합장소를 대상으로 더욱 더 격화되는 추세를 보이고 있다. 2000년 4월 워싱턴에서 개최된 세계은행·국제통화기금 춘계회의에는 15,000명의 시위대가 전세계에서 모여 극렬한 시위를 전개한 바 있다. 2000년 9월 체코 프라하에서 열린 세계은행·IMF연차회의도 시위대의 격렬한 저항으로 '프라하의 봄 이후 최악의 사태'로 평가되었다. 또한, 2001년 4월 캐나다 퀘벡에서 개최된 미주정상회담, 6월 스웨덴 예테보리의 유럽연합정상회담 역시 세계화 반대론자들의 격렬한 시위가 발생되었다. 더욱이 2001년 7월 이탈리아 제노바에서 개최된 G8 정상회담장에는 무려 30만 명에 이르는 반세계화 운동가들이 모여 격렬한 시위를 벌인 끝에 시위대 한 명이 숨지는 유혈사태까지 발생하였다.

특히, 2001년 1월말 다보스포럼 개최시기에 맞추어 브라질 포르투 알레그레에서는 반세계화 모임인 '세계사회포럼(WSF : World Social Forum)'이 개최되었다. 이는 반세계화가 이제는 단순히 일시적이고 간헐적인 시위 수준을 넘어 조직화된 운동으로 발전되었음을 의미한다. 향후 반세계화 운동의 중심이 될 '세계사회포럼(WSF)'은 세계의 경제, 환경, 인권 관련 비정부단체(NGO), 비주류 학자 등이 중심이 되어 2001년 제1차 회의에 이어 다보스포럼과 동시에 개최되고 있다. 이들은 신자유주의(neoliberalism)와 자유방임적 자본에 의해 지배되는 세계를 거부하고 인류의 빈곤문제 해소, 환경의 개선, 인권신장에 보다 중점을 두는 새로운 세상을 구축해 나갈 것을 표방하고 있다. 아울러 신자유주의의 첨병 역할을 하고 있는 세계은행, IMF 등 국제경제기구의 활동을 비판하고 WTO 도하개발아젠다(DDA) 협상과 미국이 주도하고 있는 미주자유무역지대(FTAA) 추진에 반대하는 시위를 전개하고 있다.

2.2 반세계화 주장의 논리

세계 각처의 인권 및 환경운동가, 무정부주의자 및 공산주의자, 극우파 등 다양한 이념과 성향을 지닌 단체들이 결합되어 반세계화를 주장하고 있는 이들 시위대의 구체적인 주장점에 대해 살펴보고자 한다.

반세계화론자들의 주장에 따르면 자유무역 옹호자들은 개도국들이 우루과이라운드(UR) 타결에 따른 이익을 얻게 될 것이라고 주장해 왔지만 개도국들은 무역자유화 이후에 일차산품의 가격 하락에 따른 교역조건(terms of trade)의 악화를 경험하고 있는 등 무역자유화(trade liberalization)로 인한 혜택이 거의 전적으로 선진국에게 귀속되고 있다는 것이다. 또한, 선진국들은 정부 보조금 및 산업보호가 자유경쟁에 의해 시장에서 결정되어야 하는 가격을 왜곡하고 성장을 저해한다고 주장해 왔지만 정작 선진국들은 농산물, 섬유, 의류, 가죽 및 신발 등 개도국들이 수출 잠재력을 보유하고 있는 품목들에 대해 상당한 보호장벽을 유지하고 있다는 것이다. 더욱이 반덤핑 절차 및 보건·안전 기준 등의 남용은 개도국의 수출에 대한 선진국의 수입제한 수단이 되고 있다고 비판하고 있다.

해외직접투자(FDI)는 단기자본이동(short-term capital flows)에 비해 보다 덜 유동적(less volatile)이며, 유치국에 기술 및 경영기법을 이전하는 이외에도 고용 창출(employment creation) 및 수출증대를 발생시킨다는 점에서 유치국 경제에 상당한 기여를 하는 것으로 인식되고 있다. 그러나 반세계화 운동가들은 이러한 FDI의 대부분이 선진국들 가운데 발생하고 있으며 대(對)개도국 FDI 비중은 매우 적어 개도국들이 FDI로 인한 혜택을 별로 받지 못하고 있다고 주장하고 있다. 더욱이 최근 개도국으로의 FDI 증가는 신설투자(greenfield)가 아닌, 인수·합병(M&A)의 형태를 띠고 있다는 점에서 문제를 제기하고 있다.

반세계화 주창자들은 지난 1997~1998년 발생한 동아시아외환위기(East Asian

Foreign Exchange Crisis)가 세계 금융시장의 통합(integration of global financial market)에 따른 금융시장의 불안정 위험을 적나라하게 노출시켰다고 주장하고 있다. 또한, 선진국들은 이러한 위험으로부터 거의 영향을 받지 않았고 심지어 일부 국가는 이로부터 이익을 본 반면, 개도국을 비롯한 체제전환경제국 등은 세계의 다수 국가들이 동 위기로부터 심각한 타격을 받았다는 것이다. 이는 국제통화기금(IMF) 및 세계은행의 조언 및 압력에 따라 개도국들이 금융시장을 개방하여 단기자본이동의 공격에 극도로 취약한데 원인이 있다는 것이다. 더욱이 국제통화기금(IMF)은 경제위기를 경험하고 있는 국가들로 하여금 그들의 자본시장을 추가 개방하도록 강요하였고 심지어 국내 사회정책에까지 관여함으로써 동 국가들의 주권을 침해하였다고 비판한다. 또한, 고금리 및 긴축재정정책 등 IMF의 처방책은 오히려 기업 도산과 실업 양산을 초래하여 위기를 더욱 악화시켰다고 주장하고 있다.

반세계화 운동가들은 세계화가 진전되면서 선진국과 개도국을 막론하고 임금감소, 실업증가 및 노동시장의 유연성(flexibility of labor market) 제고 등에 의해 노동자들이 고용 및 소득 안정성을 위협받고 있다고 주장한다. 또한, 숙련 노동자와 비숙련 노동자 간의 임금격차가 무역 및 투자 자유화와 더불어 증대되고 있다는 것이다. 더욱이 경쟁적인 FDI 및 기업인들의 국제적인 생산거점 이전 능력 등으로 인해 노동자들의 고용 안정성과 교섭력(collective bargaining)이 약화되고 있으며, 특히 M&A는 기업 구조조정 및 대량 실업을 수반하고 있다고 비판한다.

반세계화 시위대는 세계화가 진전되면서 국가간 및 국가내 빈곤, 소득 불평등(income inequality) 및 상대적 박탈감(relative deprivation)을 심화시키고 있다고 주장한다. 또한, 개도국뿐만 아니라 OECD 국가들의 경우에도 1980년대 이후 소득 불균등 현상이 심화되고 있다는 것이다. 아울러 다수의 개도국들은 지불불능의 대외부채를 떠안고 있는데 이는 이들 국가의 경제발전 및 빈곤퇴치의 주요 장애요인이 되고 있다고 지적한다.

한편, 반세계화 운동가들은 무역 및 투자의 자유화로 인해, 또는 경제성장 그 자체로 인해 증대된 기업의 영업활동이 소비와 생산의 증대를 유발시키고 이에 따라 필연적으로 환경의 질(quality of environment)을 저하시키고 있다고 주장한다. 즉, 세계화는 지구 온난화에 영향을 미치는 등 상당한 환경파괴를 야기하고 있다는 것이다.

반세계화 시위대는 현재의 통치체제 및 기구가 국내적 또는 국제적 활동을 관리하기 위한 목적에서 창설되었기 때문에 현재 세계화의 급진전으로 이루어지고 있는 글로벌 경제활동을 관리하기에는 부적합하다고 주장하고 있다. 그들은 더욱이 주요 국제기구들의 관리체제가 매우 비민주적이며 불공정하다고 역설하고 있다. 빈곤국 및 빈곤자들은 국제정책 결정과정에 영향력을 거의 행사할 수 없으며, IMF와 세계은행의 주요 의사결정 메커니즘은 각국의 자본출자 규모에 비례하므로 주요 선진국들이 대부분의 의사결정권을 가지고 있는 것을 비판하고 있다.

2.3 반세계화 주장에 대한 평가

세계화는 세계단일시장(global single market)을 구축시킴으로써 재화와 용역, 생산요소들의 경쟁을 치열하게 만들고 있으며, 그 과정에서 세계경제는 성장의 원동력을 얻고 전세계의 후생(global welfare)도 증가한다. 즉, 세계화는 효율의 극대화(maximization of efficiency), 자원배분의 합리화(rationalization of resource allocation), 규모의 경제이익(benefit of economies of scale) 초래, 자유무역 이익(free trade advantage)의 실현 등 다수의 긍정적 효과를 파생시키게 된다. OECD 분석자료에 의하면 시장개방(market opening)이 1% 진전되면 국민소득증가율과 경제성장률이 각각 0.5%씩 증가하는 것으로 나타났다. 또한, UR에서 합의된 사항이 이행될 경우 이로 인한 선진국 및 개도국의 후생증가는 약 2,500억 달러에 이르는 것으로 분석되었다.

그러나 한편으로는 반세계화 운동가들의 주장대로 세계화로 인한 문제점과 비용도 발생하고 있는 것이 사실이다. 즉, 세계화의 과정은 순탄한 과정이 아니라 고통이 수반되는 과정이며 그 편익을 향유하는 집단 또는 국가가 있는가 하면 여기에서 소외되는 집단 또는 국가가 존재한다. 대체적으로 세계화는 불확실성(uncertainty)을 제고시키는 한편 경제활동에 수반되는 위험(risk)을 증대시켰다. 많은 정보를 보유함으로써 경제적 불확실성을 극복하고 이를 토대로 세계화 과정에 수반되는 위험을 적절히 관리할 수 있는 집단에 대해서는 세계화가 하나의 기회였지만 그렇지 못한 집단에 있어서는 극복하기 힘든 과제가 되었다고 평가할 수 있다. 예를 들면, 니

제르에선 국민 85%가 문맹이고, 짐바브웨에선 잠재노동력의 60%가 실업상태이며, 에티오피아는 인구의 27%만이 식수를 구할 수 있으며, 북한은 식량문제가 심각한 것이 최빈국들의 일반적인 상황이라고 할 수 있다. 이들 최빈국의 공통점은 세계화를 하지 않은 폐쇄사회(closed society)라는 것이다.

그런데 반세계화 시위대들은 세계화의 긍정적인 측면 이면의 부작용만을 지나치게 강조하는 면이 없지 않다. 또한, 전술한 반세계화 운동가들의 주장은 일부 수용되어야 하는 점들도 있지만 반론의 여지가 있는 점들도 사실이다. 우선 개도국들이 무역자유화와 FDI의 혜택을 실질적으로 누리지 못하고 있다는 주장에 대해 살펴보면 제2차 세계대전 이후 30년간 OECD 국가들이 세계경제와 다자무역체제를 주도하여 왔다. 그러나 20세기 마지막 20년 간은 비(非)OECD 국가들이 국내시장을 스스로 개방하고 세계시장으로 적극 진출하면서 세계 경제무대에서 주요한 역할을 수행하기 시작하였다. 이들 국가의 시장개방노력으로 인해 1981~1998년간 이들 국가의 국내총생산(GDP)에서 무역이 차지하는 비율은 연평균 4%, GDP에서 FDI가 차지하는 비율은 연평균 17%씩 성장하고 있는 등 개도국들과 무역 및 투자자유화의 이익을 더욱 더 많이 향유하고 있는 것으로 나타나고 있다.

공산품 관세만 하더라도 과거엔 선진국에만 이익이 되는 것으로 인식되었으나 현재는 개도국에도 많은 이익을 가져다주는 것으로 인식되고 있다. 또한, 외국인투자와 관련, 신설투자와 M&A형 투자 모두 국내자산에 대한 취득의 대가로 외화가 유입되며, 단기적 자산 및 주식가격 상승에 따른 이익을 도모하는 M&A형 외국인투자에 따라 기업의 가치가 상승하면 나머지 국내투자가도 주식가치상승에 따른 이익을 볼 수 있는 등의 이점이 있다는 것을 간과해서는 안 된다.

1997년말 발생한 동아시아외환위기와 관련해서도 중요한 사실은 한국 등 이를 극복한 국가들은 비교적 세계화에 순응하는 경제체제를 갖고 있었다는 것이다. 세계화가 경제위기를 야기시킨 것이 아니라, 오히려 세계화가 잘 됐기 때문에 위기를 극복할 수 있었던 것이다. 또한, 당시 외환위기를 경험했던 국가들의 문제는 세계화를 너무 많이 해서가 아니라 세계화를 편향적으로 했던 데 있다. 즉, IMF 경제위기는 해외로부터의 직접투자 환경을 건실하게 하지 않고 자본시장을 성급하게 개방한 것이 원인이었던 것으로 판단된다.

세계화가 노동자들의 고용불안정과 임금감소를 초래한다는 주장과 관련하여 무역 및 투자자유화가 실업증가 및 고용감소를 초래할 수는 있다. 그러나 이는 일부측면만을 인식한 것으로 무역 및 투자자유화는 일부 부문의 고용을 감소시키는 동시에 수출부문 및 연관 산업 등에서 신규 일자리를 창출하며 성장을 통한 추가적인 고용창출이 발생한다고 보아야 한다. 예를 들면, 한국의 경우 총고용의 약 20% 정도가 수출에 의해 창출되는 것으로 분석되고 있으며, 외국인직접투자 역시 1995년의 경우 54,000명의 고용창출효과를 나타낸 것으로 추정되고 있다. 또한, 노동자들의 임금수준은 개방여부와는 별로 관계가 없으며 오히려 기업의 경영성과, 기업조직의 변화, 산업의 기술수준 발전 등의 요인에 의해 더욱 영향을 받는 것으로 나타나고 있다. 예를 들면, OECD의 선진국에 대한 실증분석결과 무역증가가 임금의 약 10~20% 정도만을 설명한다는 점이 제시되었다.

세계화가 소득불균형을 심화시킨다는 측면은 어느 정도 인정되고 있다. 즉, 세계화가 숙련된 노동자들에 대한 임금 프리미엄을 증가시키고 미숙련 노동자에 대한 수요를 감소시키는 방향으로 작용하고 있다는 것이다. 그렇다고 보호주의를 통해 구조조정을 연기하는 것은 이론적으로 보나 경험적으로 보나 바람직하지 않은 일이다. 보호주의는 오히려 더욱 큰 부작용과 비용을 초래한다. 따라서 문제는 무역과 투자로 발생한 이득을 어떻게 하면 더욱 공평하게 분배되도록 할 수 있는가에 중점을 두어야 한다.

세계화가 환경파괴(environmental destruction)를 초래한다는 주장과 관련하여 적절한 환경정책이 마련되지 않는 경우에는 세계화로 인한 경제활동의 증가가 환경악화를 초래할 수 있다는 것은 사실이다. 그러나 한편에서 세계화의 이익을 통해 소득수준이 향상됨에 따라 환경의 질에 대한 요구가 증가하여 환경개선 성과를 수반하는 적절한 환경정책들이 추진될 수도 있다. OECD의 연구결과에 따르면 각국의 전반적인 환경개선 성과는 일인당 소득수준의 증가와 명백히 정(正)의 관계가 있는 것으로 조사되었다. 그러나 모든 형태의 환경오염이 경제성장과 더불어 감소하지 않으며 환경오염을 지속적으로 감소시킬 수 있는 기술의 존재여부도 주목해야 할 요소 중의 하나이다.

한편, 반세계화 운동가들의 국제기구에 대한 비판과 관련하여 1999년 시애틀 반세계화 시위 이후 국제사회는 세계화의 도전에 대한 대응문제를 진지하게 협의하기 시작했다. 특히 G7, G20, IMF, 세계은행, OECD 등 국제기구는 이를 최우선 당면과제로 설정하여 지속적으로 논의를 진행하고 있다. 이러한 논의는 최빈국 및 개도국의 성장지원 강화, 경제성장과 환경보호를 결합한 지속가능발전(sustainable development) 전략 추진, 국제금융체제의 안정화(stabilization of international financial system), WTO 다자무역체제의 개선 등으로 집약할 수 있다. 지난 2001년 11월 출범한 WTO의 새로운 다자간무역협상을 '뉴라운드' 대신 '도하개발아젠다(DDA)'로 명명한 것도 이와 같은 맥락에서 이해할 수 있다.

2.4 한국에의 시사점

이제 세계화의 흐름은 거스를 수 없는 하나의 추세임이 분명하다. 이 같은 세계화 시대에 일국이 세계화를 지속적으로 추진할 것인가 추진하지 않을 것인가를 논하는 것은 무의미하며, 세계화의 장점이 크냐 단점이 크냐를 논쟁하는 것도 비생산적이라고 할 수 있다. 급속한 세계화의 진전 속에서 중요한 문제는 어떻게 하면 세계화에 따른 이익을 극대화하면서 그 부작용과 비용을 최소화할 수 있는 제도적 장치를 마련하는가에 있다. 이 같은 맥락에서 그 동안 적극적인 무역·투자자유화 등을 통해 세계화의 이익을 향유해 온 한국 경제의 향후 세계화 추진방향을 살펴보고자 한다.

우선 전술한 바와 같이 세계화는 전체적으로 성장의 원동력이 되지만 세계화의 과정에 편입되지 못한 일부 노동자 및 기업들은 고통을 경험하게 된다. 따라서 세계화의 편익을 적절한 정책을 통해 사회 전반에 공평하게 배분하려는 노력은 향후 효율적인 세계화 추진을 위해 무엇보다 중요하다고 할 수 있다. 세제개편 등 빈곤층의 소득증대를 위한 제반적인 정책적 배려가 필요하며 미국의 무역조정지원(TAA)과 같이 경제개방으로 인해 피해를 보는 부문에 대한 보상방안 등이 실질적으로 선결되어야 한다. 또한, 노동시장의 유연화 또는 불안정화에 대비하여 고용창출을 위한 노력을 적극적으로 전개하고 노동자의 능력개발을 위한 투자를 증대시켜야 한다.

향후 시장개방에 있어서는 부문별 개방의 유기적 조정이 중요하다고 할 수 있다.

어느 한 부문만 신속히 개방한다고 해도 다른 부문의 개방속도가 지체되는 경우에는 경제전체에 부담이 될 수 있다. 다수의 경제전문가들은 1997년 말에 경험했던 경제위기도 개방속도가 신속했기 때문에 발생한 것이 아니라 오히려 실물부문과 금융부문의 시장개방 및 자유화 속도에 있어서 차이가 있었기 때문이라고 지적하고 있다. 일국의 경제는 살아 있는 유기체로서 경제 각 부문의 균형적인 개방 및 자유화가 필요하다.

향후 세계화 추진과정에서는 정보를 투명하게 공개하고 국민의 동의를 얻는 과정이 수반되어야 한다. DDA와 FTA 등 관련 협상의 주요 내용과 동향에 대해 기업, 시민단체, 언론 및 일반국민들이 정확하게 이해할 수 있도록 정보를 공개하고, 공청회 토론회 등을 통해 국민의 지지를 확산시킴으로써 세계화 추진과정의 정당성을 확보해야 한다. 왜냐하면 국민의 동의와 이해가 확보될 경우에만 효율적인 세계화 전략이 추진될 수 있기 때문이다.

또한, 정부로서는 국경을 초월하거나 국제적인 영향을 미칠 환경문제에 대해 국제적인 협조를 적극적으로 모색해야 한다. 무역 및 투자자유화 등 세계화 추진정책과 환경정책 간의 상호연계성을 제고해 나갈 필요가 있다. 이밖에도 범지구적 경제통합(economic integration)이 진행되고 있는 현재, 치열해지는 국제경쟁에서 생존하기 위한 전략으로써 기업 및 금융기관의 투명한 경영혁신, 전자상거래 확대추세에 대한 대응, 기술혁신을 위한 노력 등이 절실히 요구된다.

세계경제가 직면한 환경이 신속히 변화되고 사람들의 인식이 끊임없이 변화하며 과학기술이 새롭게 혁신되고 있는 이때에 국가정책도 이러한 상황에 대처하기 위하여 부단히 변화해야 한다.

제 4 절 세계화의 과제

세계화는 1990년대 이후 급속히 진행되고 있어 이미 되돌릴 수 없을 만큼 전세계 경제에 영향을 미치고 있다. 제한된 자원(limited resources)을 가장 효율적으로 사용한다는 점에서 세계화는 불가피한 추세라고 할 수 있다. 그러나 세계화의 진전과정에서 이러한 순기능과 함께 심각한 역기능도 나타나고 있다. 지역별로 상이한 관행과 의식·가치관 등이 충돌하여 지구촌 곳곳에서 심각한 마찰이 발생되고 있다. 빈부격차의 심화 및 당면한 세계경제의 위기도 심각한 도전이라 할 수 있다. 이에 대한 해결책으로 '인간의 얼굴을 한 세계화' 등이 제시되고 있으나 그것을 해결하기 위한 방법론에서는 상이한 처방을 내놓고 있다.

최근 세계화 또는 글로벌화(globalization)에 대한 논란이 거세지고 있는 상황 하에서 세계화가 각 나라에 던지는 의미는 상이하다 할 수 있다. 예를 들면 한국, 대만, 싱가포르의 경우에는 세계화는 곧 경제적 번영(economic prosperity)으로 향하는 길인데 실제로 이들 국가는 지난 25년간 수출 및 글로벌경제에의 적극적인 참여를 통해 괄목할만한 경제성장을 이룩하여 왔으나 아프리카 국가의 경우 글로벌화는 이들 국가의 국제경쟁력을 더욱 약화시키는 결과를 초래하였다.

아프리카 국가들의 경우 국제통화기금(IMF)과 세계은행(IBRD)이 지난 20여년간 이 지역의 경제개발을 위해 자금지원을 해왔지만 아직도 빈곤상태를 벗어나지 못하고 있다. 따라서 글로벌화는 지역환경·국가에 따라 상이한 결과를 파생시키고 있다. 특히 아프리카와 같이 자유무역 또는 시장개혁만으로 경제위기를 해결할 수 없는 국가들에게는 세계화는 의미가 없는 것이 된다.

컬럼비아대학의 제프리 삭스(Jeffrey Sachs) 교수는 그 이유에 대해 다음 2가지 요인으로 지적하고 있다.

① 글로벌화는 지역이라는 물리적 부담을 소멸시키지 않음

안데스산맥, 아프가니스탄, 아프리카 지역들은 국제무역과는 멀리 떨어져 있어 글로벌화의 혜택을 거의 받지 못하게 된다. 이들에 있어서 세계화는 빈곤과 고립의 해결책이 될 수 없다. 또한, 글로벌화는 기후와 관련된 질병을 해결할 수 없다. 아프리카지역에서는 연 5억건 정도의 말라리아 감염이 보고되고 있고 이로 인해 연간 200만명이 사망하고 있는데 이러한 말라리아와 같은 기후와 관련된 질병은 경제성장과 외국인투자를 방해하게 된다.

② 국가적 개발전략에 크게 영향을 미침

지난 20여년을 돌이켜 볼 때 보호주의 하에 폐쇄적 성향을 유지해온 국가들은 대

부분 부진한 경제상태를 보여주고 있다. 또한, 사회주의를 선택했던 국가들의 경제도 거의 파탄지경에 처해 있다. 반면에 수출지향적 경제개발전략을 채택했던 국가들은 외국으로부터 첨단기술을 도입하여 그 기술을 이용한 제품을 제조하여 수출을 통해 이익을 남기는 과정을 통해 경제개발에 성공하였다. 그러나 자유무역만이 이들 국가의 경제개발에 기여한 것은 아니다. 오늘날과 같은 지식기반경제(knowledge-based economy) 시대에 있어서 경제개발에 성공한 국가들의 공통점은 과학, 기술 및 교육에 대한 적극적인 국가적 투자가 뒷받침되었다는 점이다. 따라서 경제개발전략이 성공하기 위해서는 글로벌화와 충분한 공공투자의 적절한 조합이 필요하다.

한편, WTO, IMF 총회장에서 세계화 반대론자들의 항의집회가 거세지고 있다. 이들은 많은 국가들이 글로벌화로 인해 이익을 얻기는커녕 오히려 치열한 국제경쟁에서 낙오되어 더욱 더 가난해지고 있다고 주장하면서 선진국은 물론 IMF와 IBRD가 후진국에 대해 금융지원 · 부채탕감 · 질병제거 등을 거듭 약속하기는 했지만 실제로 도와준 것은 거의 없다고 지적한다. 따라서 더 많은 국가와 국민들이 이익을 향유할 수 있는 전세계적인 글로벌화의 전략이 필요하다. 이러한 글로벌화 전략은 다음 2가지 측면에서 파악될 수 있다.

1. 후진국에 대한 지원확대

부유한 선진국들은 후진국들이 지리적 열세를 극복하기 위해 에이즈(AIDS), 말라리아 및 다른 열대병을 퇴치할 수 있도록 풍부한 자금을 지원해야 하며 후진국들의 과학자 및 대학에 대한 지원을 통해 후진국들이 정보기술의 혁신에 참여할 수 있도록 적극 유도해야 한다. 이를 통해 후진국들이 질병퇴치는 물론 낮은 농업생산성, 환경의 악화와 같은 문제에 대해 어느 정도 기술적 해결책을 찾을 수 있게 된다.

예를 들면, 선진국의 국민들이 일년에 1인당 수십 달러씩만 지원해도 후진국들은 수백억 달러를 더 지원받을 수 있게 되어 이들 국가의 경제성장 촉진으로 인한 삶의 질(quality of life) 개선 및 궁극적으로는 글로벌화의 혜택을 보다 빨리 누릴 수 있게 된다.

2001년 노벨경제학상 수상자인 조지프 스티글리츠(Joseph Stiglitz) 미 컬럼비아 대학 교수는 2002년 6월 9일 그의 저서 『세계화에 대한 불만(*Globalization and Its Discontents*)』 발간에 앞서 뉴욕타임스 매거진과 가진 인터뷰에서 세계화와 관련하여 개발도상국들의 가장 큰 불만은 선진국들이 민주적 절차(democratic procedure)를 무시한 채 개발도상국들에 특정정책을 강요하는데 있다고 강조하면서 이러한 정책의 대표적인 예로 지난 1998년 동아시아외환위기 당시 한국 정부에 대해 국제통화기금(IMF)이 강요한 정책을 지적하였다. 스티글리츠 교수는 IMF는 과거 한국에 구제금융을 지원하면서 한국이 선택의 여지가 없었던 상황 하에서 더욱 신속한 시장개방을 요구하였는데 이 같이 중요한 정책은 해당국 스스로의 판단에 의해 이루어지는 것이 바람직하다고 밝히고 있다. 즉, 정책 강요는 민주주의와 투명성(democracy and transparency)을 훼손하여 결국 해당국의 경제위기에 대한 근본적인 처방책이 될 수 없다는 것이다.

스티글리츠 교수는 빈국들의 과중한 부채에 대해서도 언급하였다. 빈국들은 부채가 그들이 감당할 수 없을 만큼 많기 때문에 미국을 위시한 선진국들이 빚을 탕감해 주지 않으면 빈곤에서 영원히 벗어날 수 없음을 지적하고 있으며 빈국들의 외채 중 일부는 미・소 냉전시대(Cold War Era)의 산물이기도 하여 선진국에도 일부 책임이 있음을 강조하고 있다.

한편, 제임스 울펜손(James D. Wolfensohn) 세계은행 총재는 2000년 9월 체코 프라하에서 개최된 'IMF・IBRD 연차총회'에서 행한 연설에서 효율적인 경제원조의 필요성을 강조하였다. 울펜손 총재는 세계은행이 1998년 보고한 경제원조의 효율성에 대한 연구결과를 지적하면서 경제원조의 효율성은 원조를 제공받는 국가의 정책에 달려 있음을 상기시켰다. 바람직한 정책을 구사한 나라는 그렇지 않은 국가에 비해 원조의 효율성이 그만큼 높았다는 것이다.

세계의 많은 원조국들이 이러한 정책을 바탕으로 성장해온 것이 사실이지만 아직까지도 지구상에는 경제원조가 필요한 나라가 많음을 지적하면서 상당수의 선진국들은 원조가 필요한 후진국들을 도와왔지만 일부 선진국들은 원조에 인색하였다며 세계 일부 극빈지역에 대한 경제지원이 시급하다고 강조하였다.

효율적인 경제원조를 위해 울펜손 총재는 다음 6가지 측면을 지적하였다.

① 상당수 선진국들은 국제적으로 인정되고 있는 원조목표치에 미달한 상태이다. 이들 선진국이 원조규모를 좀더 확대해야 한다.
② 선진국들은 극빈국들의 채무탕감을 위한 보다 폭넓은 조치를 서둘러야 한다. 극빈국의 채무탕감을 위해서는 선진국들의 재원부담이 불가피하다. 그러나 이것이 저소득국이나 중진국들에 부담을 떠넘기거나 지원을 축소하는 방식이어서는 안 된다.
③ 선진국들은 후진국에 대한 무역장벽을 제거해야 한다. 세계은행의 추정에 의하면 모든 선진국의 무역장벽에 따른 비용이 후진국들의 경제개발을 위해 지원되는 금액의 두 배를 웃돌기 때문이다.
④ 에이즈·환경·교육·보건 등 현재 후진국들이 공통적으로 직면하고 있는 현안들에 효과적으로 대처하기 위해 지원방식도 다양화될 필요가 있으며 이를 위해 체계적인 국제기구를 설립할 필요성도 존재한다.
⑤ 각국별 또는 국제기구별 각종 원조는 지원절차 등을 간소화해 관련내용을 최소화할 필요가 있다.
⑥ 범지구차원에서 문제해결을 위한 조치가 필요한 사안들이 갈수록 늘어가고 있다는 사실도 명심해야 한다. 따라서 국제사회가 합심하여 극빈국의 경제성장을 위해 노력해야 한다.

울펜손 총재는 지금이야말로 모든 국가가 빈곤퇴치를 위해 새로운 공약을 제정해야 할 때라고 주장하고 있는데 그 근거로 인구통계학적 문제를 제시하고 있다. 향후 25년 후에는 지구인구가 80억명으로 기대되고 있는데 유럽의 인구는 현 수준을 유지할 것으로 보이지만 개도국 인구가 50억명에서 70억명으로 증가할 것으로 추정되기 때문이다. 따라서 국제사회의 새로운 공약 없이는 인류는 조만간 절망과 상실에 휩싸이게 될 것이며 지구촌을 결코 공평한 사회로 만들 수 없을 것이고 평화와 아동보호라는 과제도 실현하기 어려울 것으로 지적하고 있다.

울펜손 총재는 향후 10년 간이 국제사회가 빈곤퇴치를 위해 실질적인 노력을 펼

치지 않으면 안 된다고 주장하면서 현재 세계가 직면하고 있는 세계화·정보화·수명연장·기술발전으로 집약되는 이러한 기회는 국제사회가 어떻게 하느냐에 달려 있으며 세계화에 따른 번영과 이익도 일부 국가들이 아닌 전세계 모든 국가들에 골고루 혜택이 돌아가야 한다고 지적하고 있다.

2. 세계화로 인한 피해계층에 대한 대책 강구

세계화에 의해 직장을 잃는 등 불이익(disadvantage)을 당한 피해계층에 대해서는 단순히 기본적 생활을 보장한다는 의미의 '사회안전망(social safety net)'을 넘어 사회적 재도약을 보장하는 방안이 마련되어야 한다. 도널드 존스턴 경제협력개발기구(OECD) 사무총장은 유럽 각국의 문맹률과 교육수준에 대한 통계를 인용하면서 세계화에 밀려 사회적으로 배제당하는 세계화의 피해시민에 대해서는 재취업을 가능하게 하는 교육훈련(job training) 등 일종의 사회적 트램플린이 제공되어야 한다고 강조하고 있다.

따라서 사회적 트램플린은 세계화 조류 및 그에 따른 금융위기로 피해를 보게 되는 근로자와 사회적 약자들에게 보다 적극적으로 사회에 참여할 수 있도록 사회정책을 펴야 한다는 것을 의미한다. 독일의 마이클 부르다 홈볼트대 교수와 말레이시아의 누르딘 소피에 전략 및 국제연구소 소장 등도 세계화로 인한 실업자들은 기초기술교육을 받을 권리가 있다는 주장을 강력하게 제기하고 있다. 코피 아난(Kofi Annan) 유엔 사무총장도 '인간의 얼굴을 한 세계화'를 강조했는데 인간적 가치를 포용하고 실천하는 세계화가 전제되어야 세계화는 진정으로 전세계인들에게 의미있는 것이 될 수 있다는 것으로 해석할 수 있다.

3. 한국의 소득격차 현황

한국보건사회연구원이 2002년 12월에 발표한 '빈곤 및 소득분배 동향'에 따르면 1997년 말 외환위기(foreign exchange crisis) 이후 심화된 소득분배의 불균형(imbalance of income distribution) 상태가 여전히 개선되지 않고 있는 것으로 나타났다. 빈곤층의 비율이 1998년에 높아져 1999년 최고치에 이른 뒤 점차 감소하였지만 2002년의 경우 외환위기 이전인 1997년보다 여전히 높은 수준을 나타내었다.

최저생계비 이하 절대적 빈곤층 비율은 1997년 2.8%에서 1998년 6.4%로 크게 증가하고 1999년 7.3%로 최고수준을 기록한 이후 2000년 5.4%, 2001년 4.4%, 2002년 3.5%로 낮아졌으나 여전히 1997년 수준보다 높다고 할 수 있다. 또한, 소득이 전체 평균의 40%에도 못 미치는 상대적 빈곤층도 1997년 6.6%, 1998년 9.2%, 1999년 9.4%로 높아진 뒤 2000년 8.7%, 2001년 8.7%, 2002년 8.0%로 감소하였지만 아직 1997년 수준을 회복하지 못하였다. 이는 경제위기(economic crisis)를 계기로 확대된 상위계층과 중하위계층의 소득격차가 고착되면서 소득이 상위계층에 더욱 집중되는 양상을 보인 것으로 진단할 수 있다.

〈표 5-8〉 한국도시가구의 빈곤층 비율(단위 : %)

	1997	1998	1999	2000	2001	2002
상대적 빈곤층	6.6	9.2	9.4	8.7	8.7	8.0
절대적 빈곤층	2.8	6.4	7.3	5.4	4.4	3.5

주 : 절대적 빈곤층은 소득이 최저생계비 이하를 의미하며 상대적 빈곤층은 소득이 전체 평균의 40% 이하를 나타냄

자료 : 한국보건사회연구원

제6장

보호무역주의의 대두와 기업경쟁의 심화

제1절 보호무역주의의 대두

미국 부시행정부가 적극 추진해 온 무역촉진권한(TPA) 법안이 대폭 수정됨에 따라 전세계적인 보호무역주의 경향이 더욱 강화될 전망이다. 무역협정 내용에 대해 수정없이 승인여부만 결정하게 한 TPA법 원안을 미 의회가 협정내용을 수정할 수 있도록 고쳐 통과시킨 것이다.[1)]

미국은 최근 외국산 철강에 대해 긴급수입제한조치(세이프가드, safeguard)를 발동시킨 데 이어 부시대통령이 향후 6년 동안 농업보조금을 현재보다 500억 달러 증액하는 새농업법에 서명하여 보호주의를 더욱 강화시킨 결과를 초래하였다.[2)]

미국의 이 같은 철강보호관세 부과를 불공정무역행위로 간주하여 세계무역기구(WTO)에 제소하고 이를 철회하지 않을 경우 미국산 의류와 과일에 대해 3억

---

1) TPA법안의 수정통과로 인해 세계교역환경이 악화되고 있다고 평가할 수 있는데 교역환경의 악화는 수출에 절대적으로 의존하고 있는 우리경제에 큰 타격을 줄 것으로 예상된다(한경, 2002. 5. 17. 참조).

2) 세이프가드란 수입이 급증하여 자국관련업체들이 심각한 피해를 입거나 입을 우려가 있다고 판단될 경우 발동하는 '긴급수입제한조치'를 의미한다. 세계무역기구(WTO) 체제에서는 자국산업보호를 위해 심각한 피해 등 일정한 조건이 확인되는 경우에만 세이프가드 발동을 인정하고 있으며 수입국은 수출국과 협의를 거쳐 충분한 의견제시 기회를 부여하고 있다.

4,000만 달러에 달하는 보복관세를 부과시키겠다고 주장해 온 유럽연합(EU)은 미국의 새농업법에 대응하여 자신들의 농업보호정책을 더욱 강화할 것으로 예상된다. 세계경제를 이끄는 두 중심축인 미국과 유럽의 이 같은 무역마찰 심화는 자유무역체제를 표방하는 WTO정신을 크게 훼손시키게 된다.

2001년 이후 전세계적으로 반덤핑(anti-dumping)조사 및 긴급수입제한조치 등 불공정무역행위에 대한 조사건수가 급증하여 보호무역주의(trade protectionism)의 확산조짐이 뚜렷해지고 있다. 영국의 파이낸셜 타임스(FT)는 2002년 4월 25일 발표한 보도문에서 반덤핑조사의 전세계적인 확대 추세는 2001년 세계경기의 동반침체와 2002년 들어 수입철강문제로 파생된 미국과 유럽연합(EU) 및 아시아국가들 간의 무역마찰과 맞물려 세계경제에 보호무역주의가 강화되고 있음을 나타내는 것이라고 지적하였다.[3)]

영국의 국제법률자문회사인 메이어 브라운 로우 앤 모가 발표한 '세계보호무역보고서'에 따르면 2001년 반덤핑조사 사례는 348건으로 사상 최대를 기록했는데 이는 2000년의 251건보다 39%가 증가한 것이며 1990년대 연평균 232건보다는 무려 50%나 급증하였다. 이전의 반덤핑조사 최다건수는 1999년의 339건이었다. 반덤핑조사를 가장 많이 실시한 국가는 미국과 인도로 조사되었는데 2001년 12월 WTO에 가입한 중국은 12위를 차지하여 시장개방으로부터 자국산업을 보호하기 위해 반덤핑규제를 적극적으로 활용하고 있는 것으로 나타났다.

무역협회의 보고서에 따르면 WTO 가입이전 4년간 12건의 반덤핑조사를 실시하는데 불과하였던 중국이 WTO 가입이후 4개월간 이미 6건의 반덤핑조사를 시작하였으며 이 중 우리나라가 5건에 해당되는 최다 피제소국이 되었다.

동 보고서에 따르면 2001년 반덤핑조사는 24개 국가, 139개 품목에 대해 이루어졌으며 특히 철강과 화학제품에 조사가 집중된 것으로 나타났다. 즉, 여러 국가들을 동시에 조사하는 경우가 급증하고 있다.[4)] 2001년 세이프가드 발동건수도 53건으로 2000년의 26건보다 2배 이상 급증했는데 이는 미국이 자국 철강산업을 보호하기 위

3) 대한매일, 2002. 4. 27. 참조

4) 무역협회의 보고서는 반덤핑 및 세이프가드 조사가 본래 목적인 부당한 가격책정을 대상으로 이루어졌는지에 대해서는 그렇지 않을 가능성이 매우 높다며 보복성 조사임을 지적하였다.

해 세이프가드를 여러 차례 발동한 데 기인하고 있다. 동 보고서는 2002년에도 반덤핑조사 및 세이프가드 발동이 2001년에 이어 지속적으로 증가하며 특히 개발도상국들이 선진국의 보호무역주의에 대응하기 위해 이 같은 조치들을 더욱 적극적으로 활용할 것으로 전망하였다.

미국의 보호무역주의 강화에 대한 세계 주요 경제기구의 비난, 보호무역의 이론적 근거, 보호무역정책의 목표에 대해 살펴보고자 한다.

1. 미국의 보호무역 강화 현황

최근 들어 미국의 보호무역주의가 강화되고 있다. 미국의 보호무역조치는 무차별적이라고 할 만큼 거세지고 있는데 자유무역(free trade)을 추구하고 있는 미국이 세계 각국을 상대로 주요 교역품목에 대해 보호무역조치를 남발하고 있는 실정이다. 이러한 미국의 보호무역주의를 단적으로 보여주는 것이 수입철강에 대한 고관세 부과조치라고 할 수 있다.

미국은 2002년 3월 한국을 포함한 외국산 철강에 대해 최고 30%의 관세를 부과시키는 세이프가드(긴급수입제한조치)를 발동하였는데 이는 20년래 미국이 취한 가장 보호무역주의적인 조치라고 평가할 수 있다.[5)]

미국의 이러한 조치에 대해 세계 각국은 크게 반발하고 있다. 유럽연합(EU)과 일본은 WTO에 제소한 데 이어 미국이 철강관세부과를 철회하지 않으면 2002년 6월 18일부터 각각 3억 3,000만 달러, 488만 달러에 이르는 보복관세를 부과하겠다고 선포하였으며 한국도 보복관세 부과를 검토한 바 있다. 세계 각국의 반발과는 상관없이 미국의 보호무역조치는 지속되고 있어 사태의 심각성을 더하고 있는데 2002년 5월 13일 조지 W. 부시 미국 대통령은 '농업보조금 확대법안'에 서명하였다. '농업보조금 확대법안'은 미 정부가 10년간 농업관련 지출을 1,000억 달러로 증가시키는 것이 핵심이라고 할 수 있다.

이에 대해 EU, 캐나다, 브라질, 호주, 뉴질랜드 등이 강력히 반발하고 있다. '농업보조금 확대법안'과 더불어 미국의 '해외판매법인 면세법'도 보호무역조치라는 비난

5) 한경, 2002. 5. 18. 참조

을 받고 있는데 이는 미국기업이 해외법인을 통해 수출할 때 면세혜택을 부여하는 법안으로서 2002년 초에 WTO로부터 규정위반 판결을 받은 바 있다. EU는 이와 관련하여 최고 40억 달러에 해당하는 보복관세를 부과하겠다는 방침을 세우고 있다.

미국은 2002년 초에 캐나다산 목재에 대해 최고 29%의 수입관세를 부과하였는데 이는 경제동맹국에까지 보호무역조치를 감행한 대표적 사례라고 할 수 있다. 캐나다는 북미자유무역협정(NAFTA) 회원국의 자격으로 미국의 철강관세 부과국에서는 제외된 바 있다.

1.1 세계 주요 경제기구의 비판

미국의 보호무역주의로 촉발된 국제무역분쟁이 확산되고 있는 가운데 최근에는 국제기구들까지 미국의 보호무역주의 추세에 따른 세계경제의 불안을 우려하여 대미(對美) 비판 대열에 합류하고 있다. 국제통화기금(IMF)과 세계은행(WB), 세계무역기구(WTO)는 2002년 5월 16일 보호무역주의 확산이 세계경제성장 및 시장지향성 경제개혁을 위협하게 될 것이라는 내용의 공동경고문을 채택하였다. 이들 기구는 경제협력개발기구(OECD) 30개국 연례장관회담에서 채택된 경고문에서 일국이 보호무역주의를 강화하는 것은 해로운 일이며 이 같은 행위는 성장촉진이 요체인 세계 각 지역의 경제성장 가능성을 저해할 것임을 지적하였다.

경고문은 특정국가를 지칭하지는 않았지만 미국 의회가 최근에 농업분야에 대한 정부보조금을 대폭 확충하는 법안을 승인하고 조지 W. 부시 대통령이 수입철강에 30%까지 고율의 관세를 부과하기로 결정한 가운데 나온 것이어서 미국의 보호무역주의에 대한 강력한 비판임을 암시하고 있다. 호르스트 쾰러 IMF 총재, 제임스 울펜손 세계은행 총재, 마이크 무어 WTO 사무총장이 서명한 이 경고문은 보호무역주의 행위는 세계 모든 국가들의 시장지향성 경제개혁 추진능력을 훼손시킬 위협을 제기하고 있음을 강조하였다.

1.2 세계경제에의 영향

미국의 보호무역주의 강화는 세계경제에 악영향을 미치고 있다. 왜냐하면 미국의 보호무역주의 강화로 인해 세계경기의 침체가 깊어지고 WTO 무역협상이 좌절될 수도 있기 때문이다. 미국은 자타가 공인하는 세계 최대의 교역국이며 국제무역협상의 중심국이다. 세계 4대 경제기구가 미국을 비난하고 나선 것도 미국 보호무역주의의 세계경제에 대한 영향이 그 만큼 지대하기 때문이다.

우선 미국의 보호무역 추구는 동시불황에 처해 있는 세계경제의 회복을 저해하게 된다. 세계경제성장에는 교역신장이 필수적인데 미국의 보호무역조치로 EU 등 타 국가들도 보호무역정책을 취할 경우 세계교역의 위축은 불가피해진다.

2001년 세계교역은 9·11 테러 영향으로 2000년에 비해 1% 감소하여 30여년만에 처음으로 마이너스 성장을 하였다. 이 같은 교역감소로 2001년 세계경제는 동시불황을 겪은 바 있다. IMF와 WTO가 예상하는 2002년의 세계교역 증가율은 4~5%로 저조한 편이며 이러한 상황에서 세계 각국이 상대국에 보복관세를 부과하고 수입제한 조치를 취하는 무역전쟁이 가열되면 세계교역은 예상보다 훨씬 더 위축될 수 밖에 없게 된다. 또한, 미국의 보호무역은 WTO의 도하개발아젠다 등 다자간 국제무역협상에도 부정적인 영향을 미칠 수 있다.

2. 보호무역의 이론적 근거

보호무역주의의 이론적 근거로서 일반적으로 인식되고 있는 것은 유치산업보호론(infant industry argument)이라고 할 수 있다. 독일의 경제학자인 프리드리히 리스트(Friedrich List)에 의해 제시된 유치산업보호론은 경제발전수준이 상이한 국가들간에는 자유무역이론이 적용될 수 없고 후진국제품이 선진국제품과 경쟁하기 위해서는 후진국이 자국의 유치산업을 한시적으로 보호함으로써 경쟁력을 갖출 때까지 보호·육성해야 한다는 것이다.[6)]

리스트의 유치산업보호론은 해당국 산업의 보호성과를 고려하면서 일정한 기간이 지나면 경쟁력을 갖출 수 있는 산업을 선정하여 이를 일정기간동안 보호해 주되 경쟁력을 갖춘 후에는 자유무역을 실시해야 한다는 것으로써 제한적 보호무역이론이라고 할 수 있다.

결국 후진국의 모든 산업이 유치산업으로 보호되어서는 안되며 일정기간 보호를

6) 강한균 외, 『국제통상학원론』, 도서출판 두남, 1999, pp. 82~83 참조

통해 경쟁력을 갖출 수 있는 유망 유치산업만이 보호되어야 한다. 유망한 유치산업을 보호하는 동안 해당국 경제는 한시적으로 희생을 수반하고 비용을 지불해야 하지만 비교우위(comparative advantage)가 갖춰지면 비교우위에 따른 특화(speciali-zation)가 가능해지고 국민의 경제적 후생(economic welfare)이 증가하게 된다. 따라서 유치산업보호의 핵심은 유망 유치사업의 선정기준이라고 할 수 있는데 이와 관련하여 밀(J. S. Mill)과 바스테이블(C. Bastable)은 유치산업의 선정조건을 제시한 바 있다. 밀의 조건은 보호를 받는 산업이 일정기간이 경과한 후 국제경쟁력을 갖춘 산업으로 자립할 수 있어야 하며, 바스테이블은 밀의 조건에 더하여 자립된 후에 해당 산업에서 얻게 되는 이익이 보호기간 중의 손실을 보상하고도 남아야 한다는 조건을 추가하고 있다.

3. 보호무역정책의 목표

보호무역조치를 통해 각국 정부는 다음과 같은 정책목표를 추구하게 된다.

3.1 국내생산과 고용증대

보호무역조치를 통해 외국제품의 국내가격을 인상할 경우 국내소비자의 후생은 감소하더라도 국내제품의 생산이 증가하고 그에 따라 해당산업의 고용이 증가하거나 그렇지 않더라도 실업발생이 억제된다.

3.2 국제수지의 개선효과

무역적자(trade deficit)에 따른 외환부족문제가 심각할 경우에는 이러한 문제를 시장메커니즘(market mechanism)을 통한 자율적인 해소에 기대할 수 없으며 수입규제나 수출촉진을 유발하는 무역정책을 통해 해당국 정부는 국제수지 개선을 적극적으로 추구하게 된다.

3.3 규모의 경제효과로 인한 국민경제의 발전 촉진

국내시장의 보호로 해당산업은 규모의 경제(economies of scale) 효과를 얻을 수 있게 되어 단위당 생산비용(production cost per unit)이 하락하고 자본축적(capital accumulation)과 기술향상이 가능해진다. 결국 해당산업의 이러한 발전은 연관산업으로 파급되어 국민경제 전체의 발전을 촉진시키게 된다.

3.4 국가안보측면

국가안보(national security)에 필수적인 주요 식량, 기간산업 등 특정산업의 경우에는 이를 보호하여 육성하거나 또는 일국 경제의 전반적인 대외의존도를 낮추면서 균형잡힌 산업구조(balanced industrial structure)를 추구함으로써 비상사태(emergency)에 대비해야 한다.

이외에도 문화적, 사회적 가치 측면에서 국내산업을 보호해야 한다는 주장도 제기되고 있다. 예를 들면, 어떤 품목의 경우 단순한 무역요소 외에도 문화적, 사회적, 정치적인 중요성, 소위 비교역적 관심사항(NTC : Non-Trade Concerns)을 고려해야 하므로 시장논리에 입각한 자유무역에 의해 교역을 할 수는 없다는 것이다. 국민의 가치형성에 중요한 영향을 미치는 영화, 연극, 음반 등 문화산업과 식량안보와 관련된 해당국의 주식곡물 등의 시장개방 협상에서 종종 발생되는 보호조치가 이러한 경우에 해당된다고 할 수 있다.

제 2 절 기업경쟁의 심화

1990년대 이후 세계화의 급진전으로 인해 세계 각국 기업들은 치열한 경쟁에 직면하게 되었다. 경제사적 측면에서 세계화는 인류의 창의적 발전과 기술혁신(creative development of mankind and technological innovation)에 의해 지속적으로 진행되어 온 역사적 과정으로 해석할 수 있으나 1990년대 이후에는 인터넷을 비롯한 정보통신기술의 급속한 발전으로 세계경제의 통합(integration of global economy)이 이전보다 훨씬 가속화되고 있다. 따라서 세계 각국 기업들에게는 미래에도 생존할 수 있는 기업을 창출하기 위해 새로운 경영 패러다임(new business paradigm)이 그 어느 때보다 절실히 요구되고 있으며 이러한 급변하는 대내외적인 경영환경의 변화에 적응하기 위해서 경영진들은 기업경영에 필요한 최신 경영전략과 실질적인 경영수단에 대한 이해가 필수적이라고 할 수 있다. 신경영환경의 변화를 다음 5가지 측면에서 살펴보고자 한다.

1. 핵심역량의 제고

미국의 대표적 에너지기업인 엔론과 거대 통신기업인 월드컴의 회계부정에서 알 수 있듯이 기업경영진은 단기적인 기업성과보다는 중장기적으로 지속가능한 성장(sustainable growth)을 이끌 수 있는 기업 핵심역량(core capacity)을 확충하는데 총력을 기울여야 한다.

1.1 경영진의 보수체계 개편

기업 핵심역량의 제고와 관련하여 경영진의 보수체계에 있어 단기성과에만 집착하여 무리한 경영을 시도할 가능성이 큰 스톡옵션(stock option, 자사주식 매입 선택권)을 지양하고 중장기적인 기업성과에 초점을 맞춰 장기적인 보상이 가능하도록 개편되어야 한다.

1.2 무형자산의 축적

기업의 재무제표(financial statements)에 나타난 여러 종류의 수치나 주가만이 기업성과를 보여주지는 않는다. 또한, 재무제표상의 수치는 수치 그 자체의 의미보다는 이러한 수치가 지속 가능한 것인지, 어떠한 과정을 거쳐서 이러한 수치가 형성된 것인지가 더욱 중요하게 인식되어야 한다. 결국 기업의 핵심역량을 제고시키는 데는 대차대조표, 손익계산서 등 기업의 회계장부상에 나타나지 않은 무형자산의 축적이 더욱 중요하다. 왜냐하면 비즈니스 거점확보, 단골고객, 미래 성장엔진이 될 수 있는 전략적 사업에 대한 투자 등이 중장기적인 측면에서 기업의 핵심역량강화에 보다 중요한 요소가 될 수 있기 때문에다.

1.3 친사회적 경영

지속적 혁신, 경쟁우위를 확보할 수 있는 기술력, 풍부한 자금력, 우수한 인적자원 등이 기업경쟁력을 제고시킬 수 있는 요소들임에는 틀림없으나, 장기적인 생존을 보장받을 수 있는 지속가능한 기업이 되기 위해 필요한 전제조건으로서 친환경·친사회적인 경영, 즉 기업의 사회적 책임(CSR : Company Social Responsibility)이 지적되고 있다.

(1) 친사회적 경영의 개념

친사회적 경영이란 기업의 사회적 책임을 중시하는 경영활동을 의미하며 단순히 기업윤리(business ethics)의 차원을 넘어 소비자, 임직원, 지역사회 발전을 책임지는 사회적 주체로서 기업활동을 포괄한다. 기업의 사회적 책임과 관련하여 최근 들어 기업들이 사회적 책임을 자발적으로 수용하여 경영전반에 반영할지 아니면 정부 등 규제당국이 최소한의 표준(minimum standard)을 제정하여 기업들이 CSR을 의무적용하도록 강제할지가 이슈가 되고 있다.

(2) 친사회적 경영의 중요성 및 효과

① 친사회적 경영의 중요성

기업의 최고경영자(CEO : Chief Executive Officer)부터 환경·지역사회문제에 대한 기업의 사회적 책임을 인식하고 적극적인 해결방안을 모색하는 밀착경영을 통해 기업의 중장기적인 성과를 제고시킬 수 있으며 직원들도 사고 및 업무방식은 물론 성과목표와 보수체계를 기업의 사회적 책임과 연계해야 한다. 결국 기업은 친환경·친사회적인 기업활동을 통해 기업 및 주주가치(value of firm and shareholder)를 높일 수 있다.

② 효과

친사회적 경영의 중요성을 인식하는 기업은 그 만큼 기업평판(company reputation)이 좋아지고 제품구매 고객이 증대하면서 매출이 확대될 수 있다. 또한, 기업의 평판이 높아질수록 우수한 인재들이 몰리게 되어 기업의 장기적인 경쟁력도 제고시킬 수 있게 된다. 반면에 사회적 책임을 등한시하게 되면 단기적으로는 생존할 수 있어도 중장기적으로는 도태될 수밖에 없으며 이는 최근 회계부정 파문에 연루되어 기업신뢰도(company credibility)가 크게 저하되어 파산하게 된 엔론 및 월드컴의 사례에서 충분히 알 수 있다.

(3) 친사회적 경영의 현황 및 사례

① 현황

최근 들어 친사회적 경영의 중요성을 인식하여 기업의 실적을 경제 · 환경 · 사회적 측면에서 양적으로(quantitatively) 측정할 수 있도록 이들 3가지 측면을 고려한 기업재무제표를 제출하는 기업들이 증가하고 있다. 1990년대 초반에만 해도 이 같은 정보를 제공하는 기업은 극소수에 불과하였으나 최근 로열더치셸, 에릭슨, 포드, 캐논, BASF 등 전세계적으로 2,500여개 이상의 기업이 이 같은 자료를 공식문서로 공개하고 있다.

② 사례

가. 유럽

유럽지역에서는 기업들이 임직원과 시민의 권리를 보호하는 사회적 책임자로서의 역할을 자발적인 참여(voluntary participation)만으로는 충분히 달성하기 어렵다는 인식이 시민단체와 비정부기구(NGO) 등을 중심으로 확산되고 있다.

유럽의 대표기관인 유럽위원회(EC)는 CSR을 기업에 강제적으로 적용하는 것에는 반대하나 CSR을 기업경영에 적용하는 기업들이 환경 · 사회적인 측면에서 가치창출에 일조(一助)하고 있다는 점은 인정하고 있다. 따라서 최선의 CSR 적용방식과 요령, 관리기법을 개발하여 개별기업들이 이를 적극 활용할 것을 권장하고 있다. 일례로 프랑스에서는 모든 상장기업이 어떠한 친환경 · 사회적 활동을 전개하고 있는지에 대한 정보를 주주에게 보고하도록 하는 법(누벨 레귤라시옹 에코노미크, NRE)을 제정하여 시행할 예정으로 있다.

나. BT

BT(British Telecom)는 기업경영에 CSR을 적극적으로 활용하고 있는 대표적인 기업으로 지적되고 있다. BT는 일찍이 기업의 평판(company reputation)과 소비자 만족(consumer satisfaction) 간에 강력한 상관관계가 있다는 것을 인식하였다. 따라서 자체적으로 기업실적과 기업의 친환경·사회적 활동의 상관관계를 조사한 결과 기업실적을 제고시키는 변수 중 최소 25%가 기업의 사회적 책임과 밀접한 관계가 있음을 발견하였다. 예를 들면, CSR을 소홀히 했을 경우 기업에 대한 소비자 만족도가 10% 가량 하락하였는데 이는 곧 기업이 사회적 책임을 등한시 할 경우 고객이탈을 가져와 사업손실과 이익감소를 야기시킨다는 것을 나타내고 있다.

다. CSR에 대한 설문조사결과

CSR에 대한 자발적 또는 강제적 적용여부와는 관계없이 기업의 차원에서 보다 중요한 점은 CSR을 기업경영에 적용시킨 결과 실제로 기업수익에 도움이 되는가 하는 점이다. 2002년초 프라이스워터하우스쿠퍼스(PwC)가 시행한 설문조사결과 글로벌 최고경영자의 70%가 CSR이 기업수익성에 핵심적인 역할을 하고 있다고 응답하였다. 인바이로닉스 인터내셔널이 세계 25개국 1,000명을 대상으로 설문조사한 결과에서도 대다수의 응답자가 기업들이 전문지식과 기술을 활용하여 환경·사회문제를 해결함으로써 기업의 가치를 제고시킬 수 있다는 의견을 표명한 바 있다.

〈그림 6-1〉 기업의 장기생존력의 확보 과정

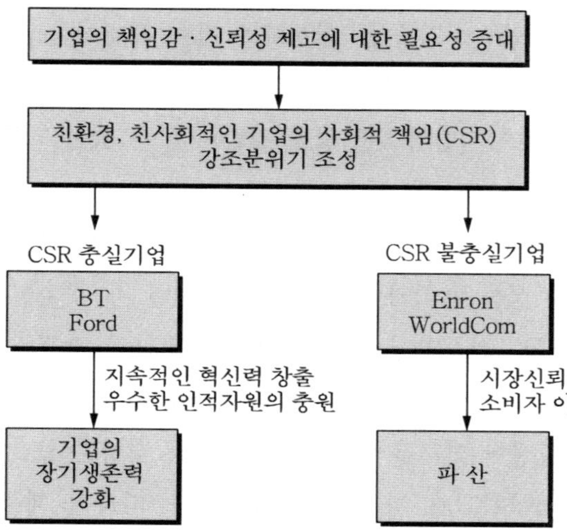

2. 글로벌 다양성에 대한 인식

신경영 패러다임에서는 1990년대 이후 급추진되고 있는 세계화(globalization)에 대한 올바른 인식이 중요하게 부각되고 있다. 어떤 기업도 세계화의 물결에 동참하지 않고서는 지속가능한 성장(sustainable growth)을 할 수 없다는 것이 주요 다국적기업 CEO들의 공통된 시각이라고 할 수 있다. 그러나 세계화를 확산시키기 위한 주요 국제회의(IMF · IBRD총회 등)나 정상회담이 개최될 때마다 McDonald's, Nike 등 다국적기업의 경제제국주의(economic imperialism)를 반대하는 반(反)세계화 시위가 거세지고 있다. 이는 세계화가 가져다 주는 부작용(빈부격차의 심화, 상품 및 금융시장의 불확실성 증대 등)이 그 만큼 크기 때문이다.

그러나 이처럼 양립하는 극단의 상황 하에서 세계화에 대한 올바른 시각은 글로벌 다양성(global diversity)에 대한 폭넓은 인식에 있다고 할 수 있다. 우선 세계화란 특정 다국적기업이 그들의 방식을 전세계에 강요하는 것을 의미해서는 안 되며 오히려 세계로부터 다양성을 적극적으로 수용하는 것이 세계화의 핵심이 되어야 한다. 이와 관련하여 이미 일부 기업들은 세계화를 기존 개념처럼 획일화된 제품이나 상품생산방식을 활용하여 전세계시장을 장악하거나 미국식 자본주의를 주입하는 것으로 인식하고 있지 않으며 기업의 다양성을 강화시킬 수 있는 기회로 생각하고 있다.

사실 그 동안 대다수 기업의 경영진은 자국에서 통일된 제품생산, 서비스, 생산공정을 구축한 후 제조된 상품을 국가별 다양성을 무시한 채 무차별적으로 전세계에 확산시키는 것을 세계화로 간주하였으나 이 같은 획일화된 경쟁은 기업에 전혀 도움이 되지 않는다고 할 수 있다. 획일화된 상품(standardized product)이 시장에 넘쳐날수록 시장은 완전경쟁에 접근하게 되며 서비스 및 경영전략도 유사한 상태에서 기업들은 경쟁기업을 극복하기가 지극히 어렵게 된다. 따라서 제품의 수익률이 저하되고 이는 결국 주주나 최고경영자(CEO) 모두에게 불만족스러운 결과를 야기시키게 된다.

수익률하락을 해소하기 위해 박리다매(薄利多賣, small profits with quick returns)

를 위한 기업규모를 증대시켜 시장을 과점하려는 시도도 근본적인 해결책이 될 수는 없으며 이는 공격적인 기업 인수·합병(M&A : Merger and Acquisition)을 통해 기업규모의 증대를 시도했던 비벤디나 월드컴의 실패 사례에서 확인할 수 있다.

결국 세계화에 대한 올바른 인식은 글로벌 시장에서 경쟁자와 구별될 수 있는 제품차별화전략(product differentiation strategy)에 있다고 할 수 있다. 즉, 국가별 시장의 다양한 특성을 발견하고 이를 최대한도로 활용하여 기업 및 제품차별화를 심화시키는 것이 21세기 세계화에 대한 올바른 인식이라고 할 수 있다.

따라서 진정한 세계화란 획일적인 상품으로 세계시장을 공략하는 것이 아니라 세계시장의 다양성을 인식하여 국가별로 제품차별화를 시도함으로써 구현된다고 할 수 있으며 세계시장을 지배한다는 인식보다는 세계시장에서 다양성을 발견하여 기업의 경쟁력을 제고시킨다는 자세가 무엇보다 중요하다.

3. 혁신적 비즈니스 모델의 구축

모든 부문에서 치열한 경쟁이 보편화되고 있는 21세기의 글로벌 시장에서 기업의 경영진에게는 혁신(innovation)에 대한 새로운 시각이 필요하다. 기업내 혁신이 부족할 때 일반적으로 경영진들은 창의적인 아이디어(creative idea)가 부족하다고 판단하게 된다.

그러나 최근 창의적인 아이디어로 설립된 닷컴(.com)기업들의 몰락에서 알 수 있듯이 기업혁신의 부재는 아이디어의 빈곤 때문이 아니라 아이디어를 수익성있는 사업모델(profitable business model)로 전환하는데 실패하였기 때문이라는 분석이 제기되고 있다. 결국 기업혁신의 핵심은 창의적 아이디어를 사업으로 연결할 때 장애가 될 수 있는 요소들을 제거하는데 있다. 즉, 창의적인 아이디어가 미래의 사업모델이 될 수 있도록 창의적인 아이디어를 사업모델로 연결할 수 있는 과정을 획기적으로 개선하여 혁신의 라이프사이클을 창출해 내야 한다.

〈표 6-1〉 신경영 패러다임에 대한 인식

부 문	과거상황		현재 및 미래의 전개방향
	특징	부작용	
세계화 (globalization)	· 특정기업의 가치를 전세계에 확산시킴 · 획일화된 제품으로 세계시장 공략	· 동일한 상품 · 서비스는 완전경쟁시장을 초래시킴 - 수익률 하락 - 주주 · 기업 모두 피해를 봄	· 세계화를 글로벌 다양성(global diversity)으로 인식 · 글로벌 다양성을 수용하여 기업 차별화 시도
혁신 (innovation)	· 창의적 아이디어와 혁신을 동일시함 · 혁신부족을 아이디어 부재로 인식함	· 닷컴기업의 붕괴 · 풍부한 아이디어가 혁신으로 연결되지 못함	· 아이디어만으로 혁신을 이룰 수 없음 · 아이디어를 사업모델로 연결하기 위한 과정이 중시됨
기업성과 (business performance)	· 단기적 기업성과에 치중함 · 기업실적 · 주가만으로 경영성과를 판단함	· 엔론 · 월드컴의 회계부정 · 기업의 장기적 비전 부재	· 지속가능한 중장기 비전 수립을 통한 사업역량 확충이 중시됨 · 무형자산 축적(거점확보, 단골고객, 전략적 사업계획 등)에 주력

4. 고객의 평생가치에 대한 인식

최근 들어 단골고객관리(loyalty management)라는 경영기법이 부각되고 있다. 즉, 단골 고객을 집중 관리해야 기업이익의 극대화(maximization of business profit)를 달성할 수 있다는 것이다.

베인&컴퍼니는 최근 10년 동안 상이한 30여개 산업군을 대상으로 연구한 결과 단골고객에 대해 다음과 같은 3가지 사실을 발견하였다.

① 기업이익 창출의 핵심 요소

단골고객은 총고객의 15~20% 정도이며 기업이익의 70~80%가 단골고객으로부터 창출된다.

② 고객관리 비용의 저렴성

신규고객을 확보하는데 소요되는 총비용(기회비용(opportunity cost)을 포함)은 기존고객에게 상품을 판매할 때 들어가는 비용보다 5배 이상 높으며 일부산업은 10배 이상 높다. 즉, 단골고객 한명을 관리하기 위해 한명의 영업인력이 필요하다면 신규고객 한명을 얻기 위해서는 5명의 영업인력이 소요된다고 할 수 있다.

③ 저렴한 애프터서비스 운영비용

애프터서비스 및 서비스센터 운영비용의 대부분은 수익성이 낮은 고객으로 인해 발생된다. 즉, 단골고객이 많으면 많을수록 애프터서비스 비용이 적게 든다. 예를 들면, 홈쇼핑 업체의 가장 큰 비용이 반품서비스에 들어가는 비용인데 반품을 가장 많이 하는 고객들이 바로 일회성(一回性) 고객들이라고 할 수 있다.

결국 단골고객을 어떻게 관리하는가가 기업의 수익성과 직결된다고 할 수 있다. 기업이 단골고객을 제대로 관리하기 위해 실천해야 하는 5가지 사항을 정리하면 다음과 같다.

① 단골고객의 파악 및 세분화

다수의 사람들이 단골고객을 VIP고객과 동일시하나 반드시 일치하지는 않는다. 예를 들면, 은행의 VIP고객은 은행과 거래시 한번에 대규모 금액을 예치하지만 막상 은행의 서비스이용에 있어서는 간혹 기본적인 입출금 서비스만 이용할 수 있다. 반면에 어떤 고객은 예금규모는 작지만 은행에 자주 방문하여 은행의 수익(수수료 등)을 가져다 주는 거래를 빈번하게 발생시킨다. 이러한 고객은 VIP고객이라고는 할 수 없지만 은행의 수익창출에 크게 기여하는 중요한 단골고객이다.

② 단골고객 전담조직의 구성

단골고객은 모든 기업에 있어서 가장 중요한 고객이므로 적극적으로 관리해야 한다. 단골고객의 관리를 전담하는 조직은 최고경영진에게 직접 보고하는 채널을 구축해야 한다. 예를 들면, 항공회사의 경우 최고경영자와 임원의 주요 업무 중의 하나가 단골고객과 함께 대화의 장을 마련하여 고객의 의견을 적극적으로 경영에 반영하는 것이라 할 수 있다.

③ 근로자의 충성심 제고

회사에 애사심이 크고 충성스러운 근로자가 많을수록 단골고객이 많다고 할 수 있다. 회사의 경영방식과 문화에 대한 직원들의 로열티를 측정할 수 있는 지표를 개발하여 정기적으로 이러한 지표를 활용하여야 한다.

④ 기존고객의 유지 주력

기업경영에 있어서 고객만족(customer satisfaction)이 중요한 사항임에는 틀림없으나 단순히 고객을 만족시키는 것만으로는 충분하지 않다. 만족한 고객을 지속적으로 해당기업의 고정고객으로 남도록 해야 한다. 즉, 고객의 유지가 경영의 궁극적인 핵심목표가 되어야 하며 고객유지의 효율성을 제고시키기 위해 고객유지비율을 계량화할 수 있는 지표를 개발하고 이를 정기적으로 점검하여야 한다.

⑤ 단골고객 유지와 관련한 인센티브의 제공

기업의 영업직원은 기존고객의 유지와 더불어 신규고객 확보에도 주력할 수 있는데 이는 신규고객 확보에 대한 판매수당이 주요한 요인이라고 할 수 있다. 신규고객의 확보도 중요하지만 단골고객의 유지에도 소홀히 할 수 없는 만큼 단골고객의 유지를 영업직원의 인센티브 체계(incentive system)에 포함시켜 기존고객에 대한 서비스를 강화할 수 있는 제도를 마련하여야 한다. 단골고객의 중요성에는 누구나 동감하지만 단골고객의 중요성을 진정으로 이해하고 체계적인 관리를 하는 기업은 많지 않다고 할 수 있다. 결국 단골고객 관리를 제대로 하는 기업만이 성공적인 기업경영을 수행하게 된다.

5. 무형자산가치에 대한 인식

세계화가 급추진되고 국내외 기업간 경쟁이 무한경쟁(unlimited competition)으로 치달으면서 기업의 경쟁력(corporate competitiveness)을 결정하는 핵심요소가 유형자산에서 무형자산으로 변화하고 있으나 브랜드, 인적자원, 기업문화, 최고경영자(CEO)의 경영능력 등 무형자산의 가치는 계량화하기가 쉽지 않다.

일례로 SK Telecom의 시가총액은 2002년 8월말 기준으로 20조 9,509억원인데 이에 비해 순자산(대차대조표상의 자본부분 합계)은 2002년 6월말 기준으로 5조 7,946억원에 불과하다. 이 경우 유형자산(공장, 기계, 부동산 등 눈에 보이는 자산을 지칭함)은 시가총액의 27%로 1/3에도 못 미친다고 할 수 있다. SK Telecom이 모든 자산가치를 회계에 제대로 반영했다면 나머지 73%는 눈에 보이지 않는(invisible) 무형자산이 되는 것이다. 따라서 무형자산의 가치는 SK Telecom의 사례에서처럼 시가총액과 유형자산의 가치를 비교하는 것이 가장 쉬운 방법이라고 할 수 있으며 보다 현실적인 방법은 기업의 인수 · 합병(M&A)때 실거래 가격과 유형자산가치를 비교하는 것이다.

〈표 6-2〉 무형자산(지식자산)의 기본개념

대차대조표	자 산	부채 자본
숨겨진 가치	회계상 인식되는 무형자산 (특허, 지적재산권, 개발비 등)	지식 자본
	회계상 인식되지 않는 무형자산 (조직 노하우, 인적 능력, 브랜드 가치 등)	

자료 : 한국생산성본부

〈표 6-3〉 미국 상장기업의 시가총액에서 차지하는 자산별 비중 (단위 : %)

연 도	자 산	
	유형자산	무형자산
1950년대	70	30
1970년대	50	50
1990년대	30	70
2010년(예상)	20	80

자료 : 인터브랜드

SK Telecom의 경우처럼 국내에서 전체 시가총액 중 무형자산의 비중이 유형자산을 압도하는 사례가 흔치는 않다고 할 수 있다. 그러나 무형자산의 비중이 증가하는 선진국형 자산구조가 1990년대 후반 이후 일부 대기업을 중심으로 점차 확산되고 있는 추세를 보이고 있다.[7)]

---

7) 삼성전자의 시가총액은 2003년 8월말 기준으로 55조 8,710억원으로 이 중 유형자산은 40%

무형자산은 문자 그대로 눈에 보이지 않아서 전술한 바와 같이 객관적인 평가(objective evaluation)를 하기가 쉽지 않다. 기업을 매각하는 과정에서 매도가격과 유형자산의 장부가격 사이에 차액이 발생할 때 무형자산은 '영업권'으로 모습을 바꿔 나타날 뿐이다.

〈표 6-4〉 국내 시가총액 상위 기업의 무형자산 비중 (단위 : 조원, %)

기업명	시가총액(A)	순자산 (자본총계 B)	시가총액에서 무형자산이 차지하는 비중 (A-B)/A
삼성전자	55.9	22.7	59.4
SK Telecom	21.0	5.8	72.4
KT	15.8	9.3	41.1
한국전력	13.5	34.7	-
포스코	10.6	11.2	-
현대자동차	8.2	10.1	-
LG전자	6.4	3.0	53.1
삼성SDI	4.4	3.1	29.5
삼성전기	4.2	1.8	57.1
기아자동차	3.8	3.9	-
신세계	3.4	1.3	61.8
한국담배인삼공사	3.2	2.3	28.1
LG화학	3.0	1.4	53.3
하이닉스반도체	2.8	4.8	-
현대모비스	2.2	1.2	45.5
SK	2.0	5.8	-

주 : 1) 시가총액(우선주 포함)은 2002년 8월말, 자본총계는 2002년 6월말 기준
2) 비중 표시가 안 된 것은 순자산이 더 많은 경우임

자료 : 증권거래소

미국계열의 브랜드컨설팅회사인 인터브랜드의 지적에 따르면 영국에서는 브랜드

에 불과하다. 신세계, LG전자, 삼성전기, 현대모비스, LG화학 등도 무형자산의 비중이 50% 수준에 이를 정도로 커지고 있다. 10대 그룹(상장계열사) 중엔 유일하게 삼성그룹의 무형자산 비중이 50%에 가까운데 이는 삼성 브랜드의 시너지 효과가 관련계열사의 자산가치 상승으로 나타난 것이라 평가할 수 있다(동아, 2002. 9. 24. 참조).

를 대차대조표에 자산으로 나타내고 있다. 일례로 영국의 종합식품업체인 랭크스 호비스 맥도걸(RHM)이 1988년 적대적인 인수·합병(hostile M&A)에 대항해서 자산가치를 제고시키는 수단으로 연결대차대조표에 자사브랜드를 계상한 바 있다. 따라서 기업으로서는 브랜드 가치 등 비재무적인 정보를 투자자들에게 적극적으로 알릴 필요가 있으며 이를 위한 방안으로 회계보고서상 각주 사항의 일부로 표시하거나 보다 적극적인 방법으로 '지식자산보고서'를 만드는 방안을 검토해야 한다.

제7장

경제통합의 가속화

우루과이라운드(UR: Uruguay Round)의 결과 출범한 세계무역기구(WTO: World Trade Organization)는 관세 및 무역에 관한 일반협정(GATT: General Agreement on Tariffs and Trade)의 기본정신을 유지하면서 세계무역질서(global trade order)를 새롭게 규정하는 국제기구로 자유로운 세계무역을 통하여 세계경제의 안정성장과 고용확대(stable growth of global economy and job increase)에 기여할 것으로 기대된다.

WTO는 다자주의(multilateralism)를 추구하고 있다. 즉, 무역자유화(trade liberalization)를 위한 협상이나 협정에서 관련 국가들 모두가 참가하여 모든 국가들의 이해관계가 반영된 세계무역의 규칙을 마련하고 이를 실행하고자 하고 있다. 그러나 WTO가 출범한 이후 세계는 EU, NAFTA, APEC 등 다양한 경제적 지역주의와 무역협정들이 존재하고 있다.

지역경제블록(regional economic bloc)의 형성은 지리적 인접성(geographical vicinity)으로부터 발생하는 자연스러운 현상으로 볼 수 있다. 지리적으로 인접하다는 사실은 상호 교역하는데 있어서 운송비(transportation costs)와 통신비용(communication costs)이 상대적으로 낮아 생산확대가 용이하며 경제, 사회 및 문화적 유사성(economic, social and cultural similarity)으로 인접 국가들의 수요를 효과적으로 반영할 수 있다는 장점이 있다. 1950년대 이후에 경제적 지역주의가 활발히 형성된 다른 이유로 GATT체제가 가지고 있었던 문제점을 지적할 수 있다.

GATT 출범당시와 비교하여 회원국의 수가 대폭 증가하였을 뿐만 아니라 세계무역환경도 크게 변화하였다. 변화된 세계무역환경에서 발생되는 각종 문제들을 다자주의적으로 해결하기 위하여 관련된 모든 국가들이 합의할 수 있는 규칙을 마련하는 데는 상당한 시간과 노력이 필요할 뿐만 아니라 개별국가들의 입장에서 마련된 세계무역에 관한 합의가 국내정책 및 규제와 일치하지 않을 가능성도 존재하고 있다.

다자주의체제(multilateral system)는 모든 국가들이 다수의 복잡한 문제들을 취급하기 때문에 개별국가들의 경제, 문화 및 정치적 필요가 반영되기 어렵다고 할 수 있다. 따라서 다자주의적 기본원칙에 위배되지 않는 한, 소수의 국가들이 모여 그들 나름의 경제, 문화 및 정치적 환경을 반영하는 경제통합(economic integration)을 이룩하는 것은 다자주의적 세계무역체제가 가지고 있는 일종의 획일성을 보완하여 다양성을 보충하는 것으로 볼 수 있다.

세계시장에 영향력을 행사할 수 있는 소수의 강력한 경제블록들이 존재하여 이들 소수의 경제블록들이 세계시장에서 독점력(monopoly power)을 행사하는 것보다는 다수의 경제블록이 존재하는 것이 세계적인 자원배분의 효율성(global efficiency of resource allocation)을 크게 하고 경제적 후생(economic welfare)을 증진시키는데 기여하게 된다.

EU와 같이 세계경제에 미치는 영향이 지대한 경제블록들이 소수 존재하여 이들이 어떠한 견제도 없이 독점력을 행사한다면 이들 경제블록에 속하지 않는 소규모 역외국가들이 경제적 손실(economic loss)을 입을 가능성이 매우 크다고 할 수 있다. 다수의 지역경제블록들이 존재하고 이들 지역경제블록이 다자주의적 세계무역체제를 보완하는 역할을 한다면 오히려 지역경제블록들의 존재는 세계경제의 후생(welfare of global economy)을 증진시키는 역할을 하게 된다.[1)]

1) 수출입은행, 수은조사월보, 1997. 9. pp. 4~28 요약 · 재구성

제1절 WTO의 출범과 경제적 지역주의

1. WTO의 출범

세계경제는 정보통신(IT)과 교통의 급속한 발달로 경제적 거리(economic distance)는 축소되고 있으며 기업의 생산활동이 지역적으로 한정되지 않고 전세계에 걸쳐 확산되고 있다. 정보통신산업의 초고속 발전은 정치, 경제, 사회, 문화 등 모든 분야에서 혁명적인 변화(revolutionary change)를 초래하고 있으며 기업활동의 글로벌 네트워크의 구축(establishment of global network)을 기술적으로 가능하게 하고 있다. 이러한 생산활동의 세계화는 정보 및 통신기술의 발달과 함께 급속하게 진전되고 있으며 세계경제의 상호의존성(interdependence of global economy)은 심화되고 있다. 이에 따라 기업들은 세계전체를 대상으로 노동, 자본, 기술, 경영을 최적으로 결합하여 세계적 규모의 생산과 판매조직화가 확산되고 있다. 이는 국제적 직접투자가 국제무역보다 2~3배 정도 빠른 속도로 증가하고 있으며 다국적기업들(MNCs: Multinational Corporations)의 매출총액이 세계무역총액을 초과하고 있다는 사실이 이를 증명하고 있다. 기업활동의 범세계화로 세계적인 비교우위(comparative advantage)가 요구됨에 따라 거대한 다국적기업도 그들의 핵심 분야(core competence)에 전략적인 특화(strategic specialization)를 이루고 그 외의 분야에 대해서는 그 분야에서 최고수준인 기업으로부터 조달받는 전략적 제휴(strategic alliance)가 확대되고 있다.

재화와 용역의 단순한 국제무역뿐만 아니라 기업의 생산활동도 세계화되는 이러한 추세로 이전과는 다른 새로운 세계교역질서가 요구되었다. 또한, 1970년대부터 시작된 소위 국제무역에 있어서의 신보호주의(neo-protectionism)가 대두되어 각종 비관세장벽(non-tariff barriers)이 확산되었다. 이러한 보호무역주의적 경향은 관세 및 무역에 관한 일반협정(GATT)의 노력으로 그 동안 확대되었던 국제무역거래를 위축시켰다. 이러한 상황도 무역자유화를 통한 세계경제의 지속적인 발전과 유효수요의 창출(creation of effective demand)을 통한 고용확대를 위하여 새로운 교역질서를 요구하게 되었다. 이에 따라 일종의 협정체제인 GATT보다 강력하고 국제법적 강제력을 가진 세계무역기구(WTO)가 관련국가들 간에 장기간의 협의를 거쳐 1995년 출범하게 되었다.

WTO는 우루과이 다자간협정을 이행하는 기구로서 동 협정과 관련된 사항들이 근간을 이루고 있다. WTO는 GATT를 통하여 그 동안 중점적으로 이루어졌던 공산품들에 대한 추가적인 관세인하를 유도하고 각국시장의 개방을 확대하며 세계교역에서 큰 비중을 차지하게 된 서비스교역에 대한 다자간규범을 새롭게 도입하였다. 또한, 농산물교역에 있어서도 다자간 협정을 채택하고 정보통신산업 등 고부가가치산업과 관련하여 그 중요성이 강조되고 있는 지적재산권(intellectual property rights)에 대한 보호장치를 마련하였으며 GATT규정이 갖고 있었던 반덤핑조치를 포함하여 분쟁의 소지가 있는 규정들의 모호성을 명료화하였다.

세계무역질서와 관련한 WTO의 가장 큰 특징은 분쟁해결기능의 강화라고 할 수 있다. GATT는 일종의 협정체제로서 세계무역분쟁을 해결하는데 한계가 있었으나 WTO에서는 이러한 한계를 극복하고 국가 간에 발생할 수 있는 무역분쟁의 가능성을 사전에 예방할 뿐만 아니라 발생된 무역분쟁을 신속하게 조정하고 해결하는 기능이 강화되었다. 무역정책검토기구를 설립하여 회원국들의 무역정책과 관련제도 및 관행을 정기적으로 검토하고 평가하도록 하고 있다. 이는 회원국들의 무역관련법, 제도 및 정책을 투명하게 다른 회원국들에 보여줌으로써 잠재적인 무역분쟁의 가능성을 감소시키고 세계무역환경이 보호무역으로 나가는데 대한 사전적인 예방기능을 하고 있다.

WTO에서는 회원국들의 모든 무역분쟁을 분쟁해결기구를 통하여 해결하도록 규정하고 있다. 또한, 회원국이 협정을 위반한 경우에는 그에 따른 피해보상을 요구할 수 있으며 피해보상에 관한 합의가 이루어지지 않으면 보복조치를 취할 수 있도록 규정하고 있다. 보복조치도 GATT와는 달리 교차보복(cross retaliation)을 허용하고 있어서 상품, 서비스 및 지적재산권 등 상이한 분야로의 보복이 가능하여 협정위반 시 위반 회원국에 가해지는 제재조치가 크게 강화되었다. 무역자유화와 세계시장개방을 목표로 GATT를 보완하고 강화하는 국제기구로 탄생된 WTO는 세계경제에

지대한 영향을 미치고 있으며 향후 안정된 세계무역질서를 확립하는데 크게 기여하고 있다.

2. 경제적 지역주의

세계무역기구의 출범으로 배타적이고 차별적인 지역경제블록의 강화(intensification of exclusive and differential regional economic bloc)에 대한 우려는 어느 정도 완화되었으나 세계경제환경의 변화에 대응하기 위한 경제적 지역주의는 오히려 확산되고 있다. 유럽지역에서는 EU가 회원국의 수를 2004년 5월 1일 이후 25개국으로 늘려 가장 강력한 형태의 지역경제블록을 형성하고 있으며 미국은 캐나다, 멕시코와 함께 북미자유무역협정(NAFTA)을 체결함으로써 자국중심의 광역경제권의 실현을 위하여 주력하고 있고 자국의 경제적 이익을 위하여 경제적 지역주의를 적극적으로 활용하고 있다.

경제적 지역주의는 단순한 광역화에 그치지 않고 지역경제블록 간의 연계를 이룩하려는 시도가 확대되고 있다. 실제로 미국과 EU 간의 범대서양경제권(TAFTA) 논의가 구체화되고 있으며 아시아국가들과 EU 간의 정상회담인 ASEM이 개최되는 등 지역경제블록 간의 연계가 시도되고 있다. 경제적 지역주의의 광역화와 지역경제블록 간의 경제협력강화는 세계적인 무역자유화에 기여하는 측면도 있는 반면, 지역경제블록 간의 배타적 경쟁을 촉진시킬 잠재적 가능성도 상존하고 있다. 또한, 경제적 지역주의와 WTO의 관계는 아직까지는 불명확하며 경제적 지역주의가 자유무역을 통한 세계교역의 확대와 이를 통한 지속적 경제발전이라고 하는 WTO 설립의 기본취지에 부합하는지에 대해서도 학자들 간에 논란이 되고 있다.

경제적 지역주의를 통한 소수 국가들의 경제통합이 역내국가들 간의 자유무역확대로 역내국가들의 무역자유화에 대한 대응능력을 제고시켜 궁극적으로 세계적인 무역자유화에 적응할 수 있는 시장기반을 마련해 준다는 긍정적인 측면과 함께 소수의 국가들에 의한 경제적 지역주의가 세계무역기구의 비차별원칙을 위배할 가능성이 크고 역외 국가들에 대하여 배타적일 수밖에 없어서 WTO 하의 다자주의적 세계교역체제와 상반될 수 있다는 가능성도 존재하고 있다.

제 2 절 지역경제블록의 유형과 효과

1. 지역경제블록의 유형

지역경제블록의 유형은 회원국들 간의 경제적 결합정도에 따라 크게 5가지(특혜무역협정(preferential trade arrangement), 자유무역지역(free trade area), 관세동맹(customs union), 공동시장(common market), 경제동맹(economic union))로 분류될 수 있으나 동일한 유형의 지역경제통합이라도 회원들 간의 구체적인 협정내용과 지역적 특징 등에 따라 구성내용이 상이할 수 있다. 일반적으로 지역경제블록은 지리적으로 인접한 인근국가들로 구성되어 있는 것이 보편적이나 경제블록의 형성이 반드시 지리적으로 인접한 국가들로 이루어지는 것은 아니다. 따라서 지역경제블록은 지리적으로 인접한 국가들로 구성된 경제통합만이 아니라 지리적으로 인접해 있지 않더라도 무역거래나 경제정책에서 상호 협조하거나 특혜를 부여하는 협정체제나 경제적 연합을 의미한다고 할 수 있다.

2. 지역경제블록의 효과

경제적 지역주의 혹은 경제블록의 형성에 따르는 경제적 효과는 역내회원국들에 대한 효과와 역외 비회원국들에 대한 효과 그리고 세계경제 전체에 미치는 효과로 나누어 논의할 수 있으나 경제블록의 통합정도에 따라 역내외국가들에 미치는 효과가 상이할 뿐만 아니라 동일한 유형의 경제통합이라고 하더라도 회원국들의 경제환경의 차이나 구체적인 통합협정내용에 따라 회원국들과 비회원국들의 경제적 후생에 미치는 효과는 상이하다. 따라서 경제블록형성에 따른 경제적 효과를 이론적으로 분석하기 위해서는 구체적인 가정이 필요하며 실증적인 효과분석(analysis of empirical effect)을 하기 위해서도 경제통합을 이룩한 국가들의 구체적인 경제환경을 고려해야 한다.

경제블록 형성의 파급효과를 분석하는데 수반되는 이러한 난점으로 인하여 Viner(1950)나 Lipsey(1960), Johnson(1974) 등에 의하여 이루어진 경제통합에 관한 이론적인 분석도 모든 경제적 지역주의에 적용될 수 있는 보편적인 결론을 제시하기보다는 경제적 통합으로 인하여 발생될 수 있는 효과들을 나열하거나 특수한 가정 하에서 성립하는 내용들을 논의하고 있다. 경제통합에 따르는 경제적 효과는 '무역창출효과(trade creation effects)'와 '무역전환효과(trade diversion effects)'를 통해 가장 잘 파악할 수 있는데 이들 효과는 관세동맹과 관련하여 역내국가 간의 자유무역과 역외국가들에 대한 무역정책의 공동보조가 역내국가들의 경제적 후생에 미치는 효과를 분석하고 있다.

경제통합에 따라 회원국들 간에 자유무역이 이루어지고 역외의 비회원국들에 대하여 공동의 관세체계가 부과되면 회원국들 사이의 무역규모가 증가하게 된다. 이때 상품을 수출하는 역내 회원국이 역외 비회원국들에 비하여 저비용으로 해당 상품을 생산하는 국가인 경우 무역창출효과가 발생하여 역내국가의 경제적 후생이 증가하게 된다. 반면에 저비용으로 생산할 수 있는 역외 비회원국으로부터의 수입이 고비용으로 생산하는 역내 회원국으로 상품 수입국이 전환되는 경우에 무역전환효과가 발생하여 상품을 수입하는 회원국의 경제적 후생은 증가할 수도 있고 감소할 수도 있다.

경제적 지역주의는 세계무역을 자유화하는 동시에 왜곡하기도 한다. 즉, 무역장벽이 낮아지면서 세계무역이 자유화되는 반면에 동일한 상품에 대하여 상품의 원산지가 어디냐에 따라 국내의 상품가격이 달라지기 때문에 왜곡하기도 한다. 전술한 바와 같이 경제적 지역주의로 인하여 역내 회원국들이 이익을 볼 것인지 아니면 손해를 보게 되는지의 여부는 경제통합으로 인하여 발생하는 무역창출효과와 무역전환효과 중 어느 효과가 더 크게 나타나느냐에 의하여 결정된다.

경제통합 이전에 서로 무역보호를 하는 상황에 경쟁적이면서 잠재적으로는 보완적인 경제 간에 경제블록이 형성될 경우에는 무역창출효과가 무역전환효과보다 커 경제적 이익을 얻을 수 있다. 경제들이 경제블록 형성 이전에 경쟁적이라는 것은 관세 및 비관세장벽으로 각 경제의 생산 및 수출입구조가 유사하다는 것을 의미하며, 잠재적으로 보완적이라는 것은 생산기술, 요소부존량 등 생산측면에서 구조가 상이하여 상호 무역보호가 없다면 상이한 상품들에 비교우위가 형성될 수 있는 경우를 의미한다. 또한, 경제통합 이전에 회원국들의 무역보호수준이 높으면 높을수록 경제통합은 역내 회원국 간의 교역규모를 증대시키며 회원국들의 경제적 후생을 증대시킬 가능성이 높다고 할 수 있다.

경제통합으로 인하여 교역조건(terms of trade)이 변화되는 경우에는 더욱 복잡하다고 할 수 있다. 세계경제에서 큰 비중을 차지하는 국가 간의 경제통합이나 지역경제 규모가 작더라도 다수 국가들이 경제블록으로 형성되어 세계경제에서 차지하는 비중이 큰 경우, 회원국들 간의 교역조건도 변화하지만 비회원국들과의 교역조건도 변화하게 된다. 지역경제통합을 통하여 자국의 교역조건을 개선시킬 수 있는 국가와 통합을 하거나 비회원국들과의 무역거래를 유리하게 변화시킬 수 있는 국가들끼리 경제블록을 형성하면 경제적 이득을 확보할 수 있게 된다. 그러나 현실적으로는 이러한 경제적 이익의 고려와 함께 정치적 혹은 단지 지역적으로 근접한 이유도 고려하기 때문에 경제블록의 형성이 반드시 경제적 이익을 발생시키는 것은 아니다.

경제적 지역주의는 자원배분상의 효율성 증대 및 교역조건의 개선을 통한 경제적 이익과 함께 국내시장의 경쟁력을 제고하는 효과가 있다. 즉, 경제통합의 결과 회원국 상호 간의 자유무역의 확대로 보호무역에 익숙한 국내시장이 부분적으로 해외경쟁에 직면하게 되어 완전한 시장개방에 앞서서 세계적 무역자유화에 대한 적응력을 제고시키게 된다. 또한, 시장의 확대로 규모의 경제(economies of scale)를 향유할 수 있기 때문에 생산비용의 하락과 보다 다양화된 상품을 소비할 수 있다는 장점이 있다.

제 3 절 다자주의와 지역경제블록

UR의 결과로 출범된 WTO는 GATT의 기본정신을 그대로 유지하면서 세계무역질서를 규정할 국제기구라고 할 수 있다. 1990년대 이후 세계경제는 GATT가 창출된 1947년에 존재하였던 세계경제와는 여러 측면에서 커다란 차이를 보이고 있다. 출범당시 23개국에 불과하던 회원국은 146개국으로 대폭 증가하여 세계무역의 흐름을 좌우하게 되는 명실상부한 거대 조직으로 성장하였다. GATT체제 하에서 제2차 세계대전 이후 평균 40%에 달하던 관세율은 4%대를 보이고 있고 경제성장과 세계적 자원배분의 효율성에 기여한 점은 주지의 사실이다. 새로운 조직과 강화된 규정을 가지고 출범한 WTO는 자유로운 세계무역을 통하여 세계경제의 안정적 성장과 고용확대에 기여할 것으로 기대된다.

GATT나 GATT를 계승하는 WTO는 모두 다자주의(multilateralism)를 추구하고 있다. 즉, 무역자유화를 위한 협상이나 협정에서 관련국가들 모두가 참가하여 모든 국가들의 이해관계가 반영된 세계무역의 규칙을 마련하고 이를 실행하고자 하고 있다. 그러나 현실적으로 GATT체제는 물론이고 WTO가 출범한 이후에도 전술한 바와 같이 소수의 국가들로 구성된 다양한 지역적 무역블록(regional trade bloc)들과 무역협정들이 존재하고 있다. 따라서 경제적 지역주의의 발생요인과 이러한 지역적 경제블록이 다자주의를 추구하는 WTO와의 관계 및 영향에 대한 연구는 WTO의 성공적인 정착과 발전에 큰 시사점을 준다고 할 수 있다.

경제적 지역주의와 다자주의의 관계를 이해하기 위해서는 우선 경제적 지역주의가 역사적으로 어떠한 역할을 하였으며 현재 어떠한 역할을 하고 있는지를 살펴볼 필요가 있다.

1. 경제적 지역주의의 발생요인

경제적 지역주의의 발생요인으로 다음 2가지를 지적할 수 있다.

1.1 지리적 인접성

경제적 지역주의는 지리적 인접성으로부터 발생하는 자연스러운 현상으로 볼 수 있다. EU, NAFTA, ASEAN 등은 모두 지리적으로 인접한 국가들끼리 체결한 경제통합이라고 할 수 있다. 지리적으로 인접하다는 사실은 상호 교역하는데 있어서 수송비와 통신비용이 상대적으로 저렴하여 기업들이 역내에서 생산활동을 확대하는 것이 용이하며 또한 경제, 사회 및 문화적으로 유사할 가능성이 크기 때문에 생산된 제품이나 서비스가 역내 국가들의 수요를 잘 반영할 수 있다는 이점이 있다. 그러나 역사적으로 혹은 현재 상당수의 경제적 지역주의가 지리적으로 인접한 국가들끼리 이루어졌다는 것만으로는 경제적 지역주의를 설명하는데 한계가 있다. 경제적 지역주의가 지리적 인접성에만 의존하다면 여타 지역들에서는 왜 이러한 경제통합이 이루어지지 않았는가에 대한 의문이 생길 수 있다.

1.2 GATT체제의 한계성

1950년대 이후에 경제적 지역주의가 활발히 형성된 또 다른 요인으로 GATT체제가 가지고 있었던 한계성을 지적할 수 있다. GATT 출범당시와 비교하여 회원국의 수가 대폭 증가하였을 뿐만 아니라 세계무역환경도 크게 변화하였다. GATT가 주로 공산품을 중심으로 재화의 관세인하에 초점을 두었던 반면에 GATT에서는 취급하지 않았던 서비스교역이 세계교역에서 차지하는 비중이 제고되었으며 지적재산권을 둘러싼 문제가 새롭게 대두되고 각국의 비관세장벽(NTBs:Non-Tariff Barriers) 등이 형성되는 등 세계무역에서의 새로운 이슈들이 등장하였다. 이와 함께 경제발전단계(economic development stage)가 상이한 국가들끼리의 이해관계가 복잡하게 전개되었으며 이러한 문제들을 다자주의적 입장에서 관련된 모든 국가들이 합의할 수 있는 규칙을 마련하는 데는 장기간이 소요될 뿐만 아니라 개별국가들의 입장에서 이렇게 마련된 세계무역에 관한 합의가 국내정책 및 규제와 일치하지 않을 가능성도 존재하고 있다. 따라서 이러한 문제를 다자주의적 입장에서 해결하기 보다는 관련된 소수의 국가들 간의 경제통합을 통하여 국내정책 및 규제와 양립할 수 있는 협정을 체결하는 것이 개별국가들 입장에서 유리할 수 있다. 이러한 측면은 소수의 관련국가들이 보다 복잡한 세계무역문제들을 논의할 장을 마련해 줌으로써 다자간 협상에서 이들 문제를 해결하는데 기여할 수 있다는 측면에서 다자주의적 세계무역질서의 형성에 긍정적으로 작용할 수 있다.

2. 경제적 지역주의와 다자주의의 관계

일부 경제학자들은 경제적 지역주의가 다자주의적 세계교역체제를 대체하는 것이 아니라 오히려 보완하는 것임을 지적하고 있다. 다자주의적 체제는 모든 국가들이 다수의 복잡한 문제들을 취급하기 때문에 개별국가들의 경제, 문화 및 정치적 필요를 반영하기가 용이하지 않다. 따라서 다자주의적 기본원칙에 위배되지 않는 한 소수의 국가들이 모여 그들 나름의 경제, 문화 및 정치적 환경을 반영하는 경제통합을 이루는 것은 다자주의적 세계무역체제가 가지고 있는 일종의 획일성을 보완하여 다양성(diversity)을 추구하는 것으로 해석할 수 있다. GATT와 같은 다자주의적 세계무역체제도 지역적 경제통합을 반대한 것은 아니며 GATT협정 24조에는 GATT체제 하에서 관세동맹이나 자유무역지대를 형성한 이후에 역외국들과의 교역에서 경제통합 이전에 부과하고 있었던 것보다 강화된 무역규제를 실시하지 않는 한 소수의 국가들이 관세동맹이나 자유무역지대를 형성할 수 있음을 명시하고 있다. 이러한 입장은 GATT가 경제적 지역주의를 다자주의적 국제무역체제를 대체하는 것이 아니라 그것을 보완하는 것으로 간주하고 있다는 것을 의미한다.

다자주의적 세계무역체제 하에서 경제적 지역주의가 세계의 자원배분과 후생에 미치는 효과를 정확하게 측정하는 것은 불가능하다. 그러나 세계시장에 영향을 행사할 수 있는 소수의 강력한 경제블록들이 존재하여 이들 소수의 경제블록들이 세계시장에서 독점력을 행사하는 것보다는 다수의 경제블록이 존재하는 것이 세계적인 자원배분의 효율성을 제고시키고 경제적 후생을 증진시키는데 기여하게 됨은 자명한 일이다. EU와 같이 세계경제에 미치는 영향이 지대한 경제블록들이 소수 존재하여 이들이 어떠한 견제도 없이 독점력을 행사한다면 이들 경제블록에 속하지 않는 소규모 역외국가들이 경제적 손실을 입게 될 가능성이 매우 크다고 할 수 있다. 다수의 경제블록들이 존재하고 이들 경제블록이 다자주의적 세계무역체제를 보완하는 역할을 한다면 오히려 경제블록의 존재는 세계적 후생을 증진시키는 역할을 하게 된다.

제 4 절 한국에의 시사점

세계무역기구(WTO) 출범과 경제협력개발기구(OECD) 가입으로 한국경제의 개방화와 세계화가 급속히 이루어지고 있다. 해외의존도가 높고 경제성장과 고용증대를 해외부문에 크게 의존하는 한국경제의 입장에서 세계경제의 지역주의화는 지대한 영향을 미칠 것으로 보인다. WTO의 출범으로 세계적인 무역자유화가 확산되고 있는 세계경제환경에 대응하는 국내시장의 경쟁성 제고와 해외진출전략에 대한 효과적인 대책이 마련되어야 한다. 특히, 경제적 지역주의의 확산에 수반되는 경제블록 간의 경쟁 혹은 갈등구조에서 한국경제의 이익을 확보하는 전략을 구사할 수 있도록 탄력적인 대응자세가 필요하다.

전술한 바와 같이 경제적 지역주의가 반드시 다자주의적인 WTO체제를 대체하는 것이라기보다는 보완적인 측면도 있으며 이를 탄력적으로 활용하는 자세가 필요하다. 한국이 참가하고 있는 가장 큰 경제적 지역주의인 아시아·태평양경제협력체(APEC)는 자유무역지대나 관세동맹과 같은 제도적 경제블록은 아니지만 한국이 중심적 역할을 할 수 있는 지역경제협력체로서 적극적인 참여가 필요하다. 아시아·태평양지역은 세계경제적인 측면에서 볼 때 가장 역동적으로 성장하는 지역으로서 여기서의 중심적 역할은 향후의 세계경제에서의 위치를 확고히 유지하는데 큰 기여를 할 것으로 생각된다. APEC은 '개방적 지역주의(open regionalism)'를 표방하면서 무역 및 투자자유화를 통한 아시아·태평양지역의 경제발전을 도모하고 역외국가들을 차별하지 않는 긍정적인 경제적 지역주의를 강조함으로써 세계경제 전체에 기여하면서 다자주의적 세계무역체제와 양립할 수 있는 협력관계를 표방하고 있다.

APEC은 각국의 사회문화적 다양성(sociocultural diversity)과 개발도상국들과 선진국들이 함께 참여함으로써 발생하는 갈등구조, 특히 자국의 이익을 적극적으로 실현하기 위하여 APEC을 이용하여 개발도상국에 시장개방에 대한 압력을 행사하는 미국과 다른 개발도상국들과의 갈등으로 유럽연합(EU)과 같은 제도적 경제동맹 형태로 발전할 가능성이 크지 않으나 아시아·태평양지역의 경제협력을 활성화시킬 것은 자명하다고 할 수 있다. 한국은 경제성장단계에서 선진국들과 개발도상국들의 중간에 위치해 있어서 활동여하에 따라서 이들의 갈등을 해소시키는데 중심적 역할을 할 수 있는 위치에 있다고 할 수 있다.

1978년 개혁 · 개방정책의 시행과 더불어 1990년대 이후 급속한 경제성장을 시현하고 있는 중국과 세계최대의 선진국 중 하나인 일본, 그리고 중진국에서 선진국으로 이행하는 단계에 있는 한국이 속한 동북아시아는 중국이라는 세계최대의 시장과 일본이라는 선진경제를 포함하면서 지역적 경제협력(regional economic cooperation)이 가능하며 이러한 지역적 경제협력을 통하여 이들 국가 간에 존재하는 정치적 갈등관계를 해소할 수 있는 여지가 많은 지역이라고 할 수 있다.

경제적 지역주의를 위한 구체적인 노력이 시행된 바는 없지만 이 지역이 지니는 지정학적 특수성(geopolitical particularity)과 시장규모, 기술수준에서 볼 때 적극적인 경제협력이 이루어지는 경우 이 지역 모든 국가들의 경제적 이익을 제고시킬 수 있는 잠재성이 큰 지역이라고 평가할 수 있다. 한국은 지정학적 특수성으로 인하여 이들 지역에서의 경제협력을 통하여 상대적으로 많은 경제적 이익을 얻을 수 있을 것으로 기대되며 나아가 실질적인 지역경제블록을 구성하는데 중추적인 역할을 할 수 있을 것으로 보인다.

한국은 APEC을 제외하고 다른 경제블록들에 역외국으로 있기 때문에 기존의 경제블록들의 차별정책에 대응할 수 있는 전략이 요구되고 있다. NAFTA의 경우 멕시코는 미국과 캐나다와는 상이한 경제환경을 가지고 있으나 이들 국가와 지리적으로 인접하고 저렴한 노동력을 활용할 수 있기 때문에 미국시장이 절대적으로 중요한 한국경제는 NAFTA 형성이 가져오는 경제적 효과를 철저히 분석하고 이에 대응할 수 있는 전략을 기업차원뿐만 아니라 정부차원에서도 마련해야 한다. EU는 이제 경제적으로 하나의 시장으로 통합됨에 따라 EU시장에 진출하는 전략도 효과적으로 수립해야 하며 유럽이 한국의 수출품들에 대한 반덤핑(anti-dumping)조치와 같은 무역제재조치가 재발되지 않도록 정부차원의 대책마련이 요구된다. OECD 가입으로 선진국들과의 정치, 경제, 사회, 문화적인 교류가 활발해지고 이들과의 경제정책협조가 이전보다 용이하게 되었으므로 이들이 속한 경제블록이 한국을 차별적으로 대우하지 않도록 학계, 재계, 관계 모두가 전역량을 결집시켜야 한다.

제 3 편

글로벌무역의 주요 이슈

제8장

FTA의 확산

제1절 FTA의 기초

1. FTA의 개념

FTA는 일반적으로 지리적으로 인접한 2개국 또는 2개국 이상의 국가들이 동등한 지위 하에 경제적 이익의 공동 추구(common pursuit of economic interests)를 목적으로 동맹을 결성하여 회원국 간에는 어떠한 차별적인 대우도 존재하지 않는 단일 경제권을 형성하는 것을 의미한다. 그러나 경제통합(economic integration)의 형성이 반드시 지리적으로 인접한 국가들로만 구성되는 것은 아니며 현실적으로 경쟁적 이해관계에 의해서만 FTA가 체결되기도 한다.

2. FTA의 유형

FTA의 유형은 연구기관 또는 학자에 따라 다수의 형태로 구분되고 있으나 동일한 범주에 속하는 FTA라고 할지라도 상당히 다양한 형태를 취하고 있다.[1] FTA

1) 동일한 유형의 FTA라고 하더라도 회원국들 간의 구체적인 협정내용과 지역적 특징 등에

의 유형은 일반적으로 B. Balassa[2]의 분류기준에 의하여 회원국들 간의 경제적 결합 정도에 따라 자유무역지역(FTA : Free Trade Area), 관세동맹(customs union), 공동시장(common market), 경제동맹(economic union), 완전경제통합 등으로 분류될 수 있으나 본 장에서는 Balassa의 분류기준 이외에 M. Chacholiades[3]가 FTA의 첫 번째 단계로 제시하고 있는 부문별특혜무역협정(sectoral preferential trade arrangement)을 첫 번째 분류형태로 추가하고 Balassa의 분류를 살펴보기로 한다.

〈표 8-1〉 FTA의 유형

	유 형	
UN	① 장기무역협정 및 계약 ③ 수량제한의 특혜적 적용 ⑤ 자유무역지역 ⑦ 경제동맹	② 관세율의 특혜적 적용 ④ Sector 간의 통합 ⑥ 관세동맹
J. Tinbergen	① 수량제한의 특혜적 적용 ③ 자유무역지역 ⑤ 경제동맹	② 부분적 통합 ④ 관세동맹
B. Balassa	① 자유무역지역 ③ 공동시장 ⑤ 완전경제통합	② 관세동맹 ④ 경제동맹
ALIM ELAGRAA	① 자유무역지역 ③ 공동시장 ⑤ 완전한 정치적 통합	② 관세동맹 ④ 완전한 경제동맹
S. P. Magee	① 자유무역지역 ③ 공동시장	② 관세동맹 ④ 완전한 경제통합
M. Chacholiades	① 부문별특혜무역협정 ③ 관세동맹 ⑤ 경제동맹	② 자유무역지역 ④ 공동시장

2.1 부문별특혜무역협정

부문별특혜무역협정이란 협정체결국 간에 특정상품의 교역에 대해서만 제한적으

따라 상이한 구성내용을 가진다(김세영 외, FTA 확산과 한국의 대응, 도서출판 두남, 2003. pp. 35~52 요약 · 재구성).

2) Balassa, B., The Theory of Economic Integration, London: George Allen & Unwin Ltd., 1961, pp. 1~5 참조

3) Chacholiades, M., International Economics, McGraw-Hill, Inc., 1990.

로 특혜를 부여하는 것으로서 경제통합의 초기단계에 나타나는 형태이다.

협정국가들 간에 이루어지는 무역거래에 대하여 완전한 자유무역(perfect free trade)은 아니더라도 협정당사국들 간에 상호 일정한 특혜(preference)를 부여함으로써 역외 비협정국들에 대하여 차별조치를 위하는 경우를 의미한다. 예를 들면, 특혜를 주는 상품들의 범위가 제한적일 수 있으며 이렇게 제한된 범위의 상품들에 대하여 저관세나 비관세장벽 특혜를 주는 경우를 지적할 수 있다. 통합의 강도가 가장 느슨한 형태의 경제통합유형으로 분류할 수 있다.

2.2 자유무역지역

WTO 규범(GATT 24조)에 따르면 자유무역지역은 구성영역 간의 동 구성영역 원산품의 모든 무역에 대해 관세 및 기타의 상업적 규제가 적용되지 않는 2개 또는 그 이상의 관세영역의 집단을 의미한다.

자유무역지역은 협정을 체결한 회원국들 상호 간에 관세를 포함한 모든 무역장벽을 철폐하고 자유무역을 실시하지만 회원국들이 역외 비회원국들에 대해서 독자적인 무역보호수준, 즉 독자적인 무역정책(independent trade policy)을 실시할 수 있다. 따라서 회원국들이 비회원국들에 대하여 동일한 무역보호수준을 유지할 필요가 없으며 자국의 실정에 적합한 무역보호수준을 유지할 수 있다. 예를 들면, 북미자유무역협정(NAFTA)이나 유럽자유무역지역(EFTA), 아세안자유무역지대(AFTA) 등을 지적할 수 있다.

자유무역지역의 결성으로 회원국들 간에 자유무역이 이루어지므로 각 회원국들의 무역유형, 즉 수출입구조가 변화할 수도 있으며 수입선이 비회원국에서 회원국으로 전환되는 등 회원국뿐만 아니라 자유무역지역에 속한 국가들과 무역거래를 하고 있는 비회원국들의 무역구조 및 무역규모가 변동하게 되는 등 자유무역지역이 형성되는 국가들과 밀접한 대외거래 관계가 있는 국가들에 지대한 영향을 미치게 된다.

그러나 자유무역지역은 독자적인 무역정책의 실시로 인하여 실질적으로 그 경제적 효과가 미미하므로 이를 해결하기 위해서 Swan[4]은 자유무역지역에서의 역외공통관세(CET: Common External Tariff)의 부재로 인한 문제점을 해결하기 위하여

4) D. Swan, The Economics of Common Market, Penguin Books, 1981, pp. 75~76 참조.

다음 3가지를 제시하였다.

① 역내에서 생산된 재료, 부품만으로 생산된 것임을 증명하는 원산지 증명
② 가맹국내에서 생산된 제품의 재료가 그 원산지가 비회원국이거나 원산지 불명의 것이라면 그 재료의 가격은 수출 가격의 50%를 초과하지 않는다는 퍼센트 기준
③ 수송과정에 의해 생산된 제품의 경우에는 과정기준(process criterion)을 설정함

이러한 비회원국의 회원국으로의 우회수출을 방지하기 위한 감시제도를 이용하여 자유무역지역은 그 문제점을 보완하고 있다. 자유무역지역은 회원국 상호 간에 재화와 용역의 거래에 대한 무역제한조치를 제거하여 역내무역의 증가를 초래한다는 점에서 관세동맹과 유사하다고 할 수 있으나 다음 2가지 측면에서 상이한 점을 가지고 있다.

① 통합 후 회원국은 비회원국에 대해 상이한 관세율을 적용함
② 관련제품이 역내에서 생산되거나 주요 생산공정이 역내에서 이루어진다는 것을 인식하기 위한 원산지 규정이 수반됨

상기한 조건은 관세동맹에서는 존재하지 않는 시장통합조건(market integration condition)이며 따라서 자유무역지역은 이들 2가지 조건으로 인하여 관세동맹과는 상이한 효과를 발생시키게 된다.

2.3 관세동맹

관세동맹은 자유무역지역에서 진일보하여 관세동맹 회원국들 간에 자유무역을 유지할 뿐만 아니라 역외의 비회원국들에 대하여 회원국들이 공동의 무역보호수준, 즉 공동의 무역정책을 실시하는 것을 의미한다.[5] 현실적으로 무역보호수단은 관세

5) WTO 규범에 따르면 관세동맹의 개념은 다음 2가지로 요약될 수 있다.
① 동맹의 구성 영역 간의 모든 무역 또는 적어도 동 지역을 원산지로 하는 상품의 모든 무역에 대한 관세 및 기타의 상업적 규제의 실질적 폐지를 위한 목적

뿐만 아니라 수입수량할당제와 같은 비관세장벽도 있으며 관세동맹으로 지칭되는 것은 이전에 무역보호의 주요 수단이 관세였으며 비회원국들에 대하여 회원국들이 공통의 관세체계를 적용하였기 때문이다.

자유무역지역과 비교할 때 관세동맹은 회원국들의 경제적 결합 정도에서 보다 강한 지역경제통합의 유형으로 분류할 수 있으나 국제무역정책을 제외한 회원국들 독자적인 경제정책과 화폐를 보유하며 회원국간 노동 및 자본과 같은 본원적 생산요소의 이동은 불가능하거나 크게 제약되고 있다. 즉, 관세동맹은 무역정책측면에서의 경제통합이며 완전한 형태의 경제통합으로 볼 수는 없다. 관세동맹의 형태는 초기의 EC가 관세동맹의 형태로 간주할 수 있으며 20세기 이전에 관세동맹과 유사한 형태의 경제적 지역주의(economic regionalism)가 존재한 바 있다. 예를 들면, 1834년 독일관세동맹, 1947년에 설립되었다가 1958년에 유럽공동체에 흡수된 베네룩스 3국, 그리고 1960년대의 유럽경제공동체 등을 지적할 수 있다.

2.4 공동시장

공동시장은 상품뿐만 아니라 생산요소의 역내교역이 자유롭게 이루어지며 각 회원국들은 독자적인 경제정책을 사용할 수 있게 허용되고 있는 지역경제통합 형태를 의미한다. 즉, 역내 회원국들은 상품과 생산요소의 자유무역을 실시하고 역외의 비회원국들에 대하여 공통의 무역보호체계(trade protection system)를 적용하지만 무역정책을 제외한 다른 경제정책에는 독자성을 보유하게 된다. 또한, 공동시장의 회원국들은 자국의 정치 및 경제적 상황에 적합하다고 판단되는 통화정책(monetary policy)이나 재정정책(fiscal policy)을 다른 회원국들과는 독립적으로 독자성을 가지고 시행하게 된다.

관세동맹과 비교해 보면 상품의 수출입에 관하여 역외 비회원국에 대해 무역정책을 공동으로 유지하고 회원국들 간에는 자유무역이 이루어지지만 노동, 자본 등 생산요소의 역내이동이 자유롭지 못한 지역경제통합(regional economic integration)의 형태에서 생산요소의 자유로운 역내이동이 이루어지는 형태까지 포함하는 것이 바

---

② 제XXIV조 제9항의 규정을 준수할 것을 조건으로 동맹의 각 구성국이 동 동맹 이외의 지역에 실질적으로 동일한 관세 및 기타의 상업적 규제를 적용하기 위한 목적을 위하여 2개 또는 그 이상의 관세영역의 단일 관세영역으로의 대체를 의미함

로 공동시장이라고 할 수 있다.

이러한 공동시장형태의 지역경제통합의 예로 완전한 형태는 아니지만 EC를 지적할 수 있다. 1986년에 EC가 단일유럽의정서(SEA: Single European Act)를 제정하여 상품뿐만 아니라 노동, 자본 등 생산요소를 포함하여 유럽공동시장 내의 총 282개에 이르던 교역장벽(trade barrier)을 폐지함으로써 1993년에 공동시장으로 출범하였다.[6)]

2.5 경제동맹

경제동맹은 회원국 간에 재정정책, 금융정책(financial policy), 사회정책(social policy) 등 모든 경제정책을 공동으로 추진하는 진일보된 경제통합의 형태를 의미한다. 즉, 경제동맹에서는 이러한 경제정책들을 상호 협조 하에 실시하게 되며 더 나아가 단일화폐(single currency)까지 이루어낸다면 완전한 형태의 경제동맹체제를 구축하게 된다. 또한, 경제동맹의 회원국들은 공동시장과 달리 경제정책에 관한 한 독립성을 거의 모두 상실하게 된다.

이러한 의미에서 경제동맹 내의 회원국들은 정치적으로는 독립국가이지만 경제적으로는 하나의 단일경제권을 형성하는 실질적인 의미의 경제적 통합을 이룩하게 된다. 경제동맹의 예로는 완전하지는 않지만 단일통화인 유로(Euro)화를 사용하고 있는 유럽연합(EU)을 지적할 수 있다.

2.6 완전한 경제통합

완전한 경제통합이란 역내 경제정책의 통일을 전제로 하며 각 회원국들의 의사를 수렴하는 초국가적 기구의 설립을 통해 경제적 측면뿐만 아니라 정치적인 측면에서의 통합까지도 수반하는 경제통합을 의미한다. 즉, 회원국 상호 간에 초국가적 기구를 설치하여 그 기구로 하여금 각 회원국의 모든 사회 · 경제정책을 조정, 통합, 관리하는 형태의 통합으로 지역경제통합의 형태 중 가장 완벽한 유형으로 분류할 수 있다.

---

6) 공동시장의 예로는 유럽공동체(EC)를 비롯하여 중앙아메리카공동시장, 안데안공동시장, 카리브해공동시장 등이 존재한다.

따라서 완전한 경제통합은 각 회원국들의 경제주권(economic sovereignty)을 상실하고 하나의 단일경제단위(single economic unit)가 형성되는 경제통합의 최종단계로서 현실적으로는 회원국의 주권포기와 관련되어 있기 때문에 실현 가능성은 희박하다고 할 수 있다. 그러나 모든 경제통합이 궁극적인 목표로 설정하고 있는 이상적인 경제통합 유형으로 분류할 수 있다.

경제통합의 단계와 형태는 그 분류기준에 따라 다양하나 이것은 하나의 모형에 불과하다. 실제로 인접국가 간의 경제통합이 반드시 경제통합이론에 의한 단계를 거치는 것도 아니고 또한 그 형태를 특정형태로 분류하는 것이 가능하지도 않다. 다만 어떠한 경제통합이든지 그들의 공통적 요소는 회원국 간에는 교역자유화(trade liberalization)가 이루어지고 비회원국에는 각종 수입제한을 통해 차별조치를 취하게 된다.

3. FTA의 경제적 효과

FTA의 경제적 효과는 크게 3가지 측면(역내 회원국들에 대한 효과, 역외 비회원국들에 대한 효과, 전세계경제에 미치는 효과)으로 나누어 살펴볼 수 있다. 그러나 지역경제통합의 유형에 따라 역내외 국가들에 미치는 효과가 상이할 뿐만 아니라 동일한 유형의 지역경제통합이라고 하더라도 회원국들이 처한 경제여건의 차이나 구체적인 통합협정 내용에 따라 회원국들과 비회원국들의 경제적 후생(economic welfare)에 미치는 효과는 상이하다. 따라서 지역경제통합 형성에 따른 경제적 효과를 이론적으로 분석하기 위해서는 구체적인 가정이 필요하며 실증적인 효과분석을 하기 위해서도 경제통합을 이룬 국가들의 구체적인 경제여건을 고려하여야 한다.

FTA의 경제적 효과에 관하여 가장 광범위하게 알려진 내용은 이에 대해 처음으로 체계적인 분석을 시도한 Viner의 무역창출효과와 무역전환효과에 관한 개념이라고 할 수 있다.[7] Viner는 경제통합에 따른 역내국가들의 경제적 후생에 미치는 효

7) Viner, J., The Customs Union Issue, New York: Carnegie Endowment for International Peace, 1950.

과를 분석한 바 있다.

Viner에 따르면 FTA는 국제무역의 왜곡(distortion of international trade)을 발생시키는 동시에 자유화시키기도 한다. 무역거래는 협정체결 이전보다 낮아진 무역장벽으로 자유화된 반면에, 동일한 상품에 대하여 상품의 원산지에 따라 국내의 상품가격이 달라지기 때문에 왜곡되기도 한다. FTA로 인한 역내 회원국들의 경제적 이해득실은 협정체결로 인하여 발생하는 무역창출효과(trade creation effect)와 무역전환효과(trade diversion effect) 중 어느 것이 더 크게 나타나느냐에 의하여 결정된다고 할 수 있다.

FTA로 인하여 교역조건(terms of trade)이 변화하는 경우에는 그 효과는 더욱 복잡하게 나타난다. 세계경제에서 차지하는 비중이 큰 국가들의 지역경제통합이나, 규모가 작더라도 다수의 국가들의 경제통합으로 형성된 지역경제가 세계경제에서 차지하는 비중이 큰 경우 회원국들 간의 교역조건도 변화하지만 비회원국들과의 교역조건도 변화하게 된다. FTA를 통하여 자국의 교역조건을 개선시킬 수 있는 국가와 통합을 하거나, 비회원국들과의 무역거래를 유리하게 변화시킬 수 있는 국가들 간에 지역경제통합을 형성하면 경제적 이득을 얻게 된다. 그러나 현실적으로는 이러한 경제적 이익의 고려와 함께 정치적 고려 또는 지리적 인접성(geographical vicinity)에 대한 고려로 인해 경제통합의 형성이 반드시 경제적 이득을 야기시킨다고는 할 수 없다.

FTA로 인해 초래되는 자원배분의 효율성(efficiency of resource allocation) 증가나 교역조건의 개선을 통한 경제적 이득의 증가와 함께 고려하여야 할 점은 경제통합의 결과 회원국들 상호 간의 자유무역의 확대로 보호무역에 익숙해져 있는 국내시장을 부분적으로 대외경쟁에 직면케 함으로써, 완전한 시장개방에 앞서서 국내시장을 대외경쟁에 노출시켜 글로벌 무역자유화에 대한 적응력을 제고시킨다는 점이다. 더욱이 확장된 시장으로 규모의 경제(economies of scale)를 누릴 수 있기 때문에 생산비용의 절감(reduction of production cost)과 보다 다양해진 상품을 소비할 수 있게 됨으로써 소비자선택(consumer choice)의 기회가 확대된다.

결국 새로운 FTA의 체결 또는 기존의 FTA 참여의 궁극적인 목적은 회원국 상호 간의 무역장벽의 철폐를 통하여 역내 무역자유화를 실현함으로써 상호 간의 지속적인 경제성장(sustainable economic growth)을 도모하고 후생극대화(welfare maximization)를 이루는데 있다. FTA의 체결은 회원국간 무관세 교역을 가능하게 함으로써 수입단가를 낮추고 소비자후생(consumer welfare)을 증진시킬 뿐만 아니라 회원국들은 상대적으로 비교우위(comparative advantage)가 있는 산업에 생산과 수출을 특화(specialization)함으로써 경제적 이익을 향유할 수 있게 된다.

무역장벽의 철폐가 시장기능에 의한 역내 자원배분의 효율성 제고를 통해 비교우위산업의 경쟁력을 강화시킴으로써 경제성장을 촉진시킨다는 전통적인 자유무역이론(traditional free trade theory)에 입각한 논리는 FTA 체결의 경제적 타당성(economic validity)에 대한 중요한 근거가 되고 있다.

그러나 FTA 체결에 따른 부정적인 견해도 다수 존재하고 있다. Grinspun & Cameron(1994)은 FTA에 따른 부정적 효과에 대하여 설명하고 있다. 이들은 멕시코가 미국과의 자유무역협정을 체결함으로써 얻게 되는 이익보다는 멕시코 경제의 불균형적인 성장(imbalanced growth)과 멕시코가 비교우위를 가지기 위한 임금의 동결로 인한 근로자의 실질소득 감소, 환경규제(environmental regulation)의 완화 등의 부정적 효과를 지적하였다.[8)]

무역장벽의 철폐로 인하여 나타나는 효과는 긍정적 효과와 부정적 효과로 나누어 살펴볼 수 있다. 긍정적 효과(positive effect)는 다시 단기적 및 중 · 장기적 효과로 분류할 수 있는데 단기적 효과로서 무역창출효과, 중 · 장기적 효과로서 규모의 경제, 경쟁촉진 및 해외직접투자 확대를 지적할 수 있고, 부정적 효과(negative effect)로서는 단기에 나타나는 무역전환효과를 들 수 있다.

FTA의 경제적 효과는 〈표 8-2〉와 같이 요약될 수 있다.

---

8) Ricardo Grinspun and Maxwell A. Cameron, Restructuring North America : The Impact of Unequal Integration, Economic Integration between Unequal Partners, Edward Elgar, 1994 참조.

〈표 8-2〉 FTA의 효과

<table>
<tr><td rowspan="9">지역무역협정의 효과</td><td rowspan="7">긍정적효과</td><td>단기적효과</td><td rowspan="4">① 역내국 경제성장으로 인한 무역증가의 효과</td><td>무역창출효과</td><td>· 국내상품 대신에 상대적으로 저렴해진 역내국으로부터의 수입증가로 무역창출</td></tr>
<tr><td rowspan="6">중·장기적효과</td><td>역내국의 규모경제 달성</td><td>· 시장확대, 규제의 표준화, 시장접근의 안정 등에 의한 실현</td></tr>
<tr><td>경쟁촉진 효과</td><td>· 역내국으로부터의 수입이 용이하게 되어 역내 수입품과의 경쟁강화</td></tr>
<tr><td colspan="2">· 기술력, 산업네트워크의 이용가능성 증대</td></tr>
<tr><td>② 비용절감효과</td><td colspan="2">· 역내국의 규제장벽기준 등의 표준화 및 간소화 등으로 인한 수출비용의 감소</td></tr>
<tr><td>③ 투자효과</td><td colspan="2">· 회원국으로부터 역내투자증가</td></tr>
<tr><td>④ 역내경제의 구조조정효과</td><td colspan="2">· 역내국기업과 경쟁강화를 위한 산업구조 조정</td></tr>
<tr><td>부정적효과</td><td>단기적효과</td><td>⑤ 무역전환효과</td><td colspan="2">· 역외국으로부터의 수입이 상대적으로 저렴해진 역내국의 수입으로 전환
· 역내수입이 세계수입에서 차지하는 비중이 높은 상품의 경우, 역외국으로부터의 수입 감소로 해당상품의 가격하락으로 인한 교역조건 악화</td></tr>
<tr><td colspan="2">기타</td><td>⑥ 정치 · 외교적 효과</td><td colspan="2">· 정치 · 외교적 연대감 강화</td></tr>
</table>

자료, 김세영 외, 전게서, p. 46.

3.1 긍정적 효과

(1) 단기적 효과

FTA의 체결로 인하여 단기에 가시적으로 나타나는 효과는 교역으로 인한 효과라고 할 수 있다. 교역에 대한 긍정적 효과로 무역창출효과(trade creation effect)를 들 수 있다.

무역창출효과는 비교우위론에 입각한 효과로 역내관세의 철폐로 인하여 회원국들이 높은 가격의 국산재화를 낮은 가격의 회원국 내의 외국재화로 대체하는 것을 의미한다. 역내국들이 관세인하로 비교우위를 갖게 되는 재화를 중심으로 상호교역을 하게 되고 따라서 역내국들은 값비싼 국산재화를 값싼 역내상품으로 대체하게 된다.

관세로 인해 발생되었던 교역구조의 왜곡(distortion of trade structure)이 시정됨으로써 각국의 비교우위산업에 대한 교역기회가 새롭게 이루어지게 되며 무역창출을 통한 각 역내국의 비교우위상품의 시장확대는 동 상품의 수출증대를 의미하게 된다. 이것은 곧 동 산업의 생산량 증대를 요구하게 되어 각 생산요소들이 자연스럽게 비교우위산업으로 이동하게 됨으로써 자원배분의 효율성이 커지게 된다.

(2) 중 · 장기적 효과

FTA의 중 · 장기적 효과는 단기간 내에는 가시화되지 않더라도 어느 정도의 시간이 경과함에 따라 점진적으로 발생할 수 있는 동태적인 효과(dynamic effect)를 의미하는 것으로써 규모의 경제 및 경쟁의 촉진(promotion of competition) 그리고 해외직접투자(FDI) 증가 등으로 역내 경제활동의 효율성(efficiency of economic activities) 증대에 기여하는 중요한 요인이 된다.

① 규모의 경제 발생

FTA로 인한 시장의 확대로 역내에서 규모의 경제가 작용할 수 있는 여건이 마련되고, 그러한 가운데 시장점유율(market share)을 제고시키기 위한 기업간 경쟁이 촉진됨으로써 효율적인 자원배분을 요구하는 힘이 역내경제에 동태적으로 작용하게 된다.

단기적으로 무역전환효과가 크다고 하더라도 규모의 경제로 인한 역내 생산활동의 평균비용(average cost) 하락폭이 크게 나타난다면 역내재화가 역외재화에 대해 비교우위를 가질 수도 있어 중장기적으로 보면 무역전환의 불이익을 초과하는 이익이 발생할 수도 있다.

② 경쟁촉진

시장의 확대는 기업들 간의 경쟁을 촉진시키게 되는데 경쟁촉진은 다수의 측면에서 긍정적인 효과를 유발하게 된다. 기업들 간의 가격경쟁(price competition)으로 재화가격의 인하는 물론 재화공급과 각종 서비스 측면에서의 질적 향상(qualitative improvement)이 촉진된다. 또한 경쟁의 격화, 신제품, 양질의 제품, 효율적인 생산기법 등을 개발하려는 기업들 간의 연구개발(R&D)경쟁이 유발되고 이로 인한 신기술의 개발, 기술의 축적 및 파급 등은 산업기술의 발달을 촉진시키게 된다. 이는 생산성(productivity)의 증대, 실질소득(real income)의 증대, 소비자 후생의 향상 등을 야기시켜 궁극적으로 경제성장에 기여하게 된다. 이러한 일련의 긍정적 효과들은 역내 상품교역과 기술교류 등을 통해 역내경제 전반에 걸쳐 광범위하게 파급된다. 따라서 역내 경제성장의 가속화(acceleration of economic growth)가 이루어지게 된다.

③ 해외직접투자의 증가

지역경제통합 내 재화에 대한 무역장벽의 철폐는 무역효과뿐만 아니라 역내외국을 막론하고 세계 각국 기업의 생산활동을 역내로 유인하는 효과를 유발하게 된다. 즉, 역내 해외직접투자를 활성화 또는 촉진시키는 요인으로 작용하게 된다. 관세 및 비관세장벽 등 역내 무역장벽의 철폐는 기업의 역내 경제활동비용이 낮아짐을 의미하며, 그 자체로서 기업의 이윤창출 기회(opportunity of profit creation)가 확대됨을 의미하기 때문이다. 또한, 기업의 역내시장에 대한 예측가능성을 제고시키고, 이에 따른 역내 경제활동에 대한 안정성 제공 등은 역외기업들이 역내에 생산거점을 구축하도록 유인하게 된다. 예를 들면, 기업의 입장에서 볼 때 주요 원자재 및 중간재 등을 역내에서 조달하고자 할 경우 이를 다른 역외기업보다는 유리한 조건으로 조달할 수 있게 된다. 또한, 역내 판매활동에 있어서도 운송 · 정보비용 절감 및 무관세혜택 등으로 기업의 제반 비용을 절감할 수 있고 시장에 보다 용이하게 접근할 수 있기 때문에 FTA는 역외기업의 역내로의 투자를 증가시키게 된다. 특히, 역외국가에게는 역내에 생산거점을 확보할 경우 FTA에 참여하지 않으면서도 실질적인 역내무관세 혜택을 향유할 수 있다는 점에서 역내 해외직접투자 추진에 강한 유인을 제공할 수 있다. 만약 역내에서 양질의 노동력을 확보할 수 있을 경우 풍부한 자본과 기술을 보유하고 있는 역외 선진국들은 이러한 유인을 보다 적극적으로 활용하게 된다.

역내 개도국의 입장에서 볼 때 선진국의 자본과 기술을 유치할 수 있다면 이는 긍정적인 기술이전효과(technology transfer effect)를 수반할 뿐만 아니라 역내 유휴자원의 활용도를 제고시킴으로써 새로운 고용을 창출하고 경제전반의 효율성을 증대시키는 효과가 있다. 예를 들면, NAFTA의 경우 회원국 중 경제발전단계(stage of economic development)가 가장 낮은 멕시코가 가장 큰 혜택을 볼 것으로 예상되었다. 그 이유는 NAFTA의 투자 및 투자자에 대한 무차별 대우, 투자의무

이행요건[9] 폐지, 투자와 관련된 자금의 자유로운 이동, 국제법 절차에 따른 투자 몰수, 투자 협정 위반 시 국제중재원에 중재를 요청할 수 있는 권리 등 투자에 대한 규정 설치로 대멕시코 투자의 위험도를 저하시킴으로써 미국과 캐나다의 기업들이 멕시코에 대한 투자를 확대시킬 가능성을 크게 하였기 때문이다.

3.2 부정적 효과

FTA 체결에 따른 부정적 효과는 단기에 발생하는 무역전환효과를 의미한다. 무역전환효과는 역내관세 철폐로 인하여 저가의 지역경제통합지역 이외의 재화가 고가격의 역내상품으로 대체되는 것을 말한다. 무역협정 이전에는 역외국의 재화가 비교우위에 있었으나 협정체결 이후 역내국 간의 교역에 관세가 제거됨으로써 역내국의 재화가 비교우위를 가지게 되는 것을 말한다.

이는 관세부과 이전의 가격을 비교해 볼 때 역외국 재화가 더 저렴하다는 것이므로 저렴한 역외상품을 값비싼 역내상품으로 대체하게 되는 자원배분의 비효율성(inefficiency of resource allocation)이 발생하게 된다.

Viner의 연구는 최종재화에 대한 관세철폐로 인한 생산활동의 효율성 변화에 초점을 두고 무역창출효과를 후생증가요인(정(+)의 효과), 무역전환효과를 후생감소요인(부(-)의 효과)으로 구분하여 FTA의 타당성을 무역창출의 이익이 무역전환의 불이익을 초과할 경우에 두고 있다.[10]

3.3 기타 효과

소수 국가간 FTA의 체결은 관련 국가들 공동의 경제적 번영(common economic prosperity) 이외에 정치적 안정 및 민주적 제도의 정착 등 정치·외교적 연계성(political and diplomatic linkage)을 강화시킬 수 있다.[11] 또한, FTA 회원국 간에

9) 수출의무, 국내부품 조달의무, 국내생산품 구매의무, 수입물량의 외화획득과 연계 등을 투자의무 이행요건의 예로 지적할 수 있다.

10) 이러한 분석은 협정의 체결에 따른 장기적, 동태적인 효과를 고려하지 않은 정태적이고 부분적 분석이라는 단점이 있는 반면 지역경제통합(regional economic integration)으로 예상할 수 있는 무역효과를 효율성 측면에서 용이하고도 명료하게 해석하는 장점이 있다.

11) 멕시코는 북미자유무역협정 체결 이후 국민의 민주화에 대한 정치의식을 고양시켜 1997년 7월 6일 총선에서 멕시코제도혁명당(PRI)의 69년 간의 장기집권에 대한 야당의 정치적 입지를 강화하는데 기여한 바 있다.

는 비상사태와 자연재해 발생시 공식적인 협력체제를 통해 신속한 지원을 받을 수 있고 국제적인 지원 및 협력을 구하는데 기여하게 된다.12)

FTA의 행정적인 절차나 분쟁해결 관련 조항에 의해 회원국 간에 설치되는 위원회 및 패널 등은 회원국들 간의 관계개선 및 협력강화에 기여하게 된다. 대부분의 FTA는 회원국 간에 적용되는 특수한 분쟁해결절차를 마련함으로써 분쟁이 발생하였을 경우 신속하고 합리적인 분쟁해결이 가능해진다.

제2절 세계 FTA 동향과 전망

21세기 무한경쟁(unlimited competition)에 대응하기 위해서는 자유무역협정(FTA : Free Trade Agreement) 체결이 필수적임은 재론의 여지가 없다. 21세기 들어 FTA 체결을 통한 지역별 무역블록(trade bloc)화 양상이 심화되고 있다. FTA는 원래 2개 국가간 상품과 서비스의 자유로운 흐름을 보장하는 자유무역지대(free trade area) 창설이 주요 목적이었으나 최근 들어 협정체결국가의 범위가 확대되면서 FTA가 지역별로 블록화된 경제권으로 발전하기 위한 주요 수단이 되고 있는 실정이다.

세계 각국이 FTA를 체결하는 이유는 무엇보다도 경제적 이익(economic benefit)에 있다. 주지하는 바와 같이 FTA 체결국 간에는 무관세로 상품수출입이 이루어지게 된다. 고가의 국산제품이 저가 수입품으로 대체되고 비교우위(comparative advantage)를 가진 제품은 무관세로 수출되므로 협정체결국간 교역이 확대되게 된다. 이를 통해 경제성장의 가속화(acceleration of economic growth)가 이루어지게 되고 해외투자유치규모도 증대된다.13)

---

12) 예를 들면, 1994년 12월 멕시코에 제2차 금융위기가 발생하자 클린턴 미 대통령은 1994년 1월부터 발효 중이던 NAFTA의 성공적인 정착과 멕시코 페소화 폭락 9일전에 마이애미에서 개최되었던 '미주정상회의'에서 결의한 2005년까지 FTA 창설 목표에 미칠 부정적인 영향을 고려하여 의회의 반대에도 불구하고 멕시코의 외환위기 극복을 위해 외환안정기금 200억 달러를 멕시코에 지원한 바 있다.

13) 한국무역협회, 주간무역리뷰, 2004. 1. 12., 2. 2. 참조

1. FTA 동향

최근 들어 도하개발아젠다(DDA) 협상이 지연되는 가운데 세계 주요국을 중심으로 한 FTA추진 움직임이 활발하게 전개되고 있다. 2003년 세계 주요 국가의 FTA 추진동향을 분석해 보면 2003년 신규 체결된 FTA는 아시아가 7건으로 가장 많았으며 미주지역은 6건을 기록하였다. 협상 중인 FTA는 미주 17건, 아시아 12건, 유럽 11건, 대양주 4건으로 파악된다.

〈표 8-3〉 2003년 체결된(협상중) FTA 대륙별 현황

	아시아	미주	유럽	대양주
체결	7	6	1	0
협상중	12	17	11	4

대륙별로는 아시아 국가들은 아시아 및 미주 지역국가와 FTA를 활발히 추진한 반면 미주 국가들은 아시아 및 유럽, 대양주, 아프리카 등 여러 대륙의 국가와 FTA를 추진하였다. EU 및 EFTA는 중·동부 유럽, 아프리카, 걸프연안국가와의 FTA를 적극 추진한 것으로 나타났다.

〈표 8-4〉 대륙별 FTA 추진동향(체결/협상중)

	아시아	미주	유럽	대양주	아프리카 등	소계
아시아	5/5	2/4	0/0	0/1	0/2	7/12
미 주	(2/4)	3/6	1/2	0/2	0/3	6/17
유 럽	(0/0)	(1/2)	0/2	0/0	0/7	1/11
대양주	(0/1)	(0/2)	(0/0)	0/0	0/1	0/4

우리의 주요 교역대상국인 유럽연합(EU) 및 미국, 멕시코, 칠레, 싱가포르 등 주요 국가들 모두 10개 이상의 국가와 FTA를 체결하였는데 EFTA가 가장 많은 35개국과 FTA를 체결하고 있으며 칠레 34개국, 멕시코(32), EU(31), 싱가포르(17), 미국(10), 태국(10) 등의 순으로 나타났다.

〈표 8-5〉 FTA 체결국 현황

EFTA	칠레	멕시코	EU	싱가포르	태국	미국	인도	호주	뉴질랜드
35	34	32	31	17	10	10	4	2	2

주 : EU(15), EFTA(4), AFTA(10) 등은 회원국수대로 계산하였음

경제개방도가 높고 다수의 국가와 FTA를 체결하고 있는 멕시코(96.2%), 칠레(66.3%)의 FTA 체결국으로의 수출비중이 높게 나타나고 있는 가운데 2003년에는 중국, 싱가포르, 미국, 인도 등의 FTA 체결국가로의 수출비중이 큰 폭으로 상승하였다.

〈표 8-6〉 주요국가의 FTA체결국 수출비중 변화 (단위 : %)

	2002년말 → 2003년말	증 감
멕시코	96.1 → 96.2	0.1
E U	74.6 → 74.6	0.0
칠 레	65.1 → 66.3	1.2
싱가포르	35.6 → 51.0	15.4
미 국	37.8 → 41.1	3.3
중 국	0.0 → 17.8	17.8
인 도	3.7 → 5.1	1.4
일 본	3.6 → 3.6	0.0

주 : 2001년 수출실적 기준
자료 : IMF

〈표 8-7〉 대륙별 FTA 추진 현황 (2003년)

지역	건수	2003년 체결	협상 중
아시아	(체결 : 7건, 협상중 : 12건)	중국-홍콩(6월), 중국-마카오(10월) 태국-인도(10월), 인도-방글라데시(3월) 인도-아프카니스탄(3월) 싱가포르-미국(1월) 대만-파나마(8월)	일본-멕시코, 일본-한국 중국-ASEAN, 중국-태국 태국-호주, 태국-바레인 인도-싱가포르, 인도-ASEAN 싱가포르-멕시코, 싱가포르-캐나다 싱가포르-칠레 P3(싱가포르-뉴질랜드-칠레)
미 주	(체결 : 6건, 협상중 : 17건)	미국-싱가포르(1월), 미국-중남미4국(12월) 멕시코-우루과이(11월) 칠레-EFTA(1월) 안데안공동체(CAN)-MERCOSUR(12월) 파나마-대만(8월)	FTAA 미국-호주, 미국-모로코, 미국-SACU(남아공, 보츠와나 등) 캐나다-EFTA, 캐나다-싱가포르 캐나다-중남미4국 멕시코-일본, 멕시코-싱가포르 멕시코-MERCOSUR MERCOSUR-EU 칠레-볼리비아, 칠레-중남미5국 칠레-싱가포르, 칠레-뉴질랜드 P3(칠레-싱가포르-뉴질랜드) 과테말라-파나마
유 럽	(체결 : 1건, 협상중 : 11건)	EFTA-칠레(1월)	EU5차 확대, EU-걸프연안6국 EU-튀니지, EU-모로코 EU-발틱3국 EU-MERCOSUR EFTA-이집트, EFTA-튀니지 EFTA-레바논, EFTA-캐나다 EFTA-남아공
대양주	(협상중 : 4건)	-	호주-미국, 호주-태국 뉴질랜드-칠레 P3(뉴질랜드-칠레-싱가포르)

주 : EU 5차확대대상국인 중·동부 유럽은 1995년부터 EU와의 유럽협정에 의거하여 무관세교역이 일부 시행중이나 EU의 심화·확대라는 의미에서 별도 산정

2. FTA 전망

2004년 들어 5건의 새로운 자유무역협정(FTA)이 발효되면서 전세계적으로 FTA 협상과 체결이 활발히 진행될 것으로 예상된다. 2004년도에는 적어도 8건의 신규 FTA가 발효될 것으로 예상되며, 상반기 중 협상 타결을 목표로 하는 FTA

협상이 순조롭게 진행될 경우 후반기에 발효되는 FTA 건수가 증가할 가능성도 존재한다. 전세계적으로 2004년 중 협상 타결을 목표로 하는 FTA는 적어도 15건이며, 협상 시한을 정하지 않고 진행 중인 FTA 협상이 타결될 경우 건수는 증가할 수 있다. 2004년도에 협상 개시가 확실시 되는 신규 FTA 협상은 적어도 10건이나, 현재 전세계적으로 FTA 체결을 위한 공동연구 및 검토가 상당수 진행 중이므로 협상 개시 건수는 증가할 가능성이 큰 것으로 예상된다.

〈표 8-8〉 전세계 FTA 추진 예상 건수(2004년)

발 효	협상 타결		협상 개시
8건 이상	15건 이상		10건 이상
▪ 미국-싱가포르 ▪ 미국-칠레 ▪ 대만-파나마 ▪ 중국-홍콩 ▪ 중국-마카오 (이상 1월 1일 발효) ▪ 칠레-EFTA(2월 1일) ▪ 인도-태국(3월 1일) ▪ 한국-칠레(2004년 중)	▪ 미국-호주 ▪ 미국-모로코 ▪ 일본-멕시코 ▪ 일본-말레이시아 ▪ 한국-싱가포르 ▪ 싱가포르-요르단 ▪ 인도-싱가포르 ▪ 인도-태국	▪ 미국-코스타리카 ▪ 미국-바레인 ▪ 일본-태국 ▪ 일본-필리핀 ▪ 중국-ASEAN ▪ 멕시코-아르헨티나 ▪ 인도-남아공	▪ 한국-싱가포르 ▪ 미국-도미니카 공화국 ▪ 미국-콜롬비아 ▪ 미국-페루 ▪ 미국-바레인 ▪ 일본-태국 ▪ 일본-말레이시아 ▪ 일본-필리핀 ▪ 칠레-인도 ▪ 중국-싱가포르

주 : 한국-칠레 FTA는 2004년 2월에 한국 국회에서 비준동의가 통과되면서 2004년에 발효되었음

주요국별 FTA 추진 계획(2004년 기준)을 살펴보면 미국과 일본이 FTA를 가장 활발히 진행시킬 것으로 보이며 인도, 태국, 싱가포르 등 아시아권 국가들의 적극적인 FTA 추진 활동이 예상되고 있다.

2.1 미국

미국은 2004년 한 해 동안 기존에 진행되어 온 호주, SACU(남아프리카 관세동맹) 등과의 협상을 비롯해 바레인, 도미니카공화국 등과의 새로운 FTA 협상까지 총 8건의 협상을 진행시키게 되며, 이외에도 2005년 1월 타결을 목표로 하는 미주자유무역지대(FTAA) 협상을 진행시키고 있다. FTAA 협상동향 및 전망에 대해 자세히 살펴보고자 한다.[14)]

14) 대외경제정책연구원, KIEP세계경제, 2003. 4. pp. 98~106 요약·재구성

2005년 출범을 목표로 미주 34개국을 포괄하는 미주자유무역지대(FTAA) 협상이 조지 W. 부시 정부 집권이후 미국의 적극적인 협상 주도에 힘입어 가속화되고 있다. 미 정부의 공격적인 FTAA 정책은 2002년 8월 미 의회로부터 무역증진권한(TPA, 구신속처리협상권)을 획득하면서 본격화되었다. 미 정부는 2002년 10월 볼리비아, 콜롬비아, 에쿠아도르, 페루 등 안데스지역 4개국에 대한 안데스무역특혜법(ATPDEA)을 연장 · 확대 발효시킨 데 이어, 2002년말 칠레와 자유무역협정(FTA) 협상을 완료했다.

2003년 이후 미국 정부의 FTAA 정책은 더욱 강화되고 있다. 미 정부는 이라크와의 전쟁 준비 중에도 중미국가들과 2003년 타결을 목표로 FTA 협상을 개시한데 이어, 2월에는 과감하고 공격적인 제1차 FTAA 시장접근 양허안을 제출하여 미국의 FTAA에 대한 강력한 정치적 의지를 대내외에 표명했다. 미국의 적극적인 FTAA 추진에 비해 FTAA 협상의 양대 주축세력인 남미공동시장(MERCOSUR)은 여전히 미국 주도의 FTAA 협상에 대해 비판적이며 소극적인 입장을 견지해오고 있다. 이 같은 MERCOSUR의 소극적인 FTAA 정책은 기(旣) 제출한 1차 양허안 내용에서도 잘 나타나 있다.

(1) 미국과 MERCOSUR 양허안의 주요 내용

① 미국 양허안의 주요 내용

미국 정부는 2003년 2월 11일 비농산품(소비재 및 공산품) 및 농산품, 서비스, 투자 및 정부조달에 관한 FTAA 시장접근 양허안을 제출했다. 미국의 양허안 제출은 2002년 6월 FTAA 무역협상위원회(TNC)에서 합의된 협상 일정에 따른 것이었다. FTAA 회원국들은 2002년 6월 구체적인 FTAA 협상 방법과 양식에 대해 합의했는 데 주요 내용은 〈표 8-9〉와 같다.

〈표 8-9〉 FTAA 협상 방법 및 양식의 주요 내용

1. 양허안 협상 원칙 및 제출시한 · 일반원칙 - 재화 및 서비스 협상은 GATT 24조 및 GATS 5조 원칙에 따름 - 경제규모 및 경제발전수준에 따라 양허안 차등 제시 - 농업 및 비농업부문 재화, 서비스, 투자 및 정부조달 부문의 점진적 자유화 · 양허안 제출 시한 - 1차 양허안 제출: 2002년 12월 15일~2003년 2월 15일 - 1차 양허안 수정 요청: 2003년 2월 16일~2003년 6월 15일 - 수정 양허안 제출: 2003년 7월 15일
2. 관세양허 원칙 · 협상 영역 - 전 관세 품목 · 기준관세(base tariff) - 기준관세는 2002년 8월 15일~10월 15일 기간 통보 - 대외공동관세를 채택하고 있는 소지역경제통합체는 2003년 4월 15일까지 통보 · 소지역경제통합체의 기준관세는 2004년 1월 1일부 관세 적용 · 관세 양허 형태 - 관세삭감은 선형방식(linear)에 기초하며, 예외적으로 비선형방식(non-linear) 수용 · 관세철폐 스케줄 - 4단계 관세철폐 방식 제1단계: FTAA 출범과 동시에 즉각 철폐 제2단계: 5년 제3단계: 10년 제4단계: 10년 이상

가. 관세양허안

미 정부는 비농산품(소비재 및 공산품)과 농산품으로 대별하여 관세양허안을 제출했다. 먼저 비농산품의 경우 미 정부는 예외없이 모든 품목을 협상대상으로 상정한다는 계획이다. 미국의 즉각적이며 상호적인 관세철폐 대상 품목은 화학제품, 건설 및 광산장비, 전기장비, 에너지제품, 환경관련 제품, IT제품, 의료장비, 부직포(non-woven fabrics), 제지, 철강, 목제품 등 주요 품목을 포괄하고 있다. 미 정부는 NAFTA 회원국을 제외한 중남미산 재화 수입의 65%를 FTAA 발표 즉시 무관세화할 계획이다.[15] 나머지 관세는 5년, 최장 10년에 걸쳐 인하된다. 이에 따라 비농

15) NAFTA 회원국의 경우 1994년 FTA 발효 이후 3단계(1단계: FTA발표 즉시 철폐, 2단계: 6개년에 걸쳐 동일한 비율로 인하하여 철폐, 3단계: 10년 간에 걸쳐 동일한 비율로 인하하여 철폐)에 걸쳐 관세인하가 진행되어 2004년부터는 교역의 완전자유화가 달성될 것으로 보인다. 이에 따라 FTAA 관세인하 일정은 NAFTA 관세인하 일정과는 별도로

산품의 모든 교역은 2015년까지 완전 자유화될 계획이다. 비농산품의 관세양허안은 경제발전수준과 경제규모의 차이(difference of economic development level and economic size)를 반영하여 소지역별로 즉각적인 관세철폐율을 차등 적용키로 했다. 특히, 비농산품의 관세양허안 중 두드러진 특징 중의 하나는 섬유의류의 완전 자유화 시기를 여타품목보다 5년 빠른 2010년으로 설정했다는 점이다.

〈표 8-10〉 미국의 소지역별 비농산품의 즉각적인 관세철폐안

소지역	관세철폐율
CARICOM	91%
중미	66%
CAN	61%
MERCOSUR	58%
중남미 전체(NAFTA 제외)	65%

농산품의 양허 기준 또한 대체로 비농산품의 양허 원칙과 일치한다. 미 정부는 모든 농산품을 관세양허 대상으로 설정했으며, 소지역별로 FTAA 출범시 즉각적인 관세철폐율을 차등 제시했다. FTAA 출범시 농산품의 즉각적인 관세철폐율은 56%이다. 협상관세는 WTO 양허관세가 아닌 현행 실행관세를 대상으로 제안했다. 그러나 비농산품과 달리 농산품 교역의 완전자유화시기는 명시하지 않았다.

〈표 8-11〉 미국의 소지역별 농산품의 즉각적인 관세철폐안

소지역	관세철폐율
CARICOM	85%
중미	64%
CAN	68%
MERCOSUR	50%
중남미 전체(NAFTA 제외)	56%

진행될 전망이다. 한편, 미-칠레 FTA의 경우 협정 발효 직후 즉각적인 무관세품목비율은 85% 이상에 이르고 있다.

나. 서비스 및 투자 양허안

미국 정부는 서비스 교역 및 투자의 자유화가 상호호혜적이며(win/win) 미주지역의 경쟁력을 제고시키는 견인차적인(force multiplier) 역할을 수행할 것으로 보고 있다. 특히, 미 정부는 서비스 및 투자자유화(service and investment liberalization)가 은행 및 금융시스템, 통신, E-Commerce 네트워크, 효율적 유통체계 등 미주지역의 인프라 개발을 지원하는데 지대한 역할을 할 것으로 전망하고 있다.

이번 양허안에서 서비스 교역 및 투자자유화는 특별히 예외조항을 포함하지 않는 한 모든 부문의 개방을 원칙으로 하는 네거티브 리스트(negative list) 접근 방법이 채택되었다. 또한, 미주지역의 모든 투자자에게는 내국민 대우(national treatment) 원칙을 부여키로 했다.

미국이 요구하는 주요 개방 분야는 금융서비스, 통신서비스, 컴퓨터 및 관련 서비스, 오디오비주얼서비스, 건설 및 엔지니어링, 관광, 광고, 익스프레스 딜리버리 서비스(express delivery service), 전문인 서비스(건축가, 엔지니어, 회계사 등), 유통서비스(도소매 및 프랜차이징), 일부 수송서비스, 에너지 서비스 등이다. 현재 미-칠레 및 미-싱가포르 FTA 협정에도 동일한 규정이 적용되고 있다.

다. 정부조달 양허안

미국의 정부조달 양허안은 기본양허안(basic offer)과 확대양허안(enhanced offer)으로 분류할 수 있다. 기본양허안은 NAFTA 회원국들과 유사한 조건으로 51개 미 연방정부기관(U.S. Federal Government Agencies)이 조달하는 모든 재화와 서비스 계약시 회원국들에게 비차별적 권한을 부여한다는 것이다.

확대양허안은 CARICOM 등 미주지역 내 저개발국을 대상으로 하며, 79개 미 연방정부기관이 조달하는 모든 재화와 서비스 계약시 비차별적 권한을 부여한다는 것이다. 현재 미-칠레 FTA 협정에도 확대양허안 규정이 적용되고 있다. 미국의 양허안은 일부 유보대상이 있기는 하나 미 연방정부기관이 조달하는 모든 재화, 서비스 및 건설서비스 등에 해당되며 네거티브 리스트 방식을 적용하고 있다.

〈표 8-12〉 MERCOSUR의 단계별 관세철폐안

	관세철폐 기간	대상품목
그룹 A	즉각 철폐	17.44%
그룹 B	5년	22.23%
그룹 C	10년	51.58%
그룹 D	10년이상	100.00%

② MERCOSUR 양허안의 주요 내용

MERCOSUR는 2003년 2월 15~16일 농업 및 공산품에 대한 양허안을 제출했다. 그러나 정부조달, 투자 및 서비스 양허안은 4월 7일로 제출을 연기했다. MERCOSUR의 관세 양허안은 모든 관세품목을 대상으로 하며 관세철폐 품목을 4개 그룹으로 분류하여 단계별로 제시했다. 미국의 양허안과 비교해 볼 때 MERCOSUR 양허안은 즉각적인 관세철폐율과 교역의 완전자유화 시기면에서 커다란 차이점을 보였다. MECOSUR 양허안에서 즉각적인 관세철폐율은 미국의 동(同) 65%에 크게 못 미치는 17.4%에 불과하며 교역의 완전자유화 시기도 미국이 제시한 2015년을 크게 벗어나고 있다.

MERCOSUR는 관세 양허안 이외에 비관세장벽(non-tariff barriers) 및 무역왜곡을 발생시키는 보조금의 철폐, 과도한 반덤핑 조치(excessive anti-dumping measures), 세이프가드 및 보상법(compensatory law) 시정 요구 등을 제안했다.

(2) 미국과 MERCOSUR 양허안에 대한 평가

① 미국 양허안에 대한 평가

가. 총괄 평가

미국의 이번 양허안은 당초 예상보다 포괄적이며 관세철폐 폭에서도 과감한 것으로 평가할 수 있다. 미국이 이 같이 과감한 양허안을 제출한 이유는 양허안의 현실성 여부를 떠나 다각적인 의도를 포함하고 있다.

ⓐ 강력한 리더십의 확보

FTAA 협상에서 미국의 강력한 리더십 확보를 지적할 수 있다. 미국은 과감한 양허안 제출을 통해 2001년 9·11 테러사태 이후 미국의 대외정책이 이라크 등 타

지역에 집중되고 있다는 중남미지역의 미국에 대한 불신을 불식시키고 미 정부가 대이라크 전쟁을 준비하는 중에도 대중남미정책을 우선시하고 있다는 확신을 심어 향후 FTAA 협상에서 보다 강력한 리더십을 발휘하겠다는 의도로 이해할 수 있다.

ⓑ WTO 협상의 활성화

WTO 협상 활성화를 위한 사전의도로 해석할 수 있다. 미국의 FTAA 양허안은 WTO 협상에서도 미국이 주도권을 확보하기 위한 사전 정지작업으로 이해할 수 있다. 미국 정부는 이번에 과감한 관세양허안을 제출, 상호주의에 입각하여 미국의 양허폭에 준하는 중남미 회원국들의 관세양허를 유도, 미주지역에서 교역자유화(trade liberalization)의 속도를 가속화시켜 WTO의 교역자유화도 신속히 추진하겠다는 의도를 가지고 있다. 이 같은 의도는 미국 정부가 FTAA와 WTO의 교역자유화 완성시기를 동일시하고 있는 데서도 파악할 수 있다. 미국이 FTAA 양허안에서 제시한 소비재 및 공업제품의 완전자유화 시기와 미국이 WTO에 제출한 동 품목의 모든 자유화시기는 2015년으로 일치한다.

미주지역 내에서 미국의 양허안에 대한 평가가 대체로 긍정적임에도 불구하고 국내외의 비판도 다수 존재하고 있다.

ⓐ 대내적 비판

㉠ 대내적으로는 신속한 자유화에 따라 가장 큰 피해를 입게 될 섬유의류업계의 비판이 가장 거셌다.

㉡ 또 다른 미국 내 비판은 과감한 양허안이 향후 FTAA 협상에서 협상력 저하를 야기시킬 수 있다는 점이다. 즉, 타 회원국의 양허를 얻지 못한 상태에서 신속하고도 과감한 양허안은 향후 협상에서 미국의 협상력을 감소시킬 수 있다는 분석이다.

ⓑ 대외적 비판

㉠ 대외적으로는 MERCOSUR를 중심으로 한 남미 국가의 비판이 가장 거셌다.

㉡ 회원국 간의 관세철폐 일정을 차별화, MERCOSUR가 상대적으로 가장 큰 불이익을 입는다는 점이다. 후벵스 바르보자(Rubens Barbosa) 주미 브라질 대사의 지적에 따르면 미국의 이번 양허안은 FTAA 회원국의 이해갈등을 야기시켜 회원국 간의 분열을 조장하며 WTO 최혜국(MFN: Most Favored

Nation) 대우 원칙에도 위배된다는 것이다.

㉢ FTAA 협상의 주요 쟁점이자 MERCOSUR 회원국의 최대 관심사항인 농업보조금이나 반덤핑(anti-dumping) 문제에 대해서는 일체 언급이 없다는 점이다.

나. 섬유 · 의류부문 양허안에 대한 평가

미국의 양허안 중 가장 두드러진 특징은 미주지역 내에서 섬유의 교역자유화 시기를 크게 단축시켰다는 점이다. 미국은 WTO에 제출한 관세양허안에서 모든 재화(섬유 · 의류 포함)의 자유화 시기를 2015년으로 제안한 바 있다. 따라서 이번 미국의 섬유의류 양허안이 채택될 경우 미주지역에서 섬유교역의 자유화시기는 WTO에서 보다 5년이나 앞당겨진다고 할 수 있다. 이에 따라 2005년 WTO 섬유협정(ATC) 발효에 따라 섬유쿼터가 모두 폐지되어 그 동안 쿼터 제한에 묶여 있던 중국 등 아시아산 저가 섬유 · 의류 제품의 대미 수출이 급증할 것으로 예상되어 미국 섬유의류 업계의 어려움이 더욱 가중될 전망이다.

일부 경제분석가들은 미국 정부가 섬유부문을 희생시키면서 농업부문의 개방을 지연하려는 의도로 이번 미국의 FTAA 섬유의류 품목 관세양허안을 해석하기도 한다. 그 동안 미국에서 섬유의류산업은 경쟁력 상실로 쇠퇴를 거듭하면서 섬유산업에 종사하는 인구도 크게 감소하였으며 이에 따라 정치력도 점차 약화되어 왔다. 1990년대 섬유산업 종사인구는 38%나 감소했다. 과거 섬유산업의 득세로 강력한 정치력을 행사해 왔던 미국 남동부 주요 선거구는 섬유산업의 쇠퇴로 정치적 영향력도 감소했다. 따라서 이번 양허안은 중남미 국가의 주요 수출산업이자 고용창출의 근간인 섬유의류품목에 대해 미국시장을 조속히 개방하여 중남미 각국의 섬유의류 부문에 보다 신속한 혜택을 부여함으로써 FTAA 협상에서 미국의 농산물 시장개방을 둘러싼 중남미 국가들의 불만을 완화시키려는 의도로도 해석할 수 있다.

그러나 또 다른 시각은 이번 미국의 섬유의류 양허안은 WTO보다 자유화 시기를 5년 단축시킨다고 해도 미국 섬유의류 업계가 입을 피해가 크지 않을 것으로 보고 있다. 실제로 미국은 NAFTA, CBTPA, ATPDEA를 통해 MERCOSUR를 제외한 대부분의 중남미 국가산 섬유의류 제품에 거의 무관세에 가까운 특혜를 제공하고 있어 완전자유화 시기를 단축시킨다고 해도 피해가 크지 않을 것이라는 분석이다.

마지막으로 이번 미국의 섬유의류 양허안은 저렴한 아시아산 섬유의류 제품의 미국 시장 진입을 견제하려는 의도로도 해석할 수 있다. 즉, 미주지역 내 회원국들에게 신속히 시장을 개방하여 미주산 섬유의류 제품의 경쟁력을 제고시켜 저가의 아시아산 제품의 미국시장 진입 저지를 목표로 하고 있다.

② MERCOSUR 양허안에 대한 평가

MERCOSUR의 관세 양허안은 미국의 양허안과 비교해 볼 때 상당히 보수적인 것으로 평가되고 있다. 이 같은 비판을 의식하여 브라질 정부는 제1차 관세 양허안이 보수적임을 인정하고 다른 회원국의 관세 양허안을 감안하여 향후 관세철폐 폭을 더욱 확대할 의사가 있음을 시사했다. 현재 진행 중인 EU-MERCOSUR간 FTA 협상에서 MERCOSUR가 제시한 양허안은 FTA 출범 10년 내에 전품목의 80%를 자유화한다는 것이다.

그러나 브라질을 위시한 MERCOSUR 회원국들이 적극적인 양허안을 제시할 가능성은 크지 않을 것으로 보인다. 이 같은 평가는 MERCOSUR 회원국의 FTAA 협상에 대한 자세와 현 국제경제환경에 대한 부정적 인식을 반영한 것이다. 브라질 정부는 2003년 3월말 MERCOSUR 회원국에 보낸 서한에서 투자, 서비스 및 정부조달 양허안 제출시 최소주의 입장 고수를 당부한 바 있다. 이는 현재와 같이 이라크 전쟁 등으로 세계질서(global order)가 불안정한 상황에서 최선의 전략은 최소주의 원칙을 고수하는 것이라는 판단에 기인한 것으로 해석할 수 있다.

특히, MERCOSUR 회원국들은 미국의 소지역별 차별적인 관세 양허안에 강한 불만을 제기하여 이의 시정을 요구했는데, MERCOSUR 측의 요구가 시정되지 않을 경우 2차 양허안 제출시 MERCOSUR 또한 FTAA 회원국들에게 동일하게 차별적인 양허안을 제출할 의사가 있음을 시사했다.

(3) FTAA 추진 전망

향후 FTAA 협상은 대내외적 요인에 의해 크게 영향을 받을 것으로 전망된다

① 대내적 요인

향후 FTAA 협상은 주축국인 미국의 FTAA에 대한 강력한 의지로 인해 더욱 가속화될 것으로 보인다. 미국 정부의 FTAA 추진에 대한 적극적인 의지는 2002년

8월 무역증진권한(TPA) 의회 승인 획득, 2002년 10월 안데스무역특혜법(ATPDEA) 발효, 2002년 12월 미-칠레 FTA 협상 완료, 2003년 1월 미 · 중미 FTA 추진, 2003년 2월 과감하고 신속한 FTAA 협상 제1차 양허안 제출 등의 형태로 표출되었다.

따라서 이 같은 미국 주도의 FTAA 협상 분위기가 향후 FTAA 협상의 최대 핵심사항인 시장접근에 대한 회원국간 합의가 순조롭게 도출될 경우에는 당초 회원국이 합의한 일정에 따라 2005년 1월까지 FTAA 협상을 종료하고 2005년 12월 FTAA를 공식 출범시킬 수도 있을 것이다.

② 대외적 요인

FTAA 협상의 향방을 좌우할 대외적 요인은 2가지(WTO 협상 진전, MERCOSUR의 입장)로 정리될 수 있다.

가. WTO 협상 진전

우선 FTAA 협상의 향방을 좌우할 대외적 변수는 무엇보다도 WTO 협상의 진전 여부이다. 일반적으로 다자주의(multilateralism) 성격인 WTO 협상과 일방주의(unilateralism) 성격인 지역주의(regionalism)와는 상반된 관계를 보여왔다. 즉 WTO 협상의 순조로운 진행은 다자주의 활성화→지역주의 정신 퇴조→ FTA에 대한 관심 저하의 연쇄적인 효과로 나타났다. 그러나 FTAA의 경우 WTO 협상의 신속한 진전이 오히려 FTAA 협상을 촉진시키는 요인으로 작용할 것으로 보인다. 이는 미 정부가 FTAA 협상의 최대 쟁점인 농업보조금 등 농산물 관련 문제를 WTO 체제 내에서 해결하기를 강력히 희망하고 있기 때문이다.

나. MERCOSUR의 입장

또 다른 중요한 변수는 FTAA 협상의 양대 주축 세력인 MERCOSUR 회원국, 특히 브라질의 FTAA에 대한 입장이다. 그 동안 FTAA에 비판적인 것으로 알려져 왔던 브라질 좌파정부는 2003년 3월말 처음으로 FTAA 협상에 대한 공식적인 입장을 밝혔다. 주요 내용은 다음과 같다.

ⓐ FTAA 협상에서 MERCOSUR의 공동입장 견지

ⓑ 협상 의제에 대한 최소주의 원칙

ⓒ 새로운 협상 의제로 사회문제(고용, 빈곤, 환경 및 중소기업 문제 등) 포함

좌파정부는 FTAA 협상이 단순히 기술적인 것뿐만 아니라 사회문제도 동시에 고려해야 한다는 입장이다. 또한, 브라질 정부는 FTAA 협상 추진시 노동단체 등 국내 NGO 등과 협의키로 했는데, 이는 최근 브라질 내에서 FTAA에 반대하는 여론이 비등한 데 따른 것으로 해석할 수 있다.16) 따라서 이 같은 FTAA 협상에 대한 MERCOSUR의 비판적인 입장은 미국이 희망하는 신속한 FTAA 출범을 지연시키는 중요한 요인으로 작용할 것으로 보인다.

〈표 8-13〉 미국의 FTA 추진 현황

	대상국가	체결 연도
체결 완료	· 이스라엘 · NAFTA(캐나다, 멕시코) · 요르단 · 칠레 · 싱가포르	1985년 1994년 2000년 2002년 2002년
협상 추진	· 중미 5개국(코스타리카, 엘살바도르, 과테말라, 온두라스, 니카라과) · 남아프리카 관세동맹 (남아공, 보츠와나, 레소토, 나미비아, 스와질랜드) · 모르코 · 호주 · FTAA · 한국	2003년 추진
검토 중	· 뉴질랜드, 중동 및 아시아 일부 국가	

2.2 일본

2004년초 말레이시아, 태국, 필리핀 등 아세안 3개국과 FTA 협상을 개시하는 등 활발한 움직임을 보이고 있는 일본은 2003년 12월에 협상을 개시한 한국과 현재 협상이 지연되고 있는 멕시코까지 총 5건의 FTA 협상을 동시에 추진할 계획이다.

16) 2003년 1월 실시된 CNT/Sensus의 여론조사에서 브라질 국민의 39%가 FTAA에 반대하는데 반해 찬성은 15%에 불과한 것으로 나타났다.

2.3 싱가포르

아시아 국가 중 FTA 체결 건수가 가장 많은 싱가포르는 2004년에도 FTA 협상을 활발히 추진할 계획이다. 한국과는 이미 FTA를 체결하였으며 요르단, 인도와의 FTA 체결을 목표로 하고 있다.

2.4 인도

FTA 후발주자로 적극적으로 FTA 정책을 전개하고 있는 인도는 2004년 1월 초에 남아시아 FTA(SAFTA) 기본협정에 서명하였다.

전세계 FTA 추진 일정(2004년 기준)을 살펴본 결과 우리의 주요 수출시장인 미주지역과 아시아지역에서 FTA 협상이 활발히 전개될 것으로 보인다. 따라서 우리의 주요 수출시장에서 추진되는 FTA가 우리 무역에 영향을 미칠 수 있는 요인들을 사전에 검토하고 대응방안을 강구하는 노력이 요구된다.

제 3 절 세계 주요 국가의 FTA 추진전략과 성공사례

1. 세계 주요 국가의 FTA 추진전략

1.1 미국

미국은 기존의 다자주의(multilateralism) 우선 정책에서 탈피하여 지역주의(regionalism)와 병행하는 정책을 추진하고 있으며 민감한 이슈(농업, 노동, 환경, 경쟁 및 남북문제 등)에 대한 다자간 일괄타결을 시도하고 있다. 즉, FTA가 무역자유화(trade liberalization)의 현실적 대안이라는 인식이 확산되고 있다고 할 수 있다.

(1) 주요 FTA 추진 현황

미국이 기 체결한 FTA는 NAFTA, 이스라엘, 요르단, 싱가포르, 칠레 등 5개에 불과하나 현재 5개를 협상 중에 있으며 다수가 제안 또는 연구 중에 있다.

① 협상 중인 FTA : 미주 34개국, 중미 5개국, 호주, 모로코, 남아프리카 5개국, 한국
② 제안 중인 FTA : 인도네시아, 필리핀, 이집트 태국, 브루나이, 바레인
③ 연구 중인 FTA : 일본, 대만, 뉴질랜드

(2) 전망

미국은 2005년 목표의 미주자유무역지대(FTAA) 출범에 앞서 중남미 주요 국가 혹은 경제블록(economic bloc)과의 선별적인 개별 FTA체결에 주력하고 있다. FTAA는 인구 8억명, 국내총생산(GDP) 13조 달러의 명실상부한 세계 최대 FTA이며 EU 등에 대한 중남미시장의 잠식저지 및 대중남미 패권유지를 목적으로 하여 추진되고 있다. 특히, 페루, 파나마, 콜롬비아, 우루과이 등 중남미국가들이 대미 양자간 FTA협상의 조속 추진을 제안하고 있다.

한편, 조지 W. 부시 미국 대통령은 2003년 5월에 향후 10년 내 미-중동자유무역지대 창설을 제안한 바 있는데 세계 최대의 에너지 보고이자 대미 테러온상인 중동을 미국에 우호적이고 의존적인 경제체제로 전환하여 EU와 중국의 영향력 확대를 견제하기 위한 것으로 이해할 수 있다. 미국은 석유수출국기구(OPEC) 국가들보다는 산업구조가 다변화되고 미국에 보다 우호적인 모로코, 이집트, 바레인, UAE 등과 우선적으로 FTA를 체결하기를 원하고 있다. 또한, ASEAN과 자유무역협정(FTA) 체결을 위한 마스터플랜인 'Enterprise for ASEAN Initiative'를 마련하여 1차로 싱가포르와 FTA 체결을 추진하고 있다.

〈표 8-14〉 미국의 FTA 추진현황

구분	자유무역협정	비고
시행중	이스라엘 NAFTA(캐나다, 멕시코) 요르단	1985년 발효 1994년 발효 2001년 발효
체결 완료	칠레 싱가포르	2003년 6월 서명(2004년 발효) 2003년 5월 서명(2004년 발효)
협상중	미주(FTAA) 중미(5개국) 호주 모로코 아프리카 5개국 한국	2005년 출범목표, 34개국 코스타리카, 엘살바도르, 과테말라, 온두라스, 니카라과 2003년 체결 목표 2003년 체결 목표 사하라이남(남아공 등 5개국)
제안	인도네시아/필리핀/태국/우루과이 중동 바레인, 이집트 중동 FTA 추진 첫 행보	부시대통령 제안, 2013년 출범목표 미국 체결의사 발표
연구중	대만/뉴질랜드/일본 등	ITC 등 타당성 조사

1.2 유럽연합

유럽연합(EU : European Union)은 1970년대부터 FTA를 적극적으로 추진하기 시작하였으며 회원국을 포함하여 총 74개 국가 또는 지역과 FTA/관세동맹을 체결한 바 있다. 2002년 타결된 EU 확대협상으로 폴란드, 체코, 헝가리, 발트 3국, 키프러스 등 중·동부 유럽 10개국이 2004년 5월 1일 정식회원국이 되었다.[17)]

EU는 미국, 일본, 중국 등 주요 경쟁국의 영향력 확대를 견제하기 위해 지역 횡단적 FTA도 적극적으로 추진하고 있다. 예를 들면, 칠레와 FTA 발효(2003. 2), 2010년까지 지중해연안 12개국과 개별협정 완료하였으며 사우디아라비아 등 걸프 6개국, 브라질 등 남미공동시장 4개국과 FTA 협상을 시작하였고 대만, 싱가포르, 이란 등 아시아 국가와도 FTA를 논의하는 단계에 진입해 있다.

1.3 중국

중국은 중국주도의 아시아지역 FTA 체결을 통해 위상강화를 도모하고 있다. 이

17) 불가리아, 루마니아의 경우 2007년 EU가입 목표로 협상을 추진하고 있다(무역일보, TRADENEWS, 2003. 10. 27, pp. 65~72 요약·재구성).

러한 배경으로 다음 4가지를 지적할 수 있다.

① 전세계 지역주의 강화에 대처하고 자국의 위상과 권익보호
② APEC의 아시아국가 경제적 이익 보호기능 미흡
③ ASEAN의 역량 부족 및 FTA 효과 미흡 등에 대처
④ 1997년 아시아금융위기, 9 · 11 테러사태 이후 역내교역증대 필요

(1) 동아시아 FTA 체결에 있어서 일본과의 경쟁 가속화

중국은 일본보다 먼저 아세안제국과의 FTA협정체결에 주력하고 있어서 주도권 장악을 위해 일본과의 경쟁 가속화가 예상된다. 2002년 11월 '중-ASEAN 정상회담'에서 10년 내 FTA창설을 포함한 '포괄경제협력기본협정'에 서명한 바 있으며 실질적으로 전체 상품무역 및 서비스에 대한 관세 및 비관세장벽 철폐 및 투자원활화를 도모하고 있다. 특히, 500개 품목(주로 농산물)은 조기관세철폐(2006년부터 무관세)를 시도하고 있다. 중국은 FTA 체결시기를 아세안 개별국들의 발전단계별로 2개 그룹으로 구분하여 창설 6개국(브루나이, 말레이시아, 인도네시아, 필리핀, 싱가포르, 태국)과는 2010년, 후발가입국(캄보디아, 라오스, 미얀마, 베트남)은 2015년 출범할 계획을 세우고 있다.

· 중국-ASEAN : 인구 17억명, GDP 2조 달러, 총교역 규모 1조 2,300억 달러 · 중국-ASEAN FTA체결 기대효과(중국 대외무역 경제합작부) - GDP증가(ASEAN 0.9%, 중국 0.3%) - 수출증가(ASEAN 대중국수출 48%, 일본 대ASEAN 수출 55.1%)

중국은 ASEAN에 대규모 경협프로젝트 추진을 제안(항공분야컨소시엄, 아시아 TV 네트워크 등)하고 있으며 국제적 발언권 확대, 중국 및 ASEAN기업의 경쟁력 제고 및 외자유치 확대와 더불어 서부대개발을 촉진시키고 아세안의 위기의식 불식 및 이 지역의 실질적 상권을 장악하고 있는 화교권을 적극적으로 활용할 계획을 세우고 있다.

(2) 동북아(한국, 일본) FTA 추진 가능성

① 경제적 측면

2003년 11월에 개최된 '동남아시아국가연합(ASEAN)+3 정상회담'에서 중국의 주룽지 총리는 한 · 중 · 일 3국 자유무역지대(FTA) 창설을 제안한 바 있다.

경제적 측면에서는 한국, 일본 등 동북아지역과 FTA를 추진하는 것이 중-ASEAN FTA보다 이득이 더 크나 정치적인 어려움에 직면해 있다.

② 정치적 측면

정치적으로 중 · 일 간의 신뢰관계 회복 문제, 북한 핵문제, 일 · 미와의 관계 등이 장애요인이 되고 있다.

· 무역 : 한국과 일본이 중국의 중요한 무역 파트너
  - 2002년 중-한 · 일 무역액(1,459억 달러) 중-ASEAN 무역액(545억 달러)보다 크며, 한-중 무역액(440억 달러)도 중-ASEAN 무역액에 육박하고 있음
· 투자 : 한 · 일의 대중 직접투자가 아세안보다 큼
  - 2000년 한 · 일의 대중 투자액은 58억 달러, 아세안의 투자액은 28억 달러임
· 기술이전 : 한 · 일은 중국의 중요한 기술도입원임
  - 하이테크분야 기술도입원에서 미국, EU에 이어 일본은 3위, 한국은 4위를 기록하고 있음
  - 중국산 하이테크 제품 수출대상국으로서 일본은 1위, 한국은 6위를 나타내고 있음

(3) 중국의 선택

중국은 당분간 ASEAN과의 FTA 체결에 주력하고 이후에 한 · 중 · 일 FTA를 추진할 것으로 보인다. 중국은 쌍무적(한-중, 중-일) 협상은 원하나, 일본과의 주도권 문제로 3국간(한-중-일) 동시 FTA추진에는 다소 부정적인 입장을 보이고 있다.

따라서 당분간 ASEAN과의 FTA체결에 주력하되, 향후 한국 또는 일본과의 FTA가 체결되면 중-ASEAN FTA에 흡수 합병할 계획을 세우고 있다.

1.4 일본

일본은 세계무역기구(WTO)가 표방하고 있는 다자주의의 취약점을 양자간 FTA

로 보완하는 '양방향 접근방식(Dual Approach)'을 채택하고 있다. 2003년 9월 멕시코 칸쿤 WTO 각료회의 실패를 계기로 양자간 FTA를 보다 중시하는 방향으로 전환 중에 있다.

일본은 2002년 싱가포르와 FTA를 발효시킨 데 이어 2003년 멕시코와 타결단계, ASEAN과 FTA체결을 위한 정부간 협의를 개시한 바 있다. 일본은 '일본-ASEAN 정상회담'(2003년 10월)시 양 지역간 포괄적 경제협력협정에 관한 기본초안을 제출하였으며 ASEAN 중 태국, 필리핀, 말레이시아가 일본과 양자간 FTA 체결을 일본측에 적극 촉구하는 전향적인 자세로 전환하였다.[18]

한국과는 산·관·학 공동연구회를 통해 연구활동을 수행 중에 있으며 호주와는 고위급 협의회 설치, 대만은 민간수준의 연구제안, 캐나다, 브라질, EFTA, 칠레도 일본에 관심을 표명한 바 있다.[19]

일본은 FTA를 추진하는데 있어서 지역 또는 국가를 다음 2가지로 분류하고 있다.

① 지역협력시스템 구축을 통한 정치, 경제적 안정성 확보가 필요한 지역
② 긴밀한 경제관계임에도 불구하고 비교적 높은 무역장벽이 존재하여 일본의 무역 및 투자확대에 장해가 되는 국가

한편, 2002년 9월에 경제협력전문가그룹이 발표한 보고서에 따르면 일-ASEAN FTA 체결효과는 다음과 같이 정리될 수 있다.

① GDP 증가(ASEAN 1.99%, 일본 0.07%)
② 수출증가(ASEAN 대일 수출 44.2%, 일본 대ASEAN 수출 27.5%)

일본은 ASEAN과 10년 내 FTA를 포함한 포괄적 경제제휴 실현을 목표로 전체, 양자간 협상을 병행하여 추진하고 있다.

---

18) 태국과는 연구와 정식협상의 중간단계인 실무자급 협의개시로 조기타결을 기대하고 있다.
19) 일본은 한국 및 ASEAN을 우선 협상 추진대상으로 분류하고 있으며 멕시코도 주요 관심대상국으로 간주하고 있다.

1.5 아시아 주요국

(1) 태국

태국은 ASEAN국가 중 싱가포르 다음으로 FTA를 적극적으로 추진하고 있다. 태국은 대일, 대중협상 추진에 적극적이며 인도와는 2003년 2월 협상개시에 합의하였다. 또한, 호주와의 FTA협상이 순조롭게 진행되고 있으며 중동지역 진출의 교두보를 확보하기 위해 바레인과 FTA를 우선적으로 추진하고 있다.

(2) 말레이시아

말레이시아 이전의 ASEAN차원의 입장에서 양자간 FTA 병행으로 정책을 전환하였으며 일본과 FTA 제의(2002년 12월)로 타당성 검토 실무자급회의를 개시하였다.

(3) 인도

인도는 이전의 고립주의(isolationism)에서 적극적인 FTA 정책으로 전환하여 중국의 동남아시아에 대한 경제적 영향력 확대를 적극적으로 견제하고 있다. 또한, 남아시아(7개국, SAPTA협정), 아프가니스탄과 특혜무역협정을 체결하여 관심품목에 대한 관세면제나 관세인하를 실시 중이며 1998년 12월 스리랑카와 FTA를 최초로 체결한 이후 ASEAN, 싱가포르, 태국, 인도네시아, 방글라데시, MERCOSUR와 협상 중이거나 관심을 표명하고 있다.

(4) 인도네시아

인도네시아는 일본, 미국, 중국, 호주, 인도 등 5개국과 FTA 체결을 희망하고 있다.

〈표 8-15〉 아시아 주요국의 FTA 추진정책 방향

구 분	FTA 추진정책	비 고
일본	· 경제회복, 중국견제 · 주력시장에서 역차별 완화	· 점차 FTA 중시
중국	· 아시아 경제주도권 확보	· 국제화추세의 자국기업의 해외진출 인프라 구축
싱가포르	· 아시아 FTA허브 추구	· 해상·항공 간선루트 및 중계무역기지이점 활용 · 중국-인도의 고도성장에 대응, 지역허브 위상 강화
ASEAN	· 역내통합 심화 · 미·중·일 경쟁관계 활용	· 역내국간 경제격차
인도	· 중국의 아세안접근 강화에 자극받아 FTA 적극 추진 정책으로 전환	· ASEAN 및 개별국과 FTA 체결 (포괄 경제협력 기본협정 체결) · 방글라데시 등 남아시아 FTA 추진
대만	· 국제사회 인정 획득	· 중남미국에 집중 관심
태국	· 자유무역 및 FDI 유치확대를 통한 경제성장 촉진	· 동남아 허브국화 지향

〈표 8-16〉 아시아 주요국별 FTA 추진 동향

국가	기체결	협상중	공동연구	검토중
일본	싱가포르	멕시코	한국	태국, 인도네시아, 말레이시아, 필리핀, ASEAN
중국	(홍콩)	ASEAN, 태국		한중일, 한국, 호주
싱가포르	AFTA, 뉴질랜드, 호주, EFTA, 일본, 미국	멕시코, 캐나다, 칠레, 뉴질랜드, 인도	한국	요르단, 스리랑카
ASEAN	AFTA	중국	인도	일본, EU
인도	SAPTA, 스리랑카, 방글라데시, 아프가니스탄	싱가포르, 태국	ASEAN	Mercosur, 남아공, 이집트, 칠레, 우루과이
대만	파나마	-	-	미국
태국	AFTA	중국, 바레인, 인도, 호주	-	중국-ASEAN, 일본, 미국, 페루, EU

2. 세계 주요 국가의 FTA 성공사례

2.1 자유화와 개방화에 따른 경쟁력 향상

(1) FTA 체결국간 시장 확대에 따른 규모의 경제(economies of scale) 실현, 역내 기업간 경쟁과 산업구조조정 촉진에 따른 전반적 경쟁력 향상

[사례 1] EU

EU는 인력, 상품, 서비스, 자본의 자유이동으로 경쟁력을 제고시켰다. EU는 세계인구의 6.1%에 불과하나 GDP는 전세계 GDP의 24.7%를 차지하고 있다. 교역규모는 2002년 기준으로 전세계 수출의 39.1%, 수입의 36.5%를 점유하고 있다.

※ 단일시장계획 10년(1993~2001년)의 평가

- 추가고용 창출 : 250만명
- 추가 GDP 창출 : 8,770억 유로
- EU기업의 경쟁력 제고
  - 대역외 수출 : 4,150억 유로(1992년) → 9,850억 유로(2001년 : 237%) 증가
  - 대역외 투자 : 180억 유로(1992년) → 2,060억 유로(2001년 : 11.4배 증가)
- 정부조달시장 개방(EU GDP의 16.2%)
- 정부조달에서 역내회원국 낙찰비율 6%(1987년) → 10%(1998년)

(2) 한국의 수입선다변화제도(대일 적자품목의 수입규제) 사례

이 제도는 1999년 6월 최종 폐지되었지만 당초 우려와 달리 전자, 승용차, 일반기계부문은 국내기업들의 효과적인 대응으로 국제경쟁력(international competitiveness)을 갖춘 한국의 주력산업이 되었다. 특히, 전자산업은 삼성전자, LG전자 등 주요 업체들의 경영실적, 브랜드가치상승율, 반도체, 휴대폰, TFT-LCD점유율에서 일본기업을 추월하기 시작하였다.

(3) 다국적기업의 생산네트워크 확충에 따른 소싱기지화로 기술이전 및 부품소재 산업 발전과 신규 무역 창출

(4) 회원국간 시장개방 · 자유화로 종전 관세 · 비관세장벽 등 진입장벽이 존재하던 국가시장이 내수시장화됨에 따라 무역 창출 가능

(5) 교역파트너가 역외국에서 역내국으로 전환되어도 단순한 무역전환효과 이상의 신규 무역창출효과 발생

NAFTA 역내국인 미국, 캐나다, 멕시코 공히 역내교역증가율이 역외증가율을 상회하였다.

[사례 2] NAFTA

NAFTA는 무역창출 · 전환효과로 역내 교역이 지속적으로 확대되었다. NAFTA는 세계 최대 자유무역지대(1994년 발효, 인구 4억 1,400만 명, GDP 11조 달러)로 역내국간 무역장벽 완화 및 시장개방으로 3국 공히 경제성장이 촉진되었다. NAFTA는 미국 추진 무역협정 중 최초로 노동 및 환경관련 주요 협력부문을 포함하고 있다. NAFTA는 출범 이후 역내교역증가율이 역외교역증가율을 크게 상회하였다. 즉, 1993~2001년(9년간) 미국의 NAFTA 교역증가율은 109%(2,970억 달러→6,220억 달러)를 기록하여 1993~2001년(9년간) 세계교역증가율 68%(7조 5,150억 달러 → 12조6,420억 달러)를 초과하였다.

※ 3국 역내 교역 증가율 변화(1993~2001년)
· 미국 : 역내교역 연평균 9.4% 증가, 역외교역 5.2% 증가
· 캐나다 : 역내교역 연평균 10% 증가, 역외교역 0.7% 증가
· 멕시코 : 역내교역 연평균 18.3% 증가, 역외교역 9.8% 증가

2.2 역내국간 통상마찰 완화

(1) 회원국간 불합리한 무역투자 규제의 개선 및 투명성의 향상

통관검역, 기술장벽, 투자제한조치, 정부조달 투명성, 지적재산권 보호 등이 대표적인 예로 지적될 수 있다. 이에 따라 체결국간 통상분쟁의 감소 또는 예방이 가능하게 되었다.

(2) 일반적으로 FTA 체결국 간에는 보호무역조치를 자제하는 반면, 역외국에 대해서는 수입규제조치가 강화되는 추세를 보이고 있음

[사례 3] 미국

NAFTA회원국인 미국은 철강 세이프가드(safeguard) 조치대상에서 멕시코와 캐나다 산은 제외하였다.

(3) 일부 FTA 체결국 간에는 반덤핑협의 적용을 상호 배제하고 있으며 통상분쟁 조정기구의 설치 운영을 통해 자체 해결을 도모하고 있음

[사례 4] CER · 칠레-캐나다 FTA · NAFTA

호주-뉴질랜드 경제협정(CER), 칠레-캐나다 FTA는 체약국간 반덤핑 제소를 불인정하고 있으며 NAFTA의 경우에는 분쟁발생시 패널이 즉시 구성되어 8개월 내에 판정하고 있다.

2.3 외국인직접투자(FDI) 유치 확대

(1) FTA로 역내 투자환경 개선 가능

시장규모 확대, 법적 · 제도적 장치의 투명성 확보 등으로 외국기업의 투자안정성(investment stability)과 활동여건의 개선이 이루어지고 있다.

(2) 확대된 시장에서 영업기회 확보를 위해 외국인직접투자 증가

현지투자시 물류비용 절감, 마케팅 효율성 증대, 인근시장 진출이 용이해지며 특히, 역내 생산거점 확보시 실질적 역내 무관세 혜택이 가능해진다.

[사례 5]

① NAFTA

기업경영여건 개선으로 FDI 유입이 급증하였으며 NAFTA의 형성으로 북미지역은 경쟁력을 갖춘 경제통합지역으로 부상하였다. 1994~2000년 중 3개국에 유입된 FDI는 1조 3,000억 달러로 동 기간 세계전체의 28%를 차지하였다.

캐나다와 멕시코 투자액은 협정체결전 대비 각각 4배와 3배 증가한 것으로 나타났다.

② EU

역내시장 확대로 FDI 유입이 급증하였으며 신규 FDI유입 증가는 2001년 유입액이 1992년 당시보다 4배 이상 증가하였다.

③ AFTA(5억 2,2000만명, GDP 5,800억달러)

아세안 역내시장 통합심화에 대응하여 다국적기업(MNCs) 현지 생산 네트워크화가 강화되었다.

가. 일본, 미국의 자동차메이커 : 아세안시장 특화 생산 및 서비스역량을 강화하고 있다. 혼다자동차(태국 생산거점, 아세안모델 생산), 도요타(아세안 내 생산, 조립, 금융 및 훈련 센타, 부품공급 기지망 구축)

나. 마쓰시타전자 : 인도네시아, 태국, 말레이시아, 필리핀, 태국 내 생산네트워크의 보완기능 강화, 부품 상호공급확대[20)]

④ 폴란드

EU 범유럽 운송망 확충 대상 핵심국가로 부상하고 있다. 폴란드는 총 18개 유럽횡단 운송망 중 2개의 거점지역이며 고속도로, 철도, 항만시설 확장에 92억 유로를 투자(EU기금 50% 충당)하고 있다.

⑤ 체코

2004년 EU가입으로 FDI 유입이 급증하고 있는데 우수한 사업환경, 계획적인 투자유치 및 인센티브제공으로 주요 다국적 제조기업들의 투자유치에 성공하였다(1998년 37억 달러→1999년 63억 달러→2000년 50억 달러→2001년 53억 달러→2002년 93억 달러).

2.4 국민후생 증진

(1) 무역창출 · 전환 효과, 기업 경쟁력 향상, 외국인직접투자(FDI) 유치 확대 등으로 신규고용창출

(2) 수입자유화로 상품가격의 전반적 하락 및 다양화

20) 특히, 태국은 아세안 중심부에 위치하여 경제 우선정책을 추진한 결과 '아세안 생산기지'로 부상 중에 있다(FDI신고액 48.3억 달러(2003년 1~8월)로 전년동기 대비 49% 증가).

[사례 6]

① NAFTA

고용창출(job creation)과 임금상승으로 근로자 복지향상에 기여하였다.

· 미국 : 역내수출증가로 91만 명(1993~2000년)의 고용증대 효과가 발생, 관련분야 종사자의 임금이 미국 내 평균보다 13~18% 높음
· 캐나다 : 수출분야 임금이 여타분야보다 35%정도 높음
· 멕시코 : 1994~2000년 동안 제조업분야 총고용창출의 50%가 수출분야에서 발생(이 분야 임금은 내수위주제조업보다 40% 높음)

② EU

단일시장에 대해 긍정적인 평가(EU집행위원회, 2002년 9월)가 이루어지고 있다. 유럽소비자들의 80%이상이 상품종류가 증가하였고 67%가 품질이 향상되었다고 응답하였다. 즉, 수출기업(6개국 이상 수출)의 75%가 단일시장의 효과를 긍정적으로 평가하였으며 36%이상의 기업들이 단일시장으로 이윤의 증가를 경험하였다.

③ 칠레

수입시장개방을 통한 자유경쟁여건조성으로 물가가 하락하였으며 상품다양화가 이루어졌다(물가상승률 : 12.7%(1992)→6.6%(1996)→2.3%(1999)→2.2%(2003년 9월)). 칠레는 전세계 상품이 자유 경쟁하는 남미시장의 테스트 마켓(test market)이 되고 있다.

3. 주요 FTA시장에서 한국상품 차별 사례

전세계적으로 FTA가 확산되고 있는 가운데 우리기업들은 FTA 미체결에 따른 관세·비관세 장벽, 정부규제 등 각종 불이익을 받아 치열한 글로벌경쟁(global competition)에서 어려움에 직면하고 있다.

FTA협정에 투자, 정부조달, 규격인증, 환경, 분쟁해결, 경쟁정책 등이 광범위하게 포함되는 추세로 파급효과가 전통적 무역확대효과보다 크게 나타나고 있다.[21]

우리의 주요 무역흑자(trade surplus)시장인 중남미는 FTAA, Mercosur 등 활발한 지역경제통합 노력과 함께 일본, 중국 등 경쟁국들과의 FTA 체결움직임으로 현

21) 세계 무역의 80%가 기술표준의 영향을 받고 있으며, 특히 EU무역의 50%는 강제규격인증에 합격해야 교역이 가능하다.

지 우리기업들의 입지가 위축되는 양상을 보이고 있다.

관세장벽보다 각종 비관세장벽으로 인한 피해가 광범위하게 발생되고 있으나 관세장벽과는 달리 이는 정확한 상황파악이 어렵다고 할 수 있다.

3.1 대멕시코 자동차 수출상 애로

2004년부터 현 자동차 수입정책(현지생산라인이 있는 자동차업체에 한해 수출물량만큼 수입허가)은 폐지되었으나 2004년부터는 50%의 고율 관세 부과가 예정되어 있어 대멕시코 자동차수출은 가격경쟁력 상실로 매우 어려운 상황에 직면해 있다.

반면에 미국, EU 등 FTA체결국에 대해서는 일정량에 한정하여 수입이 허용되고 있다(현 수입관세 10%, 점진적 인하). 브라질, 아르헨티나와는 자동차협정에 따라 2004년도부터 무관세대우가 예정되어 있다.

3.2 멕시코, 정부발주 대형건설 프로젝트 참가자격 제한

PEMEX(멕시코 석유공사) 등 정부발주 대형 건설프로젝트에 FTA 회원국 기업에 한해서만 입찰참여 자격을 부여하고 있어서 한국건설업체들은 입찰참여 자체가 거의 불가능한 상황이다. 다만 입찰참여 업체가 적어 입찰이 유찰될 경우에만 PEMEX의 요청으로 FTA 비회원국에 대해 참여를 허용하고 있다.

3.3 브라질, 멕시코의 규격인증 기술장벽

브라질 정부는 타이어 규격이 국제표준임에도 불구하고 FTA나 상호 규격인증 협정이 체결되어 있지 않은 한국산에 대해 자국 I-Mark 획득 강요, 통관지연, 추가 시간 및 비용을 부담시킴으로써 경쟁력 저하 요인으로 작용하고 있다.

멕시코도 수입 타이어에 영문 스티커 부착을 금지하고 자국내 스티커 규격에 따라 스페인어 규격 표시 부착을 의무화하고 있다. 멕시코는 가전 등 전자제품에 대해서 자국업체에 유리한 안전규격제도를 적용하는 한편, 규격검사를 자국 업체에 위임하는 등 차별대우를 하고 있으며 냉장고의 포장재 사용 및 방역조치에 대한 한국내 발급증명을 무시하고 재포장 및 방역조치를 요구하는 등 부당대우를 하고 있다.

3.4 브라질, 멕시코 최저가격제

수입통관시 일정가격 이상의 신고를 요구함으로써 실질적으로 수입상품의 관세부담을 제고시키고 자국산 대비 가격경쟁력 약화가 발생하고 있다.

신제품 출시 및 원가절감을 통한 가격경쟁력 제고, 경제침체기에 한국산 등 역외국산 수입품은 시장기반 상실위험에 직면해 있다.

멕시코의 경우 3년간 수입품 가격동결로 VCD, TV 등 역외국산 전자제품 수입에 대한 제한 장벽으로 작용하고 있다.

3.5 EU CE마크(공동강제규격인증제도)

EU와 상호인정협정 미 발효로 주요 수출품목의 CE마크 획득이 없이는 수출이 불가능한 상황이다. 대상품목은 기계, 완구, 전기 · 전자제품, 통신기기, 의료기기, 승강기 등 21개 품목군(대EU 수출품목 중 34.5%를 차지)에 이르고 있다.

최근 EU의 자동차안전기준 강화, 무선통신 및 통신단말기기, 냉각장치, 진단용 의료기기 등에 대한 CE마크제도 추가실시 · 귀금속, 형광등 안정기에 대한 CE마크 기준을 논의 중에 있다. CE마크의 취득 평균소요기간 및 비용은 대체적으로 평균 920만원과 3개월이 소요되고 있다(전자제품 2~3개월, 자동차 7개월(15만 달러 정도), 승강기 1년(3만 달러 정도)).

3.6 대EU 섬유제품 수출경쟁력 상실

EU-터키간 관세동맹으로 터키산 섬유제품은 무관세로 EU에 수입되고 있으나 한국업체의 경우 주력 레이온 제품에 대해 EU로 수출시 4.6%의 관세를 적용받고 있으며 원거리로 인한 수송비용, 재고부담 등으로 터키산과의 경쟁에 있어서 절대적으로 불리한 여건에 직면해 있다. 예를 들면, 일부 품목은 터키산과의 경쟁에서 최고 20%까지 시장을 잠식당하고 있으며 가격경쟁이 치열한 섬유제품 특성상 상기 관세율 격차는 중요한 구매 결정요인으로 작용하고 있다.

3.7 대헝가리 자동차 수출 EU산에 경쟁력 상실

1992년부터 헝가리는 EU 가입을 전제로 상호관세율을 점진적으로 인하하여 공산품의 경우 현재 거의 무관세이다. 한국산 관세율은 실린더 용량 1,600cc이하 승용차 13%, 1,600cc초과 23%, 트럭 25%(자동차부품 6~10%, 비디오 · 오디오 10%)수준이며 실린더 용량 1,600cc이하 소형 승용차는 13% 관세를 내고서도 일정량 수출을 하고 있으나 중형승용차는 현지시장 진입이 어려운 상황에 직면해 있다.

3.8 대말레이시아 H형강 가격경쟁력 상실

말레이시아는 H형강 생산업체 PERWAJA BHD 부도에 따른 가동중단으로 월 4만 톤 정도인 국내수요 전량을 수입에 의존하고 있다. 수입관세는 ASEAN 회원국산 5%, 비(非)회원국산은 20%를 부과하고 있다. 이러한 관세부과의 결과로 2002년 한국산 H형강 대말레이시아 수출실적은 태국 등 경쟁제품보다 품질이 우수함에도 불구하고 관세차별로 가격경쟁력을 상실하고 있다. 이전 최대 수출실적 대비 1/10 수준인 약 2만톤(660만 달러)으로 급감한 반면 태국 SIAM YAMATO 제품의 시장점유율은 90%를 상회하고 있다. 한국산 H형강 제조업체의 수출을 대행했던 현지 지상사의 대부분이 채산성 악화로 수출을 포기한 상태에 있다.

3.9 대베트남 지제품(紙劑品) 수출경쟁력 상실

베트남은 아세안자유무역협정(AFTA)에 의거하여 그 동안 정부차원의 시장 보호를 받아오던 종이류의 수입관세 40~50%를 2003년 7월부로 AFTA 역내국산에 한해 20%로 인하하였다(2006년도부터는 5%로 재인하).

2003년 약 5,000톤(250만 달러 상당)의 수출실적을 거두었던 한국산 신문용지의 경우 AFTA 역내국산에 대한 관세인하 조치로 경쟁력을 완전 상실하게 되었다. 따라서 대베트남 종이류 수출은 AFTA 시행의 최대 피해품목 중의 하나가 될 것으로 예상된다.

3.10 칠레

2003년 2월 칠레-EU간 FTA 발효이후 칠레 총수입액의 상당량이 EU로 수입선이 전환되었다. 2003년 2~5월 중 FTA로 인한 칠레의 대EU 수입전환은 주로 대미, 대한국 수입 물량에서 발생되고 있다(수입전환액의 60% 상당).

대미 수입 감소분 : 대EU 수입전환액의 1/3(1,070만 달러) 대한국 수입 감소분 : 대EU 수입전환액의 29%(940만 달러)

한국에서 EU지역으로 수입선이 전환된 자동차, 휴대폰, 금속제품의 EU산 수입이 3배 증가한 것으로 나타났다(자동차→프랑스, 휴대폰→독일/프랑스/핀란드/스웨덴/영국, 알루미늄 및 아연류 금속제품→룩셈부르크 산으로 수입선 전환).

제9장

NAFTA에 따른 미국 · 캐나다 · 멕시코 산업의 동조화

NAFTA는 미국 경제를 핵심으로 회원국 간의 거시경제지표 동조화(synchronization of macroeconomic indicators)를 심화시켰으며, 특히 멕시코가 미국 및 캐나다와 동조화가 심한 것으로 인식되어 있다. 캐나다는 한대기후나 산악지대에 속하는 지역이 많아 인구의 85% 이상이 미국과의 경계지역에 거주하고 있다. 캐나다의 대(對)미국 주요 수출품목(HS 2단위 기준)으로는 기계 및 설비, 자동차 및 부품, 금속화학, 원유 및 천연가스와 임산물 등이다. 주요 수입품목 또한 기계 및 설비, 자동차 및 부품, 금속화학 등이 있다. 지역별 교역을 보면 대미국 교역비중이 높은 편이다. 2005년 기준 수출 80%, 수입 또한 60% 이상을 상회하는 것처럼 대미국 의존도가 높은 상태이며 2005년 중 대미국 무역수지는 765억 달러의 대규모 흑자를 기록하였다.

멕시코의 대미국 주요 수출품으로는 전기기기, 자동차와 부품, 광물성 연료, 기계 및 설비 등이 있다. 주요 대미국 수입품목 또한 전기기기, 기계설비 및 설비, 자동차, 플라스틱 및 광물성 연료 등이 있다. 그리고 지역별 교역을 살펴보면 NAFTA(북미자유무역협정) 이후부터 2005년까지 평균 대미국 수출비중이 86% 이상이며, 대미국 수입 또한 70%를 상회하여 캐나다와 마찬가지로 대미국 의존도가 높은 상태이다.[1]

1) 캐나다, 멕시코 그리고 미국이라는 3국의 경제통합(economic integration)으로 이루어진 북미자유무역협정은 미국을 중심으로 북미지역의 교역관계가 재편되었고, 거시경제의 동조화

본 장은 NAFTA 이후 각국의 거시경제의 동조화 현상을 제조업분야를 중심으로 분석한 대외경제정책연구원의 보고서를 중심으로 살펴보고자 한다.

제 1 절 NAFTA 회원국의 교역 현황

NAFTA 이후 미국의 대캐나다 수출비중은 증가하고 있으나 수입비중은 감소하고 있는 추세를 보이고 있다. 반면에 대멕시코 수출과 수입비중은 모두 증가하고 있다. 즉, NAFTA 이전 캐나다가 미국시장에서 차지하는 수출과 수입비중은 각각 21.2%, 18.8%였으나 2005년 기준 수출과 수입이 차지하는 비중은 각각 23.4%, 17.2%로 각각 2.2%포인트 증가, 1.6%포인트 하락하였다. 그러나 멕시코의 경우 미국 내 수출과 수입이 차지하는 비중은 NAFTA 이전에는 각각 8.9%, 6.6%에서 2005년 기준 13.3%, 10.2%로 각각 4.4%포인트, 3.8%포인트 증가한 것으로 나타났다.

한편, NAFTA 이후 캐나다와 미국과의 품목별(HS 2단위 기준) 수출입동향을 살펴보면 수출입 비중 모두 일반차량, 원자로, 보일러와 기계 및 설비, 광물성연료 및 광물유 등이 높음을 알 수 있다. 특히, 미국의 대캐나다 수입에 있어 일반차량 비중은 점차 감소하고 있으나 광물성 연료, 광물유 등이 수입에서 차지하는 비중이 1993년 10% 수준에서 2005년 기준 22.5%로 2배 이상 상승하였다. 또한, 멕시코와 미국의 품목별 수출입 경우도 전기기기, 일반차량, 광물성 연료, 기계 및 설비 등의 비중이 높게 나타났다.

현상이 심화되었다고 인식되어 있다(대외경제정책연구원, 세계경제, 2006. 3. pp. 62~68 요약·재구성).

〈표 9-1〉 미국과 캐나다 교역품목(2005년 기준)

순위	미국의 대캐나다 수출품	미국의 대캐나다 수입품
1	일반차량 및 그 부분품과 부속품	광물성연료, 광물유, 이들의 증류물, 역청물질, 광물성왁스
2	원자로, 보일러와 기계류 및 이들의 부속품	일반 차량 및 그 부분품과 부속품
3	전기기기와 그 부분품	원자로, 보일러와 기계류 및 이들의 부속품
4	플라스틱 및 그 제품	목재와 그 제품 및 목탄
5	광물성 연료, 광물유, 이들의 증류물, 역청물질, 광물성 왁스	전기기기와 그 부분품
6	광학기기, 사진용기기, 영화용기기, 측정기기, 정밀기기 등	플라스틱 및 그 제품
7	식료품	지와 판지, 제지용펄프, 지 또는 판지의 제품
8	철강제품	식료품
9	철강	알루미늄과 그 제품
10	지와판지, 제지용펄프, 지 또는 판지의 제품	항공기와 우주선 및 이들의 부분품
11	가구와 침구, 램프와 조명기구, 조명용사인, 조립식건물	가구와 침구, 램프와 조명기구, 조명용 사인, 조립식 건물
12	유기화학품	기타 지역특산품
13	고무와 그 제품	철강제품
14	항공기와 우주선 및 이들의 부분품	철강
15	의료용품	고무와 그 제품

주: 순위는 2005년 기준 수출입 금액순이며, HS 2단위 기준
자료: 한국무역협회

〈표 9-2〉 미국과 멕시코 교역품목(2005년 기준)

순위	미국의 대멕시코 수출품	미국의 대멕시코 수입품
1	전기기기와 그 부분품	전기기기와 그 부분품
2	원자로, 보일러와 기계류 및 이들의 부분품	일반 차량 및 그 부분품과 부속품
3	일반차량 및 그 부분품과 부속품	광물성연료, 광물유, 이들의 증류물, 역청물질, 광물성왁스
4	플라스틱 및 그 제품	원자로, 보일러와 기계류 및 이들의 부분품
5	광물성연료, 광물유, 이들의 증류물, 역청물질, 광물성왁스	광학기기, 사진용기기, 영화용기기, 측정기기, 정밀기기 등
6	지역특산품	가구와 침구, 램프와 조명기구, 조명용 사인
7	광학기기, 사진용기기, 영화용기기, 측정기기, 정밀기기 등	기타
8	유기화학품	의류와 그 부속품
9	지와 판지, 제지용펄프, 지 또는 판지의 제품	식용의 채소, 뿌리, 괴경
10	철강의 제품	플라스틱 및 그 제품
11	철강의 제품	메리야스 및 뜨개질 편물의 의류와 그 부품
12	알루미늄과 그 부분품	철강의 제품
13	곡물	철강
14	식물성 편조물용 재료, 기타 식물성생산품	음료, 알코올, 식초
15	고무와 그 제품	지역특산품

주: 순위는 현재 수출입 금액순이며, HS 2단위 기준
자료: 한국무역협회

제 2 절 NAFTA 이후 산업별 동조화

NAFTA는 미국 경제를 축으로 회원국 간의 거시경제지표 동조화를 심화시켰다. 특히, 멕시코가 미국 및 캐나다와 동조화가 심한 것으로 인식되어 있다. 대외경제정책연구원은 교역비중이 높은 기계 및 설비, 자동차, 석유 등을 중심으로 미국, 캐나

다와 멕시코 간의 산업별 동조화 현상을 살펴보기 위하여 상관관계를 분석한 바 있다. 〈표 9-3〉에서 알 수 있듯이 미국과 캐나다의 상관관계는 산업별·시기별로 차이점을 보이고 있다. NAFTA 이전에는 기계 및 설비, 석유가 음의 관계(negative relationship)를 나타내고 있으나 NAFTA 이후에는 기계 및 설비, 석유, 고무 등이 양의 관계(positive relationship)로 전환되었으며 계수 값도 0.30으로 제고되어 양 산업에서 동조화가 심화되었음을 알 수 있다. 그러나 자동차는 CUSFTA 이전 음의 값을 가졌으나 이후 0.05로 동조성이 거의 없는 것으로 분석되었다.

〈표 9-3〉 미국과 캐나다 산업별 상관계수

	기계 및 설비	자동차	석유	고무
1981년~1988년	-0.52	-0.17	-0.13	-0.20
1981년~1993년	-0.35	0.05	-0.15	0.02
1994년~2005년	0.30	0.05	0.11	0.10

주: 1) 분석기간은 2005년 12월까지 월별자료이며, 전년동월 대비 증가율을 사용함
2) 미국과 캐나다는 1989년 CUSFTA를 체결한 후 1994년부터 NAFTA 협정을 체결함

미국과 멕시코의 경우에도 산업별, 시기별로 차이가 존재하는데 NAFTA 이전에는 동조성이 약하거나 섬유산업의 경우 계수가 음(-)의 값을 나타내었다. 그러나 NAFTA 이후에는 모두 양(+)의 값으로 전환되었는데 기계 및 설비 0.48, 석유 0.18, 섬유 0.33으로 이는 동조성이 더욱 커졌음을 보여준다. 이 같은 결과는 NAFTA 이후 미국과 캐나다보다는 미국과 멕시코 간의 산업별 경기동조성이 더욱 증대된 것으로 분석된다.

〈표 9-4〉 미국과 멕시코 산업별 상관계수

	제조업	기계 및 설비	석유	섬유
1981년~1993년	0.12	0.10	-0.08	-0.28
1994년~2005년	0.59	0.48	0.18	0.33

주: 분석기간은 2005년 12월까지의 월별자료이며, 전년동월 대비 증가율을 사용함
자료: FRB, 멕시코 통계청

전술한 바와 같이 NAFTA 이후 미국을 중심으로 산업별 경기동조화가 증대되었음을 알 수 있었다. 한편, 대외경제정책연구원은 일정시차가 존재하는 경우의 관계

를 살펴보기 위하여 NAFTA 이후 미국과 캐나다의 교역비중이 높은 품목을 대상으로 하여 산업별 시차상관계수를 분석하였다(시차상관계수는 일정 시차가 존재하는 두 변수 사이의 상관관계를 측정하는 지표임).

미국과 캐나다의 산업별 시차상관계수를 살펴보면 기계 및 설비산업이 4~5분기가 가장 큰 시차상관계수를 나타내고 자동차산업은 6분기, 석유산업은 1분기, 고무산업은 1~2분기 선행하여 가장 높은 시차상관관계를 나타내었다.

〈표 9-5〉 NAFTA 이후 미국과 캐나다간 산업별 시차별 상관계수

	시차 (0분기)	시차 (1분기)	시차 (2분기)	시차 (3분기)	시차 (4분기)	시차 (5분기)	시차 (6분기)	시차 (7분기)	시차 (8분기)	시차 (9분기)
기계 및 설비	0.30	0.35	0.36	0.41	0.51	0.59	0.42	0.08	-0.06	-0.03
자동차	0.05	-0.09	-0.15	-0.13	-0.02	0.13	0.28	0.16	-0.02	-0.03
석유	0.11	0.34	0.32	0.07	-0.18	-0.27	-0.19	-0.11	0.01	0.01
고무	0.10	0.46	0.59	0.43	0.17	-0.02	-0.10	-0.12	-0.10	-0.05

주: 분석기간은 1994년 1월부터 2005년 12월까지 월별자료이며, 전년동월 대비 증가율을 사용함

자료: FRB, 캐나다 통계청

미국의 기계 및 설비와 자동차산업은 5~6분기 후에 캐나다 산업과 연관성이 크고 석유산업과 고무산업은 1~2분기 이후 캐나다의 산업과 연관성이 큰 것을 알 수 있다. 한편, NAFTA 이후 미국과 멕시코간 산업별 시차상관관계는 모두 2분기부터 가장 큰 상관관계를 나타내고 있다. 즉, 미국과 멕시코간 제조업, 기계 및 설비, 석유화학, 섬유 등은 이 기간부터 관련성이 큼을 나타낸다. 이 같은 사실은 NAFTA 이후 미국, 캐나다와 멕시코의 경우 산업별 동조성이 존재하고, 미국과 캐나다는 각 산업별로 시차를 두고 발생하나 미국과 멕시코의 경우 2분기에 상관계수(correlation coefficient)가 큰 값을 가진다는 의미는 산업별 동조성이 신속히 전파됨을 의미한다고 할 수 있다.

〈표 9-6〉 NAFTA 이후 미국과 멕시코간 산업별 시차별 상관계수

	시차 (0분기)	시차 (1분기)	시차 (2분기)	시차 (3분기)	시차 (4분기)	시차 (5분기)	시차 (6분기)	시차 (7분기)	시차 (8분기)	시차 (9분기)
제조업	0.59	0.46	0.29	0.23	0.25	0.29	0.25	0.17	0.10	0.08
기계및 설비	0.48	0.43	0.27	0.13	0.14	0.26	0.30	0.21	0.11	0.11
석유화학	0.18	0.09	0.10	0.12	0.05	-0.01	-0.09	-0.00	0.10	0.17
섬유	0.33	0.17	0.10	0.08	0.20	0.27	0.32	0.31	0.20	0.20

주: 분석기간은 1994년 1월부터 2005년 12월까지 월별자료이며, 전년동월 대비 증가율을 사용함

자료: FRB, 멕시코 통계청

제3절 시사점

NAFTA 이후 회원국 간의 제조업을 중심으로 동조화를 분석해보았다. 전술한 바와 같이 미국과 캐나다의 경기동조성은 산업별, 시기별로 차이점을 보였으며 NAFTA 이후에 기계 및 설비, 석유 등이 동조화가 이루어진 것으로 분석되었다. 미국과 멕시코의 경우에도 NAFTA 이후에는 기계 및 설비, 석유, 섬유 등 제조업 분야에서 동조성이 커졌음을 알 수 있다. 또한, 산업별 시차상관관계는 모두 2분기부터 가장 큰 상관관계를 가지고 있어 파급효과 또한 신속히 전파됨을 나타낸 NAFTA 이후 미국과 멕시코간 산업별 동조성이 우리에게 주는 시사점은 크다고 할 수 있다. 외환위기(foreign exchange crisis) 이후 한·미간 경기동조성이 이전에 비해 커졌다는 것은 주지의 사실이다. 따라서 한·미 FTA가 체결되면 멕시코의 사례와 같이 산업별 동조화 현상이 현저하게 나타내며 그 시차 또한 신속해질 것으로 기대된다. 즉, 한·미 FTA를 통해 경제가 통합된다는 의미는 어떤 측면에서는 통합 이전에 비해 외생적인 충격(external shock)에 대해 위험분산의 역할을 하는 긍정적인 측면도 있다.

반면에 어느 일국에 가해진 충격이 각국에 더욱 신속히 전파되어 경제통합(economic integration)이 없었다면 경험하지 않았을 충격도 겪어야 하는 부작용이

야기될 수도 있다. 전체적으로 평가할 때 한·미 FTA의 체결이 양국경제에 득이 되는 것은 주지의 사실이다. 수출의존도(export dependence)와 원자재 수입비중이 높은 한국경제에 있어서 미국은 세계 최대의 시장이며 가장 경쟁이 치열한 시장으로 평가할 수 있다. 따라서 한·미 FTA는 미국시장에 대한 안정적인 접근, 기업간 투자 및 교역활성화(investment and trade vitalization) 등을 통한 향후 동북아 통합의 선점효과를 발생시킬 것으로 기대된다. 따라서 전술한 부작용은 한·미간 FTA를 추진함과 동시에 타국과의 적극적인 FTA를 통한 다변화로 충격을 분산시켜야 할 필요가 있다.

제10장

러시아의 네덜란드병 가능성과 과제

제 1 절 네덜란드병의 개념

네덜란드병(Dutch Disease)은 1970년대 네덜란드에서 관찰되어 보편화된 거시경제현상으로 지하자원 부문의 생산 및 수출증가가 제조업 등 타 수출산업의 생산 및 수출을 하락시키는 현상을 의미한다. 러시아 경제는 1998년 외환위기(foreign exchange crisis)를 경험한 이후, 2000년 전후 전세계적인 경제호황과 에너지가격의 상승으로 1999~2004년 동안에 연평균 6.8%의 고도 성장률을 시현한 바 있다. 이 같은 러시아의 고도 경제성장의 원동력은 2가지로 집약된다.

① 대외적으로는 고유가로 인한 석유 및 가스의 수출호조
② 대내적으로는 국내수요의 폭발적인 증가

그러나 2004년 하반기 이후 성장이 급격하게 저하되었고, 2005년에 들어서면서 향후 성장전망이 6% 이하로 하락하는 등 경기침체(recession)의 가능성이 감지되고 있다. 러시아 경제개발통상부가 2005년 5월 30일 발표한 '2006~2008년 사회 및 경제발전에 관한 가이드라인'은 국내총생산(GDP) 성장률의 하락, 인플레이션압력

(inflationary pressure)의 지속, 경제 및 산업다각화의 부재 등을 지적하며 향후 러시아 거시경제에 대해 비관적인 전망을 제시한 바 있다.[1)]

세계적 신용평가기관인 스탠더드 앤드 푸어스(S&P: Standard & Poor's)는 2005년 2월 17일에 자체분석자료를 통해 러시아의 막대한 석유수입이 실질환율의 평가절상(appreciation of real exchange rate)과 에너지부문을 제외한 기타 산업부문의 경쟁력 약화를 초래하고 있다고 지적하며, 러시아에 네덜란드병(Dutch Disease)의 가능성이 있다고 경고한 바 있다.[2)] 또한, 추가적인 국가신용등급의 상향조정과 지속가능한 경제성장(sustainable economic growth)을 위해 거시경제 안정화(macro-economic stabilization)에 주력할 것을 권고한 바 있다.

제 2 절 러시아 경제의 동향

최근 러시아는 석유 및 가스의 국제가격 상승, 이로 인한 소득과 국내 수요의 급증으로 인해 7%대의 높은 성장을 지속하고 있다. 〈표 10-1〉에서 알 수 있듯이 2002년부터 2004년까지의 러시아 GDP의 구성요소별 성장률을 살펴보면, 2002년과 2003년 국내 수요의 증가는 각각 4.7%와 7.3%를 나타냈으나 10.3%와 12.5%의 성장률을 기록한 수출에 비해서는 낮은 수준에 그쳤다. 그러나 2004년 들어서면서 국내수요는 분기별로 10% 전후의 높은 증가율을 보이면서 10.4%를 기록하여 13.1% 증가한 수출과의 격차를 많이 좁히고 있다. 이는 2003년에 12.8%의 높은 증가율을 보인 고정자산투자뿐만 아니라 에너지 수출을 통한 가계소득(household income)의 증가가 소비로 이어져 2004년에 가계소비가 11.3%의 높은 증가율을 보인 것에 기인한다.

1) 러시아 경제통상개발부가 러시아 거시경제에 대해 비관적으로 전망한 배경으로 석유, 가스 등 에너지자원 수출 중심의 경제성장에서 야기될 수 있는 부정적 영향을 지적할 수 있다(대외경제정책연구원, 세계경제, 2005. 9. pp. 90~102 요약·재구성).

2) '네덜란드병'이란 용어는 영국의 경제지 Economist에서 최초로 사용하였다. 실제로 네덜란드는 1970년대 네덜란드병의 위기를 적절한 정책의 시행으로 극복한 바 있다.

〈표 10-1〉 러시아의 GDP 구성요소별 성장률과 국내 수요구조

		2002년	2003년	2004년				
				1분기	2분기	3분기	4분기	전체
〈GDP〉		4.7	7.3	7.5	7.4	6.4	6.9	7.1
국내수요		4.6	7.9	10.2	11.4	9.8	10.1	10.4
가계소비		8.5	7.5	12.0	12.7	12.3	12.6	11.3
고정자산투자		2.8	12.8	12.9	13.1	10.6	9.1	10.8
수출		10.3	12.5	12.6	8.5	11.5	12	13.1
〈국내수요구조〉		100	100	100	100	100	100	100
수입		87.6	63.6	64.0	48.1	61.7	62.5	64.1
국내 생산	서비스포함	12.4	36.4	36.0	51.9	38.3	37.5	35.9
	서비스제외	5.0	11.6	14.4	20.8	15.3	15	11.5

자료: 러시아경제개발통상부(2005. 2). On Results of Socio-Economic Development of the Russian Federation in 2004 and Objectives of the Russian Federation Economic Policy for 2005.

그러나 높은 국내 수요와 가계소비의 대부분을 수입이 차지하고 있다는데 문제의 심각성이 있다. 2004년에 국내 생산이 국내 수요에서 차지하는 비중은 36%도 채 안되며, 특히 서비스산업을 제외하면 11.5%에 그치고 있는 실정이다. 반면에 수입은 2002년에 87.6%로 최대를 기록한 이후 지속적으로 국내 수요의 60% 이상을 점유하고 있다. 대외경제정책연구원(2005)은 2001년 1월 100%를 기준으로 하는 러시아의 월간 수입증가율과 대달러 루블화 환율 절상률을 분석한 바 있다. 이를 통해 대달러 루블화가 지속적으로 절상됨에 따라, 수입도 급속도로 증가하는 것을 인식할 수 있다.

이 같은 결과는 러시아 상품 및 기업의 낮은 산업경쟁력(industrial competitiveness)과 국내 수요의 급증의 부조화에 의해서 발생한다. 국내 제조업은 실질환율의 평가절상으로 인해 생산원가가 제고되면서 수입품과 비교하여 가격경쟁력(price competitiveness)을 상실하고 있다. 러시아 경제개발통상부(2005)가 발표한 산업경쟁력지수에 의하면 외환위기와 모라토리엄(moratorium, 대외채무지불유예) 선언 이후 러시아 루블화의 실질환율이 대폭 평가절하된 1999년 러시아의 산업경쟁력이 270.5로 최고를 기록했다. 이후 러시아의 산업경쟁력은 루블화의 실질환율의 평가절

상과 함께 지속적으로 하락하여 2004년에는 1997년 수준보다도 낮은 80.7을 기록하는데 그쳤다.

〈표 10-2〉 산업경쟁력 지수

1997	1998	1999	2000	2001	2002	2003	2004
100	140.5	270.5	190.5	142.4	120.1	102.4	80.7

주: 루블화의 실질환율과 제조가격의 변화를 적용한 지수임

이 같은 현상이 나타나는 주요 요인으로 러시아의 에너지자원 수출의존형 경제구조를 지적할 수 있다. 러시아는 2004년말 기준으로 세계 제2의 석유 생산국이자, 제1의 천연가스 생산국이다. 〈표 10-3〉에 나타난 러시아의 2002년 석유 및 가스 수출의존도를 살펴보면 에너지자원의존형 경제를 정의하는 기준치[3]를 초과하고 있으며, 1999년에 비해 2002년에 의존도가 제고되었음을 알 수 있다.

〈표 10-3〉 러시아의 석유 및 가스 수출의존도 (단위:%)

연 도	1999	2002
석유 및 가스수출/ 총수출	41.0	52.5
석유 및 가스수출/ GDP	16.0	16.3
석유 및 가스수출소득/ 정부소득	24.3	24.9

자료: EBRD, Transition Report 2003.

2004년 러시아의 주요 수출품목비중을 보면 석유 및 에너지 자원의 수출비중은 2002년에 비해 더욱 높아져 56.8%를 기록하고 있으며 금속 및 금속제품을 제외한 타 수출품목의 비중은 2003년에 비해 오히려 소폭 감소한 것으로 나타났다.

3) 일반적으로 학계에서 정의하는 자원주도형 경제는 GDP의 10%, 총수출의 40% 이상을 에너지자원 수출이 차지하는 경우를 의미한다.

〈표 10-4〉 러시아의 주요 수출품목 비중(2004년 기준) (단위: %)

주요 수출품목	비 중
석유 및 에너지	56.8(56.7)
금속 및 금속제품	16.9(13.8)
기계류	7.5(9.0)
화학제품	6.6(6.8)
목재, 펄프 및 종이류	4.1(4.2)
기타	18.1(9.5)

주:( )안은 2003년 수치임

자료: 러시아경제개발통상부, On Results of Socio-Economic Development of the Russian Federation in 2004 and Objectives of the Russian Federation Economic Policy for 2005, 2005. 2.

제 3 절 네덜란드병의 원인과 장 · 단점

1. 원인

최근 러시아 경제는 에너지자원 수출의존형 경제구조로 인해 실질환율이 지속적으로 평가절상압력을 받고 있으며, 국내 산업의 경쟁력이 저하되면서 국내 수요의 대부분을 수입품이 차지하고 있다. 이 같은 현상들이 '자원의 저주'의 일종인 네덜란드병의 징후라고 할 수 있다. 제3세계 국가들이 개발도상국(developing country)이라는 이름으로 급격히 경제성장을 하기 시작하던 1950년대와 1960년대에 다수의 경제학자는 석유, 가스, 철 등의 천연자원(natural resources)이 경제성장을 촉진하는 중요한 요인이며, 풍부한 천연자원을 보유한 국가들의 경제성장 속도는 더욱 신속할 것으로 판단하였다.

Viner, Lewis, Spengler 등이 구체화시킨 '원료이론(Staple Theory)'은 개발도상국의 초기 발전단계에서 부존자원의 수출이 자원부문의 고용증가와 자본축적(capital accumulation)을 가능하게 하며, 이후 이로 인한 이익이 고부가가치의 제조업부문으로 재투자되어 다양한 성장패턴을 창출한다고 보고 있다. 그러나 1980년대 들어서면서 Sachs, Warner, Bruno 등의 경제학자들에 의해 원료이론에서 지적한 것처럼 천연자원이 경제성장에서 단지 축복(blessing)이 아니라 저주(curse)로 작용할 수도 있다는 견해가 제시되었다. 소위 '자원의 저주(Resource Curse)'[4]라고 포괄적으로 지칭되는 이 이론은 다양한 계량적 방법론을 통해 풍부한 천연자원을 보유하고 이의 수출을 중심으로 경제성장을 추진한 아랍 및 중남미국가들의 경제적 성과를 분석하면서 도출한 결과로 해석할 수 있다.

자원의 저주이론은 근본적으로 경제성장에서 자원의 중요성을 경시하는 것이 아니라, 초기 자원 중심의 경제성장(resource-focused economic growth) 이후 지속가능한 경제성장을 달성하기 위해서는 자원의 저주를 차단하는 제도적 메커니즘을 마련하는 등 정부의 적절한 경제정책 추진을 강조하는 것으로 이해할 수 있다. Richard Auty는 '자원의 저주현상은 … 철칙(iron law)이 아니라, 충분히 재발 가능한 경향(a strong recurrent tendency)'으로 지적한 바 있다.

2. 장점

개발도상국으로 지칭되는 중남미, 아프리카, CIS 국가의 대부분은 에너지자원의 수출에 의존하는 자원주도형 경제구조를 가지고 있다. 이러한 자원주도형 경제성장의 장점으로 다음 3가지를 지적할 수 있다.

① 경제개발 초기에 에너지수출로 획득한 외화로 기본적인 의식주 문제를 해결할 수 있을 뿐만 아니라 자체적으로 생산할 수 없는 생필품을 수입할 수 있으며, 부족한 사회인프라(social infrastructure)에 대한 투자를 강화할 수 있다. 따라서 국민의 복지수준이 급격하게 제고된다.

② 천연자원은 제조업 상품과는 달리 국제시장에서의 경쟁이 심하지 않을 뿐만 아니라, 대체로 수요가 공급보다 많기 때문에 고갈되기 이전까지 수출판로를

4) '자원의 저주(Resource Curse)'라는 표현은 Richard Auty(1993), Sustaining Development in Mineral Economies: the Resource Curse Thesis, Routledge, London에서 최초로 사용되었다.

안정적으로 확보할 수 있다.

③ 천연자원의 개발을 위해 선진국 자본과 기술을 도입하는 과정에서 소위 learning-by-doing 효과를 기대할 수 있다.

3. 단점

그러나 자원주도형 경제의 문제점으로 지적되고 있는 '자원의 저주'는 상기한 장점들을 상쇄시킬 만큼 국민경제에 심각한 타격을 입히게 된다. 이들 문제점은 다음 3가지로 요약될 수 있다.

① 천연자원의 특성상 국제 상품가격의 유동성(liquidity)이 강하기 때문에, 자원주도형 국가들의 경제성과가 외부 충격(external shock)에 민감하게 반응한다. 일국의 경제구조가 국제가격 유동성이 높은 특정 자원의 수출에 집중되어 있는 경우에는 산업이 다각화되어 있는 국가에 비해 외부의 가격충격(external price shock)에 민감할 수밖에 없다. 러시아 중앙은행은 최근 러시아 공식유가인 우랄유가를 기준으로 하는 2006년 러시아 거시경제 전망에 대한 3개의 시나리오를 발표한 바 있다. 이에 따르면 우랄유가의 수준에 따라 시나리오별로 GDP 성장률, 경상수지 흑자규모, 실질가처분소득 증가율 등 주요 예상 거시경제성과가 커다란 차이를 보이고 있다. 이렇듯 높은 국제가격의 유동성은 국민경제의 수출소득과 정부재정의 불안정을 야기하게 된다. 이로 인해 특히 정부는 안정적인 재정정책(fiscal policy)을 사용할 수 없어 국민경제를 운용하는데 있어 어려움에 직면하게 된다. 연구 결과는 배럴당 원유가격이 1달러 하락할 경우 러시아 정부의 수입은 연간 약 14억 달러 감소하는 것으로 나타났다.

② Sachs와 Warner의 연구(1997)에 의하면 이러한 국민소득의 높은 유동성에도 불구하고, 자원이 풍부한 국가일수록 저축률이 높다는 어떠한 실증적 근거도 발견하지 못하였다. 이는 높은 국제 에너지가격으로 인해 획득한 소득이 재투자되었다기보다는 주로 소비를 위해 사용되었다는 것을 반증하는 것으로 이해할 수 있다. 예를 들면, 국제통화기금(IMF)은 2005년 6월 3일에 발표한 보

고서를 통해 러시아의 소비가 경제성장보다 빠르게 증가하고 있다고 지적하였다. 급속도로 증가하는 소비는 최근 러시아 거시경제의 가장 큰 문제점으로 부상하고 있는 인플레이션 압력의 주요 요인으로 평가된다. 천연자원 수출중심의 경제구조를 가지고 있는 개방경제체제(open economic system)를 가진 국가에서 오히려 주요 수출품인 천연자원의 국제가격이 상승하고 이로 인해 수출이 증가함에 따라 발생할 수 있는 가장 큰 '자원의 저주'가 네덜란드병으로 볼 수 있다.

③ Corden과 Neary(1982)는 그들의 논문에서 네덜란드병의 의미와 메커니즘을 2가지(① 공급 측면의 자원이동효과(Resource Movement Effect), ② 수요 측면의 소비효과(Spending Effect))로 해석하고 있다. 우선 Corden과 Neary는 3개의 산업 및 상품만이 존재하는 소국경제를 가정하였다. 이 중 2개는 수출부문, 1개는 비수출부문이며, 2개의 수출 부문은 각각 천연자원부문과 제조업부문으로 가정한다. 수출부문 상품의 가격은 외생적으로 주어진 국제가격이며, 비(非)수출부문의 가격은 국내 수요와 공급에 의해 결정된다.

가. 공급측면

'자원이동효과'라고 지칭되는 공급측면의 해석은 수출부문인 천연자원 생산의 외생적 증가가 생산요소를 천연자원부문으로 집중시키는 현상에서 비롯된다. 이로 인해 제조업 및 비수출부문은 생산요소의 부족현상으로 침체하게 된다. 또한, 이러한 생산요소의 이동은 비수출부문 상품의 초과수요로 인해 비수출상품의 가격상승을 야기시키며 이는 국내 실질환율의 평가절상으로 이어지게 된다.

나. 수요측면

수요측면에서 보면 천연자원 수출부문의 호황으로 인한 임금의 상승은 산업 전부문의 임금 상승을 야기시키게 된다. 이는 모든 상품의 수요를 증가시키게 되는데 두 수출부문의 상품가격은 외생적으로 주어진 국제가격이므로 비수출부문의 상품가격은 초과수요(excess demand)로 인해 상승하게 되고, 이는 실질환율의 평가절상을 유도하게 된다. 이로 인해 수출부문의 제조업이 침체하는 현상을 '소비효과'라고 한다.

결국 공급 및 수요측면의 해석에서 공통적으로 나타나는 네덜란드병은 천연자원 부문의 경기상승이 실질환율을 평가절상시켜 비(非)지하자원산업, 특히 제조업의 국제 수출가격 경쟁력이 저하되고 생산 및 수출이 하락한다는 것을 의미한다. 다수의 경제학자들은 '자원의 저주'와 네덜란드병의 보편성에 관해 다양한 연구를 진행해 왔다. Sachs와 Warner(1995)는 풍부한 천연자원이 국가의 경제성장에 긍정적인 역할보다는 부정적인 역할을 한다는 것을 실증적으로 증명하였다. 또한, Corden(1984)과 Gylfason(1999, 2001)은 천연자원 수출중심의 경제에서는 실질실효환율의 평가절상으로 인해 제조업 및 비(非)천연지하자원 수출이 악영향을 받게 될 수 있다는 것을 여러 국가의 사례연구(case study) 및 계량분석을 통해 입증한 바 있다.

네덜란드병은 일국의 거시경제 안정(macroeconomic stability)에 다수의 문제를 야기시킨다. 전술한 공급 측면의 분석에서 지적한 바와 같이 일국의 생산요소(노동, 자본)가 천연자원부문으로 집중된다. 물론 단기적으로는 노동력의 이동성 부족으로 인해 발생하는 구조적 실업(structural unemployment)이라는 문제점을 제외하고 국가 전체 부(wealth)의 총량적 차원에서 평가할 경우에는 커다란 문제점이 발생하지 않는다. 그러나 실질적으로 석유, 가스 등 에너지산업은 자본집약적 산업(capital-intensive industry)의 성격이 강하기 때문에 고용효과가 크지 않다. 러시아의 경우 2003년 에너지 수출과 에너지 관련 산업 생산이 전체 GDP에서 차지하는 비중은 25%를 초과하였으나 고용된 노동력은 전체의 1%에 불과하였다. 또한, 자국화폐의 실질환율의 평가절상은 수입가격을 인하시키기 때문에 국내 수요에서 수입품이 차지하는 비중을 제고시키고 국내 내수산업의 침체를 가속화시키게 된다. 따라서 산업의 다각화를 이루지 못한 천연자원 수출중심국가의 지속가능한 경제성장을 저해하는 요인이 될 수 있다.

제4절 정책적 시사점

1. 산업의 다각화

천연자원 수출주도형 경제가 지속가능한 경제성장을 이룩하기 위해서는 우선적으로 적절한 제도적 장치와 건전한 경제정책이 근간이 되어야 하며 이를 통해 산업의 다각화를 추진해야 한다. 산업의 다각화를 위한 기본원칙은 우선 국제경쟁력(international competitiveness)을 상실한 비천연자원부문 기업에 대해 기업하기 양호한 환경을 만들어주고 투자를 유인할 수 있는 인센티브를 확대하는 것이 되어야 한다. 이 같은 산업의 다각화를 추진하는데 있어 가장 유용하고도 고전적인 정책은 다음 2가지(① 세제개혁, ② 금융개혁)로 요약될 수 있다.

1.1 세제개혁

세제개혁(tax reform)을 통해 비천연자원부문에 대한 지원을 증대시켜야 한다. 천연자원부문에 부과되는 소비세(excise tax), 추출세(extraction tax), 수출세(export tax) 등의 직접과세는 경제 전반에 걸쳐 기업에 부과되는 세율을 인하시킴과 동시에 임금을 제외한 추가적인 노동비용을 감소시키는 데 효과가 있다. 특히, 1990년대 초 최초로 러시아에 도입된 수출세는 1997년 일시적으로 폐지되었다가 외환위기 직후 재도입되어 주로 러시아의 주요 수출품목인 원자재를 위주로 부과되고 있다.

석유 및 가스 수출에 부과되는 수출세는 최근 국제가격 상승에 따라 동반상승하여 가스의 수출세(2005년 6월 1일 기준)는 1미터톤당 136.20달러를 기록하였다. 2005년 6월 21~27일 스위스 제네바에서 개최된 '제28차 러시아 WTO 가입 실무그룹(Working Group)회의'에서 러시아측 협상단은 WTO 가입 이후 단계적으로 수출세를 폐지하는데 동의하였다.[5] 그러나 석유 및 가스에 대한 수출세는 동결수준에서 그칠 전망이어서 완전 폐지로 인한 재정부담은 감소할 것으로 보인다. 또한, 천연자원부문의 직접과세를 통해 얻은 정부재정을 경쟁력이 취약한 산업에 집중지원하는 건전한 제도적 장치를 마련하는 것이 시급하다고 할 수 있다.

1.2 금융개혁

세제개혁과 더불어 산업의 다각화를 위해서 중요한 것이 금융개혁(financial reform)이다. 금융부문은 경제 전반에 대한 투자재원을 분배하는 기능을 담당한다. 그러나 러시아의 금융부문은 가장 취약한 산업 중의 하나로 인식되고 있다. 러시아는 금융부문의 자산규모가 GDP의 35%, 은행대출은 GDP의 18%로 경제규모에 비해 상당히 낮은 수준이며, 가계 대출비율은 GDP의 1%에 불과한 실정이다.[6] 2004년 기준 약 1,300개에 이르는 은행 중 90%가 영세규모이고 불분명한 지배구조로 인해 대출업무기능이 취약한 상황이다. 또한, 대다수 주요 러시아 은행은 소위 올리가르히(oligarchy)라 지칭되는 석유, 가스 및 천연자원을 소유한 러시아 재벌의 계열사 소속으로 금융거래가 계열사에 집중되어 있다. 따라서 기업의 재정상태가 악화되는 경우 은행에 미치는 영향이 지대할 뿐만 아니라 계열 밖 기업에 대한 투자가 적절하게 이루어지지 않고 있다. 이 같은 기존 금융권의 문제점 개혁과 함께, 또 다른 투자재원 분배의 기능을 담당하는 벤처캐피털의 활성화(vitalization of venture capital)에도 관심을 기울여야 한다. 벤처캐피털의 활성화는 실질적인 산업의 다각화를 위한 중소기업의 육성 및 자금지원을 위한 양호한 대안이 될 수 있다.

2. 건전한 재정정책

산업의 다각화를 위한 세제개혁, 비천연자원부문의 지원 및 인프라스트럭처에 대한 투자 확대를 위해서는 정부의 건전한 재정정책이 필요하다. 또한, 천연자원 수출에 의한 막대한 외화 유입으로 인해 발생하는 인플레이션의 압력을 차단하고 경기의 과열을 조장시키는 소비의 급증을 조절하기 위해 정부는 적극적으로 재정적 수

5) 세계무역기구(WTO)는 원칙적으로 수출세를 인정하지 않고 있으며, 일국의 국제수지가 심각한 적자를 보일 때에 한하여 일시적으로 허용하고 있다.

6) 러시아는 가계부문이 보유하고 있는 현금 중 40%가 은행권에 유입되지 않고 있다. 이로 인해 국내의 다양한 산업에 대한 민간투자가 제대로 이루어지지 않고 있는 실정이다.

단을 동원해야 한다. Gelb와 Associates(1988)는 수요의 초과와 부족에서 발생하는 불균형은 경제적 문제를 야기하는데 수요 부족은 생산 감소, 실업증가, 소득감소를 야기시키며 수요 초과는 인플레이션과 높은 수입성향을 발생시킨다고 지적하였다. 그리고 이 같은 과정에서 수요의 초과와 부족을 조절하는 역할이 정부의 재정정책임을 강조하였다. 특히, 천연자원 수출주도형 국가들은 이의 수출을 통해 획득하는 수익을 적절한 제도적 장치를 통해 관리해야만 소비과열과 제조업의 침체로 인해 발생하는 피해를 최소화할 수 있다.

3. 안정화기금

안정화기금의 조성은 천연자원의 국제가격 변동에 의해 발생하는 정부 재정 및 경제 전반에 걸친 외부적 취약성을 최소화할 뿐만 아니라 재정정책을 통한 수요 조절과 비천연자원부문의 적절한 지원을 가능하게 하여 네덜란드병의 증상을 완화시킬 수 있다. 러시아는 다른 CIS 에너지 수출국보다 훨씬 늦은 1994년에 안정화기금을 조성하였다. 그러나 2005년 5월 1일 기준으로 8,580억 루블(2005년 5월 평균 대달러 환율 27.9루블 기준 약 307억 달러)이라는 막대한 기금을 조성하고 있다. 안정화기금 조성을 통한 건전한 재정은 국가신용등급에 영향을 주어 S&P는 러시아의 국가신용등급을 투자적격으로 상향조정한 바 있다.

러시아의 대외채무는 1999년말 GDP의 80%였던 것이 2004년말 20%로 급감했으며 2005년 들어 IMF의 부채를 조기에 상환하고 파리클럽과 부채 조기 상환에 합의하는 등 대외채무 감소에 주력해 왔다.[7] 러시아는 2005년 1월 31일 안정화 펀드(총 265억 달러)로 IMF 부채 33억 달러를 조기 상환하였으며, 2005년 5월 파리에서 러시아와 파리클럽은 러시아의 파리클럽 부채 150억 달러의 조기상환에 합의한 이후, 8월 22일 파리클럽과 약속한 부채 조기 상환액 150억 달러의 상환을 완료하였다. 또한, 2005년 5월 31일 미하일 프라드코프 총리가 IMF와 4,900만 SDRs의 출자에 합의하면서 IMF의 실질적인 채권국 지위를 획득하였다.[8] 이 같은 외채의 감소는

7) Patillo et al.(2002)의 연구에 의하면 러시아의 GDP 대비 최적 부채비율은 15~40%이다.

8) SDRs는 IMF가 국제유동성 부족(shortage of international liquidity)에 대처하기 위해 1970

거시경제의 안정성을 강화시킬 뿐만 아니라, 정부가 재정정책을 사용하는데 수반하는 부담을 감소시키는 역할을 한다.

러시아 재정부는 2005년 3월 16일 수익 창출을 위해 안정화펀드를 해외 블루칩 자산에 투자하는 가능성을 시사한 바 있다. 재정부는 안정화기금 사용에 대해 약 1,700억 달러 규모로 GDP의 70%에 이르며 이 중 60%는 해외 채권에, 40%는 외국인회사 지분에 투자하고 있는 노르웨이의 예를 들면서 러시아도 이 같은 사용을 신중히 검토 중임을 표명한 바 있다. 상기한 바와 같이 안정화기금의 조성은 국내에 초과로 유통되는 외화를 해외에 재투자함으로써 추가적인 수익창구로서의 기능을 수행할 뿐만 아니라 외화반출로 인해 실질환율의 평가절하 효과도 얻을 수 있다. 따라서 러시아 정부는 향후 안정화기금 운용을 통해 네덜란드병 징후를 최소화하고 적절한 사용을 통해 추가적인 이익을 창출하는 방안을 지속적으로 모색해야 한다.

4. 환율 미개입 원칙

러시아의 환율정책은 1995년 7월부터 달러화와 연동하는 크롤링페그(Crawling Peg)제도를 거쳐 외환위기에 직면하게 되면서 환율밴드를 포기하고 1998년에 변동환율제도(floating exchange rate system)를 도입하였다. 이후 그 동안 고평가되었던 루블화가 급격히 평가절하되었고, 이로 인해 높은 인플레이션이 발생하였다. 루블화의 평가절하(depreciation)는 러시아 수출제품의 가격경쟁력을 제고시켜 석유 및 가스의 수출이 급증하면서 고도 경제성장을 이루게 되는 주요 요인이 되었다. 이 기간 동안 러시아 중앙은행의 통화정책기조는 인플레이션을 하락시키는 것이었다. 이 같은 목표를 달성하기 위해 중앙은행은 은행의 대출금을 엄격히 통제하는 정책을 사용하였다. 실제로 인플레이션 압력은 점차 감소하였고 루블화 환율의 평

년부터 발동시킨 국제준비통화로 금과 달러에 이어 '제3의 통화'로 간주되고 있다. SDRs는 IMF 가맹국에 그 출자액의 비율에 따라 무상으로 배분되어, 특정국가가 국제수지 적자 상태에 직면하였을 경우에 그것을 통화당국이나 중앙은행에 인도함으로써 필요한 외화를 입수하여 국제결제에 이용하는 형식의 대체통화이다. IMF 가맹국은 국가별 SDRs 출자 할당이 정해져 있는데, 최대 할당국은 미국으로 전체 SDRs의 17.16%를 담당하고 있으며, 러시아는 2.8%로 전체 10위를 기록하고 있다.

가절하속도도 완만해지기 시작했다. 그러나 에너지 수출을 통한 경제호황이 지속되면서 환율의 평가절상과 네덜란드병 징후라는 새로운 문제에 직면하게 되었으며, 인플레이션 압력도 국내 소비의 증가로 인해 목표치 달성에 실패하게 되었다. 이 같은 현상이 발생하게 되자 러시아 중앙은행은 네덜란드병의 징후는 무시하고 인플레이션의 안정화를 위해 시장에서 달러화를 대량 구매하는 형태로 대달러 환율의 평가절상을 유도하는 정책을 시행하기 시작했다.

러시아 중앙은행은 2005년 8월에 '2006년 통화정책 가이드라인'을 공식적으로 발표하였다.[9] 통화정책 가이드라인의 주요 내용 중 하나는 환율에 대한 개입으로 평가절상을 유도하는 인플레이션 억제정책은 지속적으로 사용할 것이며, 네덜란드병으로 인한 타 산업의 경쟁력 약화를 야기시키지 않도록 조절할 방침이라는 것이다. 따라서 최근 러시아 통화정책의 가장 큰 특징 중 하나는 인플레이션 압력의 해소를 위해 환율에 개입하여 환율의 평가절상을 유도한다는 것으로 볼 수 있다. 러시아의 경우 인플레이션 압력 해소와 네덜란드병 징후의 제거는 트레이드오프(trade off)의 관계에 있다고 할 수 있다. 따라서 한 부문의 목표 달성을 위해 무리하면 이에 따라 다른 부문에 부정적인 효과가 발생하게 된다. 결국 인플레이션 압력의 해소와 네덜란드병 징후를 방지하는 2가지 문제를 한번에 해결할 수 있는 적절한 환율 개입 정도의 여부는 난제라고 할 수 있다.

그 동안 지속되는 환율 개입에도 불구하고 인플레이션 압력은 해소될 기미를 보이지 않고 있다. IMF는 2005년 6월 3일 러시아의 소비가 경제성장보다 급속히 증가하고 있다고 지적하며 2005년말 러시아의 인플레이션은 정부의 인플레이션 타깃인 13.7%를 초과할 것이라고 진단한 바 있다. 부채 조기 탕감, 환율 개입에 의한 평가절상 유도 등 인플레이션 압력의 제거를 위해 다양한 정책을 추진해 왔으나, 최근 소비와 정부재정지출의 급격한 증가로 인해 인플레이션 압력은 더욱 가중될

---

9) 2006년 통화정책 가이드라인의 핵심내용은 기존의 통화량 조절을 통한 인플레이션 억제정책을 포기하고 1990년대 이후의 미국 연방준비제도이사회를 모델링하는 것이다. 미국 연방준비제도이사회(FRB)는 1990년대 들어서 총통화량을 중시하는 통화정책에서 탈피하여 단기정책금리인 연방기금금리(Federal Funds Rate)의 목표를 정하는 방식으로 인플레이션을 조절하고 있으며, 러시아 중앙은행도 최근 수년 간의 총통화증가와 인플레이션 간에 큰 연관성이 없다고 판단하고 미국 연방준비제도이사회와 같이 금리조절을 통한 인플레이션 조절에 중점을 둘 방침임을 표명하였다.

것으로 보인다. 따라서 인플레이션 압력의 해소는 환율 개입에 의한 평가절상 유도의 방식이 아닌 안정화기금 운용과 2006년 도입될 예정인 금리조절을 통해 이루어져야 할 것으로 판단된다. 세계적인 달러화의 강세로 인해 2004년 말부터 2005년 초까지 러시아 루블화의 실질환율은 급속도로 평가절상되었으나, 이후 평가절상 압력은 점차 안정되고 소폭의 평가절하 움직임으로 전환되기 시작했다.

그러나 정부는 인플레이션 압력 해소를 위한 환율 개입을 통해 오히려 평가절상을 유도하고 있다. 현재 러시아의 루블화 환율은 경제 자체에서 감당할 수 없을 정도로 고평가되어 있다고 할 수 있다. 정부가 환율에 대한 개입을 중단하고 시장 기능에 일임하면서 전술한 바와 같이 산업을 다각화하고, 안정화기금을 적절하게 운용한다면 단기적으로 네덜란드병의 피해를 최소화함과 동시에 장기적으로 성장의 동력을 천연자원부문 이외로 다각화하여 지속가능한 성장을 위한 토대를 구축할 수 있을 것으로 판단된다.

제11장

중국의 무역규모 확대와 수출구조 고도화

제1절 무역규모 확대

중국의 무역규모는 2001년 11월말 WTO 가입을 계기로 연평균 30%에 가까운 높은 증가세를 지속하고 있다.

1. 수출

수출은 WTO 가입 효과가 나타나기 시작한 2000년 이후 연평균 25.9%의 속도로 증가하였으며 세계경기의 침체(global recession)로 7% 증가를 기록한 2001년을 제외할 경우에는 연평균 증가율이 30%에 이르고 있다.[1)]

2. 수입

수입도 동 기간 중 연평균 26.4% 증가하였으며(2001년 제외시 30.1%) 무역수지

1) 이에 따라 세계 총수출 중 중국의 비중이 2000년 3.2%(세계 7위)에서 2004년에는 6.1%(세계 3위)로 2배 가까이 확대되었으며 수출의 대GDP 비율도 2000년의 20.8%에서 2005년에는 34.3%로 크게 제고되었다(한국은행, 한은정보, 2006. 3. pp. 64~68 요약·재구성).

흑자(trade surplus) 규모도 4.2배로 증가하였다.

제2절 수출구조 고도화

물량 증가와 더불어 기술집약적 제품(technology-intensive products)의 수출이 크게 증가하는 등 수출구조도 고도화되고 있다. 섬유, 의류 등 노동집약적 소비재(labor-intensive consumer goods)의 수출비중이 하락하고 전자·정보통신, 기계설비 등의 비중이 상승하였다. 또한, 철강 등 기초소재제품의 수출비중은 큰 변화가 없는데 이는 중국 내수시장 규모가 크게 증가하면서 수출산업보다는 내수산업으로 변화한 것으로 분석된다.

〈표 11-1〉 중국 공산품의 수출비중의 변화 (단위: %)

	1998	2000	2003	2005
전자, 정보통신	15.2	18.9	20.6	22.2
조립가공 제품 (기계, 설비)	16.6 (9.5)	18.2 (11.0)	25.8 (19.3)	26.9 (20.2)
기초소재 제품	20.6	19.8	17.2	18.6
소비재 제품 (섬유, 의류 및 가죽)	47.6 (30.7)	43.2 (27.7)	36.3 (22.9)	32.3 (20.3)

자료: KOTIS

제3절 무역규모 확대 및 수출구조 고도화의 요인

1. 단기간의 무역규모 확대 및 수출구조의 고도화는 외국기업이 대규모 중국에 진출한 데 따른 결과로 볼 수 있음

WTO 가입으로 중국 경제에 대한 불확실성이 크게 축소됨에 따라 선진국 및 아시아 국가들의 대중국 직접투자가 크게 증가하고 있다. 1999~2000년 중 아시아금

융위기(Asian Financial Crisis) 여파로 연간 400억 달러 내외로 감소하였던 외국인 직접투자(FDI) 유입액은 2001년 이후 점차 확대되기 시작하여 2004~2005년 중에는 연 600억 달러를 상회하였다.[2)]

2. 이들 외국기업은 IT관련 제품 및 기계설비 등의 생산공장을 중국에 건설하고 자국의 부품 및 원자재 등을 수입하여 중국에서 조립 가공 후 완제품을 수출함으로써 교역량 증가를 주도하고 있음

중국의 총수출 중 외국인기업에 의한 수출비중은 2000년 47.9%에서 2005년 58.3%로 크게 상승하였다.

3. 외국기업의 수출품이 주로 기술집약적인 전자·정보통신 및 기계・설비임에 따라 수출구조가 고도화되고 있음

외국기업의 수출품이 중국제품에 비해 상대적으로 고부가가치인 데다 중국기업의 경우 생산과잉(overproduction) 해소를 위한 저가수출이 증가함으로써 전체 무역수지 흑자(trade surplus)의 50% 이상이 외국기업의 수출입에 의한 것으로 나타나고 있다.

4. 2000~2005년 중 중국의 무역수지 흑자는 241억 달러에서 1,019억 달러로 증가하였는데 이 중 외국기업의 무역수지 흑자가 22억 달러에서 567억 달러로 급증하였음

외국기업의 중국 전체 무역수지 흑자에서 차지하는 비중은 9.1%에서 2005년에는 55.6%로 상승하였다.

---

2) 현재 홍콩(49%) 이외에 미국(9.5%)과 일본(9.2%), 대만(8.4%), 한국(5.4%), 싱가포르(5.2%, 1991년 이후 총투자액 기준)가 중국의 주요 투자국가이다.

〈표 11-2〉 중국 국가별 무역수지 (단위: 억 달러)

	1998	2000	2003	2005
ASEAN	-16.7	-48.8	-164.2	-195.6
NIEs	102.1	34.1	1.7	126.1
일본	14.1	0.9	-147.5	-163.7
EU	74.0	73.4	189.6	702.0
미국	209.7	297.8	586.3	1,142.0
기타	51.5	-116.1	-212.1	-589.8
계	434.7	241.3	253.8	1,021.1

자료: CEIC

제4절 무역흑자 확대 및 수출구조 고도화의 배경

1. 중국의 수출은 급속히 증가하면서 경제성장을 견인해 왔으나 동시에 다음 2가지 부정적 결과도 초래하고 있음

1.1 수출의 급속한 증가 및 무역흑자의 상당부분이 중국에 진출한 외국기업에 의한 것임에도 불구하고 일부 경제학자들은 무역마찰 및 위안(Yuan)화 평가절상 압력의 원인이 되고 있다는 지적을 하고 있음

특히, 중국 무역흑자의 70% 이상(2005년 기준 72.8%)이 대미국 무역흑자이나 이는 아시아 국가간 분업으로 이전 아시아 국가들의 대미 무역흑자가 중국으로 집중된 데에 크게 기인하고 있다. 이전 완제품을 직접 미국에 수출하던 일본 및 NIEs(한국, 대만, 홍콩, 싱가포르), ASEAN 선발개도국(태국, 필리핀, 말레이시아, 인도네시아)들이 생산기지를 중국으로 이전하거나 중국에 진출한 외국기업에 소재부품 및 반제품 등을 수출함으로써 대미 무역흑자가 대중 무역흑자로 전환되고 있다. 품목별로도 전자통신, 기계설비 등의 무역수지는 대미흑자 확대와 함께 대일·대한 무역적자(trade deficit)가 증가하고 있으나 섬유의류의 경우에는 대미·대일·대한 무역흑자가 모두 증가하였다. 또한, 미국은 홍콩(1991~2004년 중 대중 FDI의 49%)을

제외하고는 중국에 가장 많은 직접투자를 한 국가이다(9.5%).

1.2 경제의 수출의존도(export dependence)가 과도하게 높아짐으로써 세계경기의 변화에 취약해지고 내수에 의한 성장이 제약되어 경제의 선순환이 저해되고 있음

중국의 대외의존도(=(수출+수입)/GDP×100)는 70%로 전세계 평균 57%를 크게 상회하고 있다(2004년 기준).

2. 수출구조의 고도화에 따라 중국에 대한 각국의 경계가 강화되고 있으나 이는 외국기업의 중국내 조립가공 수출에 의한 것으로 중국의 산업이 고도화된 것으로 단정하기 어려운 측면이 있음

2.1 고기술 산업인 전자·정보통신의 수출비중 상승은 구미, 일본, 한국, 대만 등의 기업이 단순 조립공정을 중국으로 이전한 데 따른 것으로 전체 공정 중 고부가가치 부분은 여전히 외국기업의 모국에서 수행하고 있음

일본 경제산업연구소는 스마일커브(smile curve)상 부가가치가 낮은 공정만 개도국으로 이전이 이루어지고 있으며 최근 중국으로 이전되고 있는 조립공정은 이전(일본의 1960~1970년대)에 비해 부가가치가 더욱 낮은 수준으로 분석하였다.

* 스마일커브는 비교적 부가가치(value added)가 높은 공정초기의 시제품개발에서 부가가치가 가장 낮은 조립공정을 거쳐 다시 부가가치가 높은 애프터서비스(A/S)에 이르기까지의 업무공정과 부가가치의 관계를 그림으로 나타낸 것임

2.2 정확한 통계는 없으나 중분류 품목을 세분할 경우 중국기업이 생산, 수출하는 것은 아직 상대적으로 저기술, 저부가가치 제품이 대부분인 것으로 추정됨

현재 TV, 세탁기, 냉장고 등 가전제품의 중국산 비중은 매우 높으나 전반적으로 디지털 가전제품은 선진기업에 많이 뒤처진 것으로 평가되고 있다.

(1) 메모리 반도체

메모리 반도체의 경우 한국에 비해 3~4년, 디코더 칩, 광 픽업칩 등 디지털 가전의 핵심 기술력은 5~6년 뒤처진 것으로 추정된다.

(2) 철강 · 석유화학

철강, 석유화학 등의 주요 생산품목도 저부가가치 제품이 중심으로 고부가가치 제품은 수입에 의존하는 상황이다. 철강은 한국과의 기술격차가 4년 정도로 평가되며 석유화학은 한국의 80% 수준의 경쟁력을 가진 것으로 추정된다.

제 5 절 중국 정부의 대응

1. 중국 정부는 수출의존도 및 외국기업 비중이 지나치게 높다는 인식 하에 경제성장전략(economic growth strategy)을 수출 중심에서 내수 중심으로 전환하려는 노력을 지속하고 있음

최근 수년간 내수와 수출의 균형을 도모하기 위한 방안이 모색되고 있으며 2005년부터 시작되는 11차 계획에는 이를 명시하고 있다. 2006년 중에는 수출 억제 및 무역수지 흑자 규모 축소를 위해 수출증치세(부가가치세) 환급비율의 지속적인 인하, 섬유류 수출 자율규제 협약의 성실한 이행 등을 통해 수출증가세의 둔화를 유도한다는 방침이다. 또한, 외국기업에 대해 기술이전(technology transfer) 요구를 강화하는 한편 세무조사 및 자금조달에 대한 관리를 엄격히 하고 그간의 우대조치를 축소하고 있다. 외국기업의 과반수(2003년 53%)가 적자를 기록하고 있으나 이들 중 상당수를 회계장부 조작으로 인지하고 세무조사를 강화하고 있으며 법인세 우대 폐지, 우대 대상의 선별적 축소 및 우대방식 전환 등 우대조치 축소를 추진하고 있다. 또한, 외국기업의 대출한도 축소 등 자금조달에 대한 관리를 엄격하게 시행하고 있다.

〈표 11-3〉 중국 정부의 외국기업 우대제도 축소 현황

법인세 우대 폐지	2005년말 기준 외국기업 15%, 내자기업 30%인 법인세율을 2007년부터 25%로 단일화 추진
법인세 우대방식 전환	기업소득세 세액 감면→감가상각 우대로 전환
법인세 우대대상 축소	국내기업 경쟁업종 우대 폐지, 기술이전 및 고용창출효과가 큰 업종은 계속 우대

2. 중국 정부는 국내기업의 경쟁력 강화를 위해 기술개발 및 해외시장 개척을 적극적으로 지원하고 있음

기업의 연구개발센터(R&D Center) 설립을 적극적으로 지원하고 기능 강화를 유도하고 있으며 제조업의 정보화를 적극적으로 추진하고 자체 상표 개발, 기술 등의 자체개발을 효과적으로 지원할 계획을 세우고 있다.

제12장

중국의 WTO 가입 양허안 이행에 대한 평가

중국 정부는 세계무역기구(WTO: World Trade Organization) 가입 양허안 이행과 관련하여 전반적으로 긍정적인 자체평가를 내리고 있다. 주요 분야별로 살펴보면 은행업의 경우 국유상업은행의 주식제 전환, 외자은행의 위안화 업무확대 등 금융개혁(financial reform)의 성과를 제시하고 있다. 보험업분야에서는 전(全)보험업종에 대한 지역제한이 폐지되고 중국인에 대한 생명보험사의 특수보험상품(건강, 단체, 양로, 연금보험 등) 판매를 허용했다는 점을 지적하고 있다. 농업부문의 농산품 쿼터 축소와 소매업분야에서 외자소매기업들이 중국내 모든 지역에서 합법적으로 점포를 설립할 수 있게 되었다는 점을 강조하고 있다.

자동차산업의 경우 관세와 비관세장벽(tariff and non-tariff barriers) 모두 양허안 일정에 따라 낮추었고, 수입쿼터(import quota)의 경우에도 단계적으로 폐지했다고 언급하였다. 정보통신분야 양허안과 관련하여 외자허용범위를 점진적으로 확대해나가고 있음을 지적하고 있다. 운송업도 고속도로 운송기업 설립과 외자확대를 긍정적으로 평가하고 있다. 반면에 국유기업 개혁 지연과 정부간섭, 지적재산권(intellectual property rights) 보호문제 등 여전히 부정적인 요인들이 지적되고 있다.

본 장에서는 중국의 WTO 가입 양허안 이행현황을 주요 분야별로 분석한 대외경제정책연구원의 보고서를 중심으로 살펴보고자 한다.[1)]

---

1) 대외경제정책연구원, 세계경제, 2005. 3. pp. 48~57 요약・재구성

〈표 12-1〉 은행업 개방일정

개방일정	위안화영업	
	대상고객	지역제한
가입(2001. 12) 직후	외자기업에 한정	상하이, 선전, 톈진, 다롄
1년(2002. 12) 이내		광저우, 주하이, 칭다오, 난징, 우한
2년(2003. 12) 이내	중국기업으로 확대	지난, 푸저우, 청두, 충칭
3년(2004. 12) 이내		베이징, 샤먼, 쿤밍, 시안[1], 선양[1]
4년(2005. 12) 이내		산터우, 닝버
5년(2006. 12) 이내	개인으로 확대(고객제한 폐지)	지역제한 폐지

주: 1) 시안, 선양은 예정일(2005. 12)보다 1년 앞당겨 개방됨
자료: 한국은행 베이징 사무소, 2004. 12. 6.

제 1 절 주요 분야별 이행현황

1. 은행업

중국 정부는 WTO 가입 양허안에 WTO 가입과 동시에 오는 2006년까지 국내금융시장을 전면 개방하기로 했다. 동 양허안에 따라 중국은 2001년 외환업무를 전면 개방하고, 2003년 12월 외자은행의 위안(Yuan)화 업무고객대상을 중국기업으로 확대하였다. 중국 은행감독관리위원회는 2004년 12월에 중국내 기업을 대상으로 한 위안화 영업 허용지역에 5개 도시(베이징, 샤먼, 쿤밍, 시안, 선양)를 추가한다고 발표한 바 있다. 이로써 2001년 12월 은행업 개방 이후 중국은 현재까지 116개 외국계 은행에 대해 위안화 업무를 허가하였으며, 18곳에서 은행들이 위안화 업무를 진행하고 있다. 시안(西安), 선양(瀋揚)의 경우에는 당초 WTO 가입에 따른 시장개방계획(market opening plan)보다 1년 앞당겨 개방된 경우이다. 그밖에 양허안의 개방일정을 앞당긴 사례로 중국은행의 단일 외자 참여주식 제한 완화(15% → 20%) 및 외자은행 분점 영업자본의 등급과 액수요건이 완화된 점을 들 수 있다. 그리고

외자은행의 파생상품서비스 및 보험회사 외환자금 국외투자관리업무를 허용하여 이미 6개 상업은행이 국외투자자의 주식참여 허가를 득한 바 있다. 이에 대해 중국은행들은 외자은행에 위안화 업무를 전면 개방함으로써 대규모 예금이동이 발생하고 이로 인해 국내은행이 위기에 봉착할 수 있음을 우려하고 있다. 그러나 한편으로 중국 은행감독관리위원회는 국유상업은행의 개혁이 적극적인 영향을 미친 것으로 보고 있다는 긍정적인 평가를 하고 있다.

2. 보험업

보험업에서는 전(全)보험업종에 대한 지역제한이 폐지되고 중국인에 대한 생명보험사의 특수보험상품(건강, 단체, 양로, 연금보험 등) 판매도 허용했다. 생명보험의 일반상품 판매는 WTO 가입 직후 허용되었으며 생명보험사는 WTO 가입 5년 이후에도 합자회사형태로만 진출이 가능하다. WTO 가입 이후 중외합작생명보험회사인 '중·이탈리아생명보험유한공사'가 2002년 1월 15일 처음으로 허가를 받아 광저우에 설립되었으며 이와 유사한 합작회사로는 중프생명보험, 중미메트라이프 등이 있다. 또한, 중국항공그룹과 한국삼성생명, 동방항공과 대만국태(國泰)생명보험의 합작도 준비 중에 있다. 세계적인 대형보험회사들은 기본적으로 이미 중국시장에 진입한 것으로 간주할 수 있으며 2003년 말까지 총 39개 외국보험회사가 중국에 70여개의 영업기구와 124개의 지사를 설립하였다.

감독부문에서도 신속하게 국제표준(international standard)에 근접해 가는 가운데 가장 주목할 사항은 상환능력감독의 핵심적 원칙을 수립하는 것으로, 대형 보험회사들이 개혁을 통해 회사의 상환능력을 증대시키도록 유도하고 있다. 대형화도 이루어져 현재 상하이에 상장된 3개 보험회사의 총시장점유율은 전체 시장의 50%를 초과하고 있다. 동시에 신규진입도 증가하여 2004년 상반기에 중국보험감독위원회는 신규로 18개의 각종 중국보험회사 설립을 비준한 바 있다. 중국은 현재 외자보험회사의 시장점유율이 5%에도 못 미치고 있으나 단체보험업에서의 경쟁이 격화되고 있는 점을 주시하고 있다. 이는 향후 이 분야의 시장이 급성장할 것으로 보이기 때문이다.

〈표 12-2〉 보험업 개방일정

개방일정	생명보험	비생명보험	보험중개인	지역제한
가입직후	외자비율 50%	외자비율 50%	외자비율 50%	상하이 등 5개도시
1년 이내				
2년 이내		독자회사 허용		베이징 11개 도시
3년 이내			외자비율 51%	지역제한 폐지
4년 이내				
5년 이내			독자회사 허용	

자료: 한국은행 북경사무소, 2004. 12. 6.

3. 증권업

WTO 가입 양허안 증권업분야 개방과 관련하여 2004년 12월 기준 외국기관이 외국기관투자자(QFII) 자격을 획득하였으며 중국 증권감독위원회가 13개 중외합자 기금관리회사를 비준한 바 있다. 합자증권회사로 현재 화어우(華歐)국제증권회사 및 장강페레그린(百富勤)증권회사가 있으며 외국 측 지분율이 평균 33%인 것으로 나타나고 있다.

중국 증권감독위원회 국제부는 증권업분야의 개방과 관령하여 시장개방영역의 선택은 심사숙고를 필요로 하며, 시장에 큰 충격을 줄 수 있는 영역은 개방하지 않았다. 개방이 여기서 멈춘다는 의미는 아니고 발전상황에 따라 다음 도하협상 중에 구체화될 것임을 언급하고 있다. 이 같이 증권업의 경우에는 타 분야에 비해 개방이 상대적으로 미흡하다고 볼 수 있으며 중국의 현행 증권법에서 알 수 있듯이 중국 내부적으로 문제점이 나타나고 있다.

〈표 12-3〉 현행 증권법의 문제점

1	은행, 증권, 보험, 신탁의 분리경영과 분업감독관리에 대한 규정이 실제 시장수요와 부합하지 않음
2	자본시장에서 현물거래만을 강조함
3	증권회사의 자본 및 증권모집업무를 금지함
4	'국유기업과 국유자본기업은 상장 거래하는 주식을 매매하지 못한다', '은행자본이 규정을 위반하고 주식시장에 유입하는 것을 금지'한다는 조항의 '매매, 규정위반' 정의가 불분명하고 경계선이 명확하지 않음

4. 농업

2001년말 WTO 가입 이후 3년 동안 농산품쿼터 적용품목 수는 양허안 일정에 맞추어 감소했다. 그러나 중국 측은 쿼터 축소에 따라 중국 농산품이 받은 충격은 전체적으로 크지 않다고 평가하고 있다. 그 이유로 다음 2가지를 지적하고 있다.

① 농산품의 수입액이 농산품 총가치비중의 5% 수준이라는 점
② 대국효과로 인하여 중국이 수입을 증가시킬 경우 세계농산품가격이 상승하기 때문에 오히려 수입의 지속적 증가를 제한하고 있다는 점

농산품 수출에서는 중국의 WTO 가입 3년 동안 동 품목의 수출 성장속도가 급속히 진행되어 2002년 농산품수출액이 13%, 2003년에 18% 증가를 기록했고, 향후 10% 정도 증가할 것으로 예상하고 있다.

5. 소매업

'외상투자상업영역관리판법'이 2004년 6월 1일 발효되어 외자소매기업들이 중국내 모든 성급 성시에서 합법적으로 점포를 설립할 수 있게 되었다. 일부 중소형 외자소매기업은 지방상업주관부문의 직접 심사비준이 가능하게 되었다. 동 판법에 따라

2004년 12월 11일 이후에는 상업분야 개방의 지역적 제한을 전면 철폐하였다. 일반적으로 소매분야의 경우 전체적으로 WTO 양허안 기준에 매우 근접한 상태이며, 개방분야의 양허안 요구를 충실히 이행하고 있다고 판단된다. 더욱이 이 같은 여건하에서 국내 소매업구조에 큰 충격은 없는 것으로 분석하고 있다. 양허시기가 종료된 이후에는 외국자본이 인수·합병(M&A)을 통해 확대될 가능성이 큰 것으로 보고 있다.

6. 자동차산업

중국은 자동차산업분야의 관세와 비관세 장벽 모두 양허안 일정에 따라 낮추고 있다. 수입쿼터의 경우 2003년 1월 1일 엔진, 2004년 1월 1일 화물차, 2005년 1월 1일에는 주요 자동차 완제품 및 승용차의 쿼터 허가증이 일정에 맞추어 폐지되었다. 2004년 발표된 산업정책에 따르면 수입차와 국산차의 유통망은 별도로 구분하고 있지 않으며 상표 및 소매망의 최종법규 제정이 현재 진행 중에 있다. 한편, 동 산업과 관련한 지적재산권 보호와 시행도 중국 자동차분야에서 주목의 대상이 되고 있다. 즉, WTO 가입 이후 브레이크, 스티어링 및 미션시스템 등의 자동차제품에서 지적재산권 위반사례가 증가하여 이에 대한 특허를 소유하고 있는 자동차 메이커들에 손실을 입히고 있다고 지적되고 있다.

또한, WTO 가입과 동시에 중국이 모든 무역 관련 투자조치(TRIMs)를 폐지하기로 동의하였으나 현재 차량이나 부품의 수입에서 현지화 요구수준을 정하여 놓은 것은 양허안과 상충된다고 지적받고 있다.

〈표 12-4〉 자동차 쿼터제 폐지 일정

일 정	품 목
2003. 1. 1	엔진
2004. 1. 1	화물차
2005. 1. 1	자동차 완제품 및 승용차

7. 정보통신

정보통신(IT)분야 양허안과 관련하여 중국의 '외국인산업지도목록' 규정에 따르면 부가통신, 기초 통신업 중 무선 호출서비스의 경우 2001년 12월 11일부터 외국인투자를 허용하였으나 외자비율 30% 이하로 제한하다가 2002년 12월 11일까지는 외자비율 49% 이하로 하였으며 2003년 12월 11일 이전에는 외자비율을 50%까지 허용한 바 있다. 기초통신업 중 음성 및 정보서비스는 2001년 12월 11일부터 외국인투자를 허용하였으나 외자비율 25% 이하로 제한, 2002년 12월 11일까지는 35% 이하, 2004년 12월 11일 이전에는 49%까지 외자를 허용했고, 2006년 12월 11일까지 외국인 독자투자를 허용하기로 하였다.

중국 정보산업부는 15개의 해외사업자가 부가통신서비스의 라이선스에 지원하였고, 2개의 통신사업영업권을 발행했다고 발표한 바 있다. 그러나 외국 통신사업자 중에서 아직까지 중국에서 실적을 내고 있는 기업이 없는 실정이다. 이는 통신서비스업에 대한 시장 자체의 진입장벽(entry barrier)이 높고 중국 내에 법적 안정성과 투명성(legal stability and transparency)을 보장하는 장치가 부재한 데 원인이 있다고 할 수 있다.

〈표 12-5〉 기초 통신업 외자허용 확대 일정

분 류	외자허용범위
무선호출서비스	30%(2001. 12. 11)→ 49%(2002. 12. 11)→ 50%(2003. 12. 11)
음성 · 정보서비스	25%(2001. 12. 11)→ 35%(2002. 12. 11)→ 49%(2004. 12. 11)
	→ 독자투자(2006. 12. 11)

8. 석유화학

석유화학분야의 개방은 2004년부터 전개되어 2004년 1월 1일 3대 국영기업 수입의 쿼터관리를 폐지했다. 4월에는 10개 원유수입무역기구를 새롭게 비준했다. 8월

말에는 15개의 비국영기업이 원유품목의 수입자격을 부여받은 바 있다. 그러나 규정상 수입원유는 중국 내 정유시설에서 가공해야 하고 쿼터(quata)에 의해 수입하도록 되어 있다. 10월에는 프랑스 토탈과 중국중화집단이 합자 주유소 건설계약을 체결하였으며 11월에는 영국 BP와 중국석화 및 중국석유가 각각 합자 주유소 건설계약을 체결하였다.

WTO 가입 양허안에 따르면 3년 이내 제품유(油)의 소매를 개방하고, 가입 5년 이내 제품유의 도매를 개방하도록 하고 있으나 아직까지 가시적인 변화는 나타나지 않고 있다.

9. 운송

운송분야에서 고속도로운송의 경우 2002년 12월 1일 외국인투자자들이 중외합자 형식을 통해 중국 측과 공동으로 외자지분 소유경영의 중외합자 고속도로운송기업을 설립할 수 있으며 그 중 외자비율이 75%까지 가능하게 되었다. 이에 비해 철도운송개방의 속도는 느린 편이어서 이제까지 외자지분 소유의 철도는 없는 실정이다. 이는 철도부의 정경일체(政企合一) 성격이 강하여 외국인투자자들의 진입이 어렵고 철도산업에 있는 엄격한 가격제한과 배차시스템이 외자 진입의 장애요인이 되고 있기 때문이다.

10. 건축

건축분야는 WTO 가입 이후 중국 건설부가 당시 외경무부와 연합으로 '외상투자건설업기업관리규정'(건설부, 대외무역경제합작부 부령 제113호)을 선포하고, 2002년 12월 1일부터 시행했다. 건축업의 개방은 비교적 급속히 진행되었으며 외자 진입도 비교적 많은 분야로 평가된다. 그러나 외자기업이 허가를 얻을 수 있는 공정유형은 제한적이며 외국인투자자의 주요 관심도 대형공정 위주로 되어 있다.

11. 여행업

여행업과 관련하여 중국 호텔업은 이미 전면 개방된 상태이며 주요 세계적인 대형 호텔들이 이미 중국시장에 진입해 있다. 여행사 업종에서는 2003년 7월 중국국가여행국이 WTO 양허안을 4년 앞당겨, 중국 최초의 외상독자여행사 설립을 비준했다. 2004년말 기준 중국에는 5개의 외국인 독자여행사, 13개의 합자여행사가 운영되고 있다. 그러나 외국 여행사들은 아직 해외여행업에 종사하는 것이 금지되어 있다.

12. 영상산업

영상산업은 2003년말 이후 동 분야에 대한 전면적인 개방이 추진되고 외자에 의한 제작까지 허용하는 등 개방 폭이 더욱 확대되고 있다. 영상산업 개방과 관련하여 2003년 12월 광전총국은 중외합자의 영화제작 및 배급회사의 설립을 허가하였다. 2004년 10월 10일에는 외자가 영화제작사업에 진입하는 것을 허용하고 외자 상한을 49%로 하였다. 2004년 10월 중 워너브라더스(Warner Brothers) 영화사가 중영그룹, 횡점그룹과 공동으로 중영워너횡점 영화사의 설립비준을 획득하였다. 2004년 11월 25일 소니(Sony)도 중영그룹과 중외영화제작합작공사를 설립한다고 발표하였다. 이전에 미국 비아컴(Viacom)은 상하이문광(文廣)뉴스미디어그룹과 베이징TV방송국과 TV제작사업의 합작을 진행하였다. 2004년 11월 28일부터 외국미디어그룹은 중국 내의 방송 TV프로그램 제작 경영기업의 주식을 소유할 수 있게 되었는데, 이 경우 중국 측의 지분보유율이 51%보다 적어서는 안 된다고 규정하고 있다.

한편, 영화에 대한 인터넷 저작권 침해사례가 증가하고 있다는 점이 지적되고 있어서 중국은 엔터테인먼트(entertainment) 상품에 대한 시장접근을 제고시키기 위한 실질적 시장을 구축해야 하는 과제에 직면해 있다.

〈표 12-6〉 영상산업 개방현황

개방일정	내 용
2003년 12월	· 광전총국, 중외합자의 영화제작 및 배급회사의 설립허가
2004년 10월	· 외자의 영화제작사업 진입허용, 외자 상한선 49% 규정 · 워너브라더스영화사, 중영그룹과 횡점그룹 공동으로 중영워너횡점영화사 설립 비준 획득
2004년 11월	· 소니, 중영그룹과 중외영화제작합작공사 설립 발표 · 외자미디어그룹, 국내 방송 TV프로그램 제작 경영기업의 주식소유, 중국측 지분보유율 51% 이상 규정

13. 언론출판

중국은 2002년 외국투자자에 대하여 도서, 신문, 정기간행물의 소매시장을 개방한 바 있다. 동 분야의 개방 정도를 살펴보면 현재 11개의 외상 출판물 소매기업을 비준하여 이 중 2002년 홍콩의 판화그룹이 인민일보와 따화미디어공사를 설립하여 국내 간행물 및 도서에 대한 도소매업에 참여하고 있다. 2004년 7월 5일에는 TOM그룹이 정식으로 컴퓨터 신문(電腦報)과 합작 비준을 획득하였다. 2004년 4월에는 북대칭냐요(青鳥)그룹은 '중국천연보'와 중청신문업 미디어발전유한공사를 설립했다. 그러나 여전히 지적재산권 침해와 합법적 상품을 공급하는 시장에 대한 접근의 제한이 주요 장애물이 되고 있다.

〈표 12-7〉 분야별 WTO 양허안 이행 평가

항 목	평 가
은행업	· 위안화 업무를 전면 개방함으로써 대규모 예금이동이 발생하여 국내은행에 위기감이 고조되고 있음 · 국유상업은행의 개혁에 보다 적극적인 영향을 미칠 것으로 보임
보험업	· 외자보험회사의 상장점유율은 낮으나 단체보험업에서의 경쟁이 격화될 것으로 예상됨
증권업	· 채권시장 규모가 작고 금리선물과 같은 리스크 회피수단이 도입되지 않고 있어 시장기능이 원활히 작동하기까지 상당한 기간이 소요될 것으로 예상됨 · 주가지수선물제도를 실시할 수 있는 여건을 제대로 갖추지 못한 것으로 파악됨
농업	· 동식물 검역에 관한 새로운 조치들이 WTO에 미리 통지되지 않고 내용상 계약을 체결하기 전에 검역수입허가를 필수로 규정하는 등 비관세장벽 면에서 시장의 불확실성을 조성하고 해외투자를 억제하는 부분이 지적되고 있음
소매업	· 소매영역은 전체적으로 양허안 수준에 근접하는 것으로 보임 · 외자도입속도도 빨라지고 있으나 국내소매업 구조에 큰 충격은 미치지 않고 있음
자동차	· 합자기업 및 민영기업의 대량 진입으로 자본이 활발해졌으나 산업진입이 완전개방된 것은 아님 · 관련 규정과 정책들의 명확성과 WTO 규정 부합성이 더욱 제고되어야 함 · 브레이크, 스티어링 및 미션시스템 등의 자동차 제품에서 지적재산권 위반사례가 증가하고 있음
정보통신	· 법률적으로는 점진적인 개방을 하고 있으나 정부의 경쟁정책 확대, 통신기술의 급속한 변혁 등으로 인해 외국기업에서 투자비용 대비 예상수익 저조로 단기간내 일정 규모의 시장형성이 어려움 · 중국내에 법적 안정성과 투명성을 보장하는 장치가 부재한 상태임
석유화학	· 본격적인 개방이 WTO 양허안 일정보다 상당히 지체됨
운송업	· 철도운송에서 산업체제 개혁 정체로 인해 외국자본의 진입을 억제하고 있음
건축업	· 외자기업이 허가를 받을 수 있는 공정 유형이 제한적이며 외국자본의 주요 관심이 국내 건축시장보다는 대형공정에 관심이 많음
여행업	· 독자와 합자 지주회사 여행사들은 이윤이 가장 큰 해외여행업에 종사하는 것이 금지되어 있음
영상산업	· 인터넷 저작권 침해, 특히 영화에 대한 침해 사례가 중국 각 도시마다 광대역 인터넷 연결의 보급이 증가함에 따라 같이 증가하고 있음
언론출판	· 지적재산권 침해와 합법적 상품을 공급하는 시장에 대한 접근 제한

제 2 절 평가와 전망

1. 평가

중국 정부는 2001년말 WTO 가입 이후 경제규모와 정치적 영향력에 적합한 위상 제고를 위해 '시장경제지위' 확보를 위한 외교적 노력을 강화하고 있다. 그러나 여전히 미국이나 유럽연합(EU) 등 중국의 주요 교역국으로부터 동 지위를 인정받지 못하고 있다.

2. 전망

향후 시장경제지위 확보를 위한 중국 정부의 노력은 결국 전술한 WTO 가입 양허안 분야별 이행 진전과 같이 진행될 것이며 동 이행 속도도 점차 가속화될 것으로 전망된다.

제13장

중국의 11차 5개년 계획의 주요 내용 · 전망 · 과제

중국은 성장률 우선 정책을 탈피하여 소득격차 해소, 경제효율성(economic efficiency) 제고 등 균형 및 안정 성장을 추구하는 '11차 5개년 계획안'을 채택한 바 있다. 이는 그 동안 투자주도형 성장에 따른 자원의 과소비 및 환경오염(environmental pollution), 사회적 불균형(social imbalance) 심화 등을 방치할 경우 지속적인 성장을 이루기 어렵다는 판단에 기초한 것으로 평가할 수 있다.[1)]

본 장에서는 중국이 최근에 채택한 '11차 5개년 계획'의 주요 내용과 전망을 살펴보고 과제를 진단하고자 한다.

---

1) 다수의 경제학자들은 11차 5개년 계획의 성장 및 소득격차 축소 등의 목표는 달성 가능성이 커 보이나 자원사용의 효율성 제고 및 환경오염 억제는 큰 성과를 거두기 어려울 것으로 판단하고 있으며 재정적자(fiscal deficit) 급증 및 지방정부의 과도한 성장의욕 등도 전체적인 계획 추진에 장애요인이 될 것으로 지적하고 있다(한국은행, 한은정보, 2005. 12. pp. 59~64 요약 · 재구성).

제1절 주요 내용

1. 성장률 우선정책의 탈피

중국 공산당은 제16기 중앙위원회 제5회 전체회의(2005. 10. 8~10. 11)를 통해 2006년부터 시작되는 '11차 5개년 계획안'을 채택한 바 있다.[2)]

1.1 이번 계획은 '계획'이라는 용어를 '규획(規劃)'으로 변경하고 경제적, 사회적 불균형의 시정 및 경제성장 방식의 전환을 중시하고 있는 것이 특징임

계획이 반드시 달성해야 한다는 강제적인 의미가 있는 반면 규획은 방향을 제시하는 것(가이드라인)으로 계획경제 이미지에서 탈피하여 시장중심의 경제운용을 부각시키기 위한 것으로 평가된다. 중국 경제의 지속적이고 안정적인 성장을 위해 사회 각 부문의 균형적 발전을 강조하는 한편 '고성장(較快成長)' 앞에 '안정적(平穩)'이라는 수식어를 새롭게 첨부하였다. 이는 경제성장의 내용과 지속성 및 성장의 사회적 혜택(social benefit) 등을 중시하는 후진타오 주석의 '과학적 발전관'을 반영한 것으로 이해할 수 있다.

1.2 이를 위해 3농문제의 해결, 지역간 균형발전, 자원의 효율성 제고 및 환경오염 억제, 기술개발 및 인력 육성, 조화로운 사회 건설 등 7개 중점 추진과제를 선정하였음

소득격차 축소 및 사회보장혜택 확대를 통해 소비를 진작함으로써 소비의 성장기여도를 제고하는 한편 경제효율성을 제고시켜 성장의 안정성과 지속성을 증대시키는 전략을 수립하였다. 특히, 구체적인 목표로 1인당 GDP를 설정(2000년 수준의 2배로 확대)한 것은 성장보다 소득격차의 시정을 위한 분배를 중시하겠다는 의지로

2) 계획안은 이를 근거로 보다 구체적인 계획을 수립하여 다음해 '전국인민대표회의'에서 수정 없이 통과되는 것이 관례이다.

평가된다. 또한, 3농(농업·농촌·농민)문제의 해결을 최우선 과제로 설정하는 한편 도시 저소득층의 소득증대와 사회적 갈등(social conflict) 요소의 해소 등 불균형 해소를 위한 과제에 큰 비중을 부여하였다(농업의 현대화, 농촌 공공사업 추진 등과 더불어 도시 저소득층의 세금부담 완화 및 최저임금의 인상 등을 추진한다는 방침). 전체적인 내용으로 볼 때 중국지도부의 전략이 이제까지의 선부론(先富論)에서 탈피하여 공부론(共富論)으로 전환한 것으로 평가할 수 있다.

〈표 13-1〉 11차 5개년 계획의 중점추진 과제

분류	과제	세부방안
소득 격차 해소	3농문제의 해결	농업기술의 생산력 제고, 공공사업의 추진, 농민수입 증대, 농촌 인프라투자 확대
	지역간 균형 발전 촉진	서부·중부·동북 지방의 비교우위에 입각한 발전 추진, 지역간 생산요소·자원이동 확대 및 협력 증진, 낙후지역에 대한 공공서비스 확대, 농촌과의 균형을 고려한 도시화 촉진
	조화로운 사회 건설	취업기회 확대, 사회보장체제 확립, 소득분배 개선, 중산층 확대, 최저임금 인상 및 저소득층 주거·의료·교육지원 등
경제 효율 제고	산업구조의 고도화	기술수준 제고, 서비스업 발전 추진, 인프라 건설 확대
	자원절약·환경오염 억제	순환경제 발전, 자원절약·환경친화형 사회건설
	개혁 심화 및 개방 확대	행정관리체제개혁, 재정·세제·금융시스템 개혁, 시장친화적 시스템 건설, 수출 고부가가치화 추진
	기술 개발 및 인재 양성	핵심분야에 대한 과학기술 개발, 교육시스템 발전, 인재 육성

2. 균형 · 분배 · 효율성 중시

11차 계획에서 균형(equilibrium)과 분배(distribution), 효율성(efficiency) 등을 중시한 것은 그 동안의 투자주도형 성장우선 전략으로는 더 이상의 성장이 어렵다는 판단에 기인한 것으로 볼 수 있다.

2.1 고성장이 주로 지방정부의 효율성을 고려하지 않은 경쟁적인 투자(competitive investment)에 의해 달성됨으로써 과다한 자원·에너지 소비와 심각한 환경오염이 유발되고 있음

국가발전개혁위원회는 2004년 세계 GDP에서 중국이 차지하는 비중은 4%에 불과하나 석유소비는 7.4%, 원탄소비는 31%를 차지하는 등 에너지 자원 소비량 비중이 12%에 이른다고 보고하였다. 중국의 GDP 1단위당 에너지 소비량은 미국의 4배, 독일의 7배, 일본의 8배에 이르는 것으로 추정된다. 2002년 이후 에너지 소비증가율이 10% 이상을 기록함으로써 에너지 탄성치는 2000년 0.02에서 2004년 1.60으로 크게 악화되었다. 중국의 16개 도시가 세계에서 환경오염이 가장 심각한 20개 도시에 포함되었으며, 수질오염이 전국토의 70%에 영향을 미치고 있고 대기오염(air pollution)에 의한 사망자가 매년 40만명을 상회하는 것으로 조사되고 있다. 사회과학원은 환경오염 비용을 반영하여 경제성장률을 환산할 경우 1980~2000년 연평균 GDP 성장률은 9.6%에서 6.8%로 크게 축소된다고 지적한 바 있다.

2.2 최근 수년간 성장 동력을 투자에서 소비로 전환하기 위한 노력에도 불구하고 가시적인 성과가 나타나지 않고 있는 주요 요인으로 계층간, 지역간 격차의 심각성을 지적하고 있음

중국의 지니계수는 0.45로 위험수준(0.4)을 이미 초과하였으며 도농(都農) 간의 소득격차도 확대되고 있다(1997년 2.47배→2003년 3.23배). 31개 지역(성, 자치구, 직할시)간 1인당 GDP가 최대(상하이시/귀주성) 13배의 격차를 보이고 있으며 발전에서 소외된 농촌 및 내륙지역을 중심으로 불만이 제고되어 2004년 중 공식적으로 74,000건 이상의 시위 및 폭동이 발생하는 등 최근 소득격차 확대는 사회불안정(social instability)의 주요 요인이 되고 있다. 저소득층 및 농촌의 소득 부족, 사회보장 혜택 축소, 주택구입 및 교육비 부담 등으로 소득 증가에도 불구하고 저축만 증가하고 소비는 부진한 상태이며, 최근 수년간 투자억제 및 소비확대 노력에도 불구하고 투자의 GDP 비중이 2000년 36.4%에서 2004년 44.2%로 상승한 반면에 소비비중은 61.1%에서 53.0%로 하락하였다.

제2절 전 망

1. 11차 5개년 계획기간 동안 1인당 GDP 2배 확대라는 성장률 목표는 용이하게 달성될 것으로 예상됨

이는 연평균 7~8% 성장으로 용이하게 달성할 수 있는 수준으로 최근 성장속도를 고려할 때 성장우선 정책에서 다소 후퇴한 것으로 평가할 수 있다(2001~2004년 연평균 GDP 성장률은 8.7%임). 국가발전개혁위원회는 동 목표에 대해 인구증가 등을 고려할 경우 연간 7.5% 정도 성장으로도 달성할 수 있는 다소 낮은 수준으로 지적하고 있다. 국가통계국도 2005년 11월 17일 자료를 통해서 11차 계획기간 중 GDP 성장률은 연평균 8.5% 수준이 될 것이라고 전망한 바 있다. 계획기간 중 북경 올림픽, 상해 EXPO 등 대형 국제행사가 예정되어 오히려 목표보다 훨씬 빠른 성장이 지속될 우려가 크다.[3]

2. 중점추진 사항인 소득격차 축소 및 소비비중 확대는 어느 정도 성과를 거둘 수 있을 것으로 예상됨

농업세 폐지 확대, 농촌 내 완전한 무상 의무교육 실시, 농촌지역 사회간접자본(SOC) 투자 확대, 최저임금의 지속적 인상, 면세점 인상 등의 다양한 대책이 소득격차 축소 및 소비 확대에 기여할 것으로 평가된다. 즉, 농업세 폐지 조치의 전지역 확대 실행은 가처분소득(disposable income) 1% 증가, 농촌지역에 대한 완전무상 의무교육 실시는 농촌가구 소비지출의 2.3%에 해당하는 지원 효과를 발생시킬 수 있을 것으로 예상된다.[4]

---

3) 일본의 민간연구소들은 국제행사의 성장률 제고효과에 대해 올림픽이 2005~2008년 중 매년 0.3~0.4%포인트, EXPO는 2004~2009년 중 0.03%포인트 내외, 2010년 0.4%포인트 이상이 될 것으로 추정하고 있다.

4) 현재는 25개성에서만 농업세가 완전히 폐지되었으며 그 동안의 의무교육에도 불구하고 수

재정부에 따르면 또한 면세점 인상(2006년부터 월 소득 800위안에서 1,600위안으로 인상됨)으로 인해 연 가계소비의 약 0.3%에 해당하는 200억 위안 이상의 가처분소득이 증가할 것으로 예상된다. 최근 들어 상해 및 항주, 소주, 광주 등의 최저임금이 각각 8.7%, 19.2%, 14.8%, 34.1% 인상되는 등 이전에 억제상태에 있던 최저임금의 인상 폭 및 지역이 확대되고 있다. 노동력 부족 및 최저임금 인상이 연안지역을 중심으로 확산되면서 외국인투자를 노동력이 풍부한 내륙지역으로 유인하는 요인으로 작용하고 있다.

3. 에너지 소비 효율성 개선, 환경오염 억제 등에서는 성과를 거두기가 용이하지 않을 것으로 예상됨

에너지 관련 세금의 도입 및 강화(2005년 9월부터 정유업자 및 원유 생산자에게 리터당 0.1~0.28 위안의 연료소비세가 부과되고 있음), 관련 산업의 통폐합, 환경기준 강화 등의 정책을 통해 에너지 효율성 제고 및 오염 억제를 도모하고 있으나 이해당사자의 반발 및 비용 부담 확대가 장애요인으로 작용하고 있다.

연료세(fuel tax)의 도입이 국가발전계획위원회 등에 의해 강력하게 제기되고 있으나 농민 등에 대한 부담 확대가 정치적 부담으로 작용하고 있으며, 산업 효율성(industrial efficiency) 확대 제고를 위한 기업 통폐합도 관련 지방정부 및 해당 업체의 반발이 예상되고 있다. 중앙정부에서도 다수의 오염을 유발하는 석탄 등에 대해 보조금을 지급하는 등 아직까지 환경보호 및 자원절약보다는 경제성장이 우선시되고 있다. 지방정부의 이해관계가 장애로 작용하여 기업구조조정이 진행되지 못한 채 상당수 산업에서 군소 기업들이 시장을 분할하고 있는 상황이다. 정부기구 중 환경청(SEPA)의 직급이 낮고 인원 및 예산이 부족하여 강화된 환경기준 적용 등 오염 단속의 실효성 확보가 용이하지 않은 실정이다.

경제적 비중이 높은 향진기업(생산의 1/3, 수출의 1/2)들은 영세하여(평균직원 6명) 강화될 환경기준을 충족시킬 능력이 없는 것으로 평가되고 있으며 소득확대에 따른 자동차 보급 확대도 대기 오염수준을 더욱 악화시킬 것으로 전망된다.

업료를 제외한 교과서 및 부대비용 부담이 큰 편이었다.

제3절 과 제

1. 정부 재원 확보 및 지방정부의 협조

'11차 5개년 계획'에서 중점을 두고 있는 소득격차 축소 및 사회보장 강화, 자원 효율성 제고 및 환경오염 억제 등을 위해서는 이를 위한 재원 마련 및 지방정부의 협조가 중요하다. 그러나 중국의 재정적자(fiscal deficit) 현황 및 지방정부의 성장 의욕 등을 고려할 때 전체적인 계획 추진에 다수의 어려움이 있을 것으로 보인다.

1.1 재정적자 확대 가능성 대두

계획에 따르면 정부의 사회보장비 및 농촌 개발 등 인프라스트럭처 투자 지출 수요가 크게 증가하는 반면에 정부수입은 향후 성장세 둔화, 소득세·농업세 부담 감면 등으로 증가세가 오히려 축소될 것으로 보인다.

(1) 서부대개발 계획에 더해 동북3성 재개발, 내륙 공업지역 육성 등을 위해서는 향후 재정지출 규모가 지속적으로 확대될 것으로 예상됨
(2) 무상교육 지출, 세금 감면 등의 예상 금액만 1,100억 위안(2004년 GDP의 0.8%에 해당)을 초과하고 있으며, 향후 의료보험 및 연금 부담액의 대폭 증가도 부담으로 작용하고 있음
(3) 향후 성장률이 현재보다는 둔화될 것으로 전망됨에 따라 세입 증가세가 다시 둔화될 가 능성이 큼

1.2 지방정부의 과도한 성장의지

중앙정부의 투자주도형 성장우선전략 후퇴에도 불구하고 지방정부는 여전히 고도성장을 최우선 목표로 삼고 있어 과잉투자(overinvestment) 및 자원 과소비, 환경오염 등의 문제가 해소되기 어려울 것으로 예상된다.

(1) 지방정부의 경우 중앙정부의 성장률 목표와 관계없이 기간 중 대부분 10% 이상 성장을 목표로 설정하고 있음(충칭시 10%, 산시성 11%, 윈난성 10%, 쓰촨성 9% 등 내륙지방은 물론 베이징시 및 광둥성도 9% 성장을 목표로 하고 있음)

(2) 특히, 내륙지방의 경우 소득수준이 낮고 산업이 미발달되어 성장을 달성하기 위해서는 고정자산투자에 집중할 수밖에 없는 실정임

(3) 투자재원을 손쉬운 토지 사용권 임대 및 국유은행 대출에 의존함으로써 대출 부실 및 부동산 투자의 과열이 우려될 뿐만 아니라 농토를 적절한 보상없이 수용함으로써 농민들의 반발이 증대될 가능성이 존재함[5)]

2. 인력 부족 및 정치적 리스크 (political risk) 극복

2.1 산업발전과 더불어 고급인력의 부족현상이 심화되고 2008년 이후 노동력의 신규유입도 감소세로 전환될 것으로 예상됨

2000년 인수 센서스 결과 당시 10세 인구를 정점으로 저연령층의 인구는 지속적으로 감소하는 것으로 나타났다. 뉴스위크(2005. 8)는 향후 10~15년간 숙련된 관리자 수요가 약 7.5만명에 이를 것이나 현재 0.3~0.5만명에 불과하여 심각한 문제라고 지적한 바 있다.

2.2 소득증가와 더불어 민주화(democratization)에 대한 욕구가 증대됨으로써 정부와의 충돌이 발생할 가능성이 있으며 2008년 대만 총통선거시 독립문제에 대해 보다 강경한 입장이 나올 것으로 예상되어 양안 관계의 긴장이 고조될 가능성이 상존해 있음

5) New China News Agency는 중앙정부의 방침을 잘 준수하지 않는 지방정부 관리들이 경제·사회 발전을 저해하는 요소라고 지적한 바 있다.

제 4 편

국내무역의 주요 이슈

제14장

선진통상국가로의 지향

제1절 배 경

한국 경제는 수출주도형 경제발전전략(export-driven economic development strategy)을 통해 비약적으로 성장하여 현재 다양한 측면에서 선진국 진입 수준에 도달한 것으로 평가되고 있다. 한국의 국내총생산(GDP) 규모는 2004년 6,801억 달러로 세계 10위 수준이며, 수출은 2,538억 달러(세계 12위)를 기록하였고, 무역의존도(trade dependence)는 70.3%(서비스를 포함할 경우 86.3%)로 선진대국에 비해서 높은 수준을 보이고 있다. 산업측면에서도 반도체(DRAM 1위), 조선(1위), 철강(5위), 자동차(6위) 등 IT 및 중화학 공업분야의 산업기반을 구축하고 있다. 또한, 기업측면에서도 세계시장을 선도하는 현대자동차, 삼성전자, LG전자, POSCO 등 글로벌 기업들(global corporations)이 등장하여 세계 500대 기업에 11개사가 포함되어 있다.

한국이 선진통상국가를 지향해야 할 대내외적인 배경으로 다음 3가지 측면을 지적할 수 있다.[1)]

1) 대외경제정책연구원, 세계경제, 2005. 5. pp. 8~23 요약 · 재구성

1. 선진화과정의 도전

한국 경제가 선진화되면서 다양한 문제가 발생하고 있는데 이는 크게 3분야로 정리할 수 있다.

1.1 성장잠재력 위축 가능성 대두

한국 경제는 연평균 성장률이 1980년대의 8.7% 수준에서 2000년대에는 4.6% 수준으로 하락하면서, 성장잠재력(growth potentials) 위축의 징후가 나타나고 있다. 최근 투자부진 등으로 요소투입의 확대가 원활히 이루어지지 않고 있을 뿐만 아니라 혁신주도형 경제로의 전환도 부진한 상황이다.

1.2 한국 경제, 사회구조가 고도화됨에 따라 고용없는 성장(jobless growth), 고령화, 양극화 등 선진국형 문제들이 한국 경제성장의 장애요인으로 부상하고 있음

산업구조고도화에 따른 투자의 고용창출능력(job creation capacity) 감소, 경제의 온라인화 등으로 고용없는 성장이 초래되고 있고, 글로벌화(globalization)와 기술진보 등에 따라 양극화 현상이 발생하고 있다.

1.3 이해갈등 영역의 확대

민주화(democratization)의 진전으로 권위주의 시대에 억압되었던 문제들이 표면화되고, 사회적 가치의 다양성(diversity of social value)이 나타나면서 이해갈등의 영역이 확대되고 있다. 특히, 동시다발적인 자유무역협정(FTA) 추진 및 다자차원의 시장개방(market opening) 확대 등으로 야기되는 피해보상과 관련한 이해관계로 통상을 둘러싼 대내적 갈등이 상시화되고 있다.

2. 글로벌화에 따른 도전

상기한 바와 같이 한국 경제가 선진화되면서 야기된 문제뿐만 아니라 전세계적인 글로벌화 진전도 한국 경제에 새로운 도전 및 기회요인으로 부상하고 있다. 이 같은 측면은 다음 3가지로 요약된다.

2.1 최근 글로벌화(globalization)에 따라 세계경제환경에 일대 전환이 발생하고 있음

1990년대 중반 이후 WTO를 중심으로 한 다자차원뿐만 아니라 FTA를 중심으로 한 지역차원에서의 경제통합(economic integration)이 모두 급속히 진전되고 있으며 폐쇄적 발전전략의 결과, 성장이 지체되었던 BRICs가 개방을 통해 세계경제에 편입되면서 세계경제 지형의 변화가 초래되고 있다.

2.2 글로벌 네트워킹(global networking)의 심화에 따라 상품뿐만 아니라 자본·기술·노동 등 생산요소의 자유로운 이동이 확산되고 있음

기업들은 판매활동뿐만 아니라 모든 생산관련 활동까지 글로벌화를 진행시켜 2004년 기준 6만개 이상의 다국적기업(MNCs)과 90만개의 해외법인이 전세계 수출의 60% 이상을 차지하고 있다(UNCTAD, 2004).

2.3 대외개방과 대내정책의 연계성 심화

글로벌화는 국내의 규범·제도·정책의 글로벌 스탠더드(global standard)와의 부합을 요구하고 있으며, 이에 따라 대외개방은 대내경제시스템(domestic economic system)의 변화를 동시에 요청하고 있다. 한국의 경우 도하개발아젠다(DDA) 농업현상이 타결되면 농업정책방향이 근본적으로 변화되어야 하고, 서비스협상에 따라 교육 및 의료시장이 개방되면 대학의 자율성 확대, 의료부문의 경쟁 도입 등 각종 국내정책의 수정이 불가피한 실정이다.

3. 새로운 패러다임의 필요성

한국은 과거 수출주도형 경제발전을 통해 선진국 수준에의 도달을 지향하였으나 향후 글로벌화가 주는 충격을 어떻게 경제발전과 시스템 개선의 동력으로 활용하느냐가 선진국 진입의 핵심이라고 할 수 있다. 개방은 경제선진화를 위한 필수적인 조건이라는 인식을 확고히 하고, 글로벌화 추세를 능동적으로 활용하여 선진국 진입의 동력으로 삼아야 한다. 또한, 글로벌화를 적극적으로 활용함으로써 기업경쟁력(corporate competitiveness) 제고, 공정한 시장질서(fair market order) 확립, 경제투명성(economic transparency) 강화 등 경제선진화를 도모할 수 있다.

한국 경제는 글로벌화의 효과를 극대화하고 그 부작용을 최소화하기 위해 대외개방과 대내개혁을 연계하는 종합적 패러다임을 필요로 하고 있다. 대외개방이 이루어지면 대내개혁이 촉진되고, 대내개혁이 이루어지면 대외개방의 긍정적 효과가 배가되는 시너지효과(synergy effect)가 발생하도록 유도해야 한다. 또한, 대내개혁과 대외개방의 추진시 불가피하게 발생하는 사회갈등(social conflict)을 해소하기 위하여 사회적 합의(social consensus) 도출을 위한 시스템을 효과적으로 구축해야 한다.

〈그림 14-1〉 새로운 패러다임의 필요성

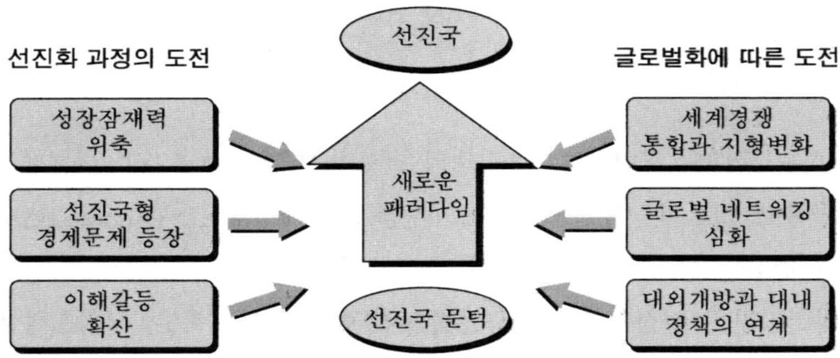

제 2 절 선진통상국가의 사례

상기한 문제의식에 따라 대외경제정책연구원은 한국이 지향해야 할 선진통상국가의 모습을 도출하기 위하여 주요 선진국(미국, 일본, 독일, 영국, 네덜란드, 아일랜드, 싱가포르 등 7개국)의 사례를 연구한 바 있다. 동 연구원은 사례연구(case study)를 통해 국가별로 고유한 역사적, 지정학적 상황(historical and geopolitical situations)에 따른 발전유형을 파악하고, 이들 국가가 직면했던 대내외적 도전에 대한 각국의 대응전략을 분석하여 선진통상국가의 개념 정립을 위한 10대 주요 과제를 도출하였다.

1. 사례 연구

1.1 네덜란드

네덜란드는 1980년대 초 사회복지의 비효율성(inefficiency of social welfare) 증대, 산업경쟁력 약화, 실업증가, 재정위기(fiscal crisis)로 급속히 경제가 악화되었으나, 노사정간 '바세나르협약(1982년)' 이후 비교우위산업(comparative advantage industry)에 더욱 특화하고, 적극적으로 해외투자를 수행함으로써 위기를 극복하였다. Economic Intelligence Unit(EIU)의 조사에 따르면 네덜란드는 1999~2003년간 비즈니스하기 좋은 국가 1위로 선정된 바 있다.

1.2 아일랜드

아일랜드는 외국인투자 유치를 통하여 비약적인 경제도약을 달성한 대표적인 국가로 인식되어 있다. 그러나 아일랜드는 1990년대 말 중·동부 유럽의 EU 가입 추진과 국내비용 상승으로 투자매력도(investment attractiveness)가 저하되는 위기에 직면하였으며, 이에 대응하여 더블린의 디지털 허브(digital hub)화, 중·동부 유럽과 투자유치전략 차별화, 국제금융서비스(international financial service) 중 보조기능 제공의 특화에 역량을 결집시키고 있다.

1.3 싱가포르

싱가포르는 지정학적 위치(geopolitical position)를 활용하여 물류·비즈니스 허브에 특화하여 성공을 거둔 대표적 국가이다. 싱가포르는 최근 동아시아 외환위기(East Asian Foreign Exchange Crisis)와 중국 및 인도 경제의 급성장으로 외국기업들이 해외로 이전하는 어려움에 직면하였으나 이에 대응하여 교육, 의료 등 지식서비스산업을 특화하고 비즈니스 허브(business hub)화 전략, 동아시아 FAT 허브화 전략을 추진하고 있다. 특히, 싱가포르는 성장동력으로서 금융, 교육, 의료, 생의학 등 지식서비스산업의 개방 및 육성에 중점을 두고 있다.

1.4 영국

영국은 한때 과도한 규제, 노동시장의 경직성(rigidity of labor market) 등 '영국병'으로 경제활력(economic vitality)을 상실하고 2류 국가로 추락한 바 있다. 이후 사양산업의 과감한 구조조정, 노동시장 유연화, 민영화(privatization), 금융시장의 규제완화(deregulation of financial market) 및 개방 추진으로 경제회복에 성공하였다.

1.5 독일

독일은 기술경쟁력(technological competitiveness)을 기반으로 한 전통적인 수출강국으로 인식되어 있다. 그러나 통일 이후 막대한 통일비용, 과도한 복지부담, 노동시장의 경직성과 고임금 등으로 지난 10년간 장기침체(recession)를 겪고 있다. 이에 대응하기 위하여 노동시장의 유연성(flexibility of labor market) 제고, 연금·의료보험 지출 축소 등 재정건전성(fiscal soundness) 확보, 종합적 경제개혁 프로그램 등을 추진하고 있다. 독일은 특히 노동시장의 유연성 제고, 노조의 경영참여 제한, 노동시간 규제완화를 시도하고 있다.

1.6 미국

미국은 원천기술(source technology) 개발과 글로벌소싱(global sourcing)으로 세계경제를 주도하는 국가이다. 미국은 근래 전통산업의 경쟁력 저하와 저성장, 일본의 추격 등 초일류 국가 위상에 대한 위협에 대응하여 IT혁명을 통한 생산성 향상, 서비스부문의 지식집약적 산업(knowledge-intensive industry)으로의 전환 등 지식기반산업화를 적극적으로 추진하고 있다.

1.7 일본

일본은 최근 경제개혁(economic reform) 지연으로 인해 경제활력을 상실하는 어려움에 직면해 있다. 특히, 자산버블 붕괴로 경제위기가 촉발되었으며 개혁 지연과 글로벌화에 대한 소극적 대응으로 경기침체가 장기화되고 있다. 일본은 이에 대응하여 규제완화, 재정개혁(fiscal reform), 첨단산업(high-tech industry) 강화 등을 추진하고 있으나 근본적인 경제개혁이 지연되고 있다.

2. 사례연구의 주요 시사점

상기한 주요 선진국 사례연구를 통하여 다음 10가지 주요 시사점을 도출할 수 있다.

2.1 글로벌화의 진전과 더불어 선진국의 발전유형은 상호 수렴하고 있으며 글로벌 스탠더드의 도입은 지속적 성장의 필수조건이 되고 있음

글로벌 스탠더드 도입이 부진한 독일과 일본도 현재 개혁을 통해 노동시장 유연성 제고 등 글로벌 스탠더드를 수용하기 위해 주력하고 있다.

2.2 제조업 비중이 높은 개방경제의 경우 노동시장의 경직성은 투자부진을 초래하여 제조업 공동화를 유발할 수 있음

독일의 경우 기업의 급속한 중·동부 유럽 진출(1990년대 후반, 투자 누계 405억 유로) 로 산업공동화를 체험하고 있다.

2.3 선진국은 강한 서비스산업을 보유해야 하며 서비스시장의 과도한 내부규제는 해당 산업의 경쟁력 약화를 야기하여 개방시 외국자본의 지배를 야기시킬 수 있음

영국은 규제완화(deregulation)와 경제개혁(1986년 Big Bang)을 통해 금융산업의 경쟁력(competitiveness of financial industry)을 강화한 반면에 국내규제(domestic regulation)가 강했던 독일 법률서비스 시장은 1993년 EU 출범 이후 영국 법률회사들에 의해 잠식되었다.

2.4 지역경제통합은 시장확대의 수단일 뿐만 아니라 위기극복을 위한 공동체적 장치임

유럽국가들은 러시아 외환위기시 EMU를 통한 공동대응으로 금융안정(financial stability)을 달성한 바 있다.

2.5 FDI 유치를 위해서는 글로벌 비즈니스 환경(global business environment)을 구축해야 할 뿐만 아니라 차별화된 유치전략을 수용해야 함

아일랜드는 중·동부 유럽의 EU 경제권 편입 이후 외국인투자 급감(2000년대 초)을 디지털 허브화를 통한 차별화 전략으로 극복하고 있다.

2.6 다양한 형태의 해외투자는 산업구조조정을 촉진하고 국내 잉여자금을 생산적으로 활용하는 중요한 방법임

영국과 네덜란드는 경제위기(1980년 전후) 이후 적극적인 해외투자로 국부(國富) 창출과 서비스산업 발전을 이룩하였다.

2.7 IT기술을 이용하여 경제 전체의 생산성(productivity)을 제고시키려는 노력과 미래성장산업으로의 신속한 전환이 필요함

미국은 생산성 증가에 IT부문이 90% 정도 기여하고 있으며 싱가포르는 과학기술부문으로 성장동력을 전환(1990년대)하고 있다.

2.8 제조업 경쟁력의 기반은 원천기술 위주의 부품·소재산업을 핵심으로 하는 기계산업임

일본, 독일, 미국, 영국 등 주요 선진국은 부품·소재산업의 순수출국이다.

2.9 선진국들은 높은 수준의 사회복지지출로 개방 확대와 노동유연성 강화의 부작용을 감소시킬 수 있었음

독일(27.4%), 영국(21.8%) 등은 높은 GDP 대비 사회복지지출(social welfare expenditure) 비중을 기록하고 있다(한국 6.1%, 2001년 OECD).

2.10 성공적인 개방과 개혁을 위해서는 국민적 공감대 형성, 치밀한 개방로드맵 뿐만 아니라 정치적 리더십(political leadership)도 매우 중요함

1980년대 영국의 산업구조조정은 '논리개발→우호세력 형성→개혁입법 제정→대안의 확보→구조조정의 실행'이라는 치밀한 계획에 따라 집행되었다. 네덜란드도 1980년대에는 뤼버스 총리의 리더십이 국민적 합의 형성에 지대한 기여를 하였다.

제 3 절 선진통상국가의 구성요소와 개념

1. 구성요소

외국사례의 연구를 통해 얻은 시사점을 기반으로 우리의 조건 및 세계경제의 조류를 종합적으로 고려하여 선진통상국가의 5대 구성요소를 도출할 수 있다.

1.1 글로벌 스탠더드의 정착

세계시장이 통합되어 글로벌소싱(global sourcing)이 활발해지는 글로벌화 시대에 통상을 통해 선진국으로 도약하기 위해서는 보편적으로 통용되는 경제·사회적 규범과 관행이 정착되어야 한다.

1.2 세계시장에의 능동적 참여

다자차원 및 지역차원에서 경제통합이 진전되는 상황에서 세계시장을 안정적으로 확보하고, 경쟁을 통해 국가경쟁력(country competitiveness)을 강화하기 위해서는 세계시장에 능동적으로 참여해야 한다.

1.3 글로벌 생산요소의 적극적 활용

국적을 불문한 우수한 인력, 기술, 자본 등 글로벌 생산요소(global production factor)를 효율적으로 활용해야 세계 일류의 산업경쟁력을 갖추고 경제 전반의 효율성을 제고시킬 수 있다.

1.4 세계 일류산업의 육성

세계 일류의 상품과 기업만이 생존하는 상황에서 높은 제조업 비중을 가진 한국경제의 성장을 위해 다수의 세계 일류산업을 육성하는 것이 필요하다.

1.5 개방친화적 사회인프라 구축

글로벌화에 적극적으로 대응하면서 한편으로는 그 부작용을 최소화하기 위해서는 개방을 수용할 수 있는 사회문화적 토양이 조성되어야 한다.

2. 개념

우리가 지향하는 선진통상국가는 노동·금융·경쟁 등 각 부문에서 글로벌 스탠더드(global standard)를 구비하고 적극적 해외투자와 외국인투자 유치를 통하여 글로벌 네트워킹(global networking)을 구축하는 한편, 강한 서비스산업과 부품·소재산업을 보유하고 IT등 미래성장산업에 집중투자하면서 개방친화적 사회인프라스트럭처가 형성된 국가를 의미한다.

〈그림 14-2〉 선진통상국가의 5대 구성요소

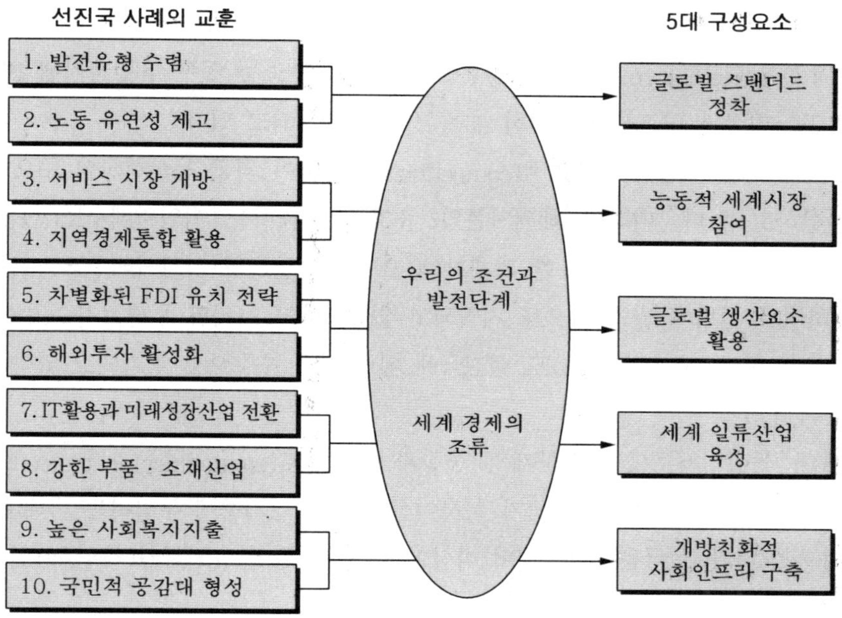

제 4 절 선진통상국가의 구성요소별 세부내용과 한국의 위상

1. 글로벌 스탠더드의 정착

국내기업은 물론이고 외국기업 역시 편리하게 기업활동을 할 수 있도록 글로벌 스탠더드, 즉 세계적 관행이 통용되는 비즈니스 환경(business environment)을 구축해야 한다.

특히, 규제완화(deregulation) 및 행정절차의 간소화와 생활환경 · 언어소통 등 사회문화 환경의 개선이 중요하다. EIU의 비즈니스 환경지수(2000~2004년)에 따르면 한국(6.7)은 싱가포르(8.5), 영국(8.5), 네덜란드(8.5), 독일(7.9) 등에 비해 뒤떨어지는 것으로 나타나고 있다.

또한, 기업이 우수한 인력을 자유롭게 이용할 수 있는 제도적 환경과 유연하고 안정된 노동시장을 형성하는 것이 중요하다. 세계은행(World Bank)에 따르면 한국의 고용경직성(employment rigidity)은 독일, 네덜란드 등 일부 유럽국가에 비해서는 낮지만 미국과 비교하면 여전히 높은 것으로 평가되고 있다.

독과점문제를 포함한 경쟁정책(competition policy)이 최근 통상협상의 주요 의제로 부상하고 있다. 따라서 해외자본의 유치를 위해서는 기업지배구조(corporate governance)의 선진화가 중요한 과제가 되고 있다. 한국의 기업지배구조는 선진국에 비하여 개선점이 많은 것으로 지적되고 있다. 사회 전체의 투명성지수(Transparency International 조사결과)도 선진국에 비해 낮은 수준으로 평가되고 있다(미국 7.5, 한국 4.3).

더욱이 통상의제로서 환경문제의 등장과 환경보호(environmental protection)에 관한 세계적 규범 형성에 대응하기 위하여 국제적 환경기준에 부합하는 국내제도의 정비가 필요하다. 한국은 GDP 대비 이산화탄소 배출량이 유럽국가(독일, 아일랜드) 및 일본의 약 2배 수준을 보이고 있다.

2. 세계시장에의 능동적 참여

전세계적으로 지역경제통합(regional economic integration)이 활성화되고 있는 상황에서 수출시장을 안정적으로 확보하고 역외국으로서 입을 수 있는 불이익을 방지하기 위해서는 자유무역협정(FTA)을 적극적으로 추진해야 한다. 한국의 FTA 체결 건수는 아직 소수에 불과한 실정이며 경제통합규모(FTA 참여국의 GDP 합계)도 칠레의 24조 달러, EU국가의 12조 달러에 크게 못 미치고 있다(한국은 약 8,000억 달러).

서비스시장 개방은 농업개방과 함께 남아 있는 최대의 통상과제라고 할 수 있다. 한국의 유통 및 금융시장은 대체로 개방이 완료되었으나 교육, 의료, 법률, 시청각 분야의 개방이 주요 과제로 부상하고 있다.

WTO 중심의 다자무역협상(multilateral trade negotiations)에 적극적으로 참여하

여 한국의 입장을 반영하고, 동아시아를 중심으로 한 지역경제협력체에서도 한국의 위상을 제고시켜야 한다. 한국은 현재 DDA협상의 조기타결을 위해 적극적으로 노력하고 있으며 APEC과 ASEAN+3 등 지역경제협력체에서도 적극적인 역할을 담당하고 있다.

3. 글로벌 생산요소의 활용

고급인력은 지식기반경제(knowledge-based economy)에서 가장 핵심적인 생산요소이며 이를 확보하기 위해서는 국내인력의 양성뿐만 아니라 해외인력의 효과적 활용이 중요하다. 한국의 경우 해외고급인력을 유인할 수 있는 매력도(아일랜드 7.3, 한국 4.3, IMD 2004)가 크지 않은 것으로 평가되고 있다.

또한, 한국은 잠재력에 비해 실제 외국인투자 유치실적이 미흡한 것으로 평가되고 있다(UNCTAD 2004). 적극적인 외국인투자 유치를 위해서는 세제·금융상의 인센티브도 중요하지만 편리한 비즈니스 환경과 생활환경을 구축하는 것이 더욱 중요하다고 할 수 있다.

기업의 글로벌 네트워크 구축을 통해 경쟁력을 강화하기 위해서는 해외투자가 활성화되어야 하며 해외투자의 형태도 다양화할 필요가 있다. 해외투자는 산업공동화를 초래할 가능성도 있지만 산업구조조정 촉진과 수출유발 등의 긍정적 효과도 크다. 한국의 GDP 대비 해외직접투자 누계액은 6% 수준으로 싱가포르(100%), 네덜란드(79%), 말레이시아(29%), 독일(26%)에 비해서 매우 낮은 수준을 보이고 있다.

4. 세계적 일류산업의 육성

생산활동의 글로벌화를 통하여 국내산업의 경쟁력 강화와 고부가가치화를 이루고, 세계 초일류의 기술수준과 브랜드가치(brand value)를 가진 글로벌 기업을 육성해야 한다. 한국의 세계시장 1위 품목 수는 77개에 불과(2002년)하며, 글로벌 경쟁력을 가진 대기업(세계 1,000대 기업 중)의 기업가치도 1,560억 달러 수준으로 네덜란드(3,790억 달러)의 50% 수준에도 못 미치고 있다.[2)]

선진국의 경우 강력한 서비스산업을 성장의 동력으로 활용하고 있다. 특히, 서비스산업 중에서도 부가가치(value added)가 높은 업종(금융, 물류, 법률, 문화)의 특화가 중요하다. 한국의 GDP 대비 서비스업의 비중은 57%로 선진국과 비교할 때 낮은 수준이며, 서비스업의 노동생산성(labor productivity)도 미국의 50% 수준을 보이고 있다.

중소기업은 지속적인 고용창출(job creation)과 산업발전의 기반이므로 중소기업 역시 세계시장 진출을 통해 자생력을 강화하는 것이 필요하다. 중소기업의 글로벌화는 산업경쟁력의 기초인 부품·소재산업의 발전뿐만 아니라 국내 대기업과 중소기업간 양극화 완화에도 기여할 것으로 기대된다.

1990년대 후반 IT혁명을 계기로 선진국의 생산성이 급격히 향상되고 후발국의 추격이 신속해지고 있어 적기(適期)에 미래성장산업을 준비해야 한다. 한국은 미래산업의 기초가 되는 국제특허출원이 낮고(미국 53%, 일본 20%, 대만 3%, 한국 2%), 산업생산성도 미국의 1/3 수준에 불과한 것으로 조사되었다.

국가이미지(country image)는 세계시장에서 기업과 국민의 경제활동을 지지하는 중요한 무형자산(intangible asset)이다. 국가이미지는 우리 경제의 국제적 위상 제고에 기여할 뿐만 아니라, 기업과 제품의 이미지와 밀접한 관련이 있으므로 경제적 가치도 창출한다. IMD에 따르면 한국의 국가이미지 지수(6.9)는 싱가포르(9.1), 네덜란드(7.6) 등 주요 국가에 비하여 낮은 것으로 평가되고 있다.

5. 개방친화적 사회인프라스트럭처의 구축

글로벌화의 진전 및 개방확대에 따라 피해부문이 발생하고 사회갈등이 유발될 수 있으므로 피해부문에 대한 지원제도와 사회안전망(social safety net)을 체계화해야 한다. 특히, 개별 개방조치마다 피해예상산업을 사전에 보상하기보다는 포괄적인 구조조정 지원책을 수립하고 사회안전망을 전체적으로 강화하는 것이 바람직하다.

또한, 개방을 순조롭게 추진하기 위해서는 개방에 대한 사회적 공감대의 형성이

---

2) Business Week가 2004년 7월 26일 발표한 세계 1위 품목 수(2002년 기준)에 따르면 미국 966개, 독일 808개, 일본 321개, 네덜란드 115개, 한국 77개, 아일랜드 28개로 나타났다.

중요하다. 특히, 정치적 리더십과 국민의 의식전환이 필요하다. 우리의 경우 현재 개방에 대한 공감대가 형성되는 과정에 있으나 FTA 체결로 인한 개방의 긍정적 효과에 대한 인식이 보다 확산되어야 한다.

한국은 개방의 역사가 일천하고 피침의 경험이 많아 배타적인 인식과 관행이 잔존하고 있다. 최근 한류(韓流) 등 우리 문화의 글로벌화가 진행되고 있으나 외국문화의 수용성(acceptability of foreign culture)은 선진국에 비하여 아직 낮은 것으로 조사되고 있다(IMD 2004).

6. 과제

한국이 지향하는 선진통상국가의 구성요소를 갖추기 위하여 다음 3대 과제를 중점적으로 추진해야 할 필요가 있다.

① 공정한 경쟁질서를 확립하고 능동적으로 세계시장에 참여하기 위해 국내제도 및 관행을 국제표준화해야 한다.

② 국내산업 및 무역구조를 고도화하고 글로벌 생산요소를 효율적으로 활용하기 위해 글로벌 네트워킹을 촉진시켜야 한다.

③ 경제개방 및 개혁(economic opening and reform)을 동시에 추진할 수 있는 사회적 여건을 조성하기 위해 개방친화적 인프라스트럭처를 구축해야 한다.

제15장

GES에 따른 한국경제의 장기전망

세계적인 투자은행인 골드만삭스(Goldman Sachs)는 2003년 BRICs 국가들에 대한 2050년까지의 장기 경제성장 전망에 관한 보고서를 발표한 바 있다. 장기 인구전망과 자본축적, 생산성 증가율에 대한 예측을 근거로 한 2050년의 BRICs 경제전망은 세계경제계의 이목을 집중시켰다. 2003년 당시 G6의 15%에 불과한 BRICs의 경제규모는 2025년 G6의 50%로 확대되며, 2039년에는 G6의 경제규모를 추월하는 것으로 전망되었다. 2005년 12월 골드만삭스는 BRICs의 장기 경제성장 전망을 수정하면서 전세계 국가의 장기적인 성장잠재력(growth potentials)을 지수화하고 개발도상국(developing countries) 중에서 BRICs와 같은 경제규모로 성장할 가능성을 가지고 있는 11개 국가(the N—11: the Next Eleven)를 선정하였다.[1)]

1) 장기적인 성장잠재력을 평가하는 지수인 GES(Growth Environment Score)는 인플레이션·재정적자·해외차입·투자·대외개방도 등의 거시경제변수, 전화보급률·PC보급률·인터넷보급률과 같은 정보화정도, 교육정도·평균수명·정치적 안정·부패지수·경제활동과 관련된 법제화 정도 등으로 구성된 지수로 장기적이고 지속적인 성장(sustainable growth)을 위한 구조적·정책적 근간을 이루는 요소로 구성되어 있다(대외경제정책연구원, 세계경제, 2006. 2. pp. 17~24 요약·재구성).

제1절 N—11 국가의 장기 경제성장 전망

세계경제에 BRICs와 같은 규모의 영향력을 가질 수 있는 잠재력이 있는 11개 국가의 경제지표는 〈표 15-1〉에 나타나 있다. N—11 국가 중에서 한국과 멕시코는 경제협력개발기구(OECD) 회원국으로서 1인당 국민소득(2005년 기준)이 각각 16,741달러와 7,092달러로 여타 N—11 국가에 비해 월등히 높은 수준을 보이고 있다.

〈표 15-1〉 N-11 국가들의 경제지표

	거시경제지표			
	인구 (2005년, 백만 명)	2005년 GDP (십억 USD)	2000~2005년간 평균GDP성장률(%)	2005년 1인당 GDP(USD)
방글라데시	144	61	5.4	422
이집트	78	91	4.0	1,170
인도네시아	242	272	4.6	1,122
이란	68	203	5.7	2,989
멕시코	106	753	2.6	7,092
나이지리아	129	94	5.1	733
파키스탄	162	120	4.1	737
필리핀	88	98	4.7	1,115
터키	70	349	4.3	5,013
베트남	84	47	7.2	566
한국	49	814	5.2	16,741

자료: Goldman Sachs, How Solid Are the BRICs?, Global Economics Paper No. 134, 2005.

1. 실질GDP 전망

이들 N—11 국가의 2025년 실질GDP 예측치를 살펴보면 골드만삭스는 N—11 국가에 대한 실질 GDP 성장률, 1인당 국민소득, 환율에 대한 예측에 있어 실질 GDP 증가의 2/3는 실질 GDP의 자체성장, 나머지 1/3은 각 국가 통화의 평가절상

(appreciation)에 기인한 것으로 가정하였다. 2005년 화폐가치로 환산한 2025년 실질 GDP는 미국 19.6조 달러, 중국 11.7조 달러, 일본 6.7조 달러의 순으로 예상된다. 한국의 실질GDP는 2.6조 달러로 현재 G7 국가 중 이탈리아와 캐나다를 추월하여 세계 9위의 경제규모로 성장할 것으로 예측되었다. 또한, BRICs를 구성하는 국가들은 중국에 이어 인도 3.6조 달러(5위), 러시아 2.9조 달러(8위), 브라질 2.3조 달러(12위) 등으로 한국, 멕시코 등과 더불어 G7국가의 경제규모로 성장하는 것으로 예측되었다.

골드만삭스는 이들 22개 국가의 2050년 실질GDP에 관한 예상치도 분석하였는데 중국의 실질GDP 규모는 2030년대 후반 미국을 능가하는 규모로 성장할 것으로 예상되어 2050년 실질GDP는 중국 48.6조 달러, 미국 33.7조 달러, 인도 27.2조 달러의 순이 되고, 한국은 3.7조 달러로 인도네시아 3.9조 달러, 나이지리아 3.7조 달러에 이어 세계 13위의 경제규모로 성장할 것으로 전망되었다. 2050년까지는 N—11 국가 중 멕시코가 세계 6번째의 경제규모로 성장할 것으로 예측되며 인도네시아(11위), 나이지리아(12위), 한국(13위)과 더불어 중국(1위), 인도(3위), 브라질(5위), 러시아(7위) 등 BRICs 국가의 성장이 두드러질 것으로 전망되었다.

2. 1인당 실질국민소득 전망

2025년과 2050년의 1인당 실질국민소득수준 예측치를 살펴보면 한국의 1인당 소득수준은 2025년 51,923달러, 2050년 81,462달러(2005년 미 달러화 기준)로 G7 국가의 수준에 근접하거나 능가할 것으로 보여 2025년에는 미국, 일본에 이어 세계 3위가 되고, 2050년에는 미국에 이어 2위가 될 것으로 예측되었다.

한편, 2025년까지는 G7, BRICs, N—11 중 이집트, 인도네시아, 필리핀, 인도, 파키스탄, 나이지리아, 방글라데시 등 7개국을 제외한 국가의 1인당 소득이 소비에서 의미있는 수준(sweet spot for consumption)인 3,000달러를 초과할 것으로 전망되며, 2050년까지는 이들 22개국 모두의 1인당 소득수준이 4,500달러를 넘어설 것으로 예측되었다. 러시아와 멕시코의 1인당 실질국민소득(per capita real national income)은 55,000달러로 선진국 수준에 근접하고 브라질, 중국, 그리고 터키의 1인당 실질

국민소득은 2005년 캐나다 수준인 35,000달러에 근접할 것으로 예상되었다.

제 2 절 한국경제의 장기전망에 대한 평가(~2050년)

한국의 실질GDP는 2005년말 예상치 8,140억 달러에서 2010년 1조 2,900억 달러, 2025년 2조 6,250억 달러, 2050년 3조 6,840억 달러로 증가하여 2050년에는 세계 13위의 경제규모를 달성할 것으로 전망되었다.

원화의 평가절상(appreciation)을 감안하여 미 달러화로 환산한 한국의 실질GDP는 2005~2010년까지는 연평균 9.2%, 2010~2015년 7.2%, 2015~2020년 5.0%, 2020~2025년 2.1%, 2025~2030년 1.5%, 2030~2035년 1.2%, 2035~2040년 1.4%, 2040~2045년 1.2%, 그리고 2045~2050년 1.5%의 성장률을 시현할 것으로 전망되었다. 한편, 원화기준 실질경제성장률에 대한 가정으로서 골드만삭스가 장기경제전망을 함에 있어서 사용한 예측치를 살펴보면 2005~2025년의 달러 환산 실질경제성장률과 원화기준 실질경제성장률의 차이인 원화의 평가절상률이 연평균 2.3~4.4%에 이르는 것으로 나타났다.

한국의 1인당 GDP는 2005년 16,741달러에서 2010년 26,028달러, 2025년 51,923달러, 2050년 81,462달러로 증가하여 2050년에는 미국의 89,663달러에 이어 세계 2위의 수준에 이를 것으로 전망된다. 이는 원화의 평가절상과 실질경제성장에 따라 2050년 세계 13위권으로 경제규모가 증가하고 2025년 5,055만 명을 정점으로 인구의 절대규모가 감소추세로 전환된 것에 따른 것으로 한국의 인구는 2005년 4,862만 명에서 2050년 4,522만명으로 7% 감소하는 것으로 전망되는데 따른 것이다.

제 3 절 성장잠재력지수(Growth Environment Score)와 장기성장 전망의 실현 가능성

골드만삭스는 2050년까지의 장기성장 전망을 하면서 각국의 성장잠재력을 평가하기 위한 지표로서 성장잠재력지수(Growth Environment Score)를 개발하였다.[2] 한국의 성장잠재력지수는 6.9로 독일(7.0)에 이어' 170개국 중 17위를 기록하였으며 G7, BRICs, N—11 국가 중 한국보다 높은 성장잠재력지수를 기록한 나라는 캐나다(7.6, 8위), 미국(7.4, 10위), 독일(7.0, 16위)로 나타났다. 따라서 향후 한국 경제의 지속적인 성장이 성장잠재력의 강화에 기인한 것임을 보여주고 있다.

G7, BRICs, N—11 국가 중 중국(5.0 ,53위), 멕시코(4.6, 59위), 베트남(4.6, 63위), 러시아(4.2, 81위), 이란(4.1, 86위), 이집트(3.9 91위), 브라질(3.8, 95위), 필리핀(3.8, 96위), 인도(3.7, 97위) 등은 단순히 인구규모가 크다는 사실이 장기적으로 주요 경제국으로 도약하는 것을 보장하지는 않는다는 사실을 시사한다고 할 수 있다.

성장잠재력지수가 경제성장을 위한 잠재력을 평가하는 주요 지표임을 고려할 때 N—11 국가 중 한국(6.9, 17위)은 2050년까지의 경제성장과정에서 BRICs 국가들과 같은 잠재력을 가진 경제로서의 도약 가능성을 충분히 지니고 있음을 보여주고 있다.

2) 성장잠재력지수는 경제성장의 결정요인에 관한 다수의 연구로부터 13개의 요인을 선별한 뒤 13개의 요인에 0~10으로 점수를 부여하여 종합적인 성장잠재력지수(GES)를 산출한 것으로, 성장잠재력을 최저 0에서 최고 10으로 평가하고 있다.

제16장

중국의 고도 경제성장에 따른 한국의 대응전략

제1절 한・중 교역현황 및 특징

1. 한・중 교역현황

중국은 현재 한국의 제1위의 자본재(capital goods) 수출국으로서 중국의 고도 경제성장에 따라 한국은 중국의 경제발전과정에서 필요로 하는 기술집약적 제품(technology-intensive product)과 자본재·중간재의 대중국 수출이 대폭 증가하는 중국 성장효과를 보고 있다. 대중 수출은 1992년 26억 5,400만 달러에서 2004년 497억 6,300만 달러로 연평균 27.7% 증가하였으며, 대중 수입은 동 기간 동안 37억 2,500만 달러에서 295억 8,500만 달러로 연평균 18.8%씩 늘어났다.[1)]

2. 한・중 교역의 특징

한・중 교역의 특징으로 크게 2가지를 지적할 수 있다.

1) 한국의 대중국 수출이 수입보다 높은 증가율을 시현함에 따라 대중 무역수지는 1993년 이후 흑자를 지속하고 있으며, 흑자 폭도 1993년 12억 2,000만 달러에서 2004년에는 201억 8,000만 달러로 급증하였다(산업연구원, 산업경제정보(2005-41), 2005. 12. 1. 요약·재구성).

2.1 한·중 양국이 상호 주요 교역국으로 부상하는 가운데 양국 간의 교역구조는 다양한 형태로 발전되어 왔음

① 섬유, 단순조립형 가전, 유선 통신기기 및 컴퓨터 등에서는 한국이 중간재나 부품을 수출하고 완제품을 수입하는 수직적(공정간) 분업이 교역확대에 기여하였다.

② 석유화학, 철강 등 소재산업과 무선통신기기, 일반기계, 자동차, 반도체 등 기술집약형 주력산업에서는 한국의 고가품을 수출하고 저가품을 수입하는 산업간 및 산업내 분업이 진전되었다.

2.2 주력제조업의 한·중간 무역에서 소재·부품과 고가 완제품의 수출이 저가 완제품의 수입을 크게 추월하고 있어 대규모 대중 무역흑자(trade surplus)를 시현하고 있음

① 중장기적으로 중국의 기술경쟁력(technological competitiveness)이 제고되고 수입대체산업(import substitution industry)이 본격적으로 육성되면 대중 무역흑자 기조가 위협받을 것으로 예상됨

② 철강, 자동차, 조선 등 기술 및 자본집약적 산업(capital-intensive industry)에서도 중국과의 산업발전 격차가 축소되어 중국으로부터의 수입이 증가할 것으로 보임

〈표 16-1〉 산업별 대중 교역 특징(2004년 기준)

수출 비중	수입 비중	무역흑자액	해당산업	대중 교역 특성
고	고	고	컴퓨터	부품(모니터)수출, 완제품 역수입
		저	섬유류	직물 수출, 의류 수입의 분업구조 형성
	저	고	석유화학, 일반기계, 철강	양국 산업 발전단계 차이에 따른 산업간 및 산업내 분업 구조형
		저	-	
저	고	고	통신기기	무선 부품 수출, 유선 제품 수입의 산업내 분업 구조형
		저	가전	부품 수출, 중저가 완제품 수입
	저	고	자동차, 반도체	제품 차별화를 바탕으로 한 고가품 수출
		저	조선	양국 경쟁력 격차와 수급구조 차이로 교역 규모 미미

주: 1) 수출입 비중: 20% 이상은 '고', 20% 미만은 '저'로 분류
2) 무역흑자액: 20억 달러 이상은 '고', 20억 달러 미만은 '저'로 분류

제2절 한·중간 경쟁격화

1. 한·중간 경쟁관계의 정도를 살펴보기 위해 양국 10대 업종의 수출경합도지수(Export Similarity Index)를 분석한 결과, 1998년 32.9에서 2004년 51.8로 18.9포인트나 제고되어 그만큼 수출품목이 유사해지면서 세계시장에서의 경쟁이 치열해지고 있음

수출경합도는 두 국가가 얼마나 유사한 품목을 수출하고 있는지를 나타내는 지수로서 양 국의 수출구조가 유사할수록 100에 가까워지며 상이할수록 0에 가깝게 된다.

$$\text{수출경합도} = \sum_{i=1}^{n} \text{Min}(\text{한국의 i 상품 수출비중, 중국의 i 상품 수출비중})$$

특히, 가전, 일반기계, 통신기기 등의 수출경합도는 4%포인트 이상 상승하여 중

국의 추격이 급속히 이루어지고 있음을 나타낸다. 이에 비해 철강, 컴퓨터, 자동차, 석유화학의 수출경합도는 비교적 완만한 속도로 높아지고 있다. 한편, 조선과 섬유는 오히려 수출경합도가 하락하고 있는데 조선은 한국의 수출경쟁력(export competitiveness) 강화에, 섬유는 한국의 수출경쟁력 약화에 각각 기인하고 있는 것으로 볼 수 있다.

2. 한국의 세계시장 및 중국시장에서의 무역특화지수 변화 추이를 근거로 향후 중국에 대한 경쟁력을 예상해 보면 3가지로 요약될 수 있다. 무역특화지수는 수출 또는 수입에의 특화 정도를 나타내며, 1에 가까울수록 수출특화, -1에 가까울수록 수입특화 정도가 각각 큼을 의미함

무역특화지수 = (i 제품 수출 - i 제품 수입)/ (i 제품 수출 + i 제품 수입)

① 세계시장과 중국시장에서 모두 수출우위 값이 상승하고 있는 컴퓨터, 통신기기, 일반기계는 상당기간 경쟁력 우위를 유지할 것으로 예상된다.

② 대중국 수출우위 정도가 강한 반도체, 자동차, 조선도 당분간 중국에 대해 경쟁력을 유지할 전망이다.

③ 석유화학은 향후 경쟁력이 약화될 가능성이 크며 가전, 섬유, 철강은 조만간 경쟁력을 상실할 것으로 보인다.

제3절 중국의 급속한 산업발전이 국내산업에 미치는 영향 평가

중국의 고도 경제성장에 따른 기회요인과 위협요인의 강도를 산업별로 종합하여 평가해 보면 대부분의 업종에서 중국이 기회요인보다는 위협요인으로 작용할 것으로 분석된다.

1. 기회요인이 위협요인보다 더욱 클 것으로 예상되는 업종은 양국간 기술격차(technology gap)와 제품 차별화(product differentiation)를 바탕으로 고부가가치 제품의 대중 수출 확대가 기대되는 반도체와 자동차에 불과한 실정임
2. 철강, 섬유, 조선, 일반기계는 중국의 지속적인 투자와 광대한 내수시장을 바탕으로 한 급성장으로 인해 추가적인 위협을 받을 것으로 예상됨
3. 가전, 컴퓨터, 석유화학은 중국의 급속한 기술 추격과 생산능력 확대 등으로 세계시장 점유율이 상승하고, 저가와 범용 제품 수입이 더욱 증가하는 등 부정적 영향이 상당히 클 것으로 보임

〈표 16-2〉 한국의 주력 산업별 중국의 영향 종합평가

	기회요인		위협요인			종합평가
	대중 수출 확대	대중 투자 확대	중국의 세계시장 잠식	대중 수입 급증	원자재난	
반도체	▲	▲	□	□	□	기회〉〉위협
자동차	▲	▲	▽	▼	▼	기회〉위협
통신기기	△	□	▽	□	□	중립
철강	△	△	□	▼	▼	위협〉기회
섬유	△	▲	▼	▼	▽	위협〉기회
조선	▽	△	▼	□	▽	위협〉기회
일반기계	△	□	▽	▽	□	위협〉기회
가전	△	□	▼	▼	▽	위협〉〉기회
컴퓨터	△	□	▼	▼	□	위협〉〉기회
석유화학	▽	△	▼	□	▼	위협〉〉기회

주: 긍정적 영향이 크면 ▲, 작으면 △, 부정적 영향이 크면 ▼, 작으면 ▽, 별다른 영향이 없으면 □

〈표 16-3〉 주요 산업별 중국의 기회요인

	향후 대중 수출 증가 가능성	향후 대중 투자 확대 가능성
가전	디스플레이 등의 핵심부품 수출 증가 가능	베트남 등의 대체투자지 부상으로 대중 투자는 둔화
컴퓨터	데스크톱과 노트북의 완제품은 중국 및 선진기업의 장악으로 수출 기회 제약, 모니터 등 부품 수출 증가세는 지속	현재 한국기업의 대부분이 중국으로 생산시설을 이전하여 향후 투자는 미미한 증가
통신기기	중국 및 선진기업들의 중국시장 점유율은 상승세이나, 고가품 중심으로 수출 증대 가능	중국 경쟁력 확보로 중소기업 투자는 어려우나 대기업 주도의 투자는 미미하게 증가
반도체	메모리 분야에서 한국이 중국시장 점유 1위, 향후에도 중국은 소비 대국으로서 수출 대폭 증가 가능	조세우대 조치 등을 통한 반도체 투자 장려, 후공정 분야의 투자 확대 추세
철강	중국은 세계 최대 소비국으로 고급 판재류에서 수출 확대 가능	선진기술제품 투자만 허용하는 중국의 투자유치제도 변경으로 투자는 제한적임
석유화학	향후 중국의 설비 신·증설과 지급률 제고로 수출 기회 축소	수요 지향형 투자 증가 지속
섬유	고가, 차별화 소재 수출 가능	내수 지향형 투자 확대 가능
자동차	중국시장 개방과 개인소득 증가로 수출 기회는 커지나 현지 생산 확대로 완성품 수출 증가는 제한적이며 부품수출은 확대	중국의 투자규제 완화와 수요 확대에 부응한 투자 증가 지속
조선	중국 자급도 제고로 수출기회 축소	블록건조용 시설 투자 확대
일반기계	고가, 차별화 제품의 수출 확대 가능	내수 지향형 투자 지속

〈표 16-4〉 주요 산업별 중국의 위협요인

	중국의 세계시장 확대	대중 수입 급증	원자재난
가전	중국은 현재 세계 1위 생산국, 디지털 제품에서 경쟁력 제고로 경쟁 더욱 격화	저가 및 소형제품의 수입급증 지속, 디지털 제품 수입도 증가	플라스틱, 강판 가격 상승
컴퓨터	중국은 현재 세계 1위 생산국으로서 향후 시장 확대 더욱 가속화	생산시설 이전으로 역수입 급증	영향 없음
통신기기	중국은 선진 외투기업에 힘입은 세계 1위 이동전화기 수출국으로서 시장 확대 추세 지속	부품 중심으로 수입 미미한 증가세	영향 없음
반도체	중국 정부의 강력한 육성정책에 힘입은 경쟁력 강화로 우리와의 경쟁관계 가속화	대부분의 제품을 국내 조달하므로 대중 수입수요 미미	영향 없음
철강	중국은 최대 생산국으로서 생산기반 확대로 세계시장 확대	봉·형강류와 일반강재 수입 증가	철광석, 원료탄 가격 상승
석유화학	설비 신·증설로 중국의 경쟁력 및 자급률은 상승세이나 수출 여력은 부족	대부분의 제품을 국내 조달하므로 대중 수입수요 미미	납사, 에틸렌 가격 상승
섬유	세계 1위 섬유생산국으로서 세계시장 확대 지속	의류 수입 지속, 향후 직물 수입도 증가 가능	원면, 화섬원료 가격 상승
자동차	부품시장에서 중국의 세계시장 잠식 가속화	향후 저가 완성차와 부품 수입 증가	철강, 플라스틱, 유가 상승
조선	세계시장 호조로 중국의 시장 점유율 확대 지속	국내 해운시장 협소와 국내 조달로 수입 수요 미미	선박용 강철강재 가격 상승
일반기계	범용 기계류 중심으로 자국 조달 및 대세계 수출 확대	범용부품 수입 증가	영향 없음

제4절 과 제

1. 국내 주력 제조업이 새로운 도약을 하기 위해서는 그간의 산업발전과정(industrial development process)에서 축적된 강점을 적극적으로 활용해야 함

강점을 활용하기 위한 세부 분야로 다음 4가지를 지적할 수 있다.

① IT산업 환경이 양호하여 정보화 기술의 접목과 미래 핵심기술(core technology)인 융·복합화 역량 확보에 유리한 분야(가전, 통신기기, 반도체, 자동차, 일반 기계)
② 우수한 기술과 숙련인력을 기반으로 한 높은 경쟁력과 풍부한 자본력을 구비하고 있는 분야(철강, 석유화학, 조선, 자동차)
③ 수준 높은 생산기술력과 응용기술력을 바탕으로 한 고부가가치 제품 개발 능력을 보유하고 있는 분야(가전, 통신기기, 반도체, 철강, 석유화학, 섬유, 조선)
④ 고효율 설비와 높은 생산성으로 원가경쟁력이 높고 시장의 요구에 대한 신속한 대응력을 보유하고 있는 분야(반도체, 철강, 석유화학, 조선, 자동차)

2. 주력 제조업이 중국의 추격을 뿌리치고 선진국형으로 발전하기 위해서는 누적되어 온 약점을 극복해야 함

약점을 극복해야 하는 분야로 다음 5가지를 들 수 있다.

① 중·저급기술은 충분하나 핵심기술이 부족하고 핵심부품·소재의 수입의존도가 높은 분야(전자, 일반기계, 조선)
② 중국은 대규모 설비투자 및 수출산업화를 통해 생산능력(production capacity)을 급속히 확대해 가고 있으나, 한국은 설비투자 부진으로 생산능력이 약화되

고 있음(석유화학, 일반 기계, 가전)

③ 기술 인프라가 취약하여 금형기술과 같은 기반기술 및 조립금속 등 수요산업과의 연계성이 취약하고 후방산업의 품질 및 기술이 미흡한 편임(철강, 조선)

④ 대기업 주도의 기술개발과 중소기업의 기술력 부족, 업계 공동 기술 개발 부족, 대기업-중소기업간 상호 협력체계 미흡으로 산업연관 관계가 미약한 실정임(철강, 일반기계, 조선, 자동차)

⑤ 대기업, 조립・가공 및 해외기술에 주로 의존하는 압축성장 전략으로 인해 부품・소재산업의 경쟁력이 취약함(자동차, 전자)

마이클 포터(Michael E. Porter)의 경쟁력 모델을 이용하여 중국과 비교한 한국의 10대 주력산업의 강점과 약점을 분석한 결과 통신기기, 반도체, 자동차, 조선은 중국에 대해 우위(advantage)에 있는 반면 가전, 컴퓨터는 열위(disadvantage)에 있는 것으로 나타났다.

* 마이클 포터는 일국(산업)의 경쟁력(competitiveness)은 국가(산업)가 가지고 있는 내생적 조건에 의해서도 결정된다는 가설 하에 요소조건, 기업의 전략, 조직 및 경쟁, 관련 및 지원산업, 수요조건의 4개 요인을 기반으로 한 다이아몬드형 경쟁력 모델을 제시하였음

〈표 16-5〉 한국 주력산업별 대중 강점과 약점 종합평가

	요소조건	기업전략·경쟁여건	연관·지원산업	수요조건	종합평가
통신기기	□	●	□	●	●
반도체	●	●	●	●	●
자동차	□	●	○	●	●
조선	●	●	●	□	●
철강	□	●	○	□	□
석유화학	●	●	○	○	□
섬유	○	●	□	□	□
일반기계	□	●	□	□	□
가전	○	○	□	●	○
컴퓨터	○	○	●	○	○

주: 강점이 약점보다 크면 ●, 강점이 약점보다 작으면 ○, 중립적이면 □

제5절 대응전략

중국의 산업발전에 따른 한국의 대응전략은 다음 4가지로 정리할 수 있다.

1. 한·중 간의 상호 호혜적인 교역과 투자의 확대를 위해서는 무엇보다도 한국의 부품·소재 및 자본재 산업을 고부가가치형으로 발전시켜 중국과의 분업구조를 더욱 다이내믹하게 발전시켜 나가야 함

중국의 수입대체(import substitution)나 수출산업화의 진전에 대응하여 국내 관련산업과 업계는 신속한 구조조정과 사업고도화를 통해 새로운 시장기회(new market opportunity)를 창출해야 한다.

2. 한·중 양국의 기술, 자본 및 인력을 연계하여 세계시장에 공동으로 진출하는 분업체제를 구축하여 상생(相生)적인 경제협력을 확대해야 함

해외진출 경험이 없거나 저부가가치 제품을 생산하는 중국 업체들과의 협력을 통해 제3국 시장과 고부가가치 제품 시장으로의 진출을 확대할 필요가 있다.

3. IT산업에서의 제품간 분업구조(한국의 고가품 수출-중국의 저가품 수입)를 유지하면서 기술표준(technology standard), 소프트웨어나 컨텐츠상의 우위를 적극적으로 활용해 나가야 함

IT산업에서는 표준화(standardization)가 시장 선점과 경쟁력 확보의 핵심이므로 표준화를 주도해 나갈 수 있는 기술적 우위와 역량을 제고시키는데 주력해야 한다.

4. 중국경제의 고도성장에 따른 내수소비재 시장의 급속한 확대를 선점하기 위하여 자동차, 통신기기, 가전 등에서 첨단형 고가제품의 시장개척에 주력해야 함

중국과의 지리적 이점(geographical advantage)과 문화적 유사성(cultural similarity) 등을 활용하고 중국시장을 거점으로 한 글로벌 마케팅(global marketing)을 통하여 세계시장 진출을 도모해야 할 필요가 있다.

제17장

FTA 추진의 가속화

한국은 최근 동시다발적으로 FTA를 추진하고 있다. 미국, 유럽연합(EU), ASEAN, 멕시코, 싱가포르 등은 10개국 이상과 FTA를 채결하였으나 세계 11위의 교역국가인 한국은 칠레와 싱가포르, 유럽자유무역연합(EFTA)에 불과한 실정이다. 정부도 FTA가 우리 경제의 필수적인 생존전략임을 인식하고, FTA 체결을 적극적으로 추진하기 위해 20여개 국가들과 협상을 전개하거나 공동연구를 진행하고 있다.

본 장에서는 한국의 FTA 추진 현황과 과제에 대해 한·인도 CEPA, 한·ASEAN FTA, 그리고 한·미 FTA를 중심으로 살펴보고자 한다.[1)]

제1절 FTA 추진 현황

현재 우리가 FTA 체결을 진행 중이거나 협상을 하고 있는 국가는 일본, ASEAN 10개국, 인도, 미국 등이다.

1) 전국경제인연합회, 전경련, 2005. 6, 2006. 2. 참조
대외경제정책연구원, 세계경제, 2006. 2. pp. 32~37 요약·재구성
KDI경제센터, 나라경제, 2006. 1. pp. 72~76 요약·재구성

1. 일본

일본과는 2003년 12월부터 여러 차례 협상을 개시하였으나 일본측이 농수산물 분야에서 우리의 기대에 훨씬 못 미치는 양허순준(무역액 기준 50~60%)을 제시함에 따라 협상이 교착상태에 직면해 있다. 또한, 최근 독도 영유권 분쟁까지 겹쳐 FTA 협상은 난관에 빠져있다. 정부는 양국 정상이 합의한 높은 수준의 포괄적 FTA를 체결한다는 입장을 견지하면서, 일본이 먼저 수용 가능한 대안을 제시할 때까지 현재의 냉각기를 유지한다는 방침이다.

2. ASEAN

ASEAN과는 그 동안 수차례 회의를 개최하여 FTA의 범위, 협상일정, 목표 등 기본협정에 대해 합의를 한 바 있다. 양측은 2009년까지 최소 80%의 품목을 자유화하고 여타 품목에 대해서는 협상결과에 따라 보다 장기간의 이행기간을 부여키로 하였다. 이는 중국의 2010년, 일본의 2012년보다 빠른 자유화 일정이라는 점에서 우리 기업이 ASEAN 시장을 선점하는 데 기여하게 될 것으로 보인다.

3. EFTA

스위스, 노르웨이, 아이슬란드, 리히텐슈타인으로 구성된 EATA와는 수차례 협상을 개최하여 양측의 상호 보완적인 산업구조(mutually complementary industrial structure)를 감안하여 높은 수준의 상품양허안을 마련하는 FTA 체결에 합의한 바 있다.

한편, 정부간 협상으로 나가기 위해 예비협의 중이거나 공동연구 중인 나라는 캐나다, 멕시코, 인도, 남미공동시장(MERCOSUR) 4개국 등 7개국이다.

4. 캐나다

캐나다와는 2005년 11월 양국 정상회담에서 FTA 사전협의 추진을 합의한 이후 2차례 예비협의를 가진 바 있다. 정부는 북미시장 진출을 위한 교두보를 확보한다는 전략으로 조만간 캐나다와 공식협상을 개시할 계획이다.

멕시코, 인도, MERCOSUR(브라질, 아르헨티나, 파라과이, 우루과이)와는 FTA의 타당성을 검토하는 공동연구를 진행 중에 있다.

5. 멕시코

멕시코와는 2004년 5월 양국 통상장관회담에서 공동연구를 합의한 이후 총 4회 회의를 개최하였다. 현재 멕시코측은 섬유, 석유화학, 철강업종의 피해를 우려해 우리와의 FTA 체결에 대해 다소 소극적인 입장을 보이고 있다.

6. 인도

인도와는 2005년 1월 제1차 공동연구를 개최한 바 있으며 조만간 공동연구를 종료하는 대로 포괄적 FTA를 추진할 예정이다. 인도는 성장잠재력(growth potentials)이 크고 세계에서 3번째로 관세율(평균 30%)이 높다. 따라서 인도와 FTA가 체결되면 우리의 대인도 수출이 크게 증가할 것으로 기대된다.

7. MERCOSUR

MERCOSUR와는 2005년 5월초 제1차 공동연구를 개최하고 포괄적인 무역 및 투자자유화 방안을 논의키로 합의하였다.

8. 미국

우리의 주요 수출시장인 미국과는 2004년 11월 양국 통상장관회담에서 FTA추진 실무검토를 진행키로 합의한 후, 2005년 2~4월 중 3차례의 실무점검회의를 개최하였다. 미국 측은 스크린쿼터(screen quota), 농산물 등 양국간 통상현안이 사전에 해결되거나 의미있는 진전이 있어야 양국간 FTA 추진환경이 조성될 수 잇다는 입장을 보였는데 최근에 FTA 체결에 대해 양국간 기본적인 합의를 한 바 있다.

9. 중국

중국과는 2005년부터 양국 민간연구기관간 공동연구를 진행 중에 있다.

제2절 FTA 추진 배경

세계적 FTA 대열에 뒤늦게 참여한 한국이 이를 만회하기 위해 동시다발적 FTA를 추진하는 것은 국가간, 기업간 경쟁이 치열하게 전개되고 있는 글로벌 경영환경 하에서 바람직한 방향이라고 할 수 있다. 전세계 교역량의 50% 이상이 FTA 체결국 간에 이루어질 것으로 예상되고 있고, 하나의 FTA를 체결하는 데 통상 1년 이상의 기간이 소요되는 점을 고려하면 교역을 통해 경제성장과 일자리 창출을 이루어야 하는 우리로서는 불가피한 선택이라 할 수 있다. 대외의존도가 높은 우리가 FTA 확대를 통한 개방형 통상국가를 지향해야만 하는 상황에 직면해 있음은 주지의 사실이다.

우리와 칠레 간 FTA 체결에 따른 경제교류를 살펴보면 FTA의 중요성을 다시 한번 인식할 수 있다. FTA 발효 이후 11개월 동안(2004. 4~2005. 2) 양국간 교역량이 55.5% 증가하는 등 경제적 효과가 가시적으로 나타나고 있다. 휴대용전화기,

컬러TV, 캠코더, 자동차 등 관세가 폐지된 우리의 수출주력제품 수출이 59%에서 226%까지 증가했으며, 칠레의 FTA 체결국 중 가장 높은 수출증가율을 기록했다. 그 결과 칠레 수입시장에서 우리제품의 점유율은 2002년 2.8%에서 2004년에는 3.12%로 제고된 반면에 당초 우려했던 농산물 수입증가로 인한 농업피해는 미미한 것으로 나타났다.

제3절 한·인도 CEPA

1. 한·인도 CEPA 추진 현황과 공동연구의 주요 내용

1.1 한·인도 CEPA 추진 현황

한·인도 양국 정부는 2006년 1월 5~6일간 서울에서 CEPA 공동연구 최종보고서를 제출한 바 있다.[2) 한국과 인도 양국이 CEPA 협상을 공식적으로 개시하게 됨으로써 양국은 관세 및 무역에 관한 일반협정(GATT) 및 서비스무역에 관한 일반협정(GATS) 정책에 부합하는 실질적인 모든 교역을 포함하는 경제 및 통상 분야는 물론 양국간 포괄적 경제 파트너십(comprehensive economic partnership)을 목표로 하는 FTA 협정을 추진하게 된다.

구체적으로 한·인도 CEPA 협상의 주요 내용은 한·인도 자유무역협정 관련 공동연구에 기초를 두고 5가지 분야(① 공산품 및 농축산물을 포함하는 상품교역분야, ② IT 관련 서비스, 금융, 통신, 건설, 운송 등 상당한 범위의 서비스 분야, ③ 무역원활화 조치, ④ 투자분야, ⑤ 이중과세방지법, 과학기술협력, 관세협력, 기업 및 전문인력의 이동, 기업간 협력)에 관한 제도분야를 포괄하게 된다.

2) CEPA(Comprehensive Economic Partnership Agreement, 포괄적 경제동반자 협정)는 인도 내 정치적 민감성을 고려하여 양국간 합의에 의해 상품무역자유화의 일반적 개념인 FTA를 탈피하여 경제·기술 협력 등 다양한 경제협력을 포괄한 협정을 의미한다.

1.2 한·인도 CEPA 공동연구의 주요 내용

한·인도 CEPA 공동연구의 주요 내용은 다음 4가지로 요약될 수 있다.

(1) 상품교역(Trade in Good)

양국 공동연구그룹은 양국간 자유무역협정(FTA) 협상에서 상호주의(reciprocity)에 의한 관세 인하 및 철폐를 동반한 교역품목 다변화는 양국간 교역증가는 물론 후생증진효과(welfare increase effect)를 발생시킬 것이라는 데 인식을 같이 하고 모든 무역품목을 포괄하기로 건의하였다. 다만 양국간 잠재교역량을 극대화하기 위해 포괄적 접근방식을 비교우위(comparative advantage)상품 발굴을 통한 교역품목 다변화를 모색하되 다음 4가지 주요 원칙을 준수할 것을 건의하였다.

① 일부 초민감품목에 대한 융통성 부여와 함께 실질적으로 모든 무역품목을 포괄할 것
② 상호 이익의 확보에 중점을 둘 것
③ WTO규범에 부합하지 않는 수량제한조치를 철폐할 것
④ 기타 교역 확대를 저해하는 장벽 및 규제를 최대한 개선할 것

또한, 통관절차의 개선, 무역 관련법·제도에 대한 정보교환, 투명하고 예측 가능하며 집행이 용이한 원산지 규정 작성을 건의하고 있다.

(2) 서비스 교역(Trade in Service)

양국 간의 막대한 잠재력이 잇는 서비스 분야는 양국간 교역을 촉진하기 위하여 다음 4가지 원칙을 건의하였다.

① 상당한 범위의 서비스 부문과 공급의 형태(mode of supply)를 포괄적 접근방식에서 취급할 것
② 서비스 부문의 양허는 수평적, 부문별 양허를 포괄할 것
③ 소프트웨어, IT관련 서비스, 금융, 통신, 건설, 운송서비스 분야 등 양국의 교

역 잠재력이 큰 분야에 중점을 둘 것

④ 양국 경제의 후생극대화(welfare maximization)를 위한 서비스 교역의 자유화를 추진할 것

특히, IT 및 소프트웨어, 건설, 시청각·오락, 운송, 관광, 금융 서비스부문에 있어 상호 보완성(mutual complementarity)과 교역 증대 가능성을 확인하고 동 부문에 있어 시장접근기회 및 상호 협력을 확대해 나갈 것을 건의하였다.

(3) 투자(Investment)

양국 모두 막대한 투자기회(investment opportunity)가 존재하고 투자 촉진(investment promotion)을 위해 양국 정부차원의 다양한 노력의 필요성을 건의하였다. 양국 정부는 상호 투자증진을 위해 다음 4가지 분야에 대한 포괄적 접근 필요성을 지적하였다.

① 양국시장에 대한 투자기회 및 투자보호를 증진할 것

② 여타 양자 투자보호조치와 유사한 투자보호조치(investment protection measures)를 강구할 것

③ 투자에의 융통성을 확보할 것

④ 투자상담기구 등 투자문제에 대한 협의기구를 설치할 것 등의 원칙 하에 투자장벽(investment barrier) 해소, 규제완화(deregulation) 등 양국의 투자환경 개선

양국간 투자기회 극대화와 투자원활화를 위해 이미 양국간 체결된 투자보장협정(1996년), 이중과세방지협정(1985년)에 대한 개선, 개정 논의를 촉진하여야 한다는 데에 인식을 공유하고 한국의 대인도 투자와 관련, 조세정책 조정의 난점을 고려하여 인도 투자청 내 특별위원회(Fast Track Committee) 및 투자 촉진과 원활화를 위한 한·인도 기업간 협의체 설치를 건의하였다.

(4) 경제협력(Bilateral Economic and Business Cooperation)

양국이 진정한 미래의 경제동반자로 진일보하기 위해서는 산업, 기술, 금융, 사회·문화의 전분야에 있어 양국간 협력이 중요하다는 점에 인식을 같이 하고 은행·보험 등 금융서비스, 해운, 항공, 관세, 검역·기술규제 분야에서 실질적인 협력을 통한 교역과 투자증진 기반 구축의 필요성을 강조하였다. 이를 구체화시키기 위한 이중과세방지협정, 과학기술협력협정, 항공협정 등과 같은 기존의 제도적 틀의 역할을 평가하고 이에 더하여 관세협력, 기업인 및 전문인력의 이동, IT 및 서비스 협력, 중소기업 협력에 대한 제도적 틀을 새롭게 논의할 것을 건의하였다.

기업간 협력을 증진하기 위해서 중앙상공회의소, 경제단체간 협력, 중소기업간 협력의 중요성을 강조하고, 분야별로는 IT 및 전자, 통신, 에너지, 의류 및 피혁, 과학기술, 생명공학, 의약품, 관광, 의료, 교육 및 인적자원(human resources) 개발, 기간시설 및 운송 등 경제 제(諸) 분야에서의 협력 모색을 건의하였다.

2. 한·인도 CEPA 협상의 주요 이슈

한·인도 CEPA 협상의 주요 이슈로 다음 4가지를 지적할 수 있다.

2.1 상품교역(Trade in Good)

(1) 농업부문

인도는 현재 농업부문에서 식량 자급자족 수준에 있다. 한국과는 농수산물 교역 비중이 낮은 편이며 쌀은 양국 모두 민감품목으로 인식하고 있어 큰 마찰이 없을 것으로 판단된다. 여타 민감품목에 대해서는 매우 신중한 접근이 요구된다. 대인도 수입품목은 오일케이크와 유박(35%), 밀과 메슬린(3.6%), 당밀(11.5%) 등이 주요 품목이나 농산품에서 참깨, 자두, 망고, 마늘, 고추, 양파 등 일부 민감품목의 수입이 확대될 것으로 예상됨에 따라 협상시 상기 분야에 매우 신중하게 접근해야 한다. 인도의 대한국 쌀 수출 물량은 극히 미미한 수준이며 한국인이 선호하는 품종과 인도산 쌀의 품종이 상이한 실정이다. 그러나 인도는 세계 2위의 쌀 생산국으로서 한국시장에 큰 관심을 표명하고 있으며 인도산 쌀 관련 제품의 국제적인 가격경쟁력(international price competitiveness)이 크다는 점에 유의해야 한다.

(2) 수산업부문

수산업부문에서 한국인이 선호하는 갈치 및 꽃게 수입이 증가할 것으로 보여 생산어민들에게 영향을 미칠 것으로 예상된다. 한국의 총수산물 교역량(2004년 기준) 중 인도와의 수산물 교역액은 약 2,400만 달러로 총수산물 교역액의 약 0.7%를 차지하여 매우 낮은 수준이나 인도로부터 수입하는 수산물 품목 중 가장 많은 비중을 차지하는 품목은 갈치와 꽃게이다. 한·인도 CEPA 체결에 의해 갈치와 꽃게가 한국으로 수입될 경우 국내시장 가격하락으로 어가 수입에 매우 부정적 영향을 미칠 것으로 평가된다.[3)]

(3) 검역 및 기술규제

검역 및 기술규제도 중요하게 논의되어야 할 분야이다. 양국 간의 동식물 및 농업 관련 제품에 대한 위험요소들이 포함되어 있는 분야에 대한 검역 및 규제의 범위와 한계, 그리고 허용문제에 인도측이 지대한 관심을 보이고 있어 협상의 주요 이슈가 될 것으로 보인다. 식료품 안전성, 동식물의 검역 등은 양 국민의 건강과 안정에 관련된 만큼 양국 간의 협력은 각각의 기술무역 조치 및 규정, 기술 표준 및 평가 절차에 대한 명확한 규정 및 한계를 결정하는 데 있다. 이를 위해 상호 간의 투명한 정보 교환(exchange of transparent information) 및 유지가 매우 중요하므로 이에 대한 철저한 대응이 요구된다.

(4) 관세 및 비관세장벽

상품교역 면에서 중요한 현안으로 취급되어야 할 분야로 관세 및 비관세장벽(tariff and non-tariff barrier) 분야를 들 수 있다. 한국과 인도는 교역 면에서 상호보완적 산업구조(mutually complementary industrial structure)를 가지고 있어 전반적으로 교역 확대를 발생시킬 것으로 예상되나 반덤핑(anti-dumping) 및 긴급수입제한(safeguards) 조치, 또는 통관절차 등에 의한 과도한 비관세장벽을 보유하고 있어 협상의 주요 이슈로 부상할 것으로 판단된다. 인도는 미국, EU에 이어 세계 3위

---

3) 갈치 관세율은 10%(수입비중 8.72%), 꽃게 관세율은 20%(수입비중 6.24%)이다.

반덤핑 제소국으로 우리의 수출품에 대해 15개 품목 반덤핑 관세 부과, 1개 품목 긴급수입제한조치 등 최대 반덤핑 제소 국가이다. 또한, 통관절차, 투자장벽, 정부조달 등에서 상대적으로 높은 비관세장벽을 보유하고 있다.

2.2 서비스 교역(Trade in Service)

서비스분야의 협상에서 가장 이슈가 되는 분야는 기업인 및 전문인력의 이동이라고 할 수 있다. 인도정부는 교역 완화 조건으로 의료, 변호사, 교육 등 전문직 이동에 관한 협력을 강조할 것으로 예상됨에 따라 이번 협상의 가장 핵심 이슈가 될 것으로 보인다. 인도는 한국의 제조업 우위에 의한 교역조건 완화방법으로 상대적으로 비교우위에 있는 서비스분야 전문인력의 자유로운 이동과 과학기술분야 관련 기관의 한국 진출에 지대한 관심을 보이고 있으며 한·인도 공동연구에서도 여러 차례 강조한 바 있다. 특히, 전문직 인력이동과 관련하여 자격인정, 언어장벽, 비자요건 완화 등 다양한 분야에서 실질적인 규제완화를 요구할 것으로 보인다.

2.3 투자(Investment)

양국간 투자 증진을 위해서는 양국 시장에서 투자기회를 보호하는 것이 매우 중요하다는 것을 인식하여 한국정부는 인도정부에 이에 상응하는 조치를 취해줄 것을 요구하고 있다. 특히, 한국의 대인도 투자와 관련하여 인도의 복잡한 조세정책, 외환송금규제 완화, 중앙정부 및 지방정부수준에서의 투자 승인 및 기타 애로요인 등을 해소하기 위해 인도투자청(FIIA: Foreign Investment Implementation Authority) 내 특별위원회(Fast Track Committee)의 설치 여부가 중요하다고 할 수 있다.

인도는 농업부문에서 자급자족(autarky) 수준에 있고 농산품이 대부분 민감품목으로 지정되어 있어 농업부문 개방의 난점을 인식하는 대신 한국을 통하여 농업부문 투자를 확대하려 하고 있다. 이에 따라 인도는 한국정부에 투자에 의한 무역전략(Trade-cum Investment Strategy)을 제안하고 있다. 즉, 한국기업들이 농업수출지역(AEZ: Agricultural Export Zone)과 특별경제구역(SEZ: Special Economic Zone) 등에 투자하여 농업 관련 제품을 한국 및 제3국으로 수출해줄 것을 바라고 있다. 그러나 인도에서 한국으로 농업 관련 제품 수출은 식품 안전성 및 검역기준에 직접적으로 연관되어 있어 향후 많은 파장을 야기시킬 수 있는 분야로 평가된다.

2.4 경제협력(Bilateral Economic and Business Cooperation)

인도는 IT 분야의 교육 및 훈련, 섬유산업의 인도지역 재배치(relocation), 의약품 분야 등에 특별한 경제협력을 강조하고 있다. 이는 기본적으로 양국간 이중과세방지협약의 재협상, 인력 교류에 관한 비자 발행 완화, 전문분야 기술 및 자격 인정과 인력 교류 등 다양한 분야의 협력을 요구할 것으로 기대된다.

3. 시사점

한·인도 CEPA 공동연구가 종료되고 조만간 협상이 시작됨에 따라 인구 11억명의 잠재적 구매력(potential purchasing power)이 매우 높은 시장으로의 진출과 동시에 남아시아, 유럽, 중동, 아프리카지역 시장의 진출 교두보를 확보하여 시장 다변화 계기를 맞이하게 되었다. 특히, 현재 한국의 해외투자 및 교역은 미국과 중국을 중심으로 이루어지고 있는 반면에 잠재적 시장성이 높은 인도와의 교역은 매우 미미한 실정이다. 이에 따라 인도시장 진출과 동시에 인도를 중심으로 한 남아시아, 중동, 아프리카, 유럽 등으로 시장확대를 하는 것도 중요한 전략이 될 수 있다. 일본과 중국도 최근 인도시장 및 남아시아를 비롯한 동남아시장에서의 패권 확보를 위해 인도와의 FTA 조기 타결을 목표로 투자 확대 및 양국간 긴밀한 협력관계를 추진해 나가고 있다. 따라서 인도와의 관계 강화를 통해 다른 나라보다 우선적으로 시장을 선점할 수 있는 계기를 마련해야 한다.

인도의 한국과의 자유무역협정(FTA)은 인도 입장에서는 한국을 남아시아와 동북아의 가교역할로 활용한다는 측면도 있으나 한국과 인도는 양국간 상호 보완적 산업구조에 의해 양국간 시장잠식의 우려가 없이 교역 및 투자가 크게 확대될 것으로 기대된다. 그러나 한·인도 자유무역협정 협상은 기존의 FTA 협상과는 달리 농산물 분야, 특히 쌀 문제에서 상대적으로 양국간 민감성을 인식하고 있는 만큼 민감품목을 중심으로 세계무역기구(WTO) 기본 협정을 준수할 것을 강조하면서 제조업 중심으로 보다 다양한 협상 의제를 개발하여 타협안을 제시할 필요가 있다. 한국은 전자, 기계, 수송장비, 철강, 석유화학 등에 비교우위가 높은 제조업의 진출에 관심이 높은 반면, 인도는 농산물 수출보다는 농산물분야 등을 포함한 다양한 분야의 투자에 적극적이어서 농산물의 직접적인 수입과 같은 협정보다는 양자간 품목 다양화에 의한 투자 확대 가능성에 목표를 둔 전략적 협상(strategic negotiations)으로의 접근방식이 필요하다.

인도는 한국과의 CEPA 체결이 중국과 일본 등 동북아지역과의 경제적 협력 확대에 의한 대규모 투자 유입과 동시에 동남아는 물론 남아시아에서 주도권을 장악하기 위한 전략으로 이용하는 측면이 있는 만큼, 기대 이상의 신속한 협상 진행과 타결을 요구할 수 있다. 따라서 우리는 이러한 기회를 최대로 활용하여 신속한 타결과 유리한 협상안을 준비할 필요가 있다. 한·인도 CEPA 조기 타결은 인도에 진출한 한국기업에 매우 유리한 조건을 부여하는 동시에 중국과 일본보다는 상대적으로 이른 거대시장 선점이라는 점을 인식하여 조기 타결이 필요하다. 특히, 인도의 조기 타결 전략과 더불어 될 수 있는 한 농수산물 분야의 민감품목은 피해가고 상호 보완적 분야에 경협을 확대해 나가는 방향으로 협상을 진행시킬 필요가 있다.

인도는 한·인도 CEPA 추진시 교역여건이 한국측에 매우 유리하게 작용하는 반면에 인도측의 교역여건은 더욱 악화될 것으로 인식하고 있어 보다 많은 서비스업 진출과 투자, 그리고 전문인력 이동문제를 가장 중요한 이슈로 부각시킬 것으로 예상되는 만큼 이에 대한 대응이 요구된다. 특히, 인도측은 기업인 인력이동은 물론 전문인력 이동과 전문분야 상호인정협정 등을 강력하게 추진할 것으로 보여 우리측은 이에 대해서는 국내법을 준수하면서 전문인력 이동이 국적, 영주, 고용에 미치는 영향을 최소화하는 방안을 효과적으로 모색해야 한다.

제4절 한·ASEAN FTA

말레이시아 쿠알라룸푸르에서 2005년 12월 13일에 개최된 한·ASEAN 정상회의에서 한국과 ASEAN 10개국 정상 간에 '한국과 ASEAN 회원국 정부 간의 포괄적 경제협력에 관한 기본협정'(Framework Agreement)이 정식으로 서명되었다. 이에 앞서 2005년 12월 9일에는 한·ASEAN 통상장관 간에 분쟁해결제도협정이 서명되었으며 한·ASEAN 자유무역협정(FTA) 협상의 핵심인 상품무역협정 본문과 상품자유화 방식에 대한 합의가 이루어진 바 있다.[4]

이번 기본협정 및 분쟁해결협정 서명과 상품협정 본문 및 상품자유화 방식(Modality)에 대한 합의로 2005년 2월 제1차 협상 이후 단기간 내에 한·ASEAN FTA의 최종 타결을 향한 중요한 계기가 마련되었다. 2006년 4월 상품무역협정의 정식 서명과 함께 2006년 중 서비스·투자 협정이 체결될 경우 한·ASEAN FTA는 완결된다고 평가할 수 있다.

1. 한·ASEAN FTA 기본협정의 의의

중국·일본·인도 등 아시아 주요 국가들이 ASEAN과의 FTA 체결을 위해 치열한 경쟁을 벌이고 있는 상황에서, 한국은 2003년 10월 한·ASEAN 정상회의시 한·ASEAN FTA 공동연구 합의를 출발점으로 이들 국가보다 뒤늦게 FTA 추진 경쟁대열에 참여하였다.

정부는 2004년 5월 'FTA 추진 로드맵'을 보완하여 ASEAN을 FTA 단기 추진 대상국으로 선정하고 외교통상부를 중심으로 새롭게 정비된 FTA 협상체제를 최대한 활용하여 ASEAN 10개국과 협상을 진행하였다.

2004년 3월 이후 5개월 만에 ASEAN과의 FTA 공동연구를 완료하였고, 2005년 2월 제1차 협상을 개시하여 약 10개월 만에 기본협정 및 분쟁해결절차 협정에 서명한 바 있다. 비록 태국이 불참하기는 하였으나 ASEAN 9개국과의 상품자유화 방식에 대한 합의를 도출함으로써 한·ASEAN FTA의 핵심이 되는 상품협정 타결의 기반을 마련하였다고 할 수 있다.

중국의 경우 우리보다 3년 빨리 협상을 시작하고도 2010년 자유화 목표가 한국과 동일한 점이나, 일본이 필리핀·태국·말레이시아 등 개별 ASEAN 회원국과의

---

4) 태국의 경우에는 상품분야 협정 합의에 참여하지 않았으나 기본협정 및 분쟁해결제도 협정의 정식 서명에는 동참을 하였으며 이번에 합의된 자유화 방식에 따라서 향후 FTA 협상에는 지속적으로 참여하겠다는 입장을 표명한 바가 있어, 2006년 4월로 예정된 상품협정의 정식 서명에는 참여할 것으로 기대된다.

FTA 추진으로 전체 ASEAN과의 FTA 추진이 지체되고 있는 점을 고려할 때, 우리는 이번 합의를 통해 후발주자로서의 약점을 극복하고 ASEAN은 물론 향후 아시아 지역통합(Asian Regional Integration) 과정에서 주도적인 위치를 확보할 수 있는 교두보를 마련하였다고 할 수 있다.

2. 한·ASEAN FTA 기본협정의 구성체계와 추진방식

이번 한·ASEAN FTA 실질 타결의 의의와 주요 내용을 이해하기 위해서는 한·ASEAN FTA 협정의 구성 체계와 협상 추진방식에 대해 살펴볼 필요가 있다.

2.1 구성체계

한·ASEAN FTA는 한국과 ASEAN 총 11개국에 공통으로 적용되는 복수국가간 협정의 성격을 지니게 되며, 경제발전단계(economic development stage)가 상이한 ASEAN 10개 회원국과의 자유무역지대(free trade area)를 효율적이고 신속하게 추진해야 한다는 점에서 기본협정을 먼저 체결하고 상품무역협정·서비스협정·투자협정을 순차적으로 체결해 나가는 한·ASEAN FTA 모델을 원용한 방식으로 추진되었다.

2.2 추진방식

FTA 협상의 핵심이 되는 상품분야 협상에 있어서도 다자간협상(multilateral negotiations)에서 많이 사용되고 있는 '상품자유화 방식'을 채택하였다. 이는 보통 2개국 간의 FTA협정이 상품, 서비스, 투자, 기타 무역규범 및 분쟁해결제도 등을 하나의 협정에 규정하는 '단일협상 방식'으로 협상을 진행하며(single-undertaking), 상품양허 협상에 있어서도 '양허안 제시 및 요청(Offer and Request)' 방식을 채택하고 있다는 점에서 근본적인 차이가 있다.

이 같은 방식에 따라 한·ASEAN FTA는 기본협정·상품무역협정·서비스협정·투자협정·분쟁해결제도협정으로 구성된다. 2005년 12월에 개최된 '한·ASEAN 정상회의'시 기본협정·분쟁해결제도협정이 정식 서명되었으며 상품무역협정의 본문(text)과 상품자유화 방식에 대한 합의가 도출되어 제1단계 협상이 완료되었다.

2006년 중 상품협정의 잔여부분인 품목별 양허표와 원산지 규정에 대한 협상이 종료되고 서비스·투자 분야 협정이 체결되면 한·ASEAN FTA는 완결되게 된다.

〈그림 17-1〉 한·ASEAN FTA 협정 구성

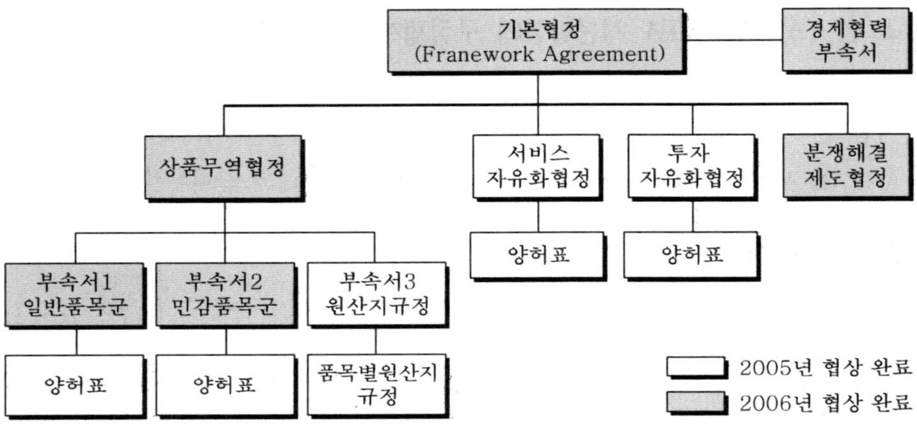

3. 한·ASEAN FTA 기본협정의 내용

3.1 기본협정

한·ASEAN FTA의 모법(母法)이 되는 기본협정(Franework Agreement)은 분야별 협상대상, 협상목표, 협상시한, FTA 이행기구 등 FTA의 기본 골격을 규정하면서 WTO 협정에 맞는 높은 수준의 자유화를 목표로 명시하고 있다. 특히, 기본협정은 서비스 및 투자 협상의 협상일정과 타결시점을 구체적으로 적시하여 한·ASEAN FTA 완료에 구속력을 부여하고 있다.

또한, 기본협정에는 상품 및 서비스·투자 분야의 자유화뿐만 아니라 경제협력을 포함하는 포괄적 협정을 지향한다는 측면에서 총 19개 분야의 경제협력 분야가 부속서의 형태로 규정되었다. 경제협력 분야에서의 특징은 협력사업에 방송·영화·천연자원·에너지·IT 등이 포함되어 최근 동남아시아에서 강세를 보이고 있는 '한류'(韓流) 열기를 제도적으로 뒷받침하게 되었을 뿐만 아니라 우리측 관심 분야인 천연자원 · 에너지 · IT 산업 등의 분야에서 ASEAN과의 협력을 강화할 수 있게 되었다는 점이다.

3.2 분쟁해결제도협정

분쟁해결제도협정은 당사자간 협의, 중재패널 설치 순서로 진행되는 분쟁해결 절차를 규정하고 있다. 중재패널 권고 불이행시 제소국은 당사국에 대하여 한 · ASEAN FTA에 따른 혜택을 정지할 수 있도록 함으로써 중재패널의 판정결과에 대한 이행수단을 확보하고 있다.

3.3 상품협정

말레이시아 쿠알라룸푸르에서 개최된 한 · ASEAN 통상장관 회의에서 타결된 상품협정의 본문과 상품자유화 방식은 한 · ASEAN FTA의 핵심 내용이다.

상품협정은 본문, 3개의 부속서, 품목군별 양허표, 품목별 원산지 규정 등으로 구성된다.

(1) 본문

상품협정 본문에는 한 · ASEAN 11개국 상호 간의 관세 철폐 및 인하와 함께 비관세장벽 철폐, 산업피해 발생에 대비한 무역구제 제도, 위생검역 및 기술장벽(SPS/TBT) 등의 관련 조항이 규정되어 있다.

(2) 부속서 1 · 2

부속서 1 · 2는 상품자유화 방식을 각각 규정하고 있는데, 부속서 1은 일반품목군(Normal Track), 부속서 2는 민감품목군(Sensitive Track)으로 구성되어 있다. 민감품목군은 다시 민감품목 리스트(Sensitive List)와 초민감품목 리스트(Highly Sensitive List)로 구분된다.

여기서 일반품목군은 관세철폐 대상이며 민감품목군은 관세감축 내지는 양허제외 대상을 의미한다. 관세 철폐 · 감축은 부속서 1 · 2에 규정된 방식에 따라 진행되게 된다.

이번에 합의된 상품자유화 방식의 핵심내용은 품목수뿐만 아니라 수입액 기준으로도 '97% 자유화(90%는 관세 철폐, 7%는 0~5%까지 관세 감축)'에 합의하여 ASEAN시장을 실질적으로 개방하는 성과를 거두었다.

〈표 17-1〉 한국 및 ASEAN 6개 국가 상품자유화 방식

	일반품목군 (Normal Track)	민감품목군(Sensitive Track)	
		민감품목	초민감품목
품목수 기준	90% 이상	6~7%	HS 6단위 200개 또는 각국 관세 최종단위 3% 이하
수입액 기준	90% 이상	7%	3% 이하
자유화 목표	2010년까지 완전 관세 철폐 단 ASEAN 회원국에게는 5% 범위에서 2년의 추가 기간 인정	2016년까지 0~5%로 관세 감축	다양한 방식으로 광범위한 보호 인정 · 관세율 상한 50% 설정 · 20%만큼 관세 감축 · 50%만큼 관세 감축 · 저율관세수입물량(TRQ) 설정 · 양허 제외(40개)

주: 1) 한국은 협정 발효 즉시 Normal Track의 70%, 2008년까지 Normal Track의 95% 이상 관세 철폐(ASEAN 6개국은 2009년까지 Normal Track의 90% 이상 관세 철폐)
2) 추후 협상 과정에서 세부내용이 변경될 수 있음

4. 평가

2004년에 타결된 중·ASEAN FTA가 2010년까지 90% 품목(수입액 기준)의 관세를 철폐하도록 규정한 데 비해, 우리는 중국보다 3년 늦게 협상을 개시하였음에도 불구하고 중국과 동일한 2010년 자유화 목표에 합의하였을 뿐만 아니라 민감품목의 추가적 자유화(0~5% 수준으로의 관세 감축)도 중·ASEAN FTA의 일정(2018년)보다 앞당긴 2016년에 합의하였다.

특히, 자유화 일정의 중간 이정표로서 '2009년까지 80% 품목 관세 철폐'를 추가로 규정한 점, 초민감품목 리스트에 수입액 상한선(3%)을 설정한 점 등은 중·ASEAN FTA에는 없는 요소로서 자유화 속도를 가속화하고 자유화 수준을 확대함으로써 우리의 동남아시장 선점 효과를 기대할 수 있게 되었다.

그리고 베트남을 포함한 후발 ASEAN 4개국에 대해서는 이들 국가의 경제발전

정도 등을 고려하여 상품자유화에 있어서 수입액 기준을 설정하지 않는 한편, 이행 기간에도 어느 정도의 융통성을 부여하였다.

〈표 17-2〉 CLMV 국가(캄보디아 · 라오스 · 미얀마 · 베트남)의 상품자유화 방식

	일반품목군 (Normal Track)	민감품목군(Sensitive Track)	
		일반민감품목	초민감품목
품목수 기준	90% 이상	6~7%	HS 6단위 200개 또는 각국 최종단위 3% 이하
수입액 기준	베트남 : 75% 이상 CLM : 설정하지 않음	설정하지 않음	설정하지 않음
주요 내용	한국 및 ASEAN 6개국 적용내용과 동일		
이행시한	베트남 : 2016년 원칙 CLM : 2018년 원칙	베트남 : 2021년 CLM : 2024년	

주: 1) 베트남은 2015년, 캄보디아 · 라오스 · 미얀마는 2017년까지 Normal Track의 90% 이상 관세 철폐
2) 추후 협상 과정에서 세부내용이 변경될 수 있음

이번 합의에서는 다양한 형태로 보호를 받게 될 초민감품목(HS 6단위 기준 200개 품목 또는 HS 10 단위 기준 3% 품목, HS는 신(新)국제통일 상품분류)을 설정하였을 뿐만 아니라 FTA상의 관세감축 계획에서 완전히 제외되는 40개 품목(HS 6단위 기준)의 양허 제외를 인정함으로써 우리의 민감 농·수산물을 충분히 보호할 수 있는 장치도 마련하였다.

이는 우리의 쌀 및 주요 농수산물 시장의 개방을 고수하는 태국 등과의 외교전에서 ASEAN으로서는 이례적이라고 할 수 있는 'ASEAN 마이너스 1 Formula(태국을 제외한 여타 9개국과의 합의)'를 도출해낸 것이어서 더욱 주목할 만한 성과라고 할 수 있다.

한편, 부속서 3(원산지 규정)의 경우 이번 합의에는 제외되었으나 최대 쟁점사항이었던 개성공단 생산제품에 관한 특혜관세 부여 문제에 대한 원칙적 합의를 도출함으로써 향후 원산지 규정 협상 타결에 중요한 계기를 마련한 것으로 평가된다. 다만 이러한 성과에도 불구하고 ASEAN과 FTA를 추진하고 있는 대부분의 국가들이 원산지 규정 협상에 가장 어려움을 경험하고 있음을 고려할 때, 이 부분은 시급하게 협상이 타결되어야 할 분야로 지적할 수 있다.

5. 시사점

ASEAN과의 FTA 기본협정 서명과 상품자유화 방식 합의는 우리와 거대 경제권과의 최초의 FTA로서 우리 정부의 '동시다발적 FTA 추진정책'이 본격적인 성과를 거둔 것으로 평가할 수 있다. 또한, 향후 미국·EU·중국·일본 등의 거대경제권뿐만 아니라 BRICs 등 신흥시장권과의 FTA 추진에도 기여하게 될 것이라는 점에서 그 의의가 매우 크다고 할 수 있다.

경제적 측면에서 볼 때도 한·ASEAN FTA는 이제까지 우리가 체결한 어떤 FTA보다 큰 긍정적 파급효과를 가져다주는 본격적인 FTA가 될 것으로 판단된다. ASEAN은 이미 우리의 제4위 수출시장인데다가 잠재력이 매우 큰 인구 5억의 신흥시장(emerging market)일 뿐만 아니라 상당수 ASEAN 회원국이 고관세를 유지하고 있어 한·ASEAN FTA가 발효되면 우리의 대ASEAN 수출은 크게 증가할 것으로 기대된다.[5)]

더욱이 한·ASEAN FTA는 우리가 아시아 지역경제 통합의 '주요 행위자(main player)'로 도약할 수 있는 기회를 제공해 주게 된다. 우리는 그 동안 'ASEAN+3' 협력체제를 통하여 구축한 역내 협력관계와 이번 한·ASEAN FTA를 기반으로 동북아시장과 동남아시장을 하나로 연결하는 중심축(hub)에 위치하게 되었다고 할 수 있다. 이는 향후 우리가 아시아 지역의 경제통합에 핵심적인 역할을 할 수 있는 발판을 마련해 줄 것으로 기대된다.

한편, 이번에 개성공단 생산제품에 FTA 특혜관세를 부여하기로 ASEAN측과 원칙적 합의를 도출하였다. 이것은 싱가포르·EFTA(스위스·노르웨이·아이슬란드·리히텐슈타인)와의 FTA에 이은 3번째 성과이며 개성공단 생산제품에 대한 해외판로 확보라는 점에서도 의미있는 결실이라 할 수 있다.

2005년 12월의 성과로 한·ASEAN FTA 최종 타결의 큰 계기를 마련한 것은

---

5) 대외경제정책연구원의 연구결과에 따르면 한·ASEAN FTA가 발효될 경우 대ASEAN 수출은 약 100억 달러 증가하고 대ASEAN 무역흑자는 약 60억 달러가 증대되는 것으로 나타났다.

사실이나 협상의 최종 타결을 위해서는 상품무역협정 중 원산지 규정과 품목별 양허표가 완성되어야 하며 기본협정에 규정된 대로 2006년 말까지 서비스・투자 협정을 체결해야만 한다.

이를 위해 정부는 2006년 초까지 상품무역협정상의 잔여 협상을 종결하여 상품무역협정에 2006년 4월 정식 서명할 예정이며 기본협정과 분쟁해결제도 협정 및 상품무역협정을 국회에 일괄 제출하여 2006년 7월 1일 발효를 위한 국내절차를 밟을 계획으로 있다. 이와 병행하여 2006년에는 서비스・투자 협상도 진행하여 2006년말 개최되는 한・ASEAN 정상회의 때까지 한・ASEAN FTA 협상이 최종 타결될 수 있도록 진행해 나갈 것으로 예상된다.[6)]

제5절 한・미 FTA

한・미 자유무역협정(FTA) 체결을 위한 양국 정부 당국간 협상이 진행되고 있다. 다수의 경제학자들은 세계 1위의 경제대국인 미국과의 FTA는 경제체질을 강화하고 우리 경제를 한 단계 업그레이드(upgrade)시키는 계기가 될 수 있다는 점에서 조속히 추진하는 것이 바람직하다고 지적하고 있다.

우리는 그 동안 세계 11위의 통상국가라는 위상에 맞지 않게 세계적인 FTA 체결 경쟁에서 뒤처졌으나, 최근 들어 한・ASEAN FTA 체결과 함께 인도와의 협상 개시를 앞두고 있는 등 거대경제권과의 FTA에 박차를 가하고 있다. 칠레, 싱가포르, 유럽자유무역연합(EFTA) 등과 FTA를 체결하였으나 이들 국가와의 교역량은 우리의 전체 무역 규모의 3%를 초과하지 못하는 수준으로 근본적인 교역규모 확대에는 한계가 있다고 할 수 있다.

---

6) 그러나 우리의 농・수산물 시장개방을 요구하면서 상품자유화 방식의 합의에 유보를 표명한 태국과의 최종 조율 문제, 서비스·투자 분야의 경우 높은 수준의 FTA를 추진하면서도 인력이동 분야 등 우리의 민감 분야를 고려하는 문제 등이 해결해야 할 과제로 부상하고 있다.

1. 한·미 FTA의 의미

1.1 경제적 의미

미국과의 FTA 추진은 그 동안 주요 국가들에 비해 FTA 체결에 뒤처진 것을 만회하고 세계 최대시장인 미국시장을 활용할 수 있다는 점에서 경제적, 상징적으로 의미하는 바가 매우 크다. 한·미 FTA가 우리가 추진 중인 다른 국가와의 FTA의 촉매역할을 할 수 있다는 점도 간과할 수 없는 측면으로 지적된다.

미국은 우리의 주요 수출대상국이자 세계 최대의 내수시장을 보유하고 있는 국가임은 주지의 사실이다. 한·미 FTA가 체결되면 대외 교역의존도(trade dependence)가 큰 우리는 안정적인 수출시장을 확보하게 된다. 최근 중국의 고도 경제성장으로 대미수출 비중이 감소하고 있으나 대중국 수출의 상당부분이 중국에서 조립·가공되어 미국으로 수출되고 있다는 점을 고려하면 미국은 여전히 우리의 최대 수출시장으로 평가할 수 있다.

한·미 FTA가 추진되면 통상마찰의 수위와 강도는 한층 완화될 것으로 보인다. 협상과정에서 한·미간 잠재되어 있는 통상현안들이 포괄적으로 논의되고 이들 중 상당부분이 FTA 하에서 개선될 수 있다는 점에서 양국간 통상마찰은 현저히 감소될 것으로 기대된다.

1.2 비경제적 의미

경제외적으로도 외교·안보적인 관계를 강화시켜 한반도를 둘러싼 동북아 지역의 질서유지에 기여할 수 있을 것으로 기대된다. 한·미간 유대관계가 강화되어 한반도의 안정성이 제고되면 아시아 지역 내에서 우리의 정치적·경제적 위상이 높아지게 된다. 따라서 우리는 일본, 중국 등 동북아시아 블록과 미국 사이에서 균형을 유지할 수 있는 중요한 매개 역할을 담당할 수 있을 것으로 보인다.

〈표 17-3〉 한・미 4대 통상현안

통상현안	미국 측 요구사항
스크린쿼터	한국영화 의무상영일수를 현행 146일(총 상영일의 40%)에서 73일(20%) 이하로 축소(정부 2006년 7월부터 스크린쿼터 축소 시행방침 발표〈2006. 1. 23〉)
미국산 쇠고기 수입	조속한 시일내 수입재개(정부간 협상타결〈2006. 1. 13〉)
자동차 배출가스 허용기준	미 연방기준 인정 및 소규모 판매자에 대해 2008년 말까지 강화된 기준 적용 유예
의약품 관련 투명성	혁신신약에 불리한 약가산정방식 개선

2. 양국 산업계의 입장

2.1 한국 산업계

한국 산업계는 수출시장의 안정적 확보와 미국의 대한투자 확대 등을 위해 미국과의 FTA를 지지하고 있다. 전국경제인연합회 회원사를 대상으로 한 설문조사 결과에 따르면 응답자의 87%가 한・미 FTA를 찬성하는 것으로 나타났다. 제조업 중 자동차, 섬유, 전자산업은 미국과 FTA가 체결되면 수출이 크게 증가할 것으로 기대하고 있다.

2.2 미국 산업계

미국 산업계도 한・미 FTA 체결에 대해 긍정적인 공감대를 형성하고 있는 것으로 보인다. 2005년 2월 전미제조업자협회(NAM)는 FTA 우선검토 대상국으로 한국을 선정하고 미 행정부에 이를 권고한 바 있다. 미 상공회의소도 이를 권고한 바 있으며 한・미재계회의 등을 통해 양국 정부에 한・미 FTA의 조속한 추진을 요청해 오고 있다.

3. 전망

이 같은 한·미 양국 산업계의 FTA 지지에도 불구하고 한·미간 FTA 협상은 순탄치만은 않을 것으로 보인다. 이는 양국간 쟁점사항이 다수 존재하고 있고 농산물 시장 및 서비스 시장 개방 등 합의점을 도출하기가 용이하지 않을 것으로 전망되기 때문이다. 그 동안 미국 측은 한·미 FTA를 추진하기 위해서는 스크린쿼터(screen quota) 축소, 미국산 쇠고기의 수입 재개, 자동차 배출가스 허용기준 완화, 의약품 관련 투명성 제고 등 통상현안 문제들이 해결되어야 한다는 입장을 지속적으로 제기해 왔다.

협상이 개시되면 미국은 농산물 시장 개방확대 등 시장지향적 농업정책(market-oriented agricultural policy)의 채택을 요구할 것으로 기대된다. 농산물 개방에 대한 국내 농업계의 반대가 심하고, 미국 농산물 생산업계 또한 미국의 대외 통상정책 결정에 지대한 영향을 미치고 있어 협상의 쟁점사항이 될 것으로 보인다. 미국은 법률, 의료, 교육 등 국내 서비스 산업에 대해서도 높은 수준의 시장개방을 요구할 것으로 기대된다. 결국 정부의 대미협상력과 국내 각 분야의 이해집단을 설득해 낼 수 있는 효과적 리더십(effective leadership)이 협상을 성공적으로 이끄는 관건이 될 것으로 판단된다.

4. 과제

한국경제는 현재 IMF관리체제 이후 심화되고 있는 양극화 문제를 해결하고 새로운 성장동력을 창출해야 하는 과제에 직면해 있다. 한국경제의 선진화 관건은 금융, 교육, 의료, 소프트웨어 등 지식기반형 서비스 산업(knowledge-based service industry)에 달려 있다고 할 수 있다. 자동차, IT 등 현재의 주력 수출산업이 한 단계 도약하는 것도 필수적이다. 미국과의 FTA는 상기한 과제들을 해결할 수 있는 양호한 기회가 될 것으로 전망된다. 우리의 주요 경쟁국인 중국과 일본에 앞서 미국과 FTA를 체결함으로써 시장선점자적 우위를 확보할 수 있다는 점에서도 한·미 FTA가 갖는 중요도는 크다고 할 수 있다.

한·미 FTA로부터 기대되는 긍정적인 효과를 극대화하기 위해서는 다음 4가지 사항을 고려해야 한다.

4.1 미국은 상대국이 적극적으로 임하지 않는 FTA 협상에 소극적이므로 개방에 대한 확고한 의지를 보여주는 것이 중요함

이를 위해 미국 측이 제기하고 있는 통상현안에 대해 적극적으로 대응하는 것이 필요하다.

4.2 신속한 협상전개

미국 의회가 행정부에 부여한 무역촉진권한(TPA)의 소멸시점이 2007년 6월이고 FTA 협상에 1년 이상의 기간이 소요됨을 고려할 때 협상을 신속하게 전개시킬 필요가 있다.

4.3 무역규제 조치는 한국 기업이 미국 시장에서 경험하고 있는 주요 애로사항이므로 정부가 협상력을 발휘하여 적극적으로 대처해야 함

1998년 이후 미국의 반덤핑(anti-dumping) 제소가 증가하고 있고 덤핑판정 또한 이전에 비해 훨씬 강화되고 있는 추세임을 고려해야 한다.

4.4 한·미 FTA를 산업 구조조정과 경쟁력을 제고시키는 기회로 활용해야 함

기업의 구조조정과 근로자의 전직을 지원하는 적극적인 산업피해구제 프로그램을 조속히 마련하는 한편, 피해가 예상되는 부문에 대해서는 체계적이고 종합적인 개방전략을 수립하여 대응해 나가야 한다. 또한, 한·미 FTA가 정치 이슈화되는 것을 경계해야 할 필요가 있다. 이는 한·미 FTA가 본질적으로 대외교역의 다변화와 경제선진화에 목적이 있는 만큼 순수하게 경제적인 측면에서 접근하는 것이 바람직하기 때문이다.

경제대국인 미국과의 FTA 협상은 중국, EU 등 거대 경제권과의 FTA 체결에 좋은 계기가 될 것이다. 정부가 성공적인 협상력(successful bargaining power)을 발

휘하고 국민적 공감대를 형성하게 된다면 한·미 FTA는 우리 경제를 업그레이드 시키는데 있어서 가장 결정적인 계기가 될 것으로 판단된다.

제6절 과 제

FTA의 추진과제로 다음 3가지를 지적할 수 있다.

1. 이익극대화 전략 수립

우리가 체결하고자 하는 FTA의 귀결점은 결국 산업구조의 재편문제가 될 것이기 때문에 향후 FTA 정책은 피해 극소화라는 소극적 전략에서 탈피하여 국내 산업의 경쟁력을 제고하고 산업의 구조조정을 유도하는 이익극대화 전략으로 나아가야 한다. FTA 체결대상국에 따라 국내 산업에 미치는 영향이 크게 달라지게 되므로 산업발전 전략과 연계하는 것이 필요하다. 또한, FTA를 통해 보다 큰 경제적 효과를 거두기 위해서는 경제규모가 크고 시장접근 가능성이 큰 개발도상국가(developing country)를 중심으로 FTA를 추진하는 것이 바람직하다. 협상상대국이 결정되면 정부는 업계의 의견을 적극적으로 수렴하여 보호해야 할 민감품목을 개발하고, 민감품목에 대해서는 협상품목에서 제외하거나 충분한 유예기간을 확보하는 등 품목별 경쟁력을 기반으로 최적의 협상안을 제시하여 반영되도록 해야 한다.

2. 무역조정지원법의 조기 제정

FTA 체결이 일본, ASEAN, 중국 등 주요 교역상대국으로 확대되면 제조업 등 산업전반에 걸쳐 상당한 피해가 발생하게 되므로 이에 대한 보완대책을 시급히 마련해야 한다. 특히, 우리와 산업구조가 유사한 일본과의 FTA는 자동차, 전자, 기계 등 경쟁관계에 있는 업종에 상당한 피해를 초래할 가능성이 크다.

따라서 산업피해 보완대책의 일환으로서 추진하고 있는 무역조정지원법에 경영혁신(business innovation), 업종전환, 폐업 등 기업의 구조조정과 근로자의 전직을 지원하는 적극적인 피해구제 프로그램을 포함해서 동 제도가 국내 산업의 구조조정과 경쟁력 강화를 실질적으로 지원하는 시스템으로 작용할 수 있도록 해야 한다.

3. 국민의 이해와 공감대 형성

거대경제권을 지향하는 동시다발적 FTA 정책이 성공적으로 추진되기 위해서는 무엇보다도 FTA에 대한 국민적 이해와 공감대를 형성해야 한다. 이를 위해 국민들의 의견을 수렴하여 협상과정에 반영하고 협상내용을 국민들에게 투명하게 설명하여 이해를 구해야 한다.

제18장

FTA 추진에 따른 산업별 영향[1)]

제1절 산업별 영향분석

1. 자동차

1.1 일본을 제외한 어떤 나라와의 FTA도 국내 자동차산업에 긍정적이므로 FTA를 적극적으로 추진할 필요가 있음

내수시장 잠식, 구조조정 및 경쟁비용 증대 등의 부작용이 우려되나 수출시장의 확대 및 선진기술(advanced technology) 도입 등 전체적으로 긍정적 측면이 우세하다. 기술 및 브랜드 경쟁력(brand competitiveness)은 미국, 일본, 유럽 등 선진자동차업체에 비해 열세이나, 품질 대비 가격경쟁력(price competitiveness)은 우수하여 수출경쟁력을 갖고 있는 것으로 평가할 수 있다.

1.2 시장 및 교역규모가 큰 유럽연합(EU), 미국, 중국과 우선적으로 FTA를 체결해야 함

FTA 체결시 순수출(net export) 증가는 EU가 가장 큰 것으로 나타났으며 다음

1) 전국경제인연합회, FKI Issue Paper(2005-34), 2005. 12. 12. 요약・재구성

으로 미국, 중국 순으로 나타났다. 미국과 서유럽이 전세계 자동차 보유 및 판매대수의 50% 이상을 차지하는 등 세계 수요시장을 지배하고 있는 실정이다.

〈표 18-1〉 주요 FTA 대상국별 득실 및 우선순위

대상국	순수출 증가 효과(순위)	자본축적 효과	구조조정/ 경쟁효과	현지화 유무
미국	②	○	○	유
EU	①	○	○	무
중국	③	△	□	유
인도	⑧	△	△	유
브라질	⑦	△	△	무
호주	⑤	△	□	무
캐나다	④	□	□	무
멕시코	⑥	△	□	무

주 : ○ 다소 큼, □ 조금 있음, △ 별로 없거나 크지 않음

1.3 자본축적(capital accumulation) 및 기술도입 측면에서도 기술선진국인 미국, EU와 FTA를 추진하는 것이 유리함

인도, 브라질은 자동차산업이 발달되어 있지 않은 상황이며 멕시코는 미국, 일본 등 현지업체 중심이어서 FTA가 체결되더라도 대한(對韓) FDI 등을 통한 자본축적 효과를 기대하기 어려운 실정이다.

1.4 국가별 FTA 목표를 차별화하여 특정국으로부터 얻을 수 있는 기대효과를 극대화하는 전략을 수립할 필요가 있음

선진국은 자본 및 기술 도입을, 후발국은 관세 및 비관세장벽 등 무역장벽(trade barrier) 완화에 중점을 두어야 한다.

〈표 18-2〉 국가별 FTA의 주요 타깃

대상국	주요 진입장벽	조건	FTA 기대효과	FTA 주요 타깃	정책 제언
미국	환경/안전 규제	현지화	美시장점유율 제고 자본/기술도입 가능	자본/기술 도입	· 다소 공세적으로 대상국과 FTA 추진 필요 · FTA 우선순위 -선진국 : EU -후발국 : 브라질/멕시코 · FTA 주요 목표 -선진국 : 선진기술 도입 -후진국 : 무역장벽 완화/철폐 등
EU	환경/안전 규제	현지화	EU 시장점유율 제고 자본/기술 도입 가능	자본/기술 도입	
중국	관세/비관세	현지화	시장점유율 제고	관세장벽	
인도	관세/비관세	현지화	시장점유율 제고	관세방벽	
브라질	관세/비관세	-	시장 창출	관세/투자장벽	
호주	비관세/규제	-	시장점유율 제고	규제장벽	
캐나다	환경/안전 규제	-	시장점유율 제고	규제장벽	
멕시코	관세/비관세	-	시장 창출	관세장벽	

2. 전기전자

2.1 국내 전기전자산업이 국제경쟁력(international competitiveness)을 보유하고 있고 관세면에서도 유리한 구조를 유지하고 있어 FTA 추진은 업계의 기회 요인임

한국은 대부분의 국가에 대해 3% 이하의 낮은 관세율을 적용하고 있으며 미국, 캐나다, 인도에 대해서는 1% 미만을 적용하고 있다. 반면에 중국, 인도, 중남미 국가들의 관세율은 9~16%로 매우 높은 수준이다.

〈표 18-3〉 전기전자 부문 지역별 관세장벽 (단위 : %)

구분	미국	캐나다	멕시코	중국
한국 전기전자 관세율	0.6	0.6	2.6	2.5
상대국 전기전자 관세율	0.2	0.1	9.3	9.0
구분	인도	호주	중남미	EU
한국 전기전자 관세율	0.8	1.3	3.8	1.2
상대국 전기전자 관세율	16.4	0.8	12.1	1.6

2.2 중국이 가장 유망한 FTA 대상국이며 멕시코, EU 순으로 나타남

중국과의 FTA 추진시 국내총생산(GDP) 및 전기전자산업 생산 증가효과가 가장 큰 것으로 분석되었다. 반면에 캐나다, 호주, 미국 등과의 FTA는 그 효과가 미미할 것으로 예상된다.

〈표 18-4〉 전기전자산업 관세철폐의 예상영향 (단위 : %)

구분	미국	캐나다	멕시코	중국
GDP 성장률	0.005	0.000	0.016	0.089
전기전자 생산 변동률	0.325	0.007	1.433	7.511
구분	인도	호주	중남미	EU
GDP 성장률	0.006	0.001	0.012	0.013
전기전자 생산 변동률	0.585	0.049	1.120	1.135

2.3 관세철폐시 전기전자분야의 대중 수출은 68억 달러 증가할 것으로 전망되며 멕시코, 중남미 및 EU 수출액도 각각 약 10억 달러의 증가가 예상됨

무역수지 개선효과 측면에서도 중국이 60억 달러로 가장 크며 다음으로 멕시코, 중남미, EU, 인도 순으로 조사되었다.

〈표 18-5〉 전기전자산업 관세철폐시 수출입 효과 (단위 : 백만 달러)

구분	미국	캐나다	멕시코	중국
전기전자 수출 증가액	249	6	1,342	6,821
전기전자 수입 증가액	277	5	32	858
전기전자 무역수지	-28	1	1,310	5,963
구분	인도	호주	중남미	EU
전기전자 수출 증가액	542	45	1,035	988
전기전자 수입 증가액	0	0	2	196
전기전자 무역수지	542	45	1,033	791

3. 기계

3.1 기계는 여타 산업에 비해 수입대항력이 취약하여 FTA 체결에 따른 실익이 그다지 크지 않은 편임

〈표 18-6〉 품질 및 가격경쟁력 수준

구 분	품질경쟁력	가격경쟁력
일반기계 부품	81.3	91.1

주 : 선진국을 100으로 할 때 한국의 상대적 경쟁지수
자료 : 한국기계산업진흥회, 2005.

3.2 개방의 피해를 최소화하면서 효과를 극대화하기 위해서는 FTA 체결 상대국별로 체결 우선순위를 달리하는 전략적 접근이 필요함

① 중・저급 분야를 중심으로 한 수출기종의 수출확대와 함께 외국인직접투자(FDI) 및 산업협력의 활성화(vitalization of industrial cooperation) 효과를 극대화해야 한다.

② 수입대항력 약화로 인한 생산과 고용의 급격한 감소 및 산업구조 고도화 차질 발생을 최소화할 필요가 있다.

3.3 이를 위해 중국, EU, 미국 등과 FTA를 우선적으로 추진할 필요가 있음

① 순수출 증대 측면에서 볼 때 중국과 FTA를 추진하는 것이 가장 효과가 큰 것으로 분석됨

중국의 일반기계류에 대한 평균관세율은 12.73%로 비교적 높은 수준이며 중고 기계류 수입금지, 복잡하고 불투명한 통관절차 등 높은 비관세장벽 완화가 기대되고 있다.

② 미국과 EU는 투자협력 및 산업협력 증가에 따른 파급효과가 가장 큼

3.4 멕시코는 FTA 체결에 따른 수출시장 방어효과가 크고 중남미지역 진출 교두보로서의 가치가 큰 편임

멕시코는 중남미 국가 중 우리의 최대 수출시장이 되고 있다.

3.5 호주와 캐나다는 자원개발 협력대상으로서 한국과 보완관계를 제고시킬 수 있으므로 미국, 중국, EU, 캐나다 다음으로 FTA 추진을 고려할 필요가 있음

〈표 18-7〉 중국의 비관세장벽 유형

구 분	비관세장벽 유형	일반기계	공통
무역관련	수출입규제・관세・통관규제	・중고 기계류 수입금지	・통관절차의 복잡성 및 불투명성 ・수입허가 및 쿼터제도 ・수입상품의 분급(分級)관리제도
	공업규격・기준안전인증	・엄격한 수입관리(수입쿼터, 특정제품 목록관리, 자동등록제도 등) ・보일러, 압력용 기계류에 대한 안전인증제도	・CCC단일강제인증제도 ・까다롭고 엄격한 수입품검사제도
	정부조달	-	・자국업체 보호중심의 조달관행
	관세 외에 수입품에 대한 부가가치세 등	-	・관세 이외에 부가가치세 부과
투자관련		-	・다수의 외국인투자 금지 및 제한업종

자료 : 외교통상부, 일본기계수출조합

4. 석유화학

4.1 석유화학은 산업특성상 내수지향적 성격이 강하며 중국과 인도를 제외하고는 대부분의 국가가 공급이 수요를 초과하고 있음

FTA가 체결되어 관세가 폐지되더라도 대규모의 수출증가를 기대하기는 어려운 실정이다.

4.2 수출증대 효과가 가장 큰 중국, 인도, MERCOSUR(남미공동시장)와 FTA를 우선적으로 추진할 필요가 있음

이들 국가는 거대성장국으로 한국이 전반적으로 품질 및 기술경쟁력에서 앞서고 있어 FTA 체결시 5% 이상의 수출증대가 기대된다. 그러나 중국의 경우에는 관세철폐시 플라스틱 가공제품, 섬유제품 등의 수입이 증가하여 국내 석유화학 수요기반이 약화될 가능성이 큰 편이다.

4.3 미국 및 유럽연합(EU)과 비교할 경우 한국은 품질 및 기술경쟁력(quality and technological competitiveness)에서는 다소 열세이나 가격경쟁력에서는 앞서 있어 수출, 수입, 생산, 고용 등에서 5% 이내의 증가효과가 발생할 것으로 예상됨

미국과 EU는 원천기술(source technology) 보유국이어서 FTA 체결시 고부가제품의 수입급증이 예상된다.

4.4 호주, 캐나다의 경우 한국과 경쟁력 정도는 비슷하나 시장규모가 적어 수출증대 효과는 그다지 크지 않은 실정임

캐나다의 경우에는 주요 수입제품인 EG(에틸렌글리콜) 등의 수입이 더욱 확대되어 수출증대보다는 수입증대 효과가 더욱 크게 나타나는 것으로 분석된다.

4.5 멕시코는 경쟁력 등에서는 한국이 우위에 있지만 지리적으로 거리가 멀고 미국, 캐나다 등 경쟁국에 비해 높은 운송비(transportation cost) 부담 등으로 수출증대 효과가 미미할 것으로 전망됨

현재도 대멕시코 수출은 현지 진출업체(삼성전자, LG전자 등)에 대한 원부자재 공급이 대부분을 차지하고 있다.

〈표 18-8〉 주요 FTA 대상국별 득실 및 FTA 우선순위

구분			한국	선진경제국		거대성장국			자원조달국		전략적 거점국
				미국	EU	중국	인도	MERCOSUR	호주	캐나다	멕시코
대상국별 2004 교역현황 (백만 달러)	수출			617.2	633.7	7,901.0	224.5	129.5	204.4	71.4	210.0
	수입			2,276.7	752.2	272.2	20.5	41.9	5.1	173.0	12.7
	수지			-1,659.1	-118.4	7,628.8	204.0	87.5	199.3	-101.5	197.2
국내외시장 경쟁여부				◎	◎	○	○	△	△	△	×
대상국별 경쟁력 현황	가격 경쟁력		100	102	106	97	104	98	102	100	97
	품질 경쟁력		100	102	102	95	94	95	99	100	97
	기술 경쟁력		100	106	106	95	93	93	101	102	96
대상국별 FTA 체결득실 (+/-효과)	① -5% 이상, ② -5% ~ 0 이하, ③ 변화없음, ④ 0 ~ 5% 이하, ⑤ 5% 이상										
	수출			4	4	5	5	4	3	3	3
	수입			4	4	4	4	3	3	4	3
	생산/고용			4	4	4	4	3	3	3	3
	내수잠식			3	4	5	4	3	3	3	3
	투자/산업 협력	對한		3	3	4	3	3	3	3	3
		對상대국		3	3	4	4	4	4	3	3
FTA체결희망 우선순위 (1~8위)				4	5	1	2	3	6	7	8

자료 : 주요 석유화학기업 설문조사(2005. 6. 7~13. 석유화학협회 회원사 40개사 대상), 석유화학공업협회

5. 섬유

5.1 국내 섬유산업은 인도와 중국을 제외한 주요국 시장에서 경쟁우위 유지

① 미국, EU, 캐나다 등 주요 선진국에 대해서는 전통적으로 매우 높은 수출경쟁력을 시현하고 있다.

② 중국, 인도 등 후발 섬유수출 강국에 대해서는 2000년 이후 마이너스 무역특

화지수를 기록하고 있다.

5.2 미국과 캐나다 등과 같이 섬유제품에 대한 무역장벽 수준이 높고 시장확대 기회가 큰 국가와 우선적으로 FTA를 추진할 필요가 있음

① 미국과의 FTA 체결은 단기적으로 가장 직접적으로 시장접근 개선 효과를 가져 올 것으로 예상된다.

② 특히, 중저가품 시장을 중심으로 아시아 수출국간 경쟁이 격화되고 있는 상황이므로 수출가격의 개선이 기대된다.

5.3 중국, 인도 등 급속하게 내수시장이 성장세를 보이고 있는 국가와의 FTA 체결에 관심을 가질 필요가 있음

① 이들 국가에 대해서는 단순한 시장접근 뿐만 아니라 양국간 보완관계의 극대화(maximization of complementary relationship)를 통한 산업구조 고도화의 수단으로 FTA를 활용하는 것이 바람직하다.

② 관세 및 비관세장벽(tariff and non-tariff barriers)을 해소하여 적극적으로 시장을 선점할 필요가 있다.

③ 이들 국가와의 FTA는 저가 수출품의 수입급증으로 국내 섬유산업의 구조조정 압력이 개선될 가능성이 크다.

5.4 멕시코, 호주 등 기타 국가와의 FTA는 근본적으로 긍정적인 효과를 발생시킬 것이나 중·장기적으로 접근할 필요가 있음

EU와 FTA가 추진될 경우 상당한 긍정적인 효과가 예상되나 현실적으로 협상추진이 용이하지 않은 상황이다.

6. 철 강

6.1 철강제품에 대한 무관세 실시로 추가적인 관세인하 부담이 없고, 한국이 국제경쟁력(international competitiveness)을 보유하고 있어 어떤 나라와 FTA

를 추진하더라도 수출확대 가능성이 큼

6.2 무역장벽(trade barrier), 무역의존도(trade dependence), 경쟁 및 보완성(competition and complementarity), 시장성장성(market growth) 등을 고려할 때 중국, 인도와 FTA를 최우선적으로 추진해야 함

① 중국은 철강 무역규모 및 경쟁관계, 무역장벽, 수요산업 간접효과 그리고 시장성장성 및 원자재 등 대부분의 분야에서 가장 높은 우선순위를 두어야 한다.

② 인도는 한국과의 철강무역은 낮은 수준이나 무역장벽이 높은 편이며 FTA 체결시 수요산업의 수출확대가 예상될 뿐만 아니라 철강 원자재 확보가 용이하다.

〈표 18-9〉 철광석 매장량 순위

1위	2위	3위	4위	5위
중국	브라질	인도	미국	캐나다

6.3 철강원료 부문의 해외 진출 및 거대시장 교두보 확보 측면에서 캐나다, MERCOSUR, 멕시코와의 FTA를 차선책으로 고려할 필요가 있음

① 캐나다, MERCOSUR는 철강시장의 성장성은 낮지만 철광석, 석탄, 니켈의 부존량이 많은 국가이다.

② 멕시코는 수출확대와 거대시장 교두보의 역할이 가능한 시장으로 평가된다.

6.4 미국은 국내 산업의 구조고도화 등 전략적 차원에서 FTA를 추진할 필요가 있음

미국과의 FTA는 교역확대라는 긍정적 효과가 있으나 자동차, 가전, 기계 등 주요 철강수요산업은 한국의 관세수준이 상대적으로 높아(7~8% 수준) FTA시 수입확대라는 부정적 효과를 초래할 가능성도 상존하고 있다.

〈표 18-10〉 FTA 체결 대상국에 대한 우선순위 평가

구 분	중국	인도	미국	멕시코	캐나다	MERCOSUR
무역규모[1)]	대	중	중	소	소	중
경쟁/보완[2)]	대	중	대	중	중	소
관세[3)]	중	대	소	중	소	대
비관세장벽[4)]	소	중	대	중	대	소
3국 FTA효과[5)]	대	대	중	중	소	소
수요산업간접효과[6)]	대	대	소	중	중	중
수출확대 평가[7)]	대	대	중	중	소	소
시장 성장성[8)]	대	대	중	중	소	소
원자재 부존[9)]	대	중	중	소	대	대
시장 교두보[10)]	소	대	소	대	중	대
해외진출 평가[11)]	대	대	소	중	중	중

주 : 1) 철강무역비중, 무역증가율을 종합
2) 수출시장점유율, 무역특화지수, 산업내무역지수를 종합
3) WTO 협정관세율 기준
4) A/D 제소건수 및 기타 비관세장벽
5) 무역전환효과
6) 수요산업에 대한 각국의 무역장벽 및 한국과의 관세율 차
7) 1)~6)까지의 종합
8) 최근 5년간 각국의 철강수요증가율
9) 철광석, 석탄, 니켈 등의 대세계 부존비율
10) 인접한 거대시장 유무
11) 8)~10)을 종합한 것임. 해당 항목별로 '대'는 평균보다 높은 우선순위, '중'은 평균수준, '소'는 평균보다 낮은 우선순위를 의미함

제2절 시사점

한국이 최근에 세계의 다수국과 추진하고 있는 FTA가 주요 산업에 미치는 영향은 다음 2가지 시사점을 던져준다.

1. 6대 수출산업의 FTA 득실분석 결과 우리 산업계는 미국, 중국, EU와의 FTA를 선호하는 것으로 나타남

현재 협상이 진행 중인 일본과 ASEAN을 제외하고 선진경제국(미국, EU), 거대성장국(중국, 인도, MERCOSUR), 자원조달 대상국(호주, 캐나다), 전략적 거점국(멕시코)을 대상으로 분석한 결과 전기전자, 석유화학, 철강은 중국과의 FTA 추진을 1순위로 지적하였으며 자동차와 일반기계는 EU와 미국을, 섬유는 미국을 가장 선호하는 것으로 나타났다.

〈표 18-11〉 산업별 FTA추진 우선순위

구 분	제1순위 그룹	제2순위 그룹	제3순위 그룹
자동차	EU, 미국, 중국	캐나다, 호주, 멕시코	브라질, 인도
전기전자	중국 멕시코, EU	MERCOSUR, 인도, 미국	캐나다, 호주
기계	EU, 미국, 중국, 멕시코	캐나다, 호주	브라질, 인도
석유화학	중국, 인도	미국, EU, MERCOSUR	멕시코, 호주, 캐나다
섬유	미국, 캐나다	중국, 인도	EU, 멕시코, 호주
철강	중국, 인도	MERCOSUR, 캐나다, 호주	미국, EU

2. 향후 FTA정책은 미국, 중국 등 거대경제권과의 FTA 체결을 통해 경제적 이익의 극대화(maximization of economic benefit) 방향으로 전환하는 것이 바람직함

한국은 칠레, 싱가포르, EFTA와의 FTA 체결로 FTA 정책기반을 어느 정도 조성한 상태이며 그 동안 비중있게 다루어지지 않았던 EU와의 FTA도 산업계의 의견을 반영하여 적극적으로 추진할 필요가 있다.

제19장

무역지수 및 교역조건 동향

제1절 수출입단가지수

1. 수출단가

수출단가(2005년 기준)는 석유제품, 철강제품, 화공품 등이 상승한 데 힘입어 전년 대비 1.6% 상승하였다.

1.1 석유제품

국제유가 상승 등의 영향으로 전년 대비 35.0% 상승한 것으로 나타났다.

1.2 중화학공업제품

철강제품과 화공품이 상승하였으나 전기 · 전자제품과 기계류와 정밀기기가 하락하여 전년 대비 1.0% 하락하였다.

주요상승품목	철강제품(15.2%), 화공품(10.7%)
주요하락품목	전기 · 전자제품(-11.5%), 기계류와 정밀기기(-7.3%)

1.3 경공업제품

금, 고무타이어 및 튜브, 직물 등을 중심으로 전년 대비 6.8% 상승한 것으로 조사되었다.

주요상승품목	금(11.6%), 고무타이어 및 튜브(8.9%), 직물(7.7%)

2. 수입단가

수입단가(2005년 기준)는 원유, 철강재, 비철금속 등이 크게 올라 전년 대비 9.4% 상승하였다.

2.1 원자재

원유, 철강재, 비철금속 등 대부분 품목이 크게 상승하여 전년 대비 22.0% 인상되었다.

주요상승품목	원유(39.8%), 철강재(17.3%), 비철금속(11.9%)

2.2 자본재

정보통신기기, 반도체 등 전기・전자기기와 원동기, 광학기기 등 기계류와 정밀기기가 하락하여 전년 대비 8.1% 하락하였다.

주요하락품목	전기 · 전자기기(-9.3%), 기계류와 정밀기기(-6.7%)

〈표 19-1〉 품목별 수출단가지수 추이 (2000=100)

	수출 비중[1)]	2001	2002	2003	2004	2005p				
						연중	1분기	2분기	3분기	4분기
수 출 단 가	100.0	86.9 (-13.1)	83.1 (-4.4)	85.1 (2.4)	91.5 (7.5)	93.0 (1.6)	93.0 (0.6)	93.0 (0.0)	92.9 (-0.1)	92.7 (-0.2)
석 유 제 품	5.5	86.1 (-13.9)	91.8 (6.6)	106.8 (16.3)	143.6 (34.5)	193.8 (35.0)	160.1 (-1.5)	185.9 (16.1)	213.0 (14.6)	206.9 (-2.9)
중화학공업제품	83.1	85.6 (-14.4)	81.2 (-5.1)	82.2 (1.2)	87.6 (6.6)	86.7 (-1.0)	88.1 (0.8)	87.1 (-1.1)	85.5 (-1.8)	85.8 (0.4)
화 공 품	8.7	88.5 (-11.5)	88.0 (-0.6)	100.8 (14.5)	128.7 (27.7)	142.5 (10.7)	145.6 (-2.4)	141.5 (-2.8)	140.2 (-0.9)	142.6 (1.7)
철 강 제 품	7.9	87.9 (-12.1)	87.3 (-0.7)	99.6 (14.1)	124.7 (25.2)	143.6 (15.2)	143.9 (5.8)	149.1 (3.6)	145.1 (-2.7)	138.2 (-4.8)
기계류와 정밀기기	11.3	94.5 (-5.5)	89.0 (-5.8)	92.5 (3.9)	93.4 (1.0)	86.6 (-7.3)	88.7 (5.8)	88.8 (0.1)	86.1 (-3.0)	84.0 (-2.4)
전기 · 전자제품	31.0	76.4 (-23.6)	67.1 (-12.2)	59.0 (-12.1)	60.0 (1.7)	53.1 (-11.5)	55.2 (-3.0)	53.7 (-2.7)	52.0 (-3.2)	51.4 (-1.2)
승 용 차	9.6	106.4 (6.4)	110.0 (3.4)	115.6 (5.1)	119.1 (3.0)	119.6 (0.4)	121.0 (-0.2)	118.4 (-2.1)	118.1 (-0.3)	120.6 (2.1)
경 공 업 제 품	9.3	91.9 (-8.1)	90.5 (-1.5)	92.6 (2.3)	96.9 (4.6)	103.5 (6.8)	102.8 (3.4)	104.6 (1.8)	102.8 (-1.7)	103.6 (0.8)
섬 유 사	0.5	82.0 (-18.0)	76.6 (-6.6)	81.2 (6.0)	85.6 (5.4)	90.9 (6.2)	92.3 (1.9)	93.2 (1.0)	89.6 (-3.9)	88.2 (-1.6)
직 물	2.0	92.6 (-7.4)	89.8 (-3.0)	91.0 (1.3)	93.5 (2.7)	100.7 (7.7)	97.8 (1.3)	102.8 (5.1)	100.8 (-1.9)	101.1 (0.3)
의 류	0.9	91.9 (-8.1)	90.0 (-2.1)	89.0 (-1.1)	90.8 (2.0)	95.3 (5.0)	95.6 (4.5)	100.4 (5.0)	94.7 (-5.7)	91.9 (-3.0)
고무타이어 및 튜브	0.9	99.5 (-0.5)	102.0 (2.5)	111.4 (9.2)	123.1 (10.5)	134.0 (8.9)	133.9 (5.6)	135.3 (1.0)	133.3 (-1.5)	133.4 (0.1)
금	0.1	91.6 (-8.4)	104.3 (13.9)	124.6 (19.5)	132.8 (6.6)	148.2 (11.6)	137.1 (-2.4)	135.1 (-1.5)	137.4 (1.7)	158.3 (15.2)
종 이 류	0.8	85.3 (-14.7)	71.2 (-16.5)	71.6 (0.6)	74.8 (4.5)	78.1 (4.4)	77.8 (0.8)	78.4 (0.8)	78.3 (-0.1)	78.1 (-0.3)

주 : 1) 2005년 연간잠정액 기준 비중(%)
2) ( )안은 전기 대비 등락률(%)

〈표 19-2〉 품목별 수입단가지수 추이 (2000=100)

	수입 비중[1]	2001	2002	2003	2004	2005p				
						연중	1분기	2분기	3분기	4분기
수 입 단 가	100.0	91.0 (-9.0)	87.5 (-3.8)	95.6 (9.3)	107.3 (12.2)	117.4 (9.4)	113.7 (1.6)	117.0 (2.9)	119.7 (2.3)	119.2 (-0.4)
원 자 재	54.2	91.4 (-8.6)	87.5 (-4.3)	100.2 (14.5)	124.1 (23.9)	151.4 (22.0)	138.6 (3.1)	149.4 (7.8)	158.0 (5.8)	159.8 (1.1)
원 유	16.4	88.4 (-11.6)	86.4 (-2.3)	102.1 (18.2)	129.0 (26.3)	180.3 (39.8)	148.9 (6.2)	175.6 (17.9)	198.2 (12.9)	197.6 (-0.3)
경공업원료	2.3	90.4 (-9.6)	87.1 (-3.7)	94.1 (8.0)	104.0 (10.5)	107.2 (3.1)	103.4 (-0.6)	107.3 (3.8)	108.7 (1.3)	109.5 (0.7)
화 공 품	8.3	93.9 (-6.1)	88.7 (-5.5)	98.7 (11.3)	110.4 (11.9)	118.8 (7.6)	122.4 (2.5)	121.4 (-0.8)	116.1 (-4.4)	115.8 (-0.3)
철 강 재	6.3	86.9 (-13.1)	88.4 (1.7)	106.9 (20.9)	146.0 (36.6)	171.2 (17.3)	171.9 (4.9)	177.8 (3.4)	172.9 (-2.8)	160.5 (-7.2)
비 철 금 속	3.3	90.7 (-9.3)	83.2 (-8.3)	90.3 (8.5)	119.7 (32.6)	134.0 (11.9)	130.0 (4.7)	133.9 (3.0)	133.9 (0.0)	137.4 (2.6)
자 본 재	35.6	89.2 (-10.8)	84.7 (-5.0)	82.4 (-2.7)	80.4 (-2.4)	73.9 (-8.1)	78.3 (0.0)	74.7 (-4.6)	72.7 (-2.7)	70.6 (-2.9)
기계류와 정밀기기	12.2	86.9 (-13.1)	81.0 (-6.8)	80.9 (-0.1)	80.9 (0.0)	75.5 (-6.7)	81.0 (1.3)	78.0 (-3.7)	73.2 (-6.2)	70.8 (-3.3)
전기·전자기기	20.8	89.6 (-10.4)	84.9 (-5.2)	79.4 (-6.5)	76.0 (-4.3)	68.9 (-9.3)	72.6 (-1.4)	68.7 (-5.4)	68.5 (-0.3)	66.3 (-3.2)
소 비 재	10.3	95.0 (-5.0)	96.0 (1.1)	100.6 (4.8)	109.2 (8.5)	109.7 (0.5)	111.3 (2.7)	109.2 (-1.9)	110.7 (1.4)	107.8 (-2.6)
곡 물	1.3	103.9 (3.9)	102.7 (-1.2)	114.5 (11.5)	151.2 (32.1)	130.5 (-13.7)	132.6 (-9.6)	130.0 (-2.0)	130.2 (0.2)	129.4 (-0.6)
직접소비재	2.7	91.7 (-8.3)	90.5 (-1.3)	91.8 (1.4)	97.8 (6.5)	105.7 (8.1)	104.7 (6.3)	106.7 (1.9)	106.9 (0.2)	104.4 (-2.3)
내구소비재	4.2	93.6 (-6.4)	98.7 (5.4)	108.1 (9.5)	112.3 (3.9)	114.6 (2.0)	116.1 (3.0)	113.4 (-2.3)	114.4 (0.9)	114.4 (0.0)
비내구소비재	2.1	92.9 (-7.1)	90.5 (-2.6)	81.9 (-9.5)	83.0 (1.3)	86.3 (4.0)	92.8 (20.8)	85.2 (-8.2)	90.6 (6.3)	79.0 (-12.8)

주 : 1) 2005년 연간잠정액 기준 비중(%)
2) ( ) 안은 전기 대비 등락률(%)

2.3 소비재

대두, 옥수수 등 곡물의 가격이 하락하였으나 커피두, 돼지고기 등 직접소비재와 인쇄물, 의류 등 비내구소비재의 상승세가 확대됨에 따라 전년 대비 0.5% 인상되었다.

주요상승품목	직접소비재(8.1%), 비내구소비재(4.0%)
주요하락품목	곡물(-13.7%)

제2절 수출입물량지수

1. 수출물량

수출물량(2005년 기준)은 기계류와 정밀기기, 승용차, 전기·전자 등 중화학공업제품이 호조를 보여 전년 대비 8.9% 증가하였다.

1.1 석유제품

경유, 방카C유 등을 중심으로 전년 대비 10.5% 증가하였다.

1.2 중화학공업제품

기계류와 정밀기기, 전기·전자제품, 승용차 등이 증가하여 전년 대비 13.2% 늘어났다.

주요증가품목	기계류와 정밀기기(37.5%), 전기·전자제품 (17.7%), 승용차(10.2%), 화공품(8.8%)

1.3 경공업제품

고무타이어 및 튜브가 증가하였으나 금, 의류, 섬유사 등이 줄어 전년 대비 16.3% 감소한 것으로 나타났다.

주요증가품목	고무타이어 및 튜브(7.2%)
주요감소품목	금(-92.1%), 의류(-27.3%), 섬유사(-14.7%), 직물(-11.6%)

2. 수입물량

수입물량(2005년 기준)은 기계류와 정밀기기, 전기·전자기기, 화공품 등을 중심으로 전년 대비 6.1% 증가하였다.

2.1 원자재

비철금속과 경공업원료가 감소하였으나 원유가 소폭 증가하고 화공품과 철강재 등이 늘어남에 따라 전년 대비 1.8% 증가한 것으로 나타났다.

주요증가품목	화공품(10.0%), 철강재(5.6%), 원유(2.1%)
주요감소품목	비철금속(-1.5%), 경공업원료(-0.4%)

2.2 자본재

기계류와 정밀기기, 전기·전자기기가 모두 늘어 전년 대비 18.7% 증가하였다.

주요증가품목	기계류와 정밀기기(20.9%), 전기·전자기기(17.2%)

〈표 19-3〉 품목별 수출물량지수 추이 (2000=200)

	수출 비중[1]	2001	2002	2003	2004	2005p				
						연중	1분기	2분기	3분기	4분기
수출물량	100.0	100.7〈0.7〉	114.1〈13.3〉	133.4〈16.9〉	163.4〈22.5〉	178.0〈8.9〉	165.5〈8.0〉	174.0〈6.1〉	179.3〈12.3〉	193.8〈10.1〉
석유제품	5.5	99.2〈-0.8〉	75.9〈-23.5〉	68.2〈-10.1〉	77.2〈13.2〉	85.3〈10.5〉	73.0〈-2.3〉	73.8〈3.9〉	94.3〈26.1〉	99.6〈13.4〉
중화학공업제품	83.1	102.4〈2.4〉	123.2〈20.3〉	150.8〈22.3〉	192.5〈27.7〉	218.0〈13.2〉	203.5〈14.8〉	212.1〈11.1〉	218.6〈15.6〉	238.6〈12.4〉
화공품	8.7	100.8〈0.8〉	110.9〈10.0〉	120.7〈8.8〉	131.4〈8.9〉	143.0〈8.8〉	141.3〈12.6〉	140.8〈8.6〉	146.4〈8.8〉	143.7〈9.0〉
철강제품	7.9	100.5〈0.5〉	104.0〈3.5〉	115.7〈11.3〉	131.4〈13.6〉	137.8〈4.9〉	133.5〈3.3〉	132.3〈3.0〉	139.5〈4.9〉	144.9〈7.8〉
기계류와 정밀기기	11.3	103.3〈3.3〉	120.6〈16.7〉	141.1〈17.0〉	196.2〈39.0〉	269.7〈37.5〉	243.4〈40.4〉	271.0〈37.1〉	269.2〈45.5〉	295.1〈29.0〉
전기·전자제품	31.0	99.9〈-0.1〉	137.3〈37.4〉	181.9〈32.5〉	237.9〈30.8〉	280.0〈17.7〉	234.0〈16.1〉	259.2〈10.0〉	301.1〈24.5〉	325.6〈19.4〉
승용차	9.6	97.0〈-3.0〉	109.1〈12.5〉	136.2〈24.8〉	185.9〈36.5〉	204.8〈10.2〉	201.6〈26.2〉	216.8〈17.9〉	168.8〈-1.2〉	231.9〈1.2〉
경공업제품	9.3	94.5〈-5.5〉	93.0〈-1.6〉	97.4〈4.7〉	101.0〈3.7〉	84.5〈-16.3〉	78.7〈-24.6〉	88.3〈-20.5〉	86.0〈-10.9〉	85.0〈-7.3〉
섬유사	0.5	100.5〈0.5〉	118.0〈17.4〉	125.4〈6.3〉	121.5〈-3.1〉	103.7〈-14.7〉	105.8〈-16.2〉	105.7〈-15.0〉	105.0〈-13.7〉	98.4〈-13.3〉
직물	2.0	88.9〈-11.1〉	86.5〈-2.7〉	78.7〈-9.0〉	75.3〈-4.3〉	66.6〈-11.6〉	58.9〈-14.1〉	76.2〈-11.5〉	66.5〈-10.3〉	64.5〈-11.0〉
의류	0.9	93.2〈-6.8〉	87.3〈-6.3〉	81.1〈-7.1〉	74.1〈-8.6〉	53.9〈-27.3〉	48.6〈-24.4〉	48.1〈-34.8〉	63.3〈-29.0〉	55.4〈-19.6〉
고무타이어 및 튜브	0.9	100.8〈0.8〉	104.6〈3.8〉	108.3〈3.5〉	119.7〈10.5〉	128.3〈7.2〉	129.7〈12.0〉	132.9〈12.0〉	123.0〈6.0〉	127.6〈-0.5〉
금	0.1	75.8〈-24.2〉	58.9〈-22.3〉	103.3〈75.4〉	146.9〈42.2〉	11.6〈-92.1〉	8.0〈-97.2〉	7.3〈-96.6〉	10.0〈-83.0〉	21.6〈-12.9〉
종이류	0.8	100.9〈0.9〉	120.0〈18.9〉	134.5〈12.1〉	152.3〈13.2〉	146.0〈-4.1〉	144.2〈0.1〉	151.4〈-6.1〉	146.9〈-3.0〉	141.2〈-7.4〉

주 : 1) 2005년 연간잠정액 기준 비중(%)
2) 〈 〉 안은 전기 대비 등락률(%)

〈표 19-4〉 품목별 수입물량지수 추이 (2000＝200)

	수입비중[1]	2001	2002	2003	2004	2005p				
						연중	1분기	2분기	3분기	4분기
수 입 물 량	100.0	97.7〈-2.3〉	109.7〈12.3〉	117.7〈7.3〉	131.8〈12.0〉	139.8〈6.1〉	134.4〈2.6〉	137.0〈4.7〉	138.3〈9.9〉	149.2〈7.3〉
원 자 재	54.2	99.6〈-0.4〉	107.0〈7.4〉	109.2〈2.1〉	116.1〈6.3〉	118.2〈1.8〉	118.6〈1.6〉	117.2〈1.9〉	114.4〈6.4〉	122.5〈-1.6〉
원 유	16.4	95.8〈-4.2〉	88.6〈-7.5〉	89.6〈1.1〉	92.0〈2.7〉	93.9〈2.1〉	95.0〈6.5〉	87.8〈1.5〉	92.5〈7.8〉	100.2〈-5.9〉
경공업원료	2.3	100.7〈0.7〉	126.3〈25.4〉	117.7〈-6.8〉	115.4〈-2.0〉	114.9〈-0.4〉	112.0〈-4.7〉	119.6〈-0.4〉	113.5〈3.7〉	114.3〈-0.3〉
화 공 품	8.3	101.5〈1.5〉	116.9〈15.2〉	123.6〈5.7〉	139.5〈12.9〉	153.5〈10.0〉	143.3〈3.3〉	153.1〈9.5〉	157.2〈20.8〉	160.5〈9.0〉
철 강 재	6.3	96.3〈-3.7〉	118.0〈22.5〉	127.8〈8.3〉	151.1〈18.2〉	159.5〈5.6〉	170.5〈18.5〉	178.9〈13.6〉	141.5〈-1.4〉	147.5〈-5.4〉
비 철 금 속	3.3	96.0〈-4.0〉	107.8〈12.3〉	120.6〈11.9〉	133.8〈10.9〉	131.8〈-1.5〉	130.4〈-4.5〉	137.7〈5.3〉	129.1〈2.0〉	130.9〈-6.6〉
자 본 재	35.6	91.8〈-8.2〉	106.7〈16.2〉	130.0〈21.8〉	162.9〈25.3〉	193.4〈18.7〉	176.1〈14.1〉	185.9〈16.8〉	197.9〈20.6〉	214.3〈22.8〉
기계류와 정밀기기	12.2	95.4〈-4.6〉	119.9〈25.7〉	145.6〈21.4〉	189.3〈30.0〉	228.8〈20.9〉	211.3〈20.2〉	215.5〈18.1〉	234.5〈18.1〉	254.1〈25.0〉
전기 · 전자기기	20.8	89.9〈-10.1〉	100.9〈12.2〉	127.1〈26.0〉	156.1〈22.8〉	183.0〈17.2〉	166.8〈9.7〉	178.3〈16.9〉	186.3〈21.7〉	201.0〈20.4〉
소 비 재	10.3	108.9〈8.9〉	131.6〈20.8〉	146.2〈11.1〉	151.3〈3.5〉	152.3〈0.7〉	135.4〈-15.1〉	150.4〈-3.8〉	152.0〈9.5〉	171.7〈13.8〉
곡 물	1.3	99.8〈-0.2〉	106.4〈6.6〉	105.1〈-1.2〉	100.8〈-4.1〉	105.7〈4.9〉	104.6〈5.2〉	105.6〈1.2〉	100.3〈7.8〉	112.3〈3.1〉
직접소비재	2.7	112.4〈12.4〉	136.1〈21.1〉	144.4〈6.1〉	139.2〈-3.6〉	145.4〈4.5〉	141.3〈4.8〉	148.4〈8.2〉	136.5〈7.1〉	155.5〈-1.1〉
내구소비재	4.2	103.3〈3.3〉	122.8〈18.9〉	143.6〈16.9〉	161.6〈12.5〉	148.2〈-8.3〉	123.7〈-34.1〉	149.2〈-17.3〉	149.3〈5.9〉26	171.1〈24.1〉
비내구소비재	2.1	130.5〈30.5〉	180.0〈37.9〉	219.1〈21.7〉	230.0〈5.0〉	246.6〈7.2〉	199.8〈-3.0〉	221.6〈7.4〉	3.9〈8.5〉	301.7〈13.7〉

주 : 1) 2005년 연간잠정액 기준 비중(%)
2) 〈 〉 안은 전기 대비 등락률(%)

2.3 소비재

내구소비재가 감소하였으나 비내구소비재, 곡물, 직접소비재가 늘어 전년 대비 0.7% 증가하였다.

주요증가품목	비내구소비재(7.2%), 곡물(4.9%), 직접소비재(4.5%)
주요감소품목	내구소비재(-8.3%)

제3절 교역조건 동향

1. 순상품교역조건

순상품교역조건지수(2005년 기준)는 전년 대비 7.2% 하락한 것으로 나타났다.1) 이는 원유가격 상승 등의 영향으로 수입단가(9.4%)가 수출단가(1.6%)보다 더욱 큰 폭으로 상승한 데 기인한다.

〈표 19-5〉 순상품교역조건지수 (2000=100)

	2001	2002	2003	2004	2005p				
					연중	1분기	2분기	3분기	4분기
순상품 교역조건지수	95.5 (-4.5)	95.0 (-0.5)	89.0 (-6.3)	85.3 (-4.2)	79.2 (-7.2)	81.8 (-1.0)	79.5 (-2.8)	77.6 (-2.4)	77.8 (0.3)
수출단가지수	86.9 (-13.1)	83.1 (-4.4)	85.1 (2.4)	91.5 (7.5)	93.0 (1.6)	93.0 (0.6)	93.0 (0.0)	92.9 (-0.1)	92.7 (-0.2)
수입단가지수	91.0 (-9.0)	87.5 (-3.8)	95.6 (9.3)	107.3 (12.2)	117.4 (9.4)	113.7 (1.6)	117.0 (2.9)	119.7 (2.3)	119.2 (-0.4)

주 : ( ) 안은 전기 대비 등락률(%)

2. 소득교역조건

소득교역조건지수(2005년 기준)는 전년 대비 1.1% 상승하였다. 이는 순상품교역조건지수의 하락(-7.2%)에도 불구하고 수출물량이 증가(8.9%)한 데 기인한다.2)

1) 순상품교역조건지수는 1단위 수출대금으로 수입할 수 있는 물량을 의미한다〈(수출단가지수 ÷ 수입단가지수) × 100〉(한국은행, 한은정보 2006. 3. pp. 69~76 요약·재구성).

2) 소득교역조건지수는 총수출대금으로 수입할 수 있는 물량을 의미한다〈(순상품교역조건지수 × 수출물량지수) ÷ 100〉.

〈표 19-6〉 소득교역조건지수 (2000=100)

	2001	2002	2003	2004	2005p				
					연중	1분기	2분기	3분기	4분기
소 득 교역조건지수	96.2 〈-3.8〉	108.4 〈12.7〉	118.7 〈9.5〉	139.4 〈17.4〉	141.0 〈1.1〉	135.4 〈-0.4〉	138.3 〈-2.3〉	139.1 〈3.8〉	150.8 〈3.6〉
순 상 품 교역조건지수	95.5 〈-4.5〉	95.0 〈-0.5〉	89.0 〈-6.3〉	85.3 〈-4.2〉	79.2 〈-7.2〉	81.8 (-1.0) 〈-7.8〉	79.5 (-2.8) 〈-7.9〉	77.6 (-2.4) 〈-7.5〉	77.8 (0.3) 〈-5.8〉
수출물량지수	100.7 〈0.7〉	114.1 〈13.3〉	133.4 〈16.9〉	163.4 〈22.5〉	178.0 〈8.9〉	165.5 〈8.0〉	174.0 〈6.1〉	179.3 〈12.3〉	193.8 〈10.1〉

주 : ( ) 안은 전기 대비, 〈 〉 안은 전년동기 대비 등락률(%)

제20장

수출 주력산업의 현황과 경쟁력 추이

제1절 6대 수출 주력산업 현황

1. 수출

1.1 수출규모

6대 수출 주력산업의 수출은 1995년 이후 연평균 10.4%(전체 제조업 8.2%)의 높은 증가율을 기록하였으며 전체 제조업 수출에서 차지하는 비중도 1995년에 68.3%에서 2004년에는 82.0%로 크게 상승하였다.[1)]

산업별로는 전자산업의 비중이 무선통신기기 및 디스프레이의 수출호조로 2000년 이후 41% 내외의 높은 수준을 유지하였다. 자동차산업의 비중도 유럽연합(EU), 북미지역 등에 대한 높은 수출 증가에 힘입어 2000년에 9.7%에서 2004년에는 13.7%로 급상승하였다.

1) 6대 수출 주력산업은 2000년 이후 우리나라 총수출에서 높은 비중을 차지하고 있는 상위 6개 산업을 의미한다(한국은행, 한은정보, 2005. 7 pp. 38~45 요약·재구성).

1.2 수출초과 규모

6대 수출 주력산업의 수출초과 규모는 1995년에 179억 달러에서 2004년에는 940억 달러로 대폭 확대되었다. 2004년에 수출초과 규모를 산업별로 살펴보면 전자(447억 달러), 자동차(283억 달러), 조선(143억 달러) 등 3대 산업이 대부분을 차지한 것으로 나타났다.

〈표 20-1〉 6대 수출 주력산업의 수출 추이 (단위 : 백만달러, %)

	1995	2000	2002	2003	2004
전자	43,098 (37.0)	66,556 (42.1)	61,171 (40.2)	74,661 (41.1)	96,651 (40.8)
(반도체)	17,695 (15.2)	26,006 (16.4)	16,631 (10.9)	19,535 (10.7)	26,516 (11.2)
(무선통신기기)	1,483 (1.3)	7,882 (5.0)	13,619 (9.0)	18,697 (10.7)	26,223 (11.1)
(디스플레이)	1,619 (1.4)	4,366 (2.8)	5,776 (3.8)	9,260 (5.1)	13,273 (5.6)
자동차	9,378 (8.0)	15,343 (9.7)	17,483 (11.5)	23,346 (12.8)	32,502 (13.7)
조 선	5,533 (4.7)	8,229 (5.2)	10,672 (7.0)	11,104 (6.1)	15,321 (6.5)
석유화학	5,987 (5.1)	9,666 (6.1)	9,265 (6.1)	11,917 (6.6)	17,015 (7.2)
철 강	7,482 (6.4)	7,861 (5.0)	7,065 (4.6)	9,282 (5.1)	13,384 (5.7)
일반기계	8,124 (7.0)	11,231 (7.1)	12,403 (8.2)	15,228 (8.4)	19,300 (8.2)
6대 산업	79,602 (68.3)	118,886 (75.1)	118,059 (77.6)	145,538 (80.0)	194,173 (82.0)
제 조 업	116,584	158,215	152,051	181,835	236,723

주 : ( ) 안은 전체 제조업에서 차지하는 비중
자료 : KOTIS

〈표 20-2〉 6대 수출 주력산업의 수출입차 추이 (단위 : 백만달러, %)

	1995	2000	2002	2003	2004
전자	19,009	23,406	23,355	30,213	44,730
(반도체)	8,647	6,083	-846	-1,793	2,898
(무선통신기기)	226	6,079	11,737	16,589	23,590
(디스플레이)	1,330	3,564	4,551	7,641	11,064
자동차	6,947	13,506	14,411	19,722	28,322
조 선	3,977	8,037	10,246	10,600	14,293
석유화학	406	4,512	4,520	6,096	9,000
철 강	-624	858	-126	-120	-2,308
일반 기계	-11,855	-2,380	-24,464	109	-1
6대 산업	17,860	47,939	27,942	66,620	94,036
제 조 업	18,025	51,741	49,558	61,200	85,044

자료 : KOTIS

2. 생산

6대 수출 주력산업의 생산은 1995년 이후 연평균 10.0% 증가하여 전체 제조업 생산에서 차지하는 비중이 1995년에 45.8%에서 2003년에는 52.8%로 제고되었다.

2.1 산업별 비중

산업별로는 전자(15.2%→19.4%), 자동차(9.6%→11.1%), 조선(2.5%→3.3%) 등의 비중이 상승한 것으로 나타났다.

2.2 생산 대비 수출 비중

6대 수출 주력산업의 생산 대비 수출 비중은 조선산업이 99.8%로 가장 높고 그 다음으로는 전자(93.0%), 자동차(68.6%), 석유화학(49.2%) 등의 순으로 나타났다.

〈표 20-3〉 6대 수출 주력산업의 생산 추이 (단위 : 10억원, %)

	1995	2000	2002	2003
전자	55,342 (15.2)	111,035 (19.7)	120,140 (18.9)	131,132 (19.4)
(반도체)	24,897 (6.8)	25,991 (4.6)	20,585 (3.2)	23,510 (3.5)
(무선통신기기)	1,224 (0.3)	16,648 (2.9)	30,398 (4.8)	34,005 (5.0)
(디스플레이)	22,615 (6.2)	28,990 (5.1)	36,760 (5.8)	34,626 (5.1)
자동차	35,090 (9.6)	53,889 (9.5)	70,415 (11.1)	74,906 (11.1)
조 선	9,199 (2.5)	16,054 (2.8)	20,827 (3.3)	22,303 (3.3)
석유화학	13,810 (3.8)	25,767 (4.6)	27,346 (4.3)	31,418 (4.6)
철 강	22,876 (6.3)	33,075 (5.9)	36,618 (5.8)	42,104 (6.2)
일반 기계	30,924 (8.5)	42,414 (7.5)	49,506 (7.8)	55,742 (8.2)
6대 산업	167,240 (45.8)	282,234 (50.0)	324,852 (51.2)	357,603 (52.8)
제 조 업	364,821 (100.0)	564,834 (100.0)	634,199 (100.0)	677,371 (100.0)

주 : ( ) 안은 전체 제조업에서 차지하는 비중
자료 : 통계청, 광공업통계조사보고서

〈표 20-4〉 6대 수출 주력산업의 생산대비 수출 비중[1)] (단위 : %)

전자	자동차	조선	석유화학	철강	일반기계
93.0	68.6	99.8	49.2	27.6	39.4

주 : 1) 2004년 중 물량기준, 단 전자 및 일반기계는 금액기준

제 2 절 6대 수출 주력산업의 경쟁력 추이

1. 세계시장 점유율

1.1 산업별 현황

6대 수출 주력산업의 세계시장 점유율은 1995년 3.4%에서 2003년에는 4.1%로 제고되었으나 일본(10.3%)과 중국(5.8%)에 비해서는 낮은 수준을 보이고 있다. 산업별로는 조선이 21.1%로 가장 높고 그 다음으로는 무선통신기기(12.0%), 반도체(5.8%), 석유화학(5.8%) 순으로 나타났다. 무선통신기기(5.1%→12.0%, +6.9%포인트), 조선(15.7%→21.1%, +5.4%포인트) 등의 세계시장 점유율이 현저히 상승한 것이 특징으로 지적될 수 있다.

1.2 중국 · 일본의 세계시장 점유율 현황

중국의 세계시장 점유율은 1995~2003년 중 큰 폭으로 상승(1.8%→5.8%, +4.0%포인트)한 반면에 일본은 하락(14.9%→10.3%, -4.6%포인트)하였다. 중국은 컴퓨터(+14.5%포인트), 가전(+11.6%포인트) 등 전자산업과 조선산업(+3.2%포인트)이 현저한 상승세를 보였으나, 일본의 경우에는 조선(-12.4%포인트), 컴퓨터(-8.9%포인트), 반도체(-6.8%포인트) 등 대부분의 산업이 하락한 것으로 나타났다.

〈표 20-5〉 한·중·일 세계시장 점유율

	한 국				중 국				일 본			
	1995	2000	2002	2003	1995	2000	2002	2003	1995	2000	2002	2003
전자	5.0	5.1	5.3	5.6	2.5	4.6	8.5	11.2	16.5	11.7	9.8	9.4
전자 부품	7.2	5.4	4.7	4.7	1.6	3.1	5.8	6.8	19.0	13.2	11.7	11.4
(반도체)	7.1	7.0	5.7	5.8	0.9	2.3	5.3	6.4	18.3	12.0	11.6	11.5
통신 기기	4.7	4.8	7.1	8.2	4.5	6.5	11.3	13.9	15.0	10.2	8.7	9.5
(무선통신기기)	5.1	6.9	9.9	12.0	2.6	4.8	8.2	10.6	14.4	7.8	7.0	8.4
컴퓨터	2.0	5.2	4.9	4.7	1.9	4.9	10.9	16.4	15.2	9.3	7.7	6.3
가 전	5.4	6.3	6.5	6.1	4.4	10.5	14.4	16.0	3.2	1.8	1.2	1.1
자동차	2.4	2.9	3.0	3.4	0.4	0.8	0.8	1.1	17.4	15.5	15.2	14.3
조 선	15.7	20.8	23.4	21.1	2.5	4.1	4.2	5.7	31.0	26.0	20.2	18.6
석유화학	4.5	5.5	5.5	5.8	0.6	0.6	0.9	1.1	7.5	7.1	6.6	6.1
철 강	3.8	4.7	4.0	4.5	3.7	3.1	2.4	2.8	12.4	10.5	11.0	10.4
일반 기계	1.4	1.7	1.9	1.9	1.1	1.9	2.8	3.3	15.8	13.3	10.8	11.0
6대 산업	3.4	3.9	3.9	4.1	1.8	3.0	4.6	5.8	14.9	12.0	10.6	10.3

자료 : UN Comtrade

2. 현시비교우위지수((RCA: Revealed Comparative Advantage Index), RCA 〉 1 비교우위산업, RCA 〈 1 비교열위산업)

2.1 한국

한국의 6대 수출 주력산업의 현시비교우위(RCA)지수는 1995년 1.30에서 2003년에는 1.51로 상승하여 국제경쟁력(international competitiveness)이 제고된 것으로 나타났다. 산업별로는 조선이 7.74로 가장 높고 그 다음으로는 무선통신기기(4.41), 반도체(2.13), 석유화학(2.13) 순으로 조사되었다. 무선통신기기(+2.45), 조선(+1.67), 석유화학(+0.39), 자동차(+0.30) 등이 상승한 반면에 반도체(-0.61)는 하락하였다.

2.2 중국·일본

중국의 RCA지수는 지속적으로 상승(0.58→0.94)하고 있는 반면에 일본은 다소 하락(1.62→1.55)하고 있는 것으로 분석되었다.

(1) 중국

중국은 컴퓨터(+2.03), 가전(+1.16) 등 전자산업의 경쟁력이 크게 제고되었다.

(2) 일본

일본의 경우에는 석유화학(0.92), 컴퓨터(0.95) 및 가전(0.16)을 제외한 대부분의 산업에서 RCA지수가 1을 상회하여 경쟁력을 유지하고 있으나 조선산업의 경쟁력은 2000년 이후 약화되는 추세를 보이고 있다.

〈표 20-6〉 한·중·일 RCA지수

	한 국				중 국				일 본			
	1995	2000	2002	2003	1995	2000	2002	2003	1995	2000	2002	2003
전자	1.94	1.82	1.98	2.04	0.80	1.15	1.59	1.82	1.80	1.50	1.43	1.41
전자 부품	2.78	1.85	1.62	1.65	0.52	0.74	0.87	0.86	2.08	1.84	1.78	1.76
(반도체)	2.74	2.51	2.15	2.13	0.31	0.56	0.98	1.04	1.99	1.54	1.69	1.73
통신 기기	1.82	1.72	2.66	3.02	1.45	1.62	2.11	2.26	1.64	1.32	1.27	1.43
(무선통신기기)	1.96	2.47	3.72	4.41	0.84	1.18	1.54	1.71	1.57	1.00	1.02	1.27
컴퓨터	0.78	1.86	1.85	1.74	0.63	1.22	2.04	2.66	1.66	1.20	1.13	0.95
가 전	2.07	2.24	2.44	2.25	1.44	2.60	2.70	2.60	0.34	0.24	0.17	0.16
자동차	0.93	1.03	1.11	1.23	0.14	0.19	0.15	0.17	1.90	2.00	2.22	2.16
조 선	6.07	7.47	8.79	7.74	0.81	1.03	0.79	0.93	3.38	3.35	2.96	2.81
석유화학	1.74	1.97	2.06	2.13	0.19	0.16	0.17	0.17	0.82	0.91	0.97	0.92
철 강	1.47	1.69	1.51	1.66	1.20	0.77	0.44	0.45	1.35	1.35	1.60	1.56
일반 기계	0.54	0.61	0.69	0.70	0.35	0.48	0.52	0.53	1.72	1.71	1.58	1.66
6대 산업	1.30	1.39	1.48	1.51	0.58	0.74	0.85	0.94	1.62	1.55	1.56	1.55

자료 : UN Comtrade

3. 무역특화지수

3.1 한국

한국 6대 수출 주력산업의 무역특화지수를 살펴보면 1995~2003년 중 수출특화(export specialization)가 심화(0.09→0.27)됨으로써 경쟁력이 제고된 것으로 나타났다. 산업별로는 조선(0.91), 무선통신기기(0.79), 자동차(0.78), 석유화학(0.59) 등이 높은 수준의 수출특화를 보인 반면에 일반기계(-0.10)는 수입특화(import specialization)를 시현하였다. 또한, 컴퓨터(+0.38), 조선(+0.35), 무선통신기기(+0.32), 석유화학(+0.18), 자동차(+0.09) 등은 경쟁력이 제고되었으나 반도체(-0.26) 등은 경쟁력이 약화된 것으로 분석되었다.

3.2 중국 · 일본

중국은 다수의 산업이 수입특화를 보이고 있어서 경쟁력이 제고(-0.28→-0.14)되고 있으나 수출특화 산업이 대부분인 일본(0.49)은 변동이 없는 것으로 나타났다.

(1) 중국

중국은 수출특화 산업인 가전, 컴퓨터, 통신기기 등을 중심으로 2000년 이후 경쟁력이 크게 제고된 것으로 나타났다.

(2) 일본

일본의 경우 조선(0.98), 자동차(0.81), 철강(0.69), 일반기계산업(0.61) 등에서 현저한 경쟁력 우위(competitive advantage)를 지속하고 있다.

〈표 20-7〉 한 · 중 · 일 무역특화지수 추이

	한 국				중 국				일 본			
	1995	2000	2002	2003	1995	2000	2002	2003	1995	2000	2002	2003
전자	0.34	0.23	0.26	0.27	0.03	0.02	0.05	0.06	0.51	0.34	0.29	0.28
전자 부품	0.32	0.04	-0.09	-0.09	-0.18	-0.33	-0.41	-0.44	0.59	0.45	0.40	0.39
(반도체)	0.30	0.15	0.05	0.04	-0.29	-0.39	-0.37	-0.39	0.47	0.29	0.31	0.32
통신 기기	0.49	0.42	0.61	0.66	0.05	0.22	0.39	0.40	0.51	0.39	0.35	0.41
(무선통신기기)	0.47	0.65	0.75	0.79	-0.14	0.09	0.26	0.25	0.49	0.46	0.42	0.48
컴퓨터	0.16	0.44	0.50	0.54	0.25	0.26	0.36	0.44	0.39	0.12	0.08	0.00
가 전	0.73	0.78	0.76	0.74	0.62	0.88	0.91	0.91	-0.08	-0.38	-0.60	-0.63
자동차	0.69	0.82	0.75	0.78	-0.14	0.10	-0.14	-0.23	0.72	0.80	0.81	0.81
조 선	0.56	0.95	0.92	0.91	-0.11	0.66	0.52	0.58	0.96	0.96	0.94	0.98
석유화학	0.41	0.54	0.55	0.59	-0.85	-0.90	-0.89	-0.87	0.61	0.52	0.53	0.51
철 강	-0.09	0.11	0.02	0.03	-0.14	-0.38	-0.61	-0.64	0.50	0.60	0.73	0.69
일반 기계	-0.51	-0.19	-0.10	-0.10	-0.66	-0.40	-0.40	-0.39	0.72	0.65	0.59	0.61
6대 산업	0.09	0.22	0.25	0.27	-0.28	-0.16	-0.15	-0.14	0.49	0.49	0.49	0.49

자료 : UN Comtrade

4. 국제경쟁력 패턴

4.1 한국의 6대 수출 주력산업은 2000년 이후 무선통신기기, 디스플레이(display) 등 일부 전자산업과 조선산업 등에서 기술경쟁력(technological competitiveness)이 제고되는 양상을 보이고 있음

패턴1(기술 비교우위) 업종은 1995년 3개(전자 1, 철강 2)에서 2003년에는 5개(전자 3, 조선 1, 철강 1)로 증가하였으며 수출입차에서 차지하는 비중도 1995년 5.0%에서 2003년에는 27.6%로 크게 상승하였다.

* 패턴4는 기술 비교열위 업종

4.2 자동차, 석유화학, 철강 등 대부분의 산업은 기술경쟁력보다는 여전히 가격경쟁력(price competitiveness)에 의존하고 있음

2003년 기준으로 패턴3(생산비 비교우위) 업종이 39개로 패턴1 업종(5개)을 추월한 데다 수출입차 비중도 19.9%에 이르고 있다.[2)]

* 패턴2는 생산비 비교열위 업종

2) 일본의 패턴1 업종은 1995년 26개(일반기계 14, 전자 5, 철강 4, 자동차·석유화학·조선 각 1)에서 2003년에는 23개(일반기계 14, 전자 6, 자동차·석유화학·철강 각 1)로 감소하였으나, 중국의 경우에는 2003년 철강산업에서 1개가 나타났다.

〈표 20-8〉 6대 수출 주력산업의 국제경쟁력 패턴 추이 (단위 : 개, %)

		1995		2000		2002		2003	
		업종수	수출입차 비중	업종수	수출입차 비중	업종수	수출입차 비중	업종수	수출입차 비중
전 자	패턴1	1	3.8	1	0.3	3	14.4	3	20.1
	패턴2	0	0.0	0	0.0	0	0.0	1	0.0
	패턴3	10	17.0	11	18.7	9	5.4	8	1.2
	패턴4	1	-0.3	0	0.0	0	0.0	0	0.0
전자부품	패턴1	1	3.8	0	0.0	0	0.0	0	0.0
	패턴3	3	8.4	4	1.6	4	-3.0	4	-3.2
컴퓨터	패턴1	0	0.0	0	0.0	1	4.7	2	8.4
	패턴3	2	1.7	3	9.3	2	4.0	1	0.1
	패턴4	1	-0.3	0	0.0	0	0.0	0	0.0
통신기기	패턴1	0	0.0	1	0.3	2	9.6	1	11.6
	패턴2	0	0.0	0	0.0	0	0.0	1	0.0
	패턴3	4	5.6	3	6.3	2	2.6	2	2.6
가전	패턴3	1	1.4	1	1.5	1	1.8	1	1.7
자동차	패턴3	5	7.8	5	10.7	5	11.8	5	13.4
조 선	패턴1	0	0.0	1	6.2	1	8.2	1	7.2
	패턴3	1	3.8	0	0.0	0	0.0	0	0.0
석유화학	패턴2	0	0.0	0	0.0	0	0.00	0	0.0
	패턴3	6	2.0	6	2.8	6	2.90	6	3.2
철 강	패턴1	2	1.2	1	0.5	0	0.0	1	0.3
	패턴2	3	-1.7	2	-1.3	4	-1.4	3	-1.9
	패턴3	3	0.2	6	1.9	5	1.6	5	1.9
	패턴4	1	-0.9	0	0.0	0	0.0	0	0.0
일반기계	패턴2	1	-0.5	0	0.0	0	0.0	0	0.0
	패턴3	6	-1.4	18	-1.4	18	-0.3	15	0.2
	패턴4	19	-11.9	8	-2.1	8	-1.6	11	-2.2
6대산업	패턴1	3	5.0	3	7.0	4	22.6	5	27.6
	패턴2	4	-2.2	2	-1.3	4	-1.4	4	-1.9
	패턴3	31	29.4	46	32.7	43	21.4	39	19.9
	패턴4	21	-13.1	8	-2.1	8	-1.6	11	-2.2

주 : 업종수는 SITC 3단위 기준. 수출입차 비중은 〔해당 패턴의 수출입차/(5~8류의 총수출입액/2)〕

자료 : UN Comtrade

[사례 1] 세계시장 점유율

세계시장 점유율은 특정상품의 세계 총수출에서 일국의 수출이 차지하는 비율을 의미하며 이 비율이 높을수록 해당 국가의 경쟁력이 우위에 있는 것으로 판단할 수 있다. 그러나 세계시장 점유율은 국가별 수출규모에 영향을 받기 때문에 단순한 국가별 비교 보다는 일국의 동태적 변화(dynamic change)가 더욱 중요하다.

[사례 2] 현시비교우위지수

현시비교우위지수(RCA : Revealed Comparative Advantage Index)는 특정국가의 품목별 수출비중을 세계시장에서의 품목별 수출비중으로 나눈 값이면서 특정국가의 품목별 세계시장 점유율을 특정국가의 세계시장 점유율로 나눈 값을 의미한다. RCA지수가 1보다 크면 비교우위 산업(comparative advantage industry)으로, 1보다 작으면 비교열위 산업(comparative disadvantage industry)으로 각각 해석할 수 있다.

$$RCA = \frac{X_{ij}/X_i}{X_j/X} = \frac{\text{i국의 j재 수출액/i국의 총 수출액}}{\text{세계의 j재 수출액/세계 총 수출액}} = \frac{\text{i국 j재의 세계시장 점유율}}{\text{i국 총수출의 세계시장 점유율}}$$

X_{ij}는 i국 j재 수출, X_i는 i국 총수출

X_j는 세계 j재 수출, X는 세계 총수출

RCA지수는 국가별 시장점유율과 품목별 시장점유율을 동시에 고려함으로써 경제규모가 상이한 국가 간에도 경쟁력 비교가 가능하다.

[사례 3] 무역특화지수

무역특화지수는 특정품목의 수출액에서 수입액을 차감하여 수출액과 수입액의 합으로 나눈 값으로 -1과 1사이의 값을 가지는데 0에서 1로 갈수록 수출특화 정도가 높아지는 것으로, 0에서 -1로 갈수록 수입특화 정도가 높아지는 것으로 각각 해석할 수 있다.

$$\text{무역특화지수} = \frac{X_{ij} - M_{ij}}{X_{ij} + M_{ij}}$$

(X_{ij}, M_{ij} : i국의 j재 수출, 수입)

무역특화지수가 기준시점과 비교시점 사이에 어떻게 움직였는지를 살펴 경쟁력의 동태적 변화추세를 분석할 수 있다.

[사례 4] 국제경쟁력 패턴

국제경쟁력 패턴은 수출입 단가와 수출입량을 비교하여 제조업의 모든 업종을 다음 4가지로 분류한다.

① 패턴1(기술 비교우위) 업종 : 수출단가 〉 수입단가, 수출량 〉 수입량
② 패턴2(생산비 비교열위) 업종 : 수출단가 〉 수입단가, 수출량 〈 수입량
③ 패턴3(생산비 비교우위) 업종 : 수출단가 〈 수입단가, 수출량 〉 수입량
④ 패턴4(기술 비교열위) 업종 : 수출단가 〈수입단가, 수출량 〈수입량

→ 패턴1 업종의 비중이 커질수록 고부가가치를 창출하는 산업구조로 이해할 수 있다.

제 5 편

무 역 이 론

제21장

무역이론의 기초

국제무역론은 크게 볼 때 경제학분야 중에서도 기업의 생산활동과 소비자의 후생 문제를 다루는 미시경제분야의 한 분야로서 국제무역에서 일어나는 현상들을 규명하기 위해 미시적 접근방법을 주로 사용한다. 경제학분야와 마찬가지로 국제무역론은 복잡한 경제현상을 이해하기 위해서는 국가 간에 일어나는 경제현상을 단순화한 모형을 설정하는 것이 필요하다.

본 장에서는 2요소, 2재화, 2국의 모형을 설정하여 생산함수의 특징과 이의 경제적 의미를 살펴보고 생산가능곡선와 무차별곡선에 의한 생산 및 소비의 극대화, 그리고 폐쇄경제 및 개방경제 하의 일반균형 등을 차례로 살펴본다.

제 1 절 생산함수

생산함수란 생산요소 투입량과 산출량 사이의 관계를 말한다. 예를 들면, 의류 한 벌을 생산하기 위해 시간당 노동자 1인과 기계 2대가 필요한 경우를 생각해 보자. 이때 생산요소 투입량은 노동자 1인과 기계 2대를 말하며 산출량은 의류 한 벌을 의미한다. 생산함수란 시간당 노동자 1인과 기계 2대를 투입하여 의류 한 벌을 생산하는 관계를 의미한다.

생산함수에는 투입되는 생산요소의 개수에 따라 2가지로 구분된다. 재화의 생산이 하나의 생산요소만 투입되는 경우와 두 개의 생산요소가 투입되는 경우이다. 국제무역이론에서는 일반적으로 생산요소로서 자본(K)과 노동(L)을 고려하고 있으며 이중 단일요소일 경우 주로 노동을 투입요소로 고려한다. X재와 Y재의 두 재화가 존재할 때 단일요소의 생산함수와 2개 요소의 생산함수는 각각 아래의 식으로 표시할 수 있다.

$X = F(L)$ 또는 $Y = G(L)$

$X = F(X, Y)$ 또는 $Y = F(K, L)$

이중 앞의 식은 단일요소만을 투입하는 생산함수로 아래 〈그림 21-1〉에 나타나 있다. 그림 (a)는 비용불변 생산함수를 나타내며 (b)와 (c)는 각각 비용감소 생산함수와 비용증가 생산함수를 나타내고 있다. 비용불변 생산함수란 생산량을 한 단위 더 늘리는 경우 생산물 한 단위에 들어가는 비용이 일정하다는 것을 말한다. 예를 들면, 의류 한 벌을 생산하기 위해 필요로 하는 노동량이 2단위라고 할 때 추가로 의류를 한 벌 더 생산할 때 필요로 하는 노동량은 이전과 동일한 2단위라는 것이다. 비용증가 생산함수란 생산량을 한 단위 더 늘리는 경우 생산물 한 단위에 들어가는 비용이 더 증가하는 것을 말하며 비용감소 생산함수란 생산량을 한 단위 더 늘리는 경우에 생산물 한 단위에 들어가는 비용이 점차 감소한다는 것을 말한다.

따라서 비용불변 생산함수는 요소의 한계생산물(MP : Marginal Product)이 일정한 것을 의미하며 비용감소 생산함수와 비용증가 생산함수는 각각 요소의 한계생산물이 체증하는 경우와 요소의 한계생산물이 체감하는 경우를 말한다.

여기서 한계생산물이란 생산요소를 한 단위 증가시킬 때 창출되는 생산물의 증가분을 말하며 한계생산물의 체감 또는 한계생산물의 체감법칙이란 생산요소의 투입량이 증가함에 따라 그 생산요소의 한계생산물이 감소하는 현상을 말한다.

〈그림 21-1〉 단일요소투입에 의한 생산함수의 여러 형태(1재화의 경우)

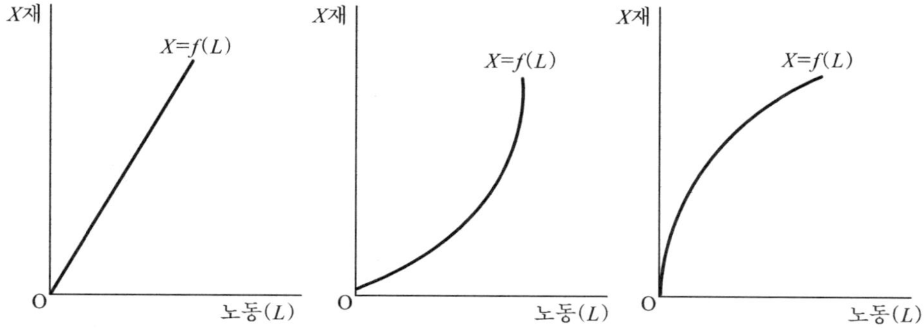

(a) 비용불변 생산함수 (b) 비용감소 생산함수 (c) 비용증가 생산함수

그림 (a)는 노동이 증가할 때마다 X재 생산이 일정하기 때문에 비용불변 또는 비용감소생산함수를 나타낸다. (b)는 노동이 증가함에 따라 X재 생산이 점점 더 크게 증가하므로 비용측면에서는 생산량이 늘어남에 따라 점차 감소하기 때문에 비용감소생산함수라 한다. (c)는 (b)와 반대로 나타나므로 비용증가 생산함수를 나타낸다.

제 2 절 생산가능곡선과 등량곡선

1. 생산가능곡선

앞에서는 하나의 재화만을 사용하는 경우를 살펴보았다. 하나의 재화인 X재만으로 나타낸 〈그림 21-1〉은 X, Y재의 두 재화로 표시한 생산가능곡선으로 나타낼 수 있다. 두 재화로 표시된 생산가능곡선은 아래 〈그림 21-2〉에 나타나 있다.

생산가능곡선이란 일정한 생산요소(노동이라고 가정하자)를 완전히 사용하여 생산활동을 할 때 기술적으로 가능한 여러 가지 생산물조합을 그래프로 나타낸 것을 말한다. 예를 들면, 생산요소인 노동을 투입하여 X재(의류)와 Y재(자동차)를 생산한다고 할 때 특정한 시점에서 의류와 자동차를 각각 10단위와 6단위씩을 생산한다고 하자.

그러나 이 나라가 생산 가능한 생산물의 조합은 무수히 많다. 즉, 의류를 10단위보다 적게 생산하면 남은 투입노동량을 자동차산업에 더 투입할 수 있기 때문에 자동차는 이전의 6단위보다 더 생산할 수 있다. 반대로 자동차를 6단위보다 더 적게 생산하면 남은 투입노동량을 의류산업에 보다 많이 투입할 수 있기 때문에 의류를 이전의 10단위보다 더 많이 생산할 수 있게 된다. 이처럼 일정한 투입요소를 가지고 두 재화를 생산하는 경우 수많은 형태의 생산물 조합을 취할 수가 있다.

〈그림 21-2〉의 (a), (b), (c)는 앞의 〈그림 21-1〉의 (a), (b), (c)를 그대로 묘사한 것이나 다만 2재화 생산을 나타내고 있다. 〈그림 21-1〉의 (a)는 X재 생산을 일정량씩 증가시키기 위하여 감소해야 하는 Y재의 생산량은 일정하므로 생산가능곡선 〈그림 21-2〉의 (a)에서와 같이 직선의 형태를 취하게 된다. 반면 〈그림 21-1〉의 (b)는 X재 생산을 일정량씩 증가시키기 위하여 감소해야 하는 Y재의 생산량은 점차 감소하므로 생산가능곡선은 〈그림 21-2〉의 (b)에서와 같이 원점에 대해 볼록한 형태로 나타난다. 〈그림 21-2〉의 (c)는 X재 생산을 일정량씩 증가시킬 경우 Y재의 생산량은 점차 늘어나므로 생산가능곡선은 원점에 대해 오목한 형태로 나타난다.

〈그림 21-2〉 단일요소투입에 의한 생산가능곡선의 여러 형태(2재화의 경우)

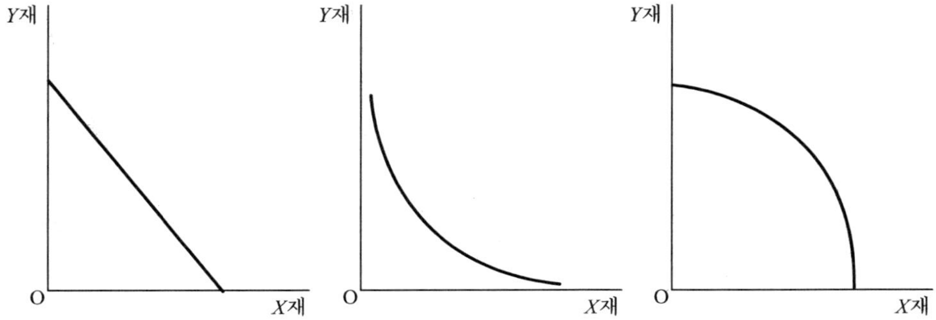

(a) 비용불변 생산가능곡선 (b) 비용감소 생산가능곡선 (c) 비용증가 생산가능곡선

그림 (a)-(c)의 것은 앞의 〈그림 21-1〉의 (a)-(c)를 그대로 묘사한 것이다. 다만 여기서는 단일요소인 노동을 투입해서 X, Y의 2재화를 생산하는 것을 나타내고 있다.

2. 등량곡선

지금까지는 1개 생산요소만을 사용하는 경우를 고려하였는데 여기서는 노동과 자본의 2개 생산요소를 사용하는 경우를 살펴보자. 2개의 생산요소로 생산될 경우에는 등량곡선으로 나타낼 수 있다. 등량곡선이란 동일한 양의 산출물을 생산해 낼 수 있는 생산요소의 모든 조합을 그래프로 나타낸 것을 말한다. 신고전적 생산함수의 등량곡선은 원점을 대해 볼록한 모양을 가지고 있는데 이는 신고전적 생산함수는 생산요소의 한계생산물이 체감한다는 것을 가정하고 있기 때문이다. 등량곡선은 곡선상의 모든 점마다 하나의 기울기를 표시할 수 있는데 그 기울기의 절대값을 요소간의 기술적 한계대체율($MRTS_{LK}$: Marginal Rate of Technical Substitution)이라 부른다. 따라서 노동과 자본의 2가지 요소를 투입하여 생산할 때 등량곡선상의 각 점은 노동과 자본에 대한 기술적 한계대체율을 의미한다.[1)]

〈그림 21-3〉에서 등량곡선상에 표시된 점 E에서의 기술적 한계대체율은 같은 양의 Y재를 생산하는데 있어서 노동 한 단위를 증가시킬 경우 그 대가로 감소시켜야 하는 자본의 양을 나타낸다. 이때 등량곡선상의 어느 한 점에서는 한계대체율은 등량곡선상의 기울기를 의미한다. 이를 식으로 표시하면 다음과 같다.

$$MRTS_{LK} = -\frac{\Delta K}{\Delta L} \mid_{Y=\overline{Y}} \quad = - \text{ 등량곡선의 기울기}$$

이때 〈그림 21-3〉에서와 같이 등량곡선을 따라 우측으로 이동할수록 등량곡선에 접하는 기울기는 점점 작아지는데 이를 한계대체율체감의 법칙이라 한다.

---

1) 한계대체율은 동일수준의 생산물을 생산할 때 한 생산요소의 증가분에 대한 다른 생산요소의 감소분의 비율(생산측면) 또는 동일한 만족수준을 유지하면서 한 재화를 다른 재화로 대체할 때 교환되는 두 재화의 비율(소비측면)을 의미한다. 한계대체율 체감법칙은 한 생산요소의 증가분에 대한 다른 생산요소의 감소분의 비율이 점차 감소하는 현상(생산측면) 또는 한 재화소비의 증가분에 대한 다른 재화소비의 감소분의 비율이 점차 감소하는 현상(소비측면)을 말한다.

〈그림 21-3〉 등량곡선과 기술적 한계대체율

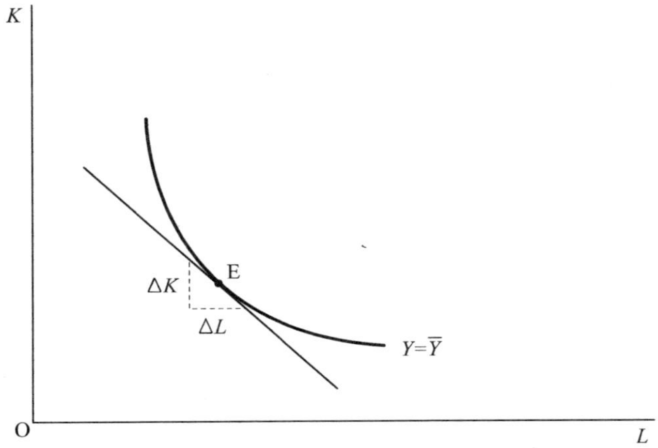

등량곡선상의 모든 점들은 하나의 기울기를 표시할 수 있는데 그 기울기의 절대값을 요소간의 기술적 한계대체율이라고 말한다.

이러한 등량곡선은 동차생산함수에 의해 크게 3가지로 분류할 수 있다. 동차생산함수를 좀더 구체적인 형태인 t차 동차생산함수로 나타내면 아래의 식으로 나타낼 수 있다.

$$m^t Y = f(mK, mL)$$

위의 식에서 t=1인 생산함수를 1차 동차생산함수라 부르며 이는 경제학과 국제무역론에서 가장 빈번하게 활용되는 생산함수이다. 1차 동차생산함수의 가장 중요한 특징은 생산요소의 양을 각각 m배만큼 늘릴 경우 산출물의 양도 m배만큼 증가하며 이를 규모에 대한 보수가 불변(constant returns to scale)이라고 한다.

만약 t〉1이라면 생산요소가 m배 증가할 때 산출물은 m배보다 더 크게 증가하며 이를 규모에 대한 보수가 증가(increasing returns to scale)한다고 말하며 반대로 t〈1인 경우는 규모에 대한 보수가 감소(decreasing returns to scale)한다고 말한다. 이러한 3가지 개념은 앞의 〈그림 21-2〉의 (a)-(c)를 의미한다. 위의 3가지의 경우를 등량곡선을 이용해서 표현사면 〈그림 21-4〉와 같다.

〈그림 21-4〉 규모에 대한 보수(등량곡선의 여러 형태)

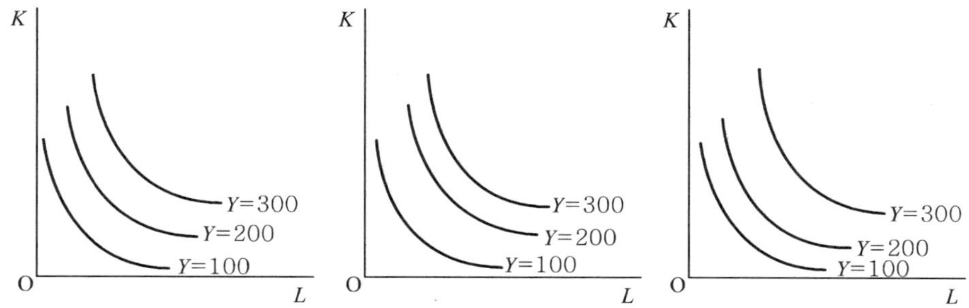

(a) 규모에 대한 보수 불변 ($t=1$)　(b) 규모에 대한 보수 증가 ($t>1$)　(c) 규모에 대한 보수 감소 ($t<1$)

그림 (a), (b), (c)는 앞에서 살펴본 〈그림 21-2〉의 (a), (b), (c)를 의미한다. 다시 말해 여기서는 앞에서 살펴본 생산가능곡선(생산물의 조합)의 형태를 등량곡선(생산요소의 조합)의 형태로 나타낸 것이다.

〈그림 21-4〉의 (a)에서 볼 수 있는 바와 같이 규모에 대한 보수가 불변인 경우에는 생산요소를 일정한 배수로 증가시킬 경우 산출물도 정확히 같은 배수로 증가한다. 그러나 규모에 대한 보수가 증가하는 경우(b의 경우)에는 생산요소의 증가배수보다는 산출물의 증가배수가 더 크고 규모에 대한 보수가 감소하는 경우에는 생산요소의 증가배수보다는 산출물의 증가배수가 더 작다는 것이다.

3. 등량곡선을 이용한 생산가능곡선의 도출

이제 등량곡선을 이용하여 생산가능곡선을 도출할 수 있다. 생산가능곡선이란 주어진 생산요소와 생산함수를 가지고 생산할 수 있는 두 재화 X, Y재의 최대생산량의 모든 조합을 연결한 선이다. 따라서 어떤 한 나라의 생산가능곡선은 그 나라에 부존된 생산요소의 양과 생산기술에 의해서 결정된다. 주어진 생산요소가 $\overline{L}, \overline{K}$라고 하고 재화를 생산하는 기술이 신고전적 특성을 가진 1차동차 생산함수(앞에서 살펴본 바와 같이 t=1인 경우의 생산함수)라고 하면 생산가능곡선은 X재와 Y재의

2개의 등량곡선을 마주보게 하여 만들어진 에지워스상자(edgeworth box)의 그림을 이용하여 도출할 수 있다. 이는 〈그림 21-5〉에 나타나 있다.

〈그림 21-5〉 등량곡선을 이용한 생산가능곡선의 도출(규모에 대한 보수불변의 경우)

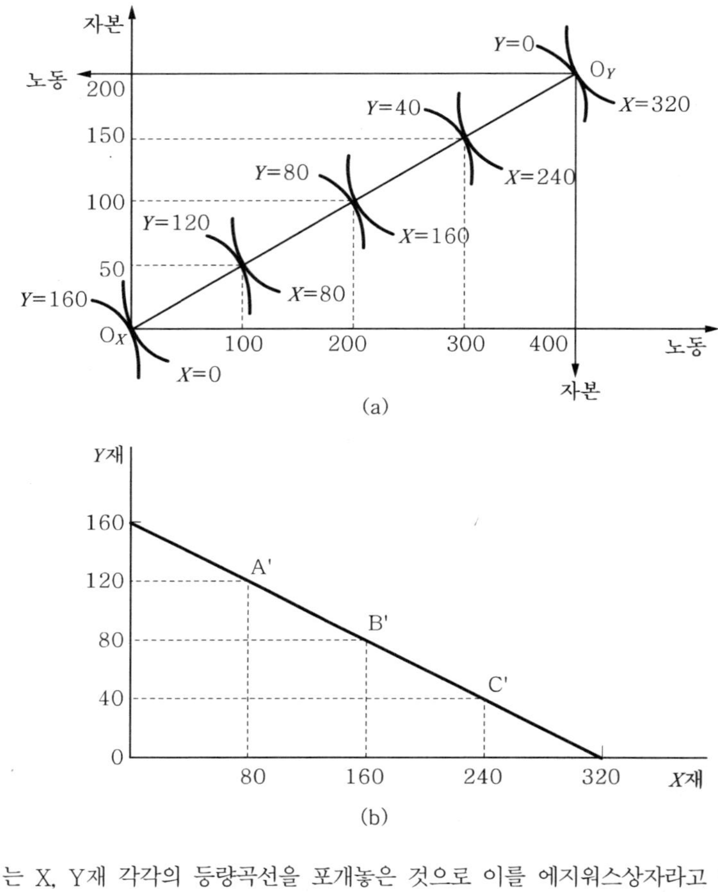

그림 (a)는 X, Y재 각각의 등량곡선을 포개놓은 것으로 이를 에지워스상자라고 말한다. 각각의 A, B, C의 점은 그림 (b)에 A', B', C'로 옮겨 놓으면 생산가능곡선을 도출할 수 있다.

에지워스상자는 2개의 등량곡선을 서로 포개놓은 것을 말한다. 〈그림 21-5〉의 (a)는 주어진 생산요소를 가지고 만든 에지워스상자인데 이 상자의 횡축거리는 노동부존량 $\overline{L}$를 나타내며 종축거리는 자본부존량 $\overline{K}$를 나타낸다. 이때 계약곡선 O_XO_Y 는 부존자원을 완전고용하면서 두 산업에 가장 효율적으로 배분할 수 있는 점들을 표시하고 있다. 다시 말해 계약곡선은 요소배분의 최적조건을 충족시키는 요소배분의 궤적을 말한다.

이제 계약곡선을 따라 요소의 배분을 점 O_X로부터 A, B, C로 이동시키면 X재의 생산은 증가하지만 Y재의 생산은 감소하게 된다. 만약 X재와 Y재의 생산함수가 모두 규모에 대한 보수불변이라면 생산변동과정에서 X재 생산의 증가분은 동일하며 Y재 생산의 감소분도 동일하다.

따라서 생산가능곡선은 〈그림 21-5〉의 (b)와 같이 일정한 기울기를 갖는 모양을 가지게 된다. 앞에서 살펴본 재화의 생산에 있어서 규모에 대한 보수의 정도에 따라 생산가능곡선은 〈그림 21-6〉에서 보는 바와 같이 3가지의 형태로 나타난다.

〈그림 21-6〉 규모에 대한 보수정도와 생산가능곡선의 형태

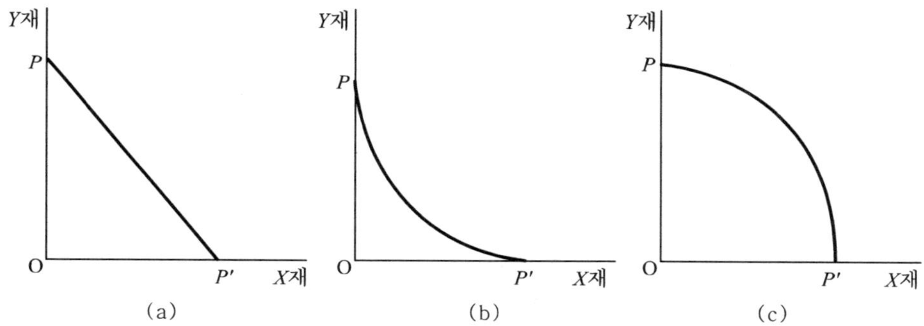

그림 (a)는 규모에 대한 보수불변인 경우의 생산가능곡선을 나타내며 (b)는 규모에 대한 보수증가인 경우의 생산가능곡선, (c)는 규모에 대한 보수감소인 경우의 생산가능곡선을 각각 나타내고 있다.

앞에서 정의한 바와 같이 생산가능곡선은 주어진 생산요소를 모두 사용하여 생산할 수 있는 X, Y재의 생산조합을 나타내는 점들이다. 여기서는 어떤 한 나라를 예로 들어 규모에 대한 보수감소인 경우의 생산가능곡선을 살펴보자. 이는 〈그림 21-7〉에 나타나 있다. 만약 어떤 나라에서 모든 생산요소를 Y재 생산에만 투입할 경우 최대 생산가능점은 점 P이며 반대로 X재 산업에만 생산요소를 모두 투입할 경우 최대 생산가능점은 P′으로 나타난다.

만약 생산요소를 X, Y재 모두를 생산하여 점 Q에서 이루어지는 경우 X재를

OQ_X 만큼 생산한다면 Y재는 OQ_Y 만큼 생산할 수 있으며 이를 초과할 수 없다. 생산가능곡선은 곡선상의 모든 점에서 하나의 기울기를 표시할 수 있으며 그 기울기는 중요한 경제적 의미를 가지고 있다.

〈그림 21-7〉에서 보는 바와 같이 X재를 ΔX 만큼 증가시키면 Y재는 불가피하게 ΔY 만큼 감소해야 한다. 이처럼 X재를 한 단위 추가로 생산하기 위해 희생해야 하는 Y재의 량을 한계전환율($MRT_{X,Y}$: Marginal Rate of Transformation)이라 부른다. 이때 X재의 증가분인 ΔX 와 Y재의 감소분 ΔY 가 매우 미세한 크기를 가질 때 생산가능곡선상의 한 점으로 표시할 경우 한계전환율은 생산가능곡선에 접하는 접선의 기울기를 말한다.[2)]

〈그림 21-7〉 일국의 생산가능곡선과 한계전환율

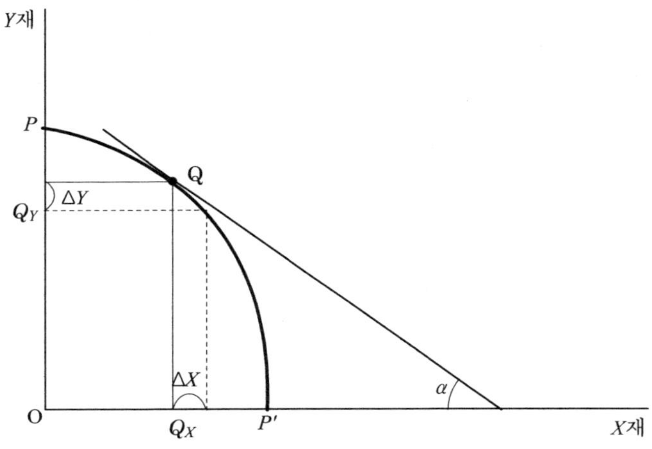

생산가능곡선상의 모든 점들은 하나의 기울기를 표시할 수 있으며 그 기울기의 절대값을 재화 간의 한계전환율이라고 말한다.

이를 식으로 나타내면 아래와 같다. 이때 등량곡선을 따라 우측으로 이동할수록 생산가능곡선에 접하는 기울기는 점점 커지는데 이를 한계전환율 체증이라 한다. 한계전환율이 체증하는 생산가능곡선은 원점에 대해 오목한 형태를 가지고 있다.

2) 한계전환율이란 주어진 생산요소를 가지고 생산할 때 한 재화의 증가분에 대한 다른 재화의 감소분의 비율을 의미한다.

앞으로 살펴볼 국제무역론에서는 이러한 형태의 생산가능곡선을 주로 사용한다.

$$MRT_{X,Y} = -\frac{\Delta Y}{\Delta X} = -\text{ 생산가능곡선의 기울기}$$

제 3 절 무차별곡선과 사회무차별곡선

1. 무차별곡선

무차별곡선(IC : Indifference Curve)이란 소비자에게 동일한 만족을 주는 재화의 조합을 연결한 곡선을 말한다. 예를 들면, 동일한 무차별곡선상에 X재와 Y재의 두 개의 소비조합인 (1, 3)과 (3, 1)이 있다고 하자. 여기서 (1, 3)은 X재 1단위와 Y재 3단위의 소비조합을 말하며 (3, 1)은 X재 3단위와 Y재 1단위의 소비조합을 나타낸다. 어떤 소비자가 동일한 무차별곡선상에 있다고 하면 이 소비자는 X재 3단위와 Y재 1단위를 소비하는 것은 X재 3단위와 Y재 1단위를 소비하는 것과 동일한 효용을 느낀다는 것이다.

무차별곡선은 일반적으로 다음과 같이 크게 4가지의 특징을 가지고 있다.

① 우하향하는 기울기를 가지고 있다.

② 원점에 대해서 볼록한 모양을 가지고 있다.

③ 서로 교차하지 않는다.

④ 원점에서 멀리 떨어질수록 더 높은 효용수준을 나타낸다.

이러한 성질을 만족하는 무차별곡선은 〈그림 21-8〉에 나타나 있다. 〈그림 21-8〉에서 보는 바와 같이 소비점이 점 C에서 점 C′로 동일한 무차별곡선상에서 이동하는 경우 소비자의 효용수준은 변화가 없다. 즉, 소비자가 ΔY를 줄이는 대신 ΔX를 늘리는 경우 이 소비자가 누리는 만족은 동일하다. 이처럼 동일한 효용수준 하에서 주관적 교환비율인 -(ΔY/ΔX)를 Y재로 표시한 X재의 한계대체율($MRS_{X,Y}$:

Marginal Rate of Substitution of X in terms of Y)라고 한다. 이때 점 C와 점 C′가 매우 근접하게 되면 한계대체율 *MRS*는 무차별곡선상의 한 점에서의 기울기를 의미한다. 즉 이를 수식으로 나타내면 다음과 같다.

$$MRS_{X,Y} = -\frac{\Delta Y}{\Delta X} = -\ \text{무차별곡선의 기울기}$$

그런데 〈그림 21-8〉에서 보는 바와 같이 무차별곡선의 우측으로 갈수록 동일한 ΔY 포기분에 대해 같은 효용수준을 유지하기 위해 추가해야 하는 ΔX는 점점 커지게 된다. 이는 무차별곡선의 우측으로 갈수록 Y재는 상대적으로 희소해지고 Y재는 상대적으로 풍부해져서 Y재를 X재보다 더 높게 평가하기 때문이다. 따라서 한계대체율 MRS의 값은 점점 작아진다. 이를 한계대체율체감의 법칙(law of diminishing marginal rate of substitution)이라 한다. 이는 앞서 무차별곡선이 가지고 있는 특성 중 원점에 대해 볼록한 모양을 갖는다는 성질에 기인한다.

〈그림 21-8〉 무차별곡선과 한계대체율

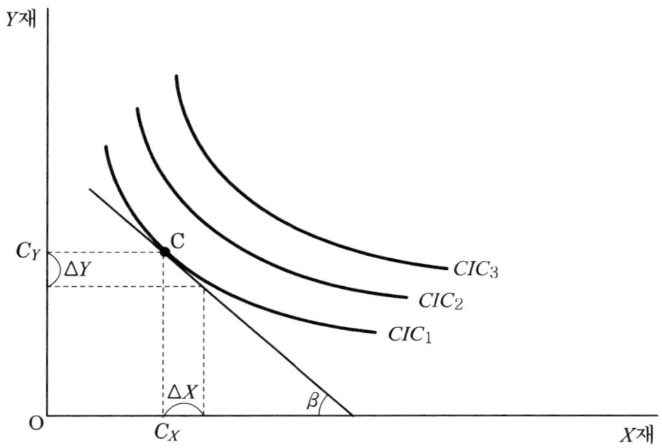

무차별곡선상의 모든 점에서는 하나의 기울기를 표시할 수 있으며, 그 기울기의 절대값을 재화간의 한계대체율이라 한다. 한계대체율은 무차별곡선상을 따라 우측으로 이동할수록 감소한다.

2. 사회무차별곡선

지금까지는 한 소비자의 무차별곡선을 설명했지만 이상과 같은 성질을 가진 한 사회나 국가의 무차별곡선을 그릴 수 있는데 이를 사회무차별곡선이라 한다. 사회무차별곡선(SIC : Social Indifference Curve)은 사회전체에 동일한 수준의 사회후생을 제공하는 재화의 조합을 의미한다.

제 4 절 폐쇄경제 하의 일반균형

이제 앞서 살펴본 생산가능곡선과 사회무차별곡선을 이용하여 폐쇄경제 하의 일반균형을 살펴보자. 외부와의 경제교류가 존재하지 않는 폐쇄경제 하에서는 일국의 재화의 생산과 소비는 항상 일치하며 생산수준과 소비수준은 생산가능곡선 밖에 위치하는 어느 점으로도 표시할 수 없다. 또한, 생산요소의 완전고용과 완전경쟁을 가정하면 생산점과 소비점은 생산가능곡선상에 위치하게 된다.

그러나 생산가능곡선상의 모든 점들이 적정생산점과 적정소비점이 되는 것은 아니다. 예를 들면, 〈그림 21-9〉에서 생산가능곡선상의 A, Q, B의 세 점이 있을 경우 점 A, B는 생산수준과 소비수준이 사회적으로 바라는 적정수준이 아니다. 왜냐하면 이들 두 점 모두 각 재화의 생산과 소비를 변동시킴으로써 더욱 높은 후생수준을 누릴 수 있기 때문이다. 즉, A는 사회적으로 바라는 생산수준에 비해 Y재는 많이 생산하고 있는 반면 X재는 적게 생산하고 있으며 점 B는 반대로 Y재는 적게 생산하고 있는 반면 X재는 많이 생산하고 있는 것이다.

〈그림 21-9〉 폐쇄경제 하의 일반균형

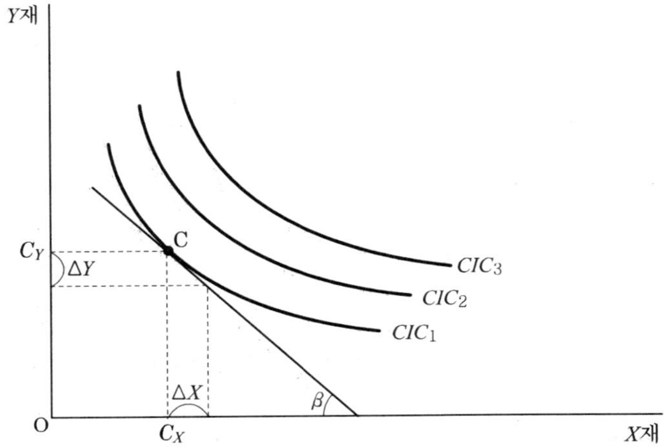

폐쇄경제 하의 일반균형은 생산가능곡선과 무차별곡선이 접하는 점 Q에서 이루어지며 이 점에서 적정생산 및 적정소비점이 이루어진다. 점 A는 우측으로 이동할수록, 점 B는 좌측으로 이동할수록 사회후생이 증대하므로 적정생산 및 소비점이 아니다.

따라서 점 B는 점 Q로 이동함에 따라 사회후생수준은 증가하며 점 A도 점 Q로 이동함에 따라 사회후생수준이 증가하게 된다. 따라서 폐쇄경제 하에서의 적정 생산수준과 적정 소비수준은 생산가능곡선과 사회무차별곡선이 접하는 점 Q에서 이루어진다. 점 Q에서는 생산가능곡선의 기울기와 사회무차별곡선의 기울기가 동일함을 알 수 있다.

제5절 개방경제의 일반균형과 무역이득

우리는 앞에서 폐쇄경제를 가정하고 한 나라의 경제의 균형을 살펴보았다. 이제 이 나라가 해외에 대해 개방되고 국제무역을 하게 되는 경우를 고려해 보자.

국제무역과 관련하여 관세부과나 수입수량규제, 수송비 등이 없는 완전경쟁 상태에서 자유롭게 무역을 한다고 가정한다. 국가 간의 교역에서 수출재화와 수입재화

간의 가격의 비율인 상대가격을 교역조건(terms of trade)이라고 한다. 한 나라의 무역이 세계시장에서 차지하는 비중이 매우 작으면 그 나라의 교역조건은 해외에서 일방적으로 주어지며 이러한 경제를 소규모개방경제라고 한다. 반면 대규모개방경제는 해외경제와 상호 작용하여 교역조건이 결정된다. 소규모개방경제이든 대규모개방경제이든 개방경제에서의 교역조건은 일반적으로 폐쇄경제에서의 교역조건과는 다르게 결정된다.

이제 한 나라가 소규모개방경제이고 개방경제에서의 상대가격이 폐쇄경제에서의 상대가격보다 더 높은 경우를 가정하자(물론 낮은 경우를 가정해도 무방하다). 〈그림 21-10〉은 소규모경제가 개방경제 하에서 이루어지는 균형을 보여주고 있다.

그림에서 p_1으로 표시되는 직선은 개방경제에서의 새로운 상대가격, 즉 교역조건을 나타낸다. 이 나라는 개방경제에 비해 X재는 비싸지고 Y재는 싸지게 된 것이다. 개방경제에서 이루어지는 균형점은 폐쇄경제 하에서의 N_0에서 N_1으로 이동하게 된다. 따라서 이 나라는 X재 생산은 증가하고 Y재 생산은 감소하게 된다.

다음으로 수요측면을 살펴보자. 이 나라의 경제는 예산선이 폐쇄경제 하에서는 p_0의 기울기를 가진 직선이었으나 개방으로 인해 p_1의 기울기를 가진 직선으로 바뀌게 된다. 따라서 개방경제에서의 소비점은 새로운 교역조건과 새로운 사회무차별곡선이 접하는 C_1점에서 이루어진다. 그러면 이 나라는 개방경제로 인해 얻게 되는 무역의 이득은 얼마일까? 이는 사회후생수준의 변화를 통해 알 수 있다. 즉, 폐쇄경제에서 달성하게 되는 사회후생수준은 SIC_0를 나타내지만 개방으로 달성하게 되는 사회후생수준은 SIC_1이다. 이들 양자 간의 차이가 무역으로 인해 얻게 되는 이득이다.

〈그림 21-10〉 자유무역 하의 일반균형과 무역이득

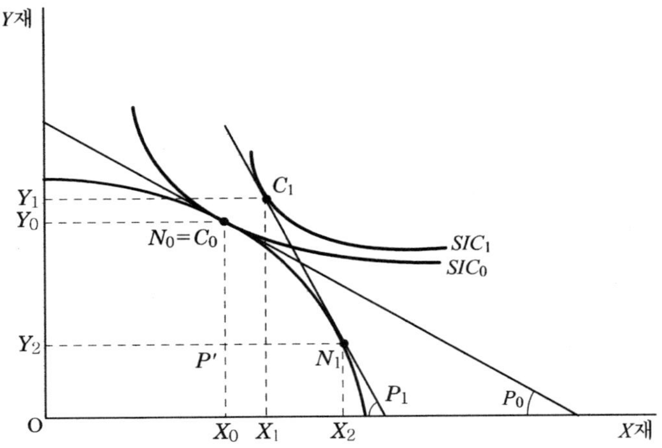

폐쇄경제 하의 균형점은 $N_0(=C_0)$이다. 자유무역으로 상대가격이 P_1으로 높아진 경우 적정생산점과 적정소비점은 N_1, C_1이며 사회후생은 SIC_0에서 SIC_1으로 증대된다. 양자 간의 사회후생의 차이가 무역으로 얻은 이득이 된다.

[사례] 과거 2000년간 세계경제 변화

지난 2000년 동안 세계경제는 어떻게 변해왔을까? 엄청난 기간동안 세계경제의 변화를 파악한다는 것은 자료의 제약 등 여러 가지 이유로 결코 쉬운 일이 아니다. 그러나 이러한 질문에 대한 대답을 2001년 6월 OECD가 간행한 「The World Economy; A Millennial Perspective」가 말해주고 있다.

<표 21-1>에서 보는 바와 같이 세계 GDP는 서기 1000년까지 별다른 변화가 없었다. 세계 GDP는 AD 0년에 1,030억 달러에서 1000년에는 1,170억 달러를 나타냈다. 1000년의 기간동안 1.1배 증가한 것에 불과하다. 그러나 중세이후 완만한 성장세를 보이다가 1820년 이후에는 비약적으로 발전했다. 즉, 1820년에 세계 GDP는 6,944억 달러에서 1998년에 33조 7,260억 달러로 200년이 안 되는 기간동안 49배나 증가한 것이다. 제2차 세계대전 이후 아시아는 서구와의 격차를 축소하였으나 지난 2000년의 기간을 놓고 보면 아시아가 몰락하고 미국과 유럽이 부흥한 것이다.

〈표 21-1〉 세계 GDP의 지역별 비중 추이 (단위 : %)

	AD 0년	1000년	1500년	1820년	1913년	1950년	1998년
미 국	-	-	0.3	1.8	19.1	27.3	21.9
서유럽	10.8	8.7	17.9	23.6	33.5	26.3	20.6
일 본	1.2	2.7	3.1	3.0	2.6	3.0	7.7
중남미	2.2	3.9	2.9	2.0	4.5	7.9	8.7
아프리카	6.8	11.8	7.4	4.5	2.7	3.6	3.1
아시아	75.1	67.6	62.1	56.2	21.9	15.5	29.5
(중국)	26.2	22.7	25.0	32.9	8.9	4.5	11.5
세계(10억$)	103	117	247	694	2,704	5,336	33,726

주: 1990년 가격 기준

한편, 1인당 GDP를 보면 1500년까지는 지역별로 편차가 매우 작았으나 1820년 이후 지역 간의 격차가 급격히 확대되었다. 대표적으로 미국과 아프리카 간의 1인당 GDP를 보면 1820년에 미국이 아프리카의 3배 정도에 불과했으나 그 차이가 점차 벌어져 1998년에는 미국이 아프리카의 20배에 달하고 있다. 지난 100여년 동안 지역별로 엄청난 차이가 발생하였음을 알 수 있다.

〈표 21-2〉 지역별 1인당 GDP 추이 (단위 : 달러)

	AD 0년	1000년	1500년	1820년	1913년	1950년	1998년
미 국	-	-	400	1,257	5,301	9,561	27,331
서유럽	450	400	774	1,232	3,473	4,594	17,921
일 본	400	425	500	669	1,387	1,926	20,413
중남미	400	400	416	665	1,511	2,554	5,795
아프리카	425	416	400	418	585	852	1,368
아시아	450	450	572	575	640	635	2,936
(중국)	450	450	600	600	552	439	3,117
세계	444	435	565	667	1,510	2,114	5,709

제22장

고전학파 무역이론

고전학파 무역이론은 19세기 초반 리카도(D. Ricardo), 밀(J. S. Mill) 등에 의해서 완성된 하나의 체계적인 무역이론을 말한다. 이들은 그때까지 불분명했던 무역이론의 기본과제인 무역이 발생하는 동기와 그 효과에 대해서 체계적이고 과학적인 분석을 통하여 해답을 제시하였다.

본 장에서는 애덤 스미스의 절대우위론을 간단히 살펴보고 다음으로 리카도의 이론과 이의 실증연구들을 차례로 살펴본다. 고전학파 무역이론은 생산요소로 노동 하나만을 고려하였고 재화 간의 생산비용의 차이는 노동생산성의 차이에 의해 발생하는 것으로 보았다.

제 1 절 애덤 스미스의 절대우위론

국가 간의 무역이 발생하는 이유는 무엇인가? 이 질문은 국제무역이론의 가장 초보적이면서도 매우 중요한 것이다. 무역이론의 발생원인에 대한 연구가 많이 있어왔으나 무역이 발생하는 이유를 가장 먼저 체계적으로 설명한 사람은 애덤 스미스(Adam Smith)이다.

스미스는 두 나라 사이에 존재하는 생산비의 절대적 차이가 무역의 발생원인이라고 보았다. 예를 들면, 2개국, 2재화가 존재할 때 A국은 절대우위를 갖는 X재에 특화하고 B국은 절대우위를 갖는 Y재에 특화하여 서로 교환함으로써 상호이익을 증대시킬 수 있다는 것이다. 스미스의 이러한 주장을 절대우위론(theory of absolute advantage, 양국간의 무역이 절대생산비에 의해 결정된다는 것)이라고 하며 다음에 살펴볼 리카도의 비교우위론과 구별된다.

이제 절대우위설을 자세히 살펴보자. 〈표 22-1〉은 A, B국이 X, Y재를 생산하는데 소요되는 노동량을 보여주고 있다. A국은 X재 한 단위를 생산하는데 4인의 노동력이 소요되고 Y재 한 단위를 생산하는데 2인의 노동력이 소요된다. 반면 B국은 X재 한 단위를 생산하는데 2인의 노동력이 투입되고 Y재 한 단위를 생산하는데 4인의 노동력이 투입된다.

이러한 경우 X재를 생산하는 데는 B국의 노동생산성이 A국의 노동생산성(labor productivity, 투입한 노동량과 이에 의해 얻어진 생산량과의 비율)보다 높다. 왜냐하면 X재 한 단위 생산하는데 A국은 4인의 노동력이 필요로 하는데 반해 B국은 2인의 노동력만 필요하기 때문이다. 반면 Y재를 생산하는 데는 A국의 노동생산성이 B국의 노동생산성보다 높다. 이는 A국은 절대적으로 생산비가 낮은 Y재 생산에 절대우위를 갖게 되며 B국은 절대적으로 생산비가 낮은 X재 생산에 절대우위를 갖는다.

〈표 22-1〉 절대우위의 예

	X재(쌀)	Y재(섬유)
A국	4	2
B국	2	4

위의 표에 있는 각 수치는 재화 한 단위 생산하는데 필요한 노동량을 의미한다. 예를 들면, X재 1단위 생산에 A국은 4인의 노동력이 필요하며, B국은 2인의 노동력이 필요하다는 것을 의미한다.

그러면 양국이 무역을 통해 얻는 이득은 얼마인가를 살펴보자. 이는 무역이전의 폐쇄경제 하의 생산량과 교역후의 생산량을 비교하면 쉽게 알 수 있다. 무역이전의 폐쇄경제에서는 A국과 B국은 모두 6인의 노동력으로 X재 한 단위와 Y재 한 단위를 각각 생산하게 된다.

이제 양국이 교역을 하면 A국은 모든 노동력을 절대우위에 있는 Y재 생산에 투입하여 3단위를 생산할 것이고 마찬가지로 B국은 모든 노동력을 절대우위가 있는 X재 생산에 투입하여 3단위를 생산하게 될 것이다. 이때 A국의 Y재 1단위와 B국의 X재 1단위를 교환하게 되면 결국 A국은 X재 1단위와 Y재 2단위를 생산하는 것과 동일하게 되며 B국도 X재 2단위와 Y재 1단위를 생산하는 것과 동일하게 된다. 따라서 A국은 무역을 통해 Y재를 1단위 더 생산하는 되는 무역이득을 누리게 되며 마찬가지로 B국도 X재를 1단위 더 생산하게 되는 무역이득을 누리게 된다. 이러한 내용은 〈표 22-2〉에 나타나 있다.

위의 분석을 통해 알 수 있는 바와 같이 절대우위론에 따르면 국제무역이 발생하기 위해서는 양국 모두가 X재와 Y재 중 어느 한 재화에 절대우위를 가져야 한다. 그렇다면 양국이 두 재화 중에서 어느 재화에도 절대우위를 갖지 못할 경우 양국에 이익을 주는 무역은 성립할 수 없는가? 리카도의 비교우위론에 따르면 이러한 경우에도 무역은 이루어지며 양국은 무역이득을 누릴 수 있다.

〈표 22-2〉 무역이득

	X재	Y재	무역이득
A국	1	2	X재 1단위
B국	2	1	Y재 1단위

무역을 통해 X재 1단위와 Y재 1단위를 교환하면 A국은 X재 1단위, Y재 2단위를, B국은 X재 2단위, Y재 1단위를 생산하는 것과 같다. 따라서 무역을 통해 A국은 Y재 1단위, B국은 X재 1단위의 이득을 누리게 된다.

제 2 절 리카도의 비교우위론

1. 비교우위의 개념

일국이 타국에 비해 한 재화의 생산성이 다른 재화의 생산성에 비해 상대적으로 더 높다면 비교우위를 가진다고 말한다. 비교우위론(theory of relative advantage, 양국 간의 무역이 상대적 비교우위에 의해 결정된다는 것)은 리카도 무역이론의 핵심이며 국제무역의 기초를 설명하는 대표적인 고전학파이론이다. 리카도의 비교우위론은 국제무역이 발생하는 이론적 기초를 제공해 줄 뿐만 아니라 오늘날 흔히 논의되는 국제경쟁력이란 무엇인가를 설명해 주는 이론적 기초를 제시해준다. 리카도는 노동을 유일한 생산요소로 보고 재화 간의 상대적인 생산비용의 국가간 차이는 노동생산성에서 비롯된다고 보았다. 다시 말해서 국가 간의 비교우위는 노동생산성에 기인한다는 것이다.

구체적인 사례를 통해 비교우위의 개념을 자세히 알아보자. 아래 〈표 22-3〉에는 A, B국이 X, Y재의 생산에 소요되는 노동량을 각각 보여주고 있다. A국은 X, Y재를 각각 1단위 생산하기 위해서는 1명의 노동량과 2명의 노동량이 소요된다. 반면 B국은 X, Y재를 각각 1단위 생산하기 위해서는 5명의 노동량과 3명의 노동량이 소요된다.

이러한 경우 스미스의 절대우위론에 의하면 A국은 X, Y재 모두에서 절대우위를 가지고 있기 때문에 두 재화를 모두 수출하게 되며 반대로 B국은 X, Y재 모두에서 절대열위를 가지고 있기 때문에 두 재화를 모두 수입하게 된다. 따라서 두 나라 사이에는 무역이 발생할 이유가 없다. 왜냐하면 여기서는 분석의 편의상 금융측면을 제외하고 실물측면만을 고려하고 있기 때문이다. 즉, 어느 한 나라가 X재 1단위를 수입하기 위해서는 이에 대한 교환으로 일정 정도의 Y재를 수출하거나 또는 Y재 1단위를 수입하기 위해서는 이에 대한 교환으로 일정 정도의 X재를 수출하면 되지만 아무런 대가를 지불하지 않고 양 재화를 모두 수입할 수는 없기 때문에 무역이 발생할 수 없게 된다.

그러나 이러한 경우에도 리카도는 비교우위에 의해 양국 간에는 무역이 발생한다는 것이다. 이를 자세히 살펴보자. 〈표 22-3〉을 보면 B국은 A국에 비해 X재 1단위 생산에서 5/1배의 노동이 소요되며 Y재 1단위 생산에서는 3/2배의 노동이 소요된다. 따라서 B국은 두 재화 생산에서 모두 절대열위에 있으나 절대열위의 정도가 상대적으로 낮은 Y재 생산에 비교우위를 가진다. 반대로 A국은 B국에 비해 X재, Y재 생산에서 각각 1/5배, 2/3배의 노동이 소요되며 따라서 두 재화 생산 모두 절대우위를 가지고 있으나 절대우위의 정도가 상대적으로 높은 X재 생산에 비교우위를 가진다.

〈표 22-3〉 비교우위의 예(Ⅰ) (단위 : 명)

	X재(쌀)	Y재(섬유)
A국	1	2
B국	5	3

A국은 B국에 비해 2재화 모두에서 절대우위를 보이고 있으나 그 중 절대우위의 정도가 더 높은 X재에 비교우위를 가지고 있는 반면, B국은 두 재화 모두에서 절대열위에 있으나 그 정도가 상대적으로 낮은 Y재 생산에 비교우위를 가진다.

리카도의 비교우위론에 따르면 이러한 비교우위의 정도에 따라 무역의 방향이 결정된다. 즉, A국은 X재를 수출하고 Y재를 수입하며 반대로 B국은 Y재를 수출하고 X재를 수입하게 된다. 이처럼 A국이 B국에 비하여 두 재화 생산에서 모두 절대열위에 있더라도 두 재화 사이에 절대열위의 정도가 달라 A국이 어느 한 재화에서 비교우위를 가진다면 두 나라 사이에 무역이 이루어지며 이로 인해 두 나라는 모두 이득을 보게 된다.

이제 양국이 무역을 통해 얻는 이득을 알아보자. 앞에서와 마찬가지로 양국의 생산량을 무역이전과 무역이후로 나누어 그 차이를 비교하면 쉽게 알 수 있다. 우선 무역이전인 폐쇄경제 하에서 A국은 3인의 노동력을 가지고 이중 1인의 노동을 투입하여 X재 1단위 생산하며 2인의 노동을 투입하여 Y재 1단위를 생산한다. B국은 모두 8인의 노동력을 가지고 이중 5인의 노동을 투입하여 X재 1단위를 생산하며 3인의 노동을 투입하여 Y재 1단위를 생산한다.

무역이득을 알아보기 위해 이제 양국이 교역을 하는 경우를 보자. A국은 B국에 비해 X, Y재에서 모두 절대우위에 있지만 그중 상대적으로 더 절대우위에 있는 X재 생산에 모든 노동력을 투입하여 3단위를 생산하게 된다. 마찬가지로 B국은 양재화 모두 절대열위에 있지만 그중 상대적으로 열위의 정도가 적은 Y재 생산에 모든 노동을 투입하여 2와 2/3단위의 Y재를 생산하게 된다.

2. 교역조건

이제 양국 간에 무역이 이루어지는 경우 양국의 생산량은 어떻게 나타날까? 이를 알아보기 위해서는 먼저 수출제품과 수입제품 간의 가격비율인 교역조건이 어떻게 결정되었는지를 파악해야 한다. 그렇다면 X재와 Y재 간의 교환비율인 교역조건(TOT : Terms of Trade)은 어떻게 결정이 될까? 교역조건은 일반적으로 A국에서 두 재화 간의 교환비율과 B국에서의 두 재화 간의 교환비율의 범위 내에서 결정될 것이다. 왜냐하면 교역조건이 두 나라에서의 교환비율의 범위를 벗어나게 되면 두 나라 모두 국내에서의 교환비율보다는 무역을 통한 교역비율이 높기 때문에 무역을 하지 않을 것이기 때문이다.

이제 교역조건을 파악하기 위해 A국과 B국에서의 X재와 Y재 간의 교환비율을 알아보자. 먼저 A국에서의 X재 1단위의 기회비용은 Y재의 1/2단위에 해당한다. 이것은 X재 1단위를 포기한다는 것은 1인의 노동량을 포기한다는 것이고 이는 Y재의 1/2단위를 포기한다는 것을 의미하기 때문이다. B국은 X재 1단위의 기회비용은 Y재의 5/3단위에 해당한다. 따라서 A국과 B국이 동시에 만족할 수 있는 교역조건은 X=1/2Y와 X=5/3Y 사이에서 결정된다. 왜냐하면 앞에서 설명한 바와 같이 A국은 국내에서 1단위 X재에 대해 최소한 0.5단위 Y재를 얻을 수 있기 때문에 1단위 X재에 대해 0.5단위 이하로 Y재를 얻게 되면 수출을 하지 않을 것이다. 마찬가지로 B국은 국내에서 1단위 X재에 대해 5/3단위 Y재와 교환되므로 1단위의 X재를 얻기 위해서는 5/3단위 Y재를 포기할 경우 Y재를 수출하지 않을 것이다. 따라서 양국이 무역을 하게 될 경우 X=0.5Y는 교역조건의 하한선이 되며 X=1.667Y는 교역조건의 상한선이 될 것이다.

3. 무역이득

이제 양국 간의 교역조건이 X재 1단위와 Y재 1단위가 교환되는 것으로 결정되었다고 하자. 즉, A국이 X재 1단위를 수출하여 B국으로부터 Y재 1단위를 수입하게 되며 동시에 B국의 입장에서는 Y재 1단위를 수출하고 X재 1단위를 수입하게 된다.

이러한 경우 무역을 통해 얻게 되는 이득은 〈표 22-4〉에 나타나 있다. A국은 무역이전에는 3인의 노동량을 투입하여 X재와 Y재를 각각 1단위씩 생산했으나 비교우위에 의해 X재를 3단위 생산하고 이중 1단위를 수출하고 Y재 1단위를 수입하게 된다. 따라서 무역을 통해 얻게 되는 이득은 X재 1단위가 될 것이다. B국은 무역이전에는 X재와 Y재를 각각 1단위씩 생산하였으나 비교우위에 의해 Y재를 2와 2/3단위 생산하고 이중 1단위를 수출하고 X재 1단위를 수입하게 되어 무역을 통해 얻게 되는 이득은 Y재 2/3단위가 될 것이다. 따라서 세계 전체의 무역의 이득은 A국과 B국의 이득을 합한 X재 1단위와 Y재 2/3단위가 된다.

우리는 여기서 양국이 얻게 되는 무역이득이 상이하다는 것을 알 수 있다. 이러한 결과는 X=Y라는 교역조건 때문에 나타난 것이다. 즉, 교역조건 X=Y는 A국의 국내교환비율인 X=0.5Y와 B국의 국내교환비율인 X=1.667Y를 고려할 때 상대적으로 A국에게 유리하게 결정되었기 때문이다. 이처럼 교역조건이 A국에게 유리하게 결정될수록 A국이 누리게 되는 이득은 더 커지며 반대로 B국에게 유리하게 결정될수록 B국이 누리게 되는 이득은 더 커진다. 극단적인 경우로 교역조건이 A국의 국내교환비율인 X=0.5Y로 결정될 경우 B국의 무역이득은 0이 되며 모든 이득은 A국에게로 돌아가게 된다. 반대로 교역조건이 B국의 국내교환비율인 X=1.667Y로 결정될 경우 A국의 무역이득은 0이 되며 모든 이득은 B국에게로 돌아가게 된다.

〈표 22-4〉 무역이득

	무역이전		무역이후		
	X재	Y재	X재	Y재	무역이득
A국	1	1	2	1	X재 1단위
B국	1	1	1	1과 2/3	Y재 2/3단위

앞에서 살펴본 바와 같이 리카도의 비교우위론은 일국이 타국에 비해서 두 재화의 생산에서 모두 절대열위를 보이고 있더라도 그중 한 재화가 다른 재화에 비해 상대적으로 덜 비교열위에 있을 경우 무역이 발생할 수 있음을 보여주고 있다. 이러한 점에서 리카도의 비교우위론은 스미스의 절대우위론에 비해 보다 일반적인 이론이라 할 수 있다.

그러나 아래 〈표 22-5〉의 경우에는 비교열위의 정도가 동일하여 무역이 발생할 수 없게 된다. A국은 B국에 비하여 X재, Y재 생산에서 절대열위의 정도는 다르지만 비교열위의 정도가 동일하여 양국간에는 무역이 발생하지 않는다.

〈표 22-5〉 비교우위의 예(Ⅱ) (단위 : 명)

	X재(쌀)	Y재(섬유)
A국	2	4
B국	1	2

B국은 A국에 비해 두 재화 모두에서 절대우위를 보이고 있으나, 절대우위의 정도가 동일하여 양국 간에는 무역이 발생하지 않는다.

[사례] 한·중·일 3국간 교역관계의 특징

동북아시아에 위치한 한국, 중국, 일본은 고도성장을 이룩한 대표적인 국가들이다. 이들 3개국의 공통적인 특징은 수출을 통해 경제성장을 이룩하였다는 점이다. 세계수출시장에서 높은 증가세를 보이고 있는 한국, 일본, 중국의 서로 간의 교역은 어떠한가? 다시 말해서 이들 3국은 어떤 재화생산에서 비교우위를 보이며 수출을 하게 되고 어떤 재화생산에서 비교열위를 보여 수입을 하는 것일까? 무역통계를 분석해 보면 한국, 중국, 일본은 3국간 서로 흑자의 연쇄고리 관계를 형성하고 있음을 알 수 있다.

<표 22-6>에서 보는 바와 같이 한국은 중국에 대해 흑자를, 중국은 일본에 대해 흑자를, 그리고 일본은 한국에 대해 흑자를 보이고 있다. 이들 국가 간의 흑자를 자세히 들여다보면 그 내용이 서로 달라 3국간 분업관계를 형성하고 있음을 알 수 있다. 일본은 한국에 대해 전기전자와 산업용기계에서 각각 46억 달러와 23억 달러 흑자를 보이고 있고 정밀기계와 철강, 유기화학물에서 10억 달러 정도의 흑자를 기록하고 있다. 그리고 한국은 중국에 대해 플라스틱제품과 유기화학물에서 각각 15억 달러와 10억 달러 흑자를 보이고 있고 유류제품과 원피에서 5~6억 달러 흑자를 보이고 있다. 중국은 일본에 대해 직물제의류와 편직물제의류에서 50~60억 달러의 흑자를 보이고 있고 신발과 완구, 수산물에서 13~17억 달러 흑자를 보이고 있다.

요약하면 일본이 한국에 대해 흑자를 보이고 있는 것은 기계류와 핵심부품, 그리고 중간재 때문이며 한국은 중국에 대해 흑자를 기록한 것은 1차 가공을 거친 중간재이며 중국이 일본에 대해 흑자를 기록하고 있는 것은 완제품 소비재이다. 결국 일본은 한국에 자본재생산에서 비교우위를 보이면서 보다 많이 수출하고 있는 반면 한국은 중국에 중간재 생산에서 비교우위를 보여 보다 많이 수출하고 있으며 다시 중국은 일본에 대해 완제품생산에서 비교우위를 보이면서 보다 많이 수출하고 있다.

〈표 22-6〉 한·중·일 3국간 교역관계의 특징 (단위 : 억 달러)

	한국→중국	중국→일본	일본→한국
1995	17	140	156
1998	55	170	46
1999	48	195	83

자료: 한국 및 일본의 무역통계

〈표 22-7〉 한·중·일 3국의 주요 5대 흑자품목(1999년) (단위 :억 달러)

한국→중국		중국→일본		일본→한국	
플라스틱제품	15	직물제의류	64	전자전기	46
유기화학물	10	편물제의류	47	산업용 기계	23
유류제품	6	신발	17	정밀기계	12
원피	5	완구	15	철강	11
철강	5	수산물	13	유기화학물	10

주: 품목은 HS2단위 기준임

제3절 리카도이론의 실증적 검증

리카도의 비교우위론을 실증적으로 검증한 최초의 시도는 맥두걸(G. D. A. MacDougall)에 의해 이루어졌다. 맥두걸은 1937년도 미국과 영국의 산업을 대상으로 리카도의 비교우위가 제대로 나타나는가를 분석하였다. 그는 기본적인 가설로 A국이 X재 산업제품의 수출국이 되기 위해서는 X재 산업에서 상대국에 비해 노동생산성의 비율이 임금비율을 초과해야 한다는 것이다. 왜냐하면 당시 미국의 화폐임금은 영국의 2배 이상이므로 어떤 특정산업에서 미국의 생산비용, 즉 재화 1단위당 노동임금이 영국보다 낮은 수준을 유지하기 위해서는 그 산업에서 미국의 노동생산성이 영국의 노동생산성보다 2배 이상 되어야 한다는 것이다. 그는 어떤 특정산업에서 미국의 노동생산성 비율이 2를 초과하면 미국이 비교우위를 가지게 되고 2보다 작으면 영국이 비교우위를 갖게 된다고 보았다.

맥두걸은 1937년도 미국과 영국의 25개 산업에 대한 양국의 노동생산성비율을 수출시장점유율과 비교하였다. 그는 25개 산업중 20개 산업에서 미국의 노동생산성이 영국의 노동생산성보다 2배 이상 높아서 제3국에서 미국의 수출시장점유율이 영국에 비해 높다는 것을 발견하였다. 이러한 검증결과로 양국의 비교우위의 차이는 양국 간의 노동생산성의 상대적 차이로 설명될 수 있다는 리카도의 기본명제를 지지할 수 있게 되었다. 이후에도 스턴(R. Stern)이나 발라사(B. Balassa)는 다른 기간을 대상으로 검증한 결과 맥두걸의 검증결과를 재확인하였다.

그러나 이상과 같은 맥두걸의 검증결과는 여러 연구들에 의해 다음과 같은 문제점을 가지고 있는 것으로 지적되고 있다.

① 조사대상 25개 산업은 여러 가지 관련제품으로 구성되어 있기 때문에 어떤 특정산업에 있어서 미국이 영국보다도 평균노동생산성이 높다 하더라도 그 산업 내의 어떤 측정제품의 생산성은 영국이 미국보다 높을 수 있다는 것이다. 따라서 산업별 평균노동생산성의 차이가 구체적인 어떤 특정상품의 비교우위를 결정하지 못한다는 것이다.

② 세계시장에서 미국의 어떤 특정산업의 제품이 비싸다 하더라도 질의 차이나 기호의 차이 때문에 더 많이 수출할 수 있는 것이다.

③ 수송비용이나 여타 무역장벽의 문제를 들 수 있다. 미국상품이 수송비용이나 어떤 무역장벽 때문에 더 비싸다면 미국의 노동생산성은 더욱 높아져야 한다는 것이다.

이상과 같은 문제점으로 인해 맥두걸의 분석결과가 리카도의 비교우위론을 지지할 수 있다는 결론을 내리기에는 더 많은 연구가 있어야 한다고 볼 수 있다. 한편, 맥두걸의 연구는 바그와티(J. Bhagwati)에 의해 검증방법에 대해 비판을 받았다. 바그와티는 맥두걸이 노동생산성비율과 수출가격비율 간의 상관관계를 분석하지 않고 직접 노동생산성비율과 수출시장점유율비율 간의 상관관계를 분석한 것은 방법론상의 오류가 있다고 제기하였다.

그에 따르면 리카도의 이론을 검증하기 위해서는 먼저 노동생산성비율과 수출가격비율 간의 상관관계분석에서 노동생산성의 차이가 수출가격에 미치는 영향이 통계적으로 유의하다는 것을 밝히고 난 후 수출가격비율과 수출시장점유율 간의 상관관계를 분석해야 한다는 것이다. 왜냐하면 만일 노동생산성의 차이가 수출가격에 미치는 영향이 통계적으로 유의하지 않을 경우에 노동생산성의 비율과 수출시장점유비율 간의 상관관계는 무의미하기 때문이다. 바그와티에 따르면 노동생산성비율과 수출가격비율 간의 상관관계는 물론 수출가격비율과 수출시장점유율 간의 상관관계도 각각 통계적으로 유의하지 않은 것으로 나타났다.

그러나 바그와티의 분석도 하나의 문제점을 가지고 있다. 즉, 수출가격비율은 무역개시 이전의 수출가격이어야 하는데 현실적인 자료의 제약으로 실제 얻을 수 있는 자료는 무역개시 이후의 수출가격비율이기 때문이다. 따라서 리카도의 비교우위설은 실제 검증하는데 있어서 자료사용의 제약, 선정된 변수의 적합성 등으로 인해 그 타당성은 불분명하다고 할 수 있다.

제23장

헥셔-올린의 이론

국가 간의 무역발생은 무역 이전에 각국에 존재하는 재화의 가격비율의 차이에 의해 결정된다는 것을 22장에서 살펴보았다. 즉, 각국은 무역 이전에 생산비용이 상대적으로 싼 재화에 비교우위를 갖게 되고 그것을 수출하고 다른 재화를 수입한다는 것이다. 그리고 각 국가 간의 생산비용의 차이 또는 가격비율의 차이는 노동생산성의 차이에 의해 발생하는 것으로 보았다. 즉, 리카도 무역이론은 생산요소로서 노동만을 고려하였고 국가간 노동생산성의 상대적 차이가 무역발생의 원인으로 보았다. 그러나 현실 경제에서는 생산활동에 필요한 생산요소에는 노동이외의 기술수준과 토지, 자본 등 여러 가지가 있다.

헥셔-올린 이론은 무역발생의 원인을 국가간 요소부존비율의 차이에서 찾고 있다. 즉, 헥셔-올린 이론은 노동이 유일한 생산요소라는 단순한 가정에서 탈피하여 토지, 자본 등 여러 가지 생산요소가 존재한다는 것을 전제하고 이러한 요소들의 상대적 부존비율의 차이가 무역패턴을 결정하는 중요한 역할을 한다는 것이다.

본 장에서 살펴볼 헥셔-올린 무역이론은 헥셔-올린의 정리, 요소가격균등화의 정리, 스톨퍼-새뮤얼슨의 정리, 립진스키의 정리 등 크게 4가지로 요약할 수 있다. 이들을 살펴보기 전에 먼저 알아야 할 기본적인 내용들을 검토하기로 한다.

제 1 절 헥셔-올린의 정리

1. 요소집약도와 요소부존도

1.1 요소집약도

우리는 어떤 상품이 자본집약적이라든가 노동집약적이라는 말을 흔히 말한다. 이처럼 자본집약적이라든가 노동집약적이라는 것은 어디까지나 상대적인 개념이다. 즉, 2가지 재화가 존재할 때 어떤 재화가 자본집약적 또는 노동집약적이라는 것은 다른 상품에 비해 그렇다는 것이다. 이처럼 요소집약도 또는 요소집약적이란 자본이나 노동, 즉 생산요소 간의 결합비율을 말한다.

〈그림 23-1〉 요소집약도의 차이와 생산가능곡선의 형태

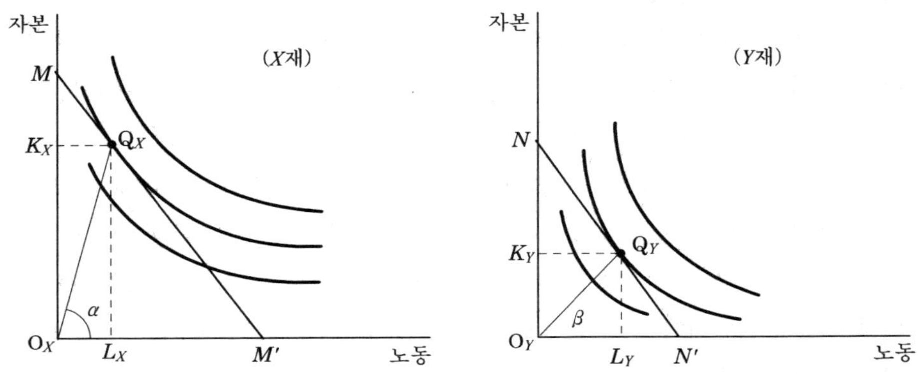

기울기가 같은 요소가격비율 하에서 요소가격비율과 등량곡선이 접하는 점에서 요소의 균형점이 이루어지며 각 균형점에서 원점에 연결한 직선의 기울기가 곧 요소집약도이다. 그림에서는 X재의 기울기가 Y재보다 크기 때문에 X재는 자본집약적, Y재는 노동집약적 상품이다.

상품 간의 요소집약도의 차이는 생산함수를 반영하는 등량곡선의 차이로 나타난

다. 이러한 내용은 〈그림 23-1〉에 나타나 있다. 기울기가 같은 요소가격의 비율(노동의 가격/자본의 가격) 하에서 요소가격비율과 등량곡선이 접하는 점에서 요소의 적정결합점이 성립하며 각 균형점에서 원점에 연결한 직선의 기울기는 곧 요소집약도를 나타낸다. 그림에서 보는 바와 같이 X재의 기울기가 Y재의 기울기보다 크기 때문에 X재는 자본집약적 상품이고 반대로 Y재는 노동집약적 상품임을 알 수 있다.

1.2 요소부존도

어떤 나라가 다른 나라에 비해 자본 또는 노동이 더 풍부하다는 것은 크게 2가지로 나눌 수 있다. 하나는 물리적 개념에서의 요소부존도를 말하며 다른 하나는 가격개념에서의 요소부존도를 의미한다.

이중 물리적 개념에서의 요소부존도는 한 국가 내의 단위노동당 자본부존량(K/L)을 말한다. 다시 말해서 한 국가에 존재하는 노동자 1명당 자본부존량이 얼마인가 하는 것이다. 따라서 한 나라에서의 단위노동당 자본부존량이 다른 나라의 단위노동당 자본부존량보다 많으면 우리는 그 나라를 자본풍부국이라고 부르며 반대로 다른 나라는 노동풍부국이라고 정의한다. 이에 비해서 가격개념에 의한 요소부존도는 물리적인 양보다는 경제적 희소성(economic scarcity)에 기초를 두고 있다. 즉, 무역 이전에 한 나라에서의 노동과 자본의 단위가격비율(P_L/P_K)이 다른 나라에서의 단위가격비율보다 낮을 경우 우리는 이 나라를 노동풍부국이라고 부르며 다른 나라는 자본풍부국이라고 부른다.

물리적 개념에서의 요소부존도와 가격개념에서의 요소부존도의 양자 간에는 경제적 의미에서 차이가 있다. 즉, 물리적 개념에서의 요소부존도는 요소의 공급측면만을 고려한데 반해 가격개념에서의 요소부존도는 공급측면과 더불어 수요측면을 고려하고 있다. 그러나 만약 두 나라가 생산요소에 대한 수요조건이 동일하다면 양자 간의 요소부존도는 동일하게 나타날 것이다. 일반적으로 무역이론에서는 좀더 단순한 물리적 개념에 의한 요소부존도를 사용하고 있다.

1.3 요소부존도와 생산가능곡선

생산가능곡선의 모양은 주어진 생산함수와 생산요소의 부존량에 의해서 결정된다. 여기서 살펴볼 헥셔-올린 이론에서 생산함수는 국가 간에 차이가 없다는 것을 가정(두 나라가 동일한 1차동차 생산함수를 가정)하고 있기 때문에 결국 두 나라 간의 생산조건의 차이는 생산요소의 부존량의 차이에 기인한다는 것이다.

그렇다면 요소부존량의 차이에 따라 생산가능곡선의 모양이 어떻게 나타나는가를 살펴보자. 먼저 설명의 편의를 위해 어느 한 나라에 요소부존량이 $\overline{L}$, $\overline{K}$로 주어졌을 때 주어진 생산기술 하에 X재가 노동집약적인 상품이고 Y재가 자본집약적 상품이라고 가정하자. 이러한 경우 이 나라의 생산가능곡선은 아래 〈그림 23-2〉의 (a)와 같이 나타난다고 하자. 여기서 요소부존도가 달라질 경우 생산가능곡선의 모양에 어떻게 영향을 미치는가를 살펴보자.

요소부존도의 변화는 크게 3가지로 나눌 수 있다. 첫째, 노동만이 증가하는 경우와 둘째, 자본만이 증가하는 경우 그리고 셋째, 자본과 노동이 동일한 비율로 증가하는 경우이다. 이중 노동만이 증가할 경우 생산가능곡선의 모양은 (b)에서와 같이 나타나게 될 것이다. 즉 주어진 생산요소를 가지고 생산할 수 있는 X, Y재의 양은 모두 증가하게 되지만 (a)의 경우에 비해 노동이 더 풍부하게 되었기 때문에 노동집약적 상품인 X재의 생산량 증가가 자본집약적 상품인 Y재의 생산량 증가보다 크게 나타난다.

다음으로 자본의 절대량이 증가하게 될 경우 생산가능곡선의 모양은 (c)와 같이 나타나게 될 것이다. 즉, 이전에 비해 자본이 더 풍부해졌기 때문에 자본집약적 상품인 Y재의 생산량의 증가가 노동집약적 상품인 X재의 생산량의 증가보다 더 커지기 때문에 생산가능곡선은 (c)와 같은 모양으로 나타나게 될 것이다. 만약 자본과 노동이 동일한 비율로 증가하여 요소부존도에는 변화가 없을 경우 생산가능곡선은 (d)와 같은 모양을 가지게 된다. 그림 (d)에서 볼 수 있는 바와 같이 (a)에서의 생산가능곡선과 닮은 모양을 지니고 있으며 다만 그 크기가 확대되었다.

이상을 통해 알 수 있는 것은 두 나라 간에 생산기술상의 차이가 없더라도 요소부존의 차이가 존재하는 경우 생산가능곡선의 모양은 달라질 수 있다. 즉, 한 나라가 노동이 풍부한 경우 생산가능곡선은 (b)의 모양을 가지게 되며 자본이 보다 풍부한 경우 생산가능곡선은 (c)의 형태를 가지게 될 것이다. 이러한 내용은 다음에 살펴볼 헥셔-올린의 정리가 성립하는 기본적인 근거가 된다.

〈그림 23-2〉 요소부존도의 변화와 생산가능곡선의 여러 형태

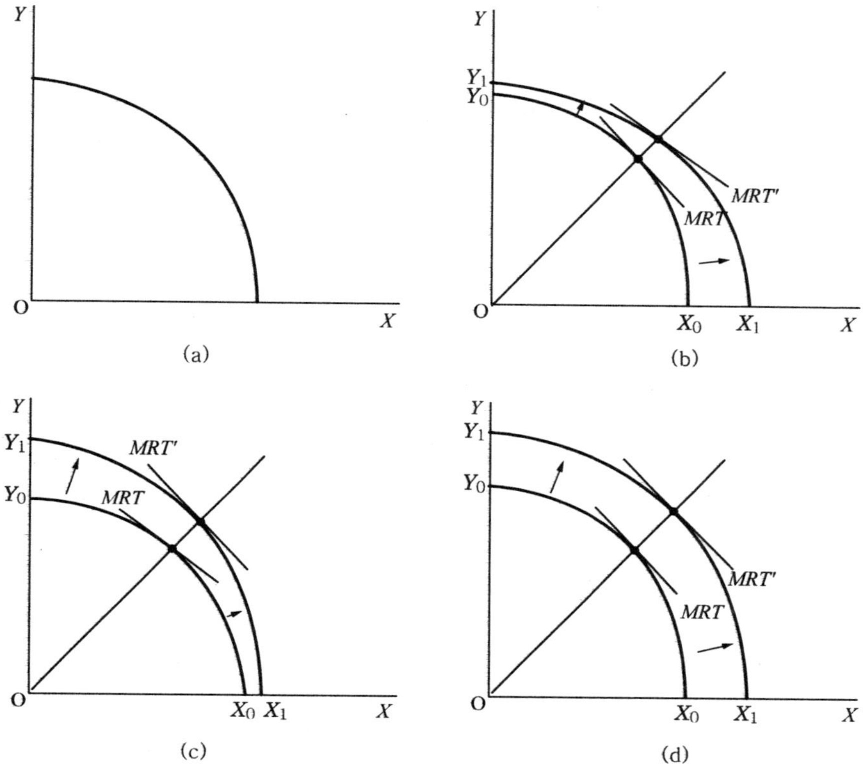

그림 (a)와 같은 생산가능곡선이 존재하고 X재는 노동집약적, Y재는 자본집약적 상품이라고 하자. 이때 노동이 풍부해졌다면 생산가능곡선은 노동집약적 상품인 X재가 더 증가하는 그림 (b)의 형태를, 만약 자본이 풍부해졌다면 그림 (c)의 형태를, 자본과 노동이 동일한 비율로 증가하는 경우에는 그림 (d)의 형태를 가지게 된다.

2. 헥셔-올린의 정리

헥셔-올린의 정리(Heckscher-Ohlin Theorem)는 노동이 상대적으로 풍부한 국가는 노동집약적인 재화생산에 비교우위를 지니게 되고 자본이 상대적으로 풍부한 국가는 자본집약적인 재화에 비교우위를 지니게 되어 각국은 비교우위를 지닌 재화를

수출하고 그렇지 못한 재화는 수입하게 된다는 것이다. 이를 자세히 살펴보기 전에 헥셔-올린의 정리의 중요한 가정은 다음과 같다.

① 2개 생산요소(L, K)와 2개국(A, B)이 존재하며 2개 재화(X, Y)가 존재한다.
② 국가 간에 생산기술상의 차이가 전혀 없다. 따라서 X재와 Y재의 생산함수는 동일하며 이들 생산함수는 모두 1차동차함수를 지닌다.
③ 각국의 요소부존량은 일정하게 주어져 있으나 요소부존도(K/L)는 서로 상이하다.

이상의 3가지 가정 외에도 각 국가 내에서 생산요소의 이동은 자유롭지만 국가 간의 이동은 불가능하다는 가정과 두 재화의 생산에 요소집약도의 역전은 없고 양국 간에는 동일한 후생함수를 가지고 있으며 두 재화시장과 두 요소시장은 두 나라에서 모두 완전경쟁이라는 가정을 포함한다.

이제 설명의 편의를 위해 A국이 노동풍부국이고 B국이 자본풍부국이라고 가정하자. 또 X재가 노동집약적 상품이고 Y재가 자본집약적 상품이라고 가정하자. 이상의 가정 하에서 각국의 생산가능곡선의 모양은 〈그림 23-3〉과 같이 나타나게 될 것이다.

이상과 같은 가정 하에서 무역이 개시되기 이전에 각국에 존재하는 생산균형점과 소비균형점은 각각 a점과 b점으로 이루어질 것이다. 이때 A국과 B국에서 무역전에 존재한 균형가격비율은 점 a와 점 b를 나타내므로 $(P_x/P_y)^A < (P_x/P_y)^B$ 로 나타난다. 즉, 노동이 풍부한 A국에서는 노동집약적인 X재 가격이 상대적으로 저렴하게 나타나고 자본이 풍부한 B국에서는 자본집약적인 Y재 가격이 상대적으로 저렴하게 나타난다. 따라서 두 나라 간에 무역이 이루어질 경우 노동풍부국인 A국은 노동집약적 상품인 X재를 수출하고 자본풍부국인 B국은 자본집약적 상품인 Y재를 수출하게 되어 헥셔-올린 정리가 성립하게 된다는 것을 알 수 있다.

〈그림 23-3〉 요소부존도와 비교우위

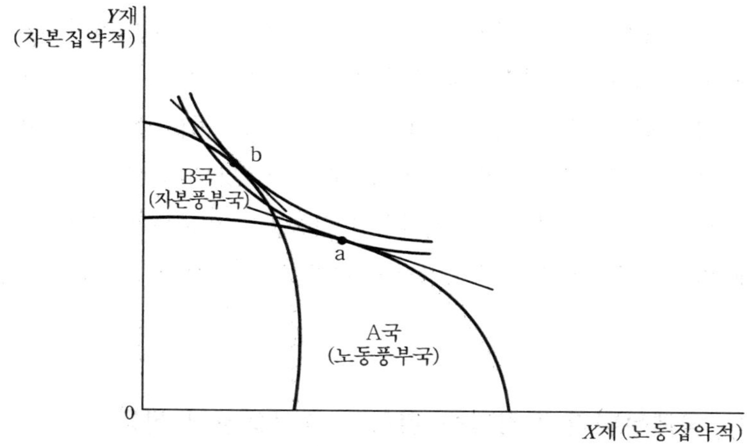

노동풍부국인 A국은 노동집약적인 X재를, 자본풍부국인 B국은 자본집약적인 Y재를 보다 많이 생산하게 된다. 점 a, b는 A국과 B국의 생산 및 소비의 균형점이며 A국의 X재의 상대가격은 B국의 X재의 상대가격보다 낮다.

3. 요소가격균등화정리

요소가격균등화정리(Factor Price Equalization Theorem)란 국가 간에 생산요소의 이동이 불가능하더라도 자유무역을 하게 되면 국가 간에 생산요소가격이 동일해진다는 것을 말한다. 재화의 가격은 국가간 무역으로 같아질 수 있지만 국가간 이동이 불가능한 생산요소의 가격이 같아진다는 것은 다소 놀라운 일이다. 이러한 현상이 이루어지는 이유를 살펴보자.

자유무역이 이루어지면 노동이 상대적으로 풍부한 A국은 노동집약적 상품인 X재를 수출하게 되고 자본이 상대적으로 풍부한 B국은 자본집약적인 Y재를 수출하게 된다. 이러한 경우 A국은 X재 수출을 위해서는 X재 생산을 증가시켜야 하므로 생산요소를 Y재 산업에서 X재산업으로 이동시켜야 한다. 노동집약적인 X재의 생산을 증가시키기 위해서는 자본집약적인 Y재산업에서 방출되는 자본과 노동에 비하여 더 많은 노동이 필요하기 때문에 임금이 상승하게 된다.

따라서 A국에서는 무역 이전에 비해 임금이 상승하여 임금-이자율 비율(w/r)은 상승하게 된다. 한편, B국은 자본집약적인 Y재의 생산을 증가시키며 이에 따라 무역 이전에 비해 이자율이 상승하게 되어 임금-이자율의 비율은 하락하게 된다. 결국 무역은 각국에서 무역 이전에 상대적으로 낮았던 생산요소의 가격을 상승시켜 결국 생산요소의 가격 비율은 양국에서 동일하게 될 것이다. 이러한 현상은 노동집약적인 상품을 주로 수출하고 자본집약적인 상품을 수입하는 나라에서는 국제무역이 자국내 임금을 상승시키고 자본가격을 하락시키는 방향으로 작용할 수 있음을 의미한다.

[사례 1] 국제무역과 지경학적 위치 : 중력모형의 적용

〈표 23-1〉 세계 주요 무역국의 교역상대국과의 평균 거리

	주요 교역상대국과의 평균 거리 (단순평균, km)		
	상위 5대	상위 10대	전체 (60개국)
미국	6,431	7,860	8,931
일본	5,061	5,792	9,876
독일	1,815	2,129	5,829
프랑스	1,917	2,970	5,831
영국	1,611	2,140	5,897
이탈리아	2,557	2,662	5,768
캐나다	6,342	6,614	8,399
네덜란드	1,565	2,174	5,826
스페인	1,121	3,620	6,034
호주	9,947	10,386	13,274
한국	4,653	5,730	9,418
중국	4,828	6,319	9,412
말레이시아	5,534	6,341	9,815
멕시코	7,825	8,954	10,355

자료 : 한국무역협회, 주간무역외환동향 2001.

국제무역에 있어서 한 나라가 세계 각국과의 격리성(remoteness)이나 다른 국가와의 사회 문화적 차이 등은 매우 중요한 요소로 작용한다. 두 국가 간의 무역규모가 양국의 경제규모(GDP, 인구) 그리고 거리(distance) 등 지리적 요인에 의해 결정된다는 중력모형(Gravity Model)*을 이용하여 한국의 무역이 지경학적 위치와 밀접한 관계를 가지고 있음을 살펴보자.[1)]

이를 살펴보기 전에 먼저 세계전체와 한국, 미국, 일본 등 주요국의 무역패턴의 결과를 보면 아래 <표 23-1>과 같다. 양국 간의 거리가 양국간 무역규모 결정에 중요한 것은 주요 무역국들의 상위 5대, 10대 교역상대국들의 평균거리가 세계 60대 주요 국가와의 평균 거리에 비해 크게 못 미친다는 점을 알 수 있다.

이제 거리, GDP 등 지경학적 위치를 고려하여 한국이 교역국가와의 잠재수출액을 살펴보자. <표 23-2>에서 보는 바와 같이 중국, 일본, 프랑스, 이탈리아에 대한 잠재적 수출은 실제 수출액보다 크고, 미국에 대한 수출은 반대의 결과를 보이고 있다. 따라서 중국과 일본, 프랑스에 대한 교역은 좀더 확대될 가능성이 있다. 특히, 일본에 대한 실제 수출규모는 잠재 수출규모의 39%, 중국은 74%, 프랑스는 51%에 불과해 이 나라들에 대한 수출은 여전히 확대될 여지가 매우 크다는 것을 알 수 있다.

〈표 23-2〉 한국의 대주요국 실제수출액과 잠재수출액의 비율(2000년)

(단위 : 백만 달러, %)

	국가	잠재 수출	실제수출	실제수출/잠재수출(%)
실제수출액 〉 예상수출액	싱가포르	960	5,648	588
	말레이시아	904	3,515	389
	미국	10,101	37,611	372
	홍콩	3,191	10,708	336
	인도네시아	1,125	3,504	312
	칠레	193	593	307
	네덜란드	1,490	2,658	178
	영국	3,412	5,380	158
실제수출액 〈 예상수출액	오스트리아	997	255	26
	스웨덴	1,215	425	35
	덴마크	924	347	38
	일본	53,152	20,466	39
	스위스	1,068	516	48
	인디아	2,628	1,326	51
	프랑스	3,355	1,713	51
	노르웨이	871	516	59
	폴란드	855	528	62
	이탈리아	2,927	1,909	65
	러시아	1,108	788	71
	중국	24,840	18,455	74
	아르헨티나	525	448	85
	뉴질랜드	334	286	86
	스페인	1,675	1,533	92

자료 : 한국무역협회, 주간무역외환동향 2001.

1) 물리학에서의 중력모형은 두 물체 사이의 인력이 두 물체의 질량의 곱에 비례하고 두 물체 간 거리의 제곱에 반비례한다는 개념으로 이해할 수 있다.

4. 스톨퍼-새뮤얼슨의 정리

어떤 나라가 자유무역을 할 때 그 나라는 소비점을 생산가능곡선 밖에서 가질 수 있기 때문에 사회후생을 증가시킬 수 있으며 이 때에 생산요소가 노동뿐인 경우 실질임금은 자동적으로 증가한다. 그렇다면 헥셔-올린모형에서와 같이 생산요소가 노동 이외에 자본이 추가될 경우 노동과 자본 모두가 실질소득의 상승을 기대할 수 있을까? 무역자유화는 그 나라의 사회후생을 증가시킬 수 있는 기회를 제공하는 것은 사실이지만 자본과 노동의 실질소득의 향상을 가져오지는 않는다는 것이다.

스톨퍼-새뮤얼슨의 정리에 의하면 만약 무역자유화에 의해서 어떤 재화의 상대가격이 오르면 그 재화를 생산하는데 집약적으로 사용된 생산요소의 실질가격은 상승하고 다른 생산요소의 실질가격은 하락한다는 것이다. 다시 말해 노동풍부국인 A국이 무역을 시작함으로써 이후에 노동집약적인 X재의 가격이 상승하면 임금은 상승하고 자본임대료는 하락한다는 것이다. 결국 스톨퍼-새뮤얼슨의 정리(Stolper-Samuelson Theorem)는 국제무역을 통해 소득분배가 어떻게 영향을 받는가를 설명해 주고 있다.

5. 립진스키의 정리

립진스키(Rybczynski Theorem)의 정리에 의하면 일국에서 어떤 생산요소의 부존량이 증가하면 그 생산요소를 집약적으로 사용하는 재화의 생산량은 증가하고 다른 재화의 생산량은 감소한다는 것이다. 다시 말해 립진스키 정리란 생산물의 상대가격이 어떤 특정한 값을 유지할 때 자본량이 늘어날 경우 자본집약적인 Y재의 절대 생산량은 증가하고 노동집약적인 X재의 절대 생산량은 오히려 감소한다는 것이다.

반대로 노동부존량이 늘어날 경우 노동집약적인 X재의 절대 생산량은 증가하고 자본집약적인 Y재의 절대 생산량은 오히려 감소한다. 만약 자본과 노동이 모두 늘어날 경우 상대적으로 증가율이 더 높은 생산요소를 집약적으로 사용하는 재화의 생산증가율이 더 높게 된다.

제 2 절 헥셔-올린 이론의 실증적 분석

1. 레온티에프의 역설

헥셔-올린 이론은 국가 간의 무역패턴을 요소부존도의 차이로 설명하는 이론이다. 이 이론이 현실세계의 국제무역현상을 잘 설명하는가를 처음으로 실증적으로 검증한 것은 1953년 레온티에프(W. W. Leontief)에 의해서이다.

레온티에프는 1947년 미국의 무역통계와 투입산출표(input-output table)를 이용하여 미국의 수출재와 수입대체재의 생산에 직·간접으로 사용된 자본액과 노동량을 계산함으로써 헥셔-올린 정리를 검증하였다.

헥셔-올린 정리를 엄밀하게 검증하기 위해서는 미국의 수입재 생산에 사용된 외국의 자본액, 노동량을 미국의 수출재 생산에 사용된 미국의 자본액, 노동량과 비교해야 한다. 그러나 통계작성의 어려움 때문에 외국의 데이터 대신에 미국의 수입재와 경쟁관계를 갖는 미국의 수입대체재의 생산에 사용된 미국의 자본액과 노동량을 고려하였다.

레온티에프는 미국이 외국에 비하여 자본풍부국이라고 상정하고 헥셔-올린 정리에 따라서 미국은 자본집약적인 재화를 수출하고 노동집약적인 재화를 수입한다는 가설을 세웠다. 즉, 미국의 수출재가 미국의 수입대체재에 비하여 자본집약적일 것이라는 가설이다.

그는 무역통계와 투입산출표를 이용하여 계산한 결과 그의 가설과는 반대로 실제 통계는 수출재가 오히려 노동집약적이라는 것이다. 이처럼 자본풍부국이 자본집약적인 재화를 수출하지 않고 오히려 수입하고 노동집약적인 재화를 수출하는 레온티에프의 헥셔-올린 실증결과를 레온티에프의 역설(Leontief paradox)이라고 한다.

2. 레온티에프 역설에 대한 여러 주장들

레온티에프의 역설은 헥셔-올린 정리에 대한 실증적 검증을 시도한 것으로 헥셔-올린의 주장과는 정반대의 결과를 얻은 것을 말한다. 따라서 레온티에프가 경제현상을 관찰하는 실증적 분석방법론이 타당한가의 여부와 헥셔-올린이론의 기본가정에 대한 현실적 타당성 여부의 2가지 관점에서 레온티에프의 역설이 가지고 있는 의미를 다시 해석할 수 있다.

2.1 노동의 질

노동의 질은 개인은 물론 나라마다 다를 수 있다. 한 집단에서 단순노동자의 한 시간당 노동생산성과 숙련노동자의 한 시간당 노동생산성은 동일하지 않으며 국가간에도 노동력의 질은 동일하지 않고 차이를 보이게 마련이다.

레온티에프는 미국의 노동자가 영국의 노동자에 비해 더 생산성이 높다는 관점에서 미국의 노동자는 영국의 노동자의 몇 배수에 해당되는 노동력으로 환산될 수 있기 때문에 노동의 숙련도를 고려하면 미국은 상대적으로 노동풍부국이라 할 수 있다. 따라서 노동풍부국인 미국이 노동집약적인 재화를 수출하는 것은 헥셔-올린이론의 주장과 동일하며 역설은 부정될 수 있다고 주장한다.

[사례 2] 요소집약도별 수출상품구조

수출상품을 요소집약도별로 분류하는 것은 통계상의 문제점 등으로 매우 어려운 작업이다. 그러나 최근 UNCTAD는 SITC품목을 이용하여 요소집약도별 수출상품을 분류, 제시하였다. 즉, 투입생산요소(자원, 노동, 자본, 기술)의 집약정도와 인적자원의 부가가치 창출 및 숙련정도에 따라 수출상품을 5가지, 즉 기초상품, 노동집약제품, 저급숙련기술집약제품, 중급숙련기술집약제품, 고급숙련기술집약제품으로 분류하고 있다. 이들 5개분류에 속하는 세세품목은 아래 <표 23-3>에 제시되어 있다.

〈표 23-3〉 UNCTAD가 제시한 요소집약도별 수출상품분류

상품분류	세부품목
기초상품	음식료품, 광물금속, 고무, 담배 등
노동집약제품	신발, 비금속광물제품, 섬유, 스포츠·완구, 가죽, 목재, 의류
저급숙련 기술집약제품	조선, 철강, 금속, 건설자재, 이륜차 등
중급숙련 기술집약제품	기계류, 자동차, 모터, 플라스틱, 타이어 등
고급숙련 기술집약제품	컴퓨터, 통신기기, 석유화학, 제약, 항공, 광학, 분석측정기기, 향수 등

주 : UNCTAD의 「Trade and Development Report 2002」 분류기준으로 연료·에너지를 제외한 SITC 3단위기준 225개 품목을 대상으로 분석한 것임
자료 : 한국무역협회, 주간무역리뷰 2002.

이러한 통계분류를 따라 한국과 일본, 미국, 중국 등 4개국을 분석해보면 재미있는 결과를 얻을 수 있다. 다만 동 분류 중 중급숙련과 고급숙련의 구분이 모호하여 아래 결과는 고급숙련 분야로 일괄하여 정의, 분석하였다.

<표 23-4>에서 보는 바와 같이 고급숙련기술집약 제품의 비중은 일본이 78%로 가장 높게 나타났으며 한국은 저숙련기술 집약제품의 비중이 상대적으로 높게 나타났다. 결과적으로 각국의 자본, 노동, 기술 등 비교우위 부문과 밀접한 연관성을 보이고 있음을 알 수 있다. 기초상품에서는 미국>중국>한국>일본 순으로 나타났으며 노동집약제품에서는 중국>한국>미국>일본 순으로 나타났다.

또한, 저숙련기술 집약제품에서는 한국>일본>중국>미국 순으로, 고급숙련기술집약제품에서는 일본>미국>한국>중국 순으로 나타났다. 지난 4년간 추이를 보면 미국, 일본은 각 부분에서 모두 1%p내 변화를 보이고 있어 이들 두 국가의 수출구조가 안정적인 반면, 한국과 중국은 고급숙련 기술집약제품의 비중이 빠르게 증가하고 있음을 알 수 있다.

〈표 23-4〉 주요국의 요소집약도별 수출상품 비중 (단위 : %)

	1998				2001			
	한국	미국	일본	중국	한국	미국	일본	중국
기초상품	4.7	12.1	2.3	9.8	3.8	11.4	2.6	8.0
노동집약	16.4	7.4	4.3	39.0	14.1	7.2	4.4	34.6
저숙련 기술집약	14.1	3.8	9.5	8.8	12.4	3.7	8.6	8.3
고급숙련 기술집약	54.1	67.6	78.7	35.9	61.7	68.4	78.3	43.0
미분류	10.7	9.1	5.2	6.5	7.9	9.3	6.0	6.1

자료 : 한국무역협회, 주간무역리뷰 2002.

2.2 인적자본과 기술수준

자본은 크게 공장설비, 기계 등과 같은 물적자본(physical capital)과 노동의 숙련도를 높이기 위해 교육, 기술훈련 등에 투자되는 인적자본(human capital)으로 구분할 수 있다. 이와 같이 자본을 물적자본과 인적자본을 포함하는 광의의 자본으로 정의를 하면 레온티에프의 역설은 성립될 수 없다. 미국에서 수출산업의 평균 기술수준과 임금수준이 수입대체산업의 그것보다 높은 것은 미국의 수출산업에 투자된 인적자본이 상대적으로 많다는 것을 말한다. 이처럼 생산요소로서 자본을 광의의 자본으로 정의하면 미국에서 수출산업의 자본집약도가 수입대체산업의 그것보다 높다. 따라서 미국은 자본풍부국으로서 자본집약적인 재화를 수출하게 되어 헥셔-올린 이론에 따른 무역유형과 일치하게 되며 레온티에프의 역설은 부정된다.

결론적으로 미국이 자본풍부국이면서도 노동집약적인 재화를 수출한다는 역설은 다음과 같이 설명될 수 있다. 즉, 미국이 숙련기술인력이 집약적으로 사용되는 첨단산업제품을 수출하고 있다는 것은 미국이 기술인력 풍부국이라고 할 수 있고 따라서 자본풍부국인 미국이 인적자본집약도가 높은 재화를 수출하며 결국 무역유형 결정요인으로서 요소투입비율을 강조하는 헥셔-올린이론이 성립한다는 것이다.

2.3 자연자원

자연자원도 생산요소의 하나로서 무역유형에 영향을 미치게 된다. 생산요소로서 자연자원을 고려하면 미국은 첫째, 자연자원이 상대적으로 희소하기 때문에 자연자원집약재를 수입하며 둘째, 자연자원과 자본은 상호보완적이기 때문에 자연자원이 많이 소요되는 재화의 생산에 많은 자본이 소요된다는 것이다.

이러한 주장은 레온티에프의 역설을 잘 설명할 수 있다. 먼저 미국이 자본풍부국이면서도 자본집약재를 수입하고 있는 것은 자본이 희소하기 때문이 아니라 수입하고 있는 자본집약재는 곧 자연자원집약재이기 때문이다. 예를 들면, 미국이 채굴에서부터 수송, 정제에 이르기까지 많은 자본이 소요되는 원유를 수입하고 있는데 이것은 미국이 자본이 부족해서가 아니라 원유라는 자연자원이 부족한 데 기인한다. 둘째 석유, 광물 등과 같은 자연자원집약재의 생산은 상대적으로 많은 자본의 투입이 필요하므로 자본집약재라는 것이다. 미국이 주로 수입하고 있는 자본집약도가 높은 자연자원집약재를 수입재에 포함하면 레온티에프의 역설이 성립될 수 있지만 만일 미국이 수입 중에서 자연자원집약적인 재화를 제외한다면 수입재의 자본집약도는 수출재의 자본집약도보다 상대적으로 낮아서 자본풍부국인 미국이 자본집약재를 수출하기 때문에 헥셔-올린 이론은 성립되며 역설은 부정된다.

이상의 분석에서 얻을 수 있는 하나의 결론은 생산요소를 종래와 같이 노동과 자본 또는 노동과 토지 등과 같이 단순하게 분류하는 것으로는 무역유형을 정확히 얻을 수 없다는 것이다. 즉, 수출재나 수입재의 요소구성을 천연자원, 숙련노동, 비숙련노동, 물적자본 등으로 세분함으로써 무역유형을 보다 잘 설명할 수 있을 것이다.

[사례 3] 유가상승이 각국에 미치는 영향의 상이성

현재 천연자원(natural resources) 중에서 경제성이 높은 자원으로 석유를 지적할 수 있다. 석유의 부존량은 국가마다 큰 편차를 보이고 있다. 한국은 기름이 한 방울도 나지 않는 나라로 널리 알려져 있다. 일본의 경우도 마찬가지이다. 반면에 쿠웨이트, 사우디아라비아 등 석유수출국기구(OPEC)는 세계에서 석유가 가장 많이 생산되는 국가로 잘 알려져 있다. 석유부존량이 국가마다 큰 편차를 보이고 있기 때문에 유가상승이 각 국가의 경제에 미치는 영향은 다를 수밖에 없다.

그렇다면 유가상승이 국가마다 무역에 미치는 영향이 어느 정도나 될까? 국제연구기관들의 자료를 종합해보면 한국은 유가상승이 무역수지에 미치는 부정적 영향이 가장 큰 것으로 분석되고 있다.

만약 유가가 10달러 상승하는 경우 무역수지에 미치는 영향을 각국의 GDP 규모와 대비해서 비교해 보자. <그림 23-4>에서 보는 바와 같이 미국, 독일, 영국, 일본 등 선진국들은 유가상승이 무역수지에 미치는 영향이 낮은 반면 한국, 태국, 대만 등 아시아 개도국들은 그 영향이 매우 크며 이 중에서도 한국이 그 영향을 가장 크게 받는 것으로 나타났다.

선진국들은 왜 그 영향이 적은 것일까? 그 이유는 선진국들이 과거 두 차례에 걸친 오일쇼크를 거치면서 대체연료 및 신기술 개발, 에너지 효율제고 등을 통해 생산에 필요한 에너지 소비를 꾸준히 줄여왔기 때문이다. 더군다나 최근에는 서비스 및 IT 부문의 성장으로 에너지를 많이 소비하는 제조업의 비중이 상대적으로 축소되고 있다. 반면 한국을 비롯한 개도국들은 철강, 조선 등 주로 에너지 다소비적인 산업을 중심으로 성장해 왔기 때문에 유가상승에 보다 취약한 것으로 분석되고 있다. 반면 석유생산과 수출에 크게 의존하고 있는 사우디, 멕시코, 말레이시아, 인도네시아 등은 유가상승이 무역수지에 긍정적인 영향을 주고 있다.

〈그림 23-4〉 유가상승이 무역수지에 미치는 영향 (단위 : 대GDP, %)

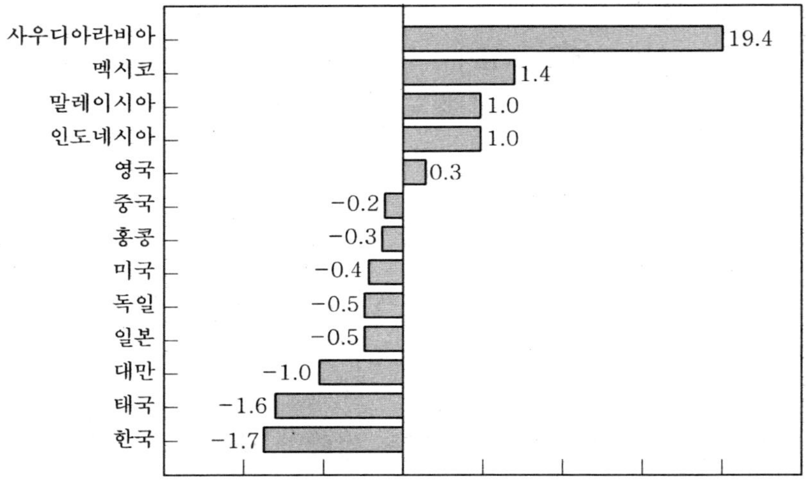

2.4 수요의 반전

헥셔-올린 이론은 양 국가 간의 소비자기호가 동일하다는 가정 하에서 두 나라 간의 요소부존도의 차이가 양국간 요소가격비율의 차이를 가져온다는 것이다. 즉, A국이 B국에 비해 상대적으로 노동이 풍부하다면 A국에서 임금의 이자에 대한 비율이 B국에서의 그것에 비해 낮다는 것이다. 다시 말해 A국이 B국에 비해 노동이 상대적으로 풍부하면 임금은 상대적으로 싸서 노동집약적인 재화에 비교우위를 가지게 된다.

그러나 각국이 그 나라가 상대적으로 풍부하게 가지고 있는 요소를 집약적으로 사용하는 재화에 대해 높은 소비선호를 갖게 되면 두 나라의 소비자기호는 동일하지 않게 된다. 예를 들면, 노동풍부국인 A국이 B국에 비해 노동집약적인 X재에 대하여 상대적으로 높은 소비선호를 갖고 자본집약적인 Y재에 상대적으로 낮은 소비선호를 갖는다고 하자. B국은 A국과 반대의 소비선호를 갖는다고 하자. 이러한 경우에 만일 A국에서 노동집약재인 X재에 대한 소비선호의 증가로 노동력이 급격히 증가하면 A국은 임금이 상승하게 되어 노동풍부국임에도 불구하고 임금의 이자에 대한 비율이 B국의 그것보다 높아지게 된다. 이것을 수요의 반전(demand reversal)이라고 한다.

한 나라에서 수요의 반전이 일어나면 그 나라의 요소가격비율이 변동하게 되어 요소부존도와 요소가격비율 간의 대응관계는 성립하지 않게 된다. 즉, 노동이 상대적으로 풍부한 국가가 상대국에 비해 임금의 이자에 대한 비율이 작지 않고 오히려 커질 수 있다. 따라서 A국은 노동풍부국임에도 불구하고 자본집약적인 Y재 생산에 비교우위를 갖게 되고 B국은 자본풍부국임에도 불구하고 노동집약적인 X재 생산에 비교우위를 갖게 된다.

이와 같이 수요의 반전이 일어나게 되면 헥셔-올린이론에 따른 무역유형과는 다른 무역유형이 발생한다. 예를 들면, 미국에서 수요의 반전이 일어나서 자본집약적인 Y재에 대한 수요가 증가하여 결국 외국으로부터 Y재를 수입하게 되면 미국은 자본풍부국일지라도 자본집약재를 수입하고 노동집약적인 X재를 수출하게 된다.

2.5 요소집약도의 반전

헥셔-올린 이론은 자본풍부국인 B국은 자본집약적인 Y재를 보다 많이 생산하게 되며 따라서 Y재가 X재보다 자본집약적이라면 어떠한 가격비율 하에서, 다시 말해서 요소가격비율이 바뀌더라도 Y재는 자본집약적이어야 한다는 것이다. 헥셔-올린 이론은 이처럼 요소집약도의 반전이 일어나지 않는다는 것을 가정하고 있다. 그러면 요소집약도의 반전이 일어나는 경우 헥셔-올린 이론은 어떻게 바뀌는가를 살펴보자. 먼저 요소집약도의 반전이 무엇인가를 살펴보고 다음에 요소집약도의 반전이 일어나는 경우 헥셔-올린 이론에 미치는 영향을 살펴보자.

이제 노동집약적인 X재산업은 자본과 노동의 결합비율이 고정되어 있고 Y재 산업은 자본과 노동의 결합이 신축적으로 변동한다고 가정하자. 예를 들면, 처음에 자본이 풍부한 B국에서 자본집약적인 Y재를 생산하는데 이때 노동의 가격이 점차 싸지는 경우를 생각해 보자. 임금이 큰 폭으로 계속 하락하게 되면 Y재 산업의 임금과 이자의 비율은 크게 하락하게 되고 Y재 산업은 결국 싼 노동을 많이 사용하게 된다. 결국 Y재 산업은 X재 산업에 비해 노동집약적인 산업이 될 것이다. 왜냐하면 X재 산업의 자본-노동결합비율은 고정되어 있다고 가정했기 때문이다. 이와 같이 요소가격의 비율이 변동함에 따라 어떤 산업의 요소집약도가 바뀌는 경우를 요소집약도의 반전(factor-intensity reversals)이라고 한다.

이처럼 B국에서 요소집약도의 반전이 일어나게 되면 Y재는 노동집약재가 되고 노동집약적인 X재는 자본집약재가 된다. 요소집약도의 반전 이전에 노동풍부국인 B국에서는 자본집약적인 Y재를 수출함으로써 헥셔-올린 이론과는 정반대의 무역유형을 보이게 된다. 이러한 분석은 미국이 자본풍부국인데 반해 노동집약적인 재화를 수출한다는 레온티에프의 역설을 설명할 수 있을 것이다. 그러나 현실적으로 자료의 제약 때문에 요소집약도의 반전에 관한 실증적 검증은 불가능하다고 하겠다.

제24장

기타 무역이론

리카도 이론과 헥셔-올린 이론에 대해 22장과 23장에서 살펴보았다. 이들 두 이론은 각각 노동생산성과 요소부존량의 차이에 의해 국가 간의 무역패턴이 결정된다는 것을 알았다. 그러나 이들 두 요인 이외에도 여러 요인들에 의해 무역패턴이 결정된다는 주장들이 지속적으로 제기되었다. 여기서는 부문특정요소가 존재하는 경우, 규모의 경제와 독점적 경쟁이 나타나는 경우, 그리고 국가 간의 기술격차가 존재하는 경우 등에 의해 무역이 발생한다는 여러 이론들에 대해 차례로 살펴보자.[1)]

제 1 절 부문특정요소 무역이론

지금까지 살펴본 리카도의 무역모형이나 헥셔-올린의 무역모형은 생산요소들이 한 나라 안에서 생산부문 간에 자유롭게 이동할 수 있다고 가정하였다. 즉, 자본과 노동의 생산요소가 X재와 Y재 간에 자유롭게 이동할 수 있다는 것이다. 그러나 현실 경제에서는 생산부문간 이동성이 높은 생산요소가 있는 반면 생산부문간 이동이 매우 낮은 생산요소도 존재하기 마련이다.

---

1) 본 장의 집필에 있어서는 P. R. Krugman and M. Obstfeld의 『International Economics』를 주로 참고하였고, 이상호 외 2인 공저의 『국제무역론』, 김인준의 『국제경제론』을 부분적으로 인용하였다.

예를 들면, 노동과 같은 생산요소는 이동성이 비교적 높지만 토지나 자본과 같은 생산요소는 이동성이 매우 낮다고 할 수 있다. 따라서 이러한 현상을 무역이론에 반영하기 위해서 생산부문간 이동이 가능한 생산요소와 이동이 불가능한 생산요소로 나누어 살펴볼 필요가 있다. 즉, 각 생산부문에서 일정하게 부존되어 있는 하나의 생산요소와 가변적으로 투입할 수 있는 다른 하나의 가변요소가 함께 사용되는 것을 가정한다. 이때 전자를 고정요소 또는 부문특정요소라 말하고 후자를 가변요소라 말한다. 이러한 가정에 의한 무역이론을 부문특정요소(sector-specific factors) 이론이라고 부른다.

1. 부문특정요소 무역모형

여기서 다른 모든 여건은 헥셔-올린의 무역모형에서와 동일하다고 가정한다. 즉, 생산함수가 규모에 대한 보수불변(1차동차함수)이고 두 나라의 생산함수가 서로 동일하며 사회후생함수는 동조적이고 두 나라에서 동일하다고 가정한다. 다만 공급측면에서 각 생산부문에서는 두 종류의 생산요소가 사용되나 노동 이외의 생산요소는 부문특정요소라 가정한다. 다시 말해 부문특정요소 이론에서는 생산부문간 이동이 불가능한 자본과 토지가 각각 X재와 Y재 생산부문에 일정하게 부존되어 있다고 가정한다. 이러한 가정에 따라 어느 한 나라의 생산은 다음과 같은 생산함수로 나타낼 수 있다.

$$X = F(L_X, \overline{K})$$

$$Y = G(L_Y, \overline{N})$$

$$\text{단 } L_X + L_Y = \overline{L}$$

여기서 편의상 X재를 자본집약적 재화라 하고 Y재를 토지집약적 재화라고 가정한다. 이 나라에 생산요소 부존량인 L, K, N이 일정하다고 가정하면 〈그림 24-1〉과 같이 이 나라의 생산가능곡선을 도출할 수 있다.

〈그림 24-1〉 부문특정요소이론의 생산가능곡선

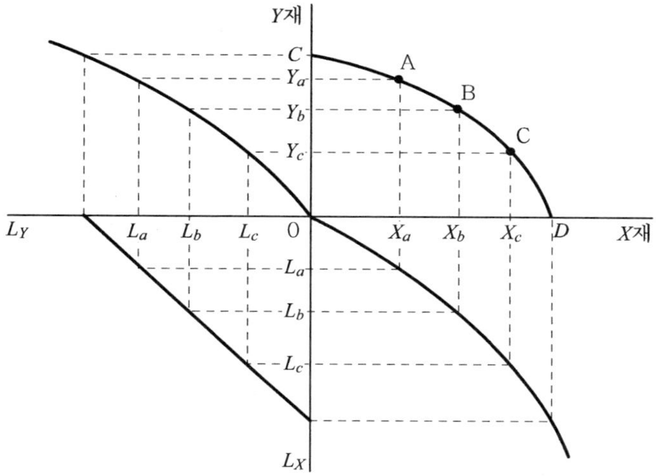

위 그림에서 4사분면은 고정요소인 자본과 가변요소인 노동이 투입되어 X재를, 2사분면은 고정요소인 토지와 가변요소인 노동을 투입하여 Y재를 각각 생산하고 있음을 나타낸다. 3사분면은 노동의 일정한 부존량을 나타낸다. 1사분면의 생산가능곡선은 2, 3, 4사분면의 곡선을 연결하여 도출된다.

제3사분면은 생산부문간 이동이 자유로운 노동의 부존량을 나타내며 제4사분면은 일정하게 부존된 자본과 가변적으로 투입할 수 있는 노동으로써 X재를 생산함을 나타낸다. 그리고 제2사분면은 일정하게 부존된 토지와 가변적으로 투입할 수 있는 노동으로써 Y재를 생산함을 보여준다. 제4사분면과 제2사분면에 나타난 각 생산부문의 생산함수는 기울기가 작아지는 것을 알 수 있는데 이는 노동의 한계생산성이 체감함을 나타낸다. 즉, 제4사분면과 제2사분면에서 알 수 있듯이 노동이 증가함에 따라 X, Y재의 생산량은 점차 감소하고 있음을 보여준다.

이와 같이 노동을 X재와 Y재 생산 사이에 이동시킴에 따라서 X재와 Y재 생산량이 변동하는데 그 조합점을 연결한 것이 바로 제1사분면의 생산가능곡선이 된다. 이 생산가능곡선은 바깥을 향하여 볼록한 형태가 된다.

제4사분면과 제2사분면의 생산함수가 직선 형태이면 제1사분면의 생산가능곡선은 직선형태가 된다. 이러한 경우는 리카도 이론과 비슷한 경우이다. 단 리카도 이론에서는 노동이 유일한 생산요소이지만 여기서는 2개의 생산요소가 고려되고 노동의 한계생산성이 일정한 경우를 가정하고 있다.

2. 생산요소 부존량의 변동

이러한 부문특정요소가 존재하는 경제에서 생산요소의 부존량이 변동하는 경우 생산에 어떤 변화가 일어나는가를 살펴보자. 즉, 생산물의 상대가격이 p_0로 일정하게 주어진 경우 A국에서 생산요소의 부존량이 변하는 경우 어떠한 변화가 일어날까? 생산요소는 자본과 토지 그리고 노동으로 분류하였기 때문에 생산요소 부존량의 변동은 자본, 토지 그리고 노동의 변동의 3가지로 나누어 차례로 살펴보자.

2.1 자본 부존량의 증가

X재의 부문특정요소인 자본의 부존량이 증가하는 경우를 살펴보자. X재에만 사용되는 자본의 부존량이 증가할 경우 〈그림 24-2〉의 제4사분면에 표시한 바와 같이 이전과 동일한 노동수준에서 X재의 생산은 늘어나게 된다. 따라서 생산가능곡선은 제1사분면에 나타난 것처럼 자본집약적인 X재를 나타내는 가로축으로 확대된다. 생산물의 상대가격이 p_0로 일정할 경우에 X재 생산부문에 특정된 요소인 자본이 증가하면 자본집약적인 X재 생산은 증가하고 토지집약적인 Y재 생산은 감소하게 된다.[2)]

2) 이러한 결과는 립진스키 정리와 유사하다.

〈그림 24-2〉 X재의 부문특정요소(자본) 증가

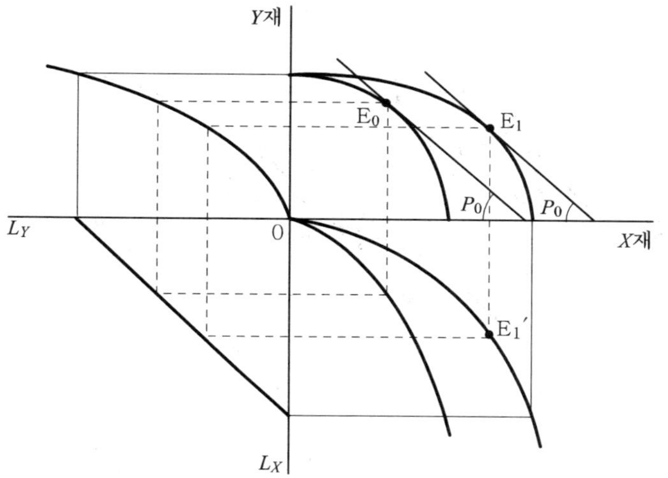

X재의 부문특정요소인 자본의 부존량이 증가하면 4사분면의 곡선은 우측으로 이동하고 생산가능곡선은 1사분면에서와 같이 X축으로 확대된다. 결국 점 E_1에서 보는 바와 같이 이전에 비해 X재 생산은 증가하고 Y재 생산은 감소한다.

2.2 토지 부존량의 증가

이번에는 Y재에만 투입되는 토지의 부존량이 증가할 경우 어떠한 변화가 나타나는지를 살펴보자. 이는 〈그림 24-3〉에 나타나 있다. 제2사분면에서 이전과 동일한 수준의 노동투입이 주어져도 토지의 부존량이 증가하였기 때문에 모든 노동량 아래서 토지집약적인 Y재의 생산은 증가하게 된다. 따라서 제1사분면에서 생산가능곡선은 토지집약적인 Y재는 세로축으로 확대된다. 따라서 생산물의 상대가격이 p_0로 일정할 경우에 Y재 생산부문에 특정된 요소인 토지가 증가하면 Y재 생산은 증가하고 X재 생산은 감소하게 된다.

〈그림 24-3〉 Y재의 부문특정요소(토지) 증가

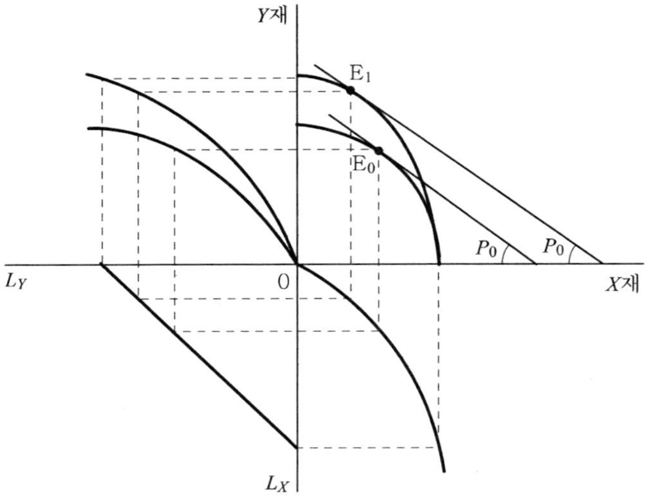

Y재의 부문특정요소인 토지의 부존량이 증가하면 2사분면의 곡선은 위쪽으로 이동하고 생산가능곡선은 1사분면에서와 같이 Y축으로 확대된다. 결국 점 E_1에서 보는 바와 같이 이전에 비해 X재 생산은 감소하고 Y재 생산은 증가한다.

2.3 노동부존량의 증가

이제 산업 간에 자유롭게 이동하는 노동의 부존량이 증가하였다고 하자. 〈그림 24-4〉에서 알 수 있듯이 노동의 부존량이 증가하면 제3사분면에서 노동투입을 나타내는 직선은 원점에서 멀어지며 이에 따라 생산가능곡선은 제1사분면에와 같이 가로축과 세로축으로 확대된다. 따라서 생산물의 상대가격이 p_0로 일정한 경우에 X재와 Y재의 생산량이 모두 증가하지만 그 상대적인 크기는 확실히 알 수 없다.

〈그림 24-4〉 Y재의 부문특정요소(노동) 증가

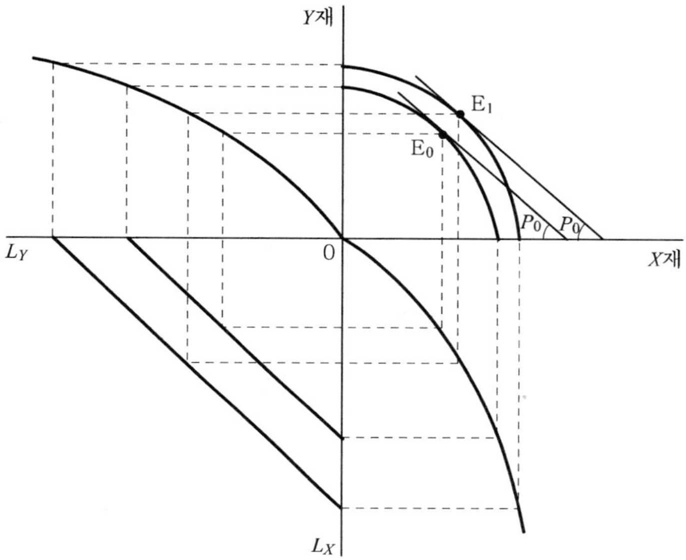

X,Y재에 모두 투입되는 가변요소인 노동의 부존량이 증가하면 3사분면의 곡선은 바깥쪽으로 이동하고 생산가능곡선은 1사분면에서와 같이 X, Y축으로 확대된다. 결국 점 E_1에서 보는 바와 같이 이전에 비해 X재, Y재 생산은 모두 증가한다.

3. 부문특정요소의 풍부성과 비교우위

앞에서는 부문특정요소 무역모형에서 자본이 풍부해지면 자본집약적인 재화의 생산이 증가하고 토지가 풍부해지면 토지집약적인 재화의 생산이 증가한다는 것을 살펴보았다. 따라서 A국과 B국이 각각 자본풍부국과 토지풍부국이라고 한다면 이 두 나라의 생산가능곡선은 〈그림 24-5〉와 같은 모양으로 나타나게 될 것이다.

이때 자본풍부국인 A국에서는 자본집약적인 X재의 상대가격이 저렴해지며 토지풍부국인 B국에서는 토지집약적인 Y재의 상대가격이 저렴해진다. 결국 각국의 비교우위는 부문특정요소의 풍부성, 다시 말해 요소부존도에 의해 결정된다는 것을 알 수 있다. 따라서 한 부문특정요소인 자본이 풍부한 A국은 자본집약적인 재화 X

재를 수출하게 되며 다른 부문특정요소인 토지가 풍부한 B국이 토지집약적인 재화 Y재를 수출하게 된다.

〈그림 24-5〉 부문특정요소와 생산가능곡선의 형태

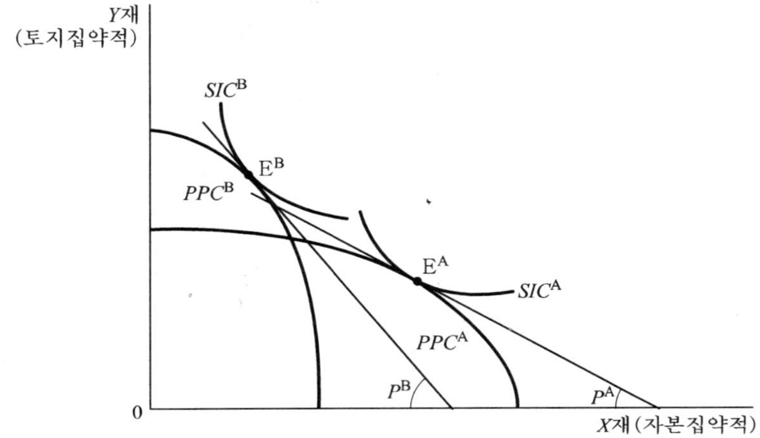

자본풍부국인 A국은 자본집약적인 X재를 보다 많이 생산하게 되며 토지풍부국인 B국은 토지집약적인 Y재를 보다 많이 생산하게 된다.

이제 자유무역이 이루어질 때 자본풍부국인 A국의 경우 생산량의 변화와 무역이득을 알아보자. 무역이 이루어지면 자본집약적인 X재의 상대가격은 무역 이전에 비해 상승하게 된다. X재의 상대가격이 상승하기 때문에 A국은 X재 생산을 늘리고 Y재 생산을 줄이게 된다. 이러한 경우 각국은 무역을 통해 이득을 얻게 되며 이러한 결과는 리카도의 이론과 헥셔-올린 이론에서와 동일한 것이다.

〈그림 24-6〉에서는 자본풍부국이 무역을 통해 얻게 되는 이득을 보여주고 있다. 무역 이전에는 생산가능곡선과 두 재화의 상대가격 p_0 및 사회무차별곡선이 접하는 점에서 균형이 이루어지며 이때 생산 및 소비의 균형점은 N_0이다. 그러나 무역이 이루어지면 자본집약적인 X재 가격이 상승하여 두 재화 간의 상대가격(P_x/P_y)은 p_1으로 높아지게 되며 따라서 생산 및 소비의 균형점은 각각 N_1, C_1으로 바뀌게 된다. 따라서 자본집약적인 X재의 생산은 늘어나고 토지집약적인 Y재의 생산은

줄어들게 된다. 결국 A국의 사회후생수준은 SIC_0 에서 SIC_2 로 높아짐에 따라 무역이득을 얻게 된다.

〈그림 24-6〉 무역의 이득: 자본풍부국(A국)인 경우

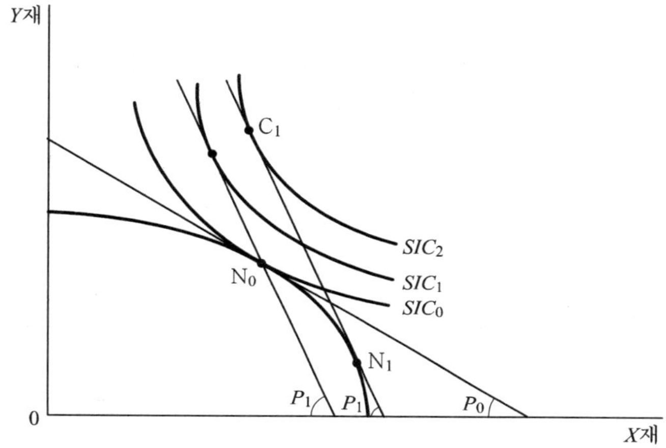

자본이 풍부한 국가가 자본집약적인 X재를 생산하며 폐쇄경제 하에 N_0 에서 균형을 이룬다. 이때 자유무역이 일어나면 자본집약적인 X재 가격이 상승하여 N_1 에서 생산하고 C_1 에서 소비함으로써 무역이익(사회후생의 증가)을 얻게 된다.

제 2 절 규모의 경제와 국제무역

국제무역이 발생하는 원인으로 전통적 무역이론에서는 노동의 생산성과 부존자원 등 국가간 특성의 차이를 중요시한데 반해 일부에서는 규모의 경제를 또 다른 차원에서 무역발생의 원인으로 지적하고 있다. 국제무역은 시장확대를 통하여 생산자가 규모의 경제를 실현할 수 있는 기회를 제공함으로써 무역에 참여하는 국가들에게 이익을 가져다 준다는 것이다.

본 절에서는 규모의 경제가 무역에 어떻게 영향을 미치는가를 알아본다.

1. 규모의 경제

리카도 이론과 헥셔-올린 이론은 생산함수가 1차 동차함수라고 가정하였다. 즉, 모든 생산요소의 투입을 λ배 증가시킬 경우 생산량도 λ배 증가한다는 것이다. 그러나 실제 생산에 있어서 규모의 경제가 존재하는 경우를 흔히 볼 수 있다. 모든 생산요소의 투입을 λ배 증가시켰을 때 기업의 생산이 λ배 이상으로 증가할 경우 생산에 규모의 경제가 있다고 한다. 이를 생산의 규모에 대한 보수증가라고 정의하는데 이는 규모의 경제가 있을 때에는 생산이 증가함에 따라서 기업의 평균비용이 감소하기 때문이다.

규모의 경제는 전통적인 무역이론에서 논의한 비교우위론과는 다른 각도에서 무역의 발생과 이익을 설명해 준다. 규모의 경제가 존재하면 두 나라 간에 생산기술과 부존자원에 차이가 없더라도 국제무역이 발생할 수 있으며 이러한 국제무역은 모든 나라에 이익을 가져다 준다는 것이다. 이러한 규모의 경제는 생산요소의 투입증가가 분업화와 전문화의 확대를 통하여 요소의 생산성 향상을 가능하게 하기 때문에 발생하는 것으로 지적되어 왔다.

규모의 경제는 외부경제와 내부경제로 분류할 수 있다. 내부경제란 어떤 한 기업의 생산이 증가함에 따라서 그 기업의 평균비용이 하락하는 경우를 말하며 외부경제는 한 기업의 생산이 변화하지 않더라도 그 산업전체의 생산이 증가함에 따라서 기업의 평균비용이 감소하는 경우를 말한다.

본 절에서는 내부경제를 전제로 하여 규모의 경제가 무역에 미치는 영향을 살펴본다. 분석의 편의를 위해서 A국과 B국의 두 나라가 존재하고 각국은 노동과 자본을 사용하여 두 재화 X재와 Y재를 생산하며 이때 두 재화 모두에 규모의 경제가 있다고 하자. 또한, 두 나라의 생산함수와 요소부존 및 사회후생함수가 동일하다고 가정한다.

생산함수와 요소부존이 동일하다는 가정으로부터 두 나라의 생산가능곡선은 동일하게 되며 사회후생함수가 동일하다는 가정으로부터 두 나라가 같은 사회무차별곡선을 가지고 있음을 알 수가 있다. 이러한 경우 두 재화의 상대가격은 두 나라 간에 차이가 없기 때문에 전통적인 비교우위이론에서는 무역이 발생할 수 없다. 그러나 본 절에서는 규모의 경제가 존재할 경우 국제무역이 어떻게 해서 발생하게 되는가를 알아본다. 논의에 앞서 먼저 규모의 경제가 재화의 기회비용에 미치는 영향을 알아보자.

2. 규모의 경제와 기회비용

규모의 경제가 존재하는 경우 생산가능곡선은 〈그림 24-7〉에서와 같이 원점에 대하여 볼록하게 된다. 원점에 대하여 볼록한 곡선은 X재의 생산이 증가함에 따라서 그 기울기가 체감하게 된다. 즉, 생산가능곡선의 기울기인 Y재로 측정한 X재의 기회비용($=-\Delta Y/\Delta X$)은 체감하게 된다. 또한, Y재의 생산이 증가함에 따라서 생산가능곡선의 기울기가 체증하므로 X재로 측정한 Y재의 기회비용($=-\Delta X/\Delta Y$)도 Y재의 생산이 증가함에 따라서 체감하게 된다.

이는 A국에서 어떤 재화를 B국보다 더 많이 생산하기만 하면 A국에서의 그 재화의 기회비용이 B국에서의 그것보다 작아진다는 것을 의미한다. 이는 한 나라가 규모의 경제가 있는 재화에 생산면에서 우위를 갖기 위해서는 그 재화의 생산량이 무역상대국의 그것보다 많기만 하면 된다는 것을 의미한다. 이를 〈그림 24-7〉에서 살펴보면 무역으로 각국이 소비를 최대로 하는 생산점이 X_0, Y_0가 된다는 것을 알 수 있다. 이처럼 국제무역이 무역에 참여하는 나라에 생산전문화를 가져오게 하는 것은 리카도 이론의 결론과 일치한다.

〈그림 24-7〉 규모의 경제와 생산가능곡선

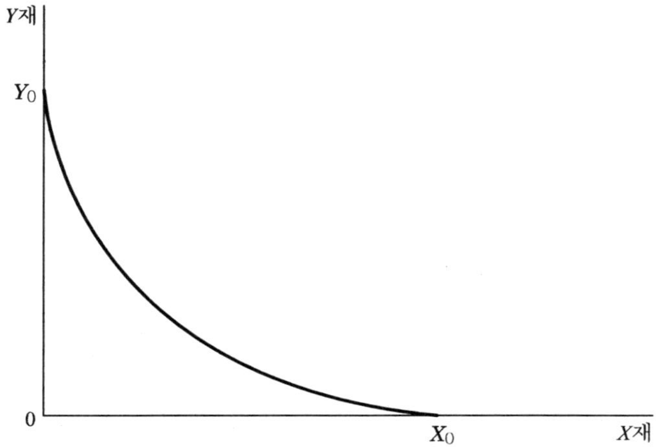

3. 규모의 경제와 국제무역

양국의 요소부존과 생산함수가 동일하고 또 동일한 사회무차별곡선을 갖는다고 가정하였기 때문에 무역 이전에는 A국과 B국의 생산점과 소비점은 〈그림 24-8〉에서 보듯이 동일한 점 E에서 이루어진다. 이때 각국은 SW_0로 표시되는 사회후생을 누리게 되며 무역 이전의 상대가격은 생산가능곡선과 사회무차별곡선이 만나는 점 E에서의 공통접선인 ST의 기울기로 표시된다.

이러한 상황 하에서는 양국은 어떤 재화에 대해서도 비교우위를 가질 수 없기 때문에 전통적 무역이론에 의하면 무역이 발생하지 않는다. 그러나 규모의 경제가 존재하는 경우에는 교역 이전의 상대가격이 같은 경우에도 무역이 발생하며 동시에 양국은 보다 높은 후생을 누리는 무역이익을 갖게 된다.

이를 그림을 통해서 살펴보자. 〈그림 24-8〉에서와 같이 만약 A국이 X재 생산에 완전특화하여 생산이 점 E에서 점 X_0로 이동하였다고 하자. 그러면 A국은 소비는 직선 ST와 평행을 이루는 직선 X_0V와 사회무차별곡선 SIC_a가 접하는 점 A에서 이루어지게 된다. 따라서 A국은 무역을 통해 후생수준이 SIC_c 에서 SIC_a 로 증가하게 된다. 마찬가지 이유로 B국도 Y_0 에서 생산이 이루어지고 점 B에서 소비가 이루어지면 SIC_b 로 표시되는 사회후생을 얻게 되며 이는 무역이전의 사회후생수준보다 높아지게 되므로 무역이득을 누리게 된다.

〈그림 24-8〉 규모의 경제와 국제무역

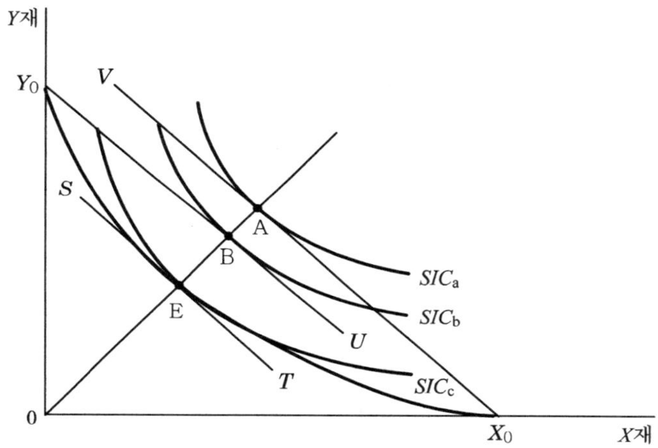

규모의 경제가 존재하는 경우 상대가격이 교역이전과 동일한 경우에도 무역이 발생한다. A국은 X_0 생산에 완전특화할 경우 사회후생은 SIC_c 에서 SIC_a 으로 증대되어 무역이득을 얻는다. B국도 Y_0 생산에 완전특화하면 사회후생이 증대된다.

그러므로 규모의 경제가 존재하게 되면 재화의 상대가격이 일정한 상태에서도 무역이익을 누리게 됨을 알 수 있다. 따라서 규모의 경제는 고전적 무역이론에서와는 다른 또 하나의 무역이익의 원천이 됨을 알 수 있다. 또한, 규모의 경제가 존재하는 경우에는 각국은 생산전문화를 통하여 소비를 극대화할 수 있기 때문에 한 재화의 생산에 특화하게 될 가능성이 매우 높다.

규모의 경제에 따른 무역의 이익은 시장의 확대로 인해서 발생하게 된다. 시장이 확대되면 이전보다 생산량이 증가하여 생산비가 감소하기 때문이다. 따라서 규모의 경제는 소국일수록 무역을 더 중요시하는 이유 중의 하나가 될 것이다. 왜냐하면 소국의 경우에는 무역이전에 규모의 경제가 충분히 실현되지 않은 수준에서 국내

생산이 이루어질 가능성이 대국보다 크기 때문이다.

제3절 독점적 경쟁과 국제무역

독점적 경쟁은 다수의 기업이 차별화된 상품을 생산하고 기업의 진입과 이탈이 자유로울 때 성립한다. 따라서 독점적 경쟁시장에 존재하는 독점적 경쟁기업은 자사 상품에 대하여 우하향하는 수요곡선을 가지며 기업의 진입과 이탈이 자유롭기 때문에 장기에는 정상이윤만을 얻게 되는 특징을 갖는다. 이러한 특징을 가진 독점적 경쟁기업이 무역이 자유화되면 폐쇄경제 하에서 누리던 초과이윤을 더 이상 누리지 못하게 되며 결국 우하향하는 수요곡선을 가지고 있어 무역이전에 비해 가격은 하락하고 공급은 증가하게 된다.

그러면 독점적 경쟁 하에서 무역자유화는 각국의 경제에 어떠한 영향을 미치는가를 알아보자. 먼저 소비자는 더 다양한 상품을 더 싼 가격으로 소비하게 되므로 무역으로부터 이득을 얻게 되고 또한 독점적 경쟁상품의 가격하락은 모든 생산요소의 실질소득을 증가시켜 생산요소의 소유자들에게 이익을 가져다준다. 한편, 기업은 단기에는 초과이윤이나 순손실을 누리게 되지만 장기에는 정상이윤만을 얻게 된다. 결국 독점적 경쟁시장에서는 국제무역이 소비의 다양성을 충족시켜 주고 또한 가격하락에 따른 실질소득의 향상을 가져오는 등 모든 경제주체에게 이익을 가져다준다.

독점적 경쟁 하에서 각국의 기업들은 각기 약간 다른 특성을 가진 차별화된 상품을 생산하여 국가 간에 서로 교역하고 이러한 상품들이 통계처리상 같은 상품군으로 분류될 수 있다. 따라서 헥셔-올린 이론에서 동종상품의 상호수출이 국가 간에 왜 활발하게 일어나는가를 설명하기 어려운데 반해 생산에서 규모의 경제가 존재하거나 독점적 경쟁이 존재하는 경우 이를 잘 설명해 주고 있다.

제4절 대표수요이론

리카도 이론이나 헥셔-올린 이론에 대응하여 제시된 다른 하나의 이론으로 린더의 대표수요이론(Representative Demand Theory)이 있다. 이에 따르면 일반적으로 일차산품의 무역을 결정하는 주요 원인으로는 각국의 천연자원의 부존도 등과 같은 공급조건을 들 수 있지만 공산품의 경우에는 공급조건보다는 수요조건이 무역패턴을 결정하는 주요 요인이라는 것이다. 즉, 각국은 국내 수요가 상대적으로 큰 상품에 비교우위를 가지게 되며 이를 생산해서 수출한다는 것이다. 그 이유는 국내 수요가 있어야 생산이 시작되고 또 국내시장의 규모가 클수록 생산규모를 증가시키는 과정에서 기술습득효과를 촉진시키고 규모의 경제를 실현하여 생산비를 절감할 수 있다는 것이다.

또한, 소득수준이 비슷한 국가들 간에는 수요조건이 비슷하여 서로가 필요한 상품을 생산할 수 있는 기회가 많아지고 무역량도 많아질 것이라고 주장한다. 따라서 대표수요이론은 규모의 경제와 차별화된 상품을 수요구조에 연결하여 제시하고 있는 것이라고 볼 수 있다. 이 이론은 헥셔-올린 이론과는 정면으로 상치되는 것이다. 왜냐하면 헥셔-올린 이론에 따르면 소득수준이 비슷하다는 것은 요소부존도가 비슷하다는 것을 의미하기 때문에 이들 국가 간에는 무역의 가능성이 적어질 것이기 때문이다.

그러나 대표수요이론은 충분한 실증적 연구에 의해 지지를 받지 못하고 있다. 일견 공산품의 무역을 보면 선진국 간의 무역이 선후진국 간의 무역보다 훨씬 더 활발한 것으로 나타나 대표수요이론을 지지하는 것으로 보인다. 그러나 이러한 결과는 선진국들이 지리적으로 인접해서 수송비가 저렴하기 때문이라는 주장도 있고 또 다수 국가들을 대상으로 해서 국가들 간의 쌍무적 무역규모를 결정하는 요인으로 소득수준의 중요성을 검증한 결과 부정적인 결과를 얻기도 하였다. 한국이나 대만의 무역구조를 보더라도 그 수출의 대부분이 미국, EU, 일본 등 선진국에 집중되어 있고 우리나라의 경우에도 선박, 반도체, 컬러TV 등은 처음에는 국내수요보다는 해외수요를 겨냥해서 생산되었다는 사실은 대표수요이론으로는 잘 설명될 수가 없다.

[사례 1] 항공화물 수출동향

역사적으로 볼 때 국제무역이 증가한 데는 통신수단의 발달과 더불어 운송수단의 발달을 지적할 수 있다. 1990년대 중반 이후 정보통신혁명으로 IT관련 제품의 수요가 크게 늘어남에 따라 항공기를 이용한 물동량 거래가 크게 증가하고 있다. 이러한 증가는 IT관련 제품이 주로 고가인데다 상품의 크기나 부피가 기존의 전통제품인 섬유, 철강, 선박 등에 비해 비교도 안될 정도로 작기 때문이다.

<그림 24-9>에서 보는 바와 같이 한국의 경우 항공기를 이용한 수출비중(금액기준)은 반도체와 무선통신기기 등 IT제품이 주력 수출품으로 부상하면서 1990년 15.9%에서 2002년(1~4월)에 28.9%로 약 2배 상승하였다. 1990~2002년까지 수출실적은 연평균 7.0%가 증가한 반면 같은 기간동안 항공화물 수출액은 연평균 12.5%나 증가하였다. 이처럼 항공화물 수출액이 꾸준히 증가하는 것은 신속한 운송이 필수적인 반도체·무선통신기기·컴퓨터 등 3대 IT제품의 수출이 급격하게 늘어났기 때문이다. 품목별로 항공화물 수출액은 반도체, 무선통신기기, 컴퓨터 순이며, 국가별로는 미국, 대만, 일본 순이다. 수출상위 5대 품목중 금·은을 제외한 모든 품목의 항공화물 비중이 2002년 들어 전년보다 상승하여 시장변화에 신속히 대응하기 위한 노력이 강화되고 있음을 반영하고 있다.

〈그림 24-9〉 한국의 항공화물 수출액 및 비중

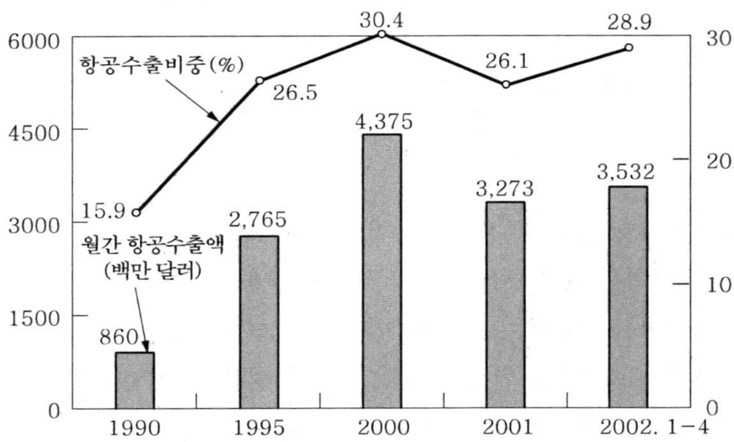

〈표 24-1〉 한국의 5대항공화물 수출액 및 그 비중 (단위: 백만달러, %)

순위	2001년			2002년 1~4월		
	품 목	항공수출	비 중	품 목	항공수출	비 중
1	반도체	13,957	97.9	반도체	4,997	98.1
2	무선통신기기	8,125	82.5	무선통신기기	3,084	84.3
3	컴퓨터	6,641	59.1	컴퓨터	2,824	67.8
4	금·은	1,101	95.2	의 류	255	23.3
5	의 류	853	21.9	금·은	237	88.8

주: 비중은 해당품목의 총 수출액 중 항공운송에 의한 수출이 차지하는 비율
자료: 한국무역협회, KOTIS

제 5 절 기술격차이론과 제품주기이론

1. 기술격차이론

헥셔-올린 이론은 국가들 간의 기술수준이 동일하다는 가정 하에서 주어진 요소부존도에 따라 무역패턴이 어떻게 결정되는가를 보고자 하였다. 따라서 기술변화가 무역에 미치는 영향을 무시하였다. 그러나 많은 경제학자들은 끊임없이 변화하는 기술이 동태적인 측면에서 무역패턴에 크게 영향을 미칠 것으로 생각하였다.

기술격차(technology gap)에 의해서 무역패턴을 설명하려는 첫 시도는 포즈너(Posner, 1961)에 의해 이루어졌다. 그는 새로운 상품이 연속적으로 개발되고 또 상품들을 생산하는 방식에도 끊임없이 기술혁신이 일어난다는 것을 관찰하였고 이러한 기술혁신을 주도하고 있는 나라는 무역상대국에 비해 특정상품에 대한 기술우위를 유지하게 되어 이러한 상품의 수출국이 된다고 주장하였다.

포즈너의 기술격차이론은 기본적으로 일반화된 리카도의 이론과 별로 다를 것이 없다. 결국 국가 간의 무역이 기술상의 격차에 의해서 발생한다는 것이기 때문이다. 다만 차이점이 있다면 리카도의 이론에서는 국가 간의 기술격차가 정태적으로 주어

진 것으로 간주한 반면 포즈너는 한 나라에서 새로운 상품과 새로운 기술이 연속적으로 개발되고 또 그것이 시차를 두고 다른 나라에서 모방하는 과정을 동태적 측면에서 관찰하였다.

기술격차이론에 대해서 제기된 중요한 문제점의 하나는 왜 한 나라에서 일단 신상품이 개발되면 그 상품을 가장 싸게 생산할 수 있는 곳으로 생산기지를 이전하지 않고 신상품이 개발된 나라에서 생산이 이루어지는가 하는 점이다.

2. 제품주기이론

이러한 문제점을 감안하여 버논(Vernon, 1966)은 기술격차이론을 약간 발전시킨 제품주기이론(product cycle theory)을 제시하였다. 이 이론에 따르면 어떤 새로운 상품이 개발되면 그것은 신상품, 성숙상품, 표준상품의 단계를 거치게 되는데 각 단계마다 그 상품의 요소투입에 변화가 일어나고 또 생산지에도 변화가 일어난다는 것이다. 〈그림 24-10〉을 통해 이를 보다 자세히 살펴보자.

어떤 새로운 상품의 개발이나 혁신은 대표수요이론에서와 같이 그것을 필요로 하는 수요자가 존재하는 곳에서 촉진될 가능성이 매우 높다. 따라서 적어도 신상품단계에서는 그것이 개발된 나라의 요소부존비율이나 비교생산비면에서 볼 때 다소 불리한 여건이 있더라도 그 나라에서 생산이 이루어지게 되고 또 신상품의 단계에서는 독점생산이 가능하기 때문에 해외로도 수출하게 된다. 그러나 이 상품의 생산이 성숙단계에 들어가게 되면 기술혁신도 어느 정도 안정되고 대량생산이 이루어지면서 다른 선진국에서도 생산이 활발하게 일어나지만 국내수요를 충족시키기에는 미흡하여 어느 정도는 여전히 수입에 의존하게 된다. 한편, 이 단계에서는 신흥공업국을 비롯한 개발도상국에서도 생산이 소규모로 시작된다.

그러나 표준상품단계에 들어가면 제품의 생산기술은 완전히 안정되고 대량생산과 대량소비가 이루어지므로 임금이 저렴한 신흥공업국을 비롯한 개발도상국으로 자본의 해외진출을 통해서 생산기지가 이전되고 그곳에서 생산된 제품은 다시 그 상품을 개발한 나라로 역수출되는 추세를 보이게 된다.

〈그림 24-10〉 제품사이클과 무역패턴

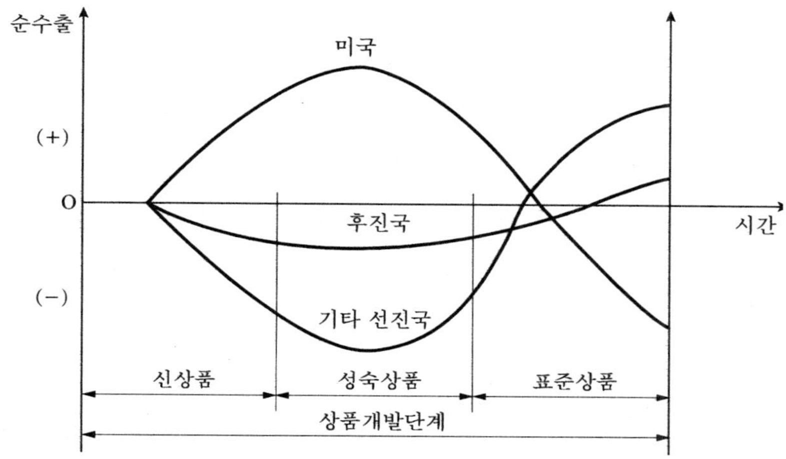

제품주기이론은 전통적인 리카도의 이론과 헥셔-올린의 이론에 비하여 훨씬 더 미시적이고 동태적이라는 점에서 많은 경제학자들의 관심을 불러일으켰다. 현실적으로 볼 때도 TV, VTR, 복사기, 컴퓨터 등 수많은 제품들이 주로 미국에서 개발되어 그것이 다른 선진국을 거쳐 개발도상국으로 그 생산기지를 이전하여 왔다는 사실에 비추어 볼 때 이들 제품의 무역패턴은 제품주기이론에 의해서 잘 설명될 수 있을 것이다.

그러나 이러한 사례들을 일반화하여 국가 간의 무역패턴을 제품주기이론으로 잘 설명할 수 있을까 하는 문제에 대해서는 부정적인 견해가 많다. 먼저 가장 선진국이더라도 이들 나라의 수출상품구조를 보면 표준화단계에 들어가 있는 상품의 비중이 매우 높다는 것을 알 수 있다. 또한, 오늘날과 같이 교통, 통신이 발달되고 다국적기업이 많은 상황에서 어떤 한 상품이 어떤 나라에서 개발되었을 경우 왜 그것을 가장 저렴하게 생산할 수 있는 곳을 찾아서 그 상품의 생산지를 이전하지 못할까 하는 의문이 제기될 수 있는 것이다. 이러한 관점에서 볼 때 제품주기설은 전통적인 무역이론을 대체할 수 있는 이론이라기보다는 그것을 보완할 수 있는 이론으로 간주될 수 있다.

[사례 2] 한국 수출의 제품사이클별 동향

단순히 수출이 얼마나 늘어났는가 하는 측면에서 볼 때 우리나라 수출상품의 제품사이클은 어떤 형태로 나타날까? 우리나라의 1988~2001년 기간동안 각 연도 수출주도 품목 총 2,240개에 대해 수출실적을 근거로 해당품목의 경쟁력 단계를 도입기, 성장기, 성숙기, 쇠퇴기로 구분하였다. 구분을 단순화하여 도입기는 처음으로 0.1%를 넘어선 시점으로 정의하였다.

새로운 수출주도 상품의 도입기 진입은 1989~1996년 기간동안 매우 활발하여 수출증가율이 높았으나 그 이후에는 10개 이하로 감소하면서 수출증가율도 크게 둔화되었다. 성장기 품목수도 1991~1993년에는 매년 170개 안팎을 유지하였으나 2000년 이후에는 110개선으로 크게 감소하였다. 또한, 성숙기 품목수도 지난 1989년에 102개에 달했으나 2001년에는 26개에 불과하여 14년 동안 4분의 1정도로 감소하였다. 종합적으로 볼 때 주력 수출품의 사이클을 살펴보면 쇠퇴기 품목만 늘어났을 뿐 나머지는 모두 감소하여 경쟁력 하락추세가 뚜렷하였다.

〈그림 24-11〉 한국의 제품사이클별 품목수 비교 (단위: 개)

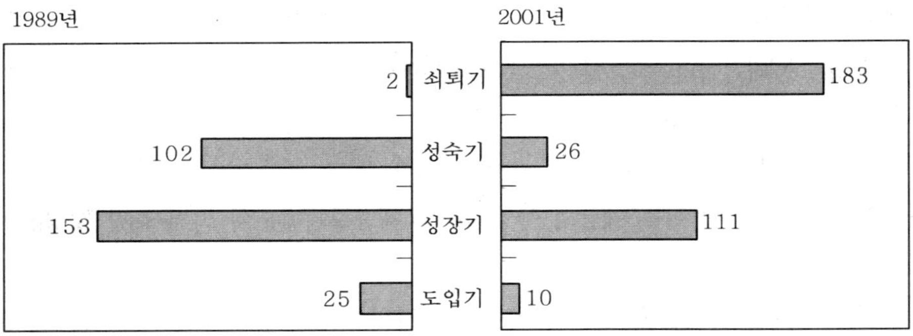

제 6 편

무 역 정 책

제25장

무역정책의 기초

전통적 무역이론에 따르면 자유무역은 모든 국가의 후생극대화(welfare maximization)를 야기시킨다. 그러나 오늘날 국제무역에 참가한 대부분의 나라들은 관세나 수량할당 등의 무역정책을 실시하고 있다. 자유무역이 국가의 후생극대화를 가능하게 하는 데도 불구하고 무역정책을 실시하고 있는 이유는 무엇일까? 이것은 자유무역이 후생을 극대화시킨다는 것은 소득분배에 대한 정부의 기능과 자원배분에 대한 시장의 기능이 완전히 작동하고 있다는 가정이 수반되어야 하기 때문이다. 그러나 현실세계에서는 이러한 가정을 기대할 수 없기 때문에 대부분의 나라들은 무역정책을 실시하고 있다.

1948년 GATT체제가 출범한 이후 이제까지 크게 보아 교역상대국에 부과해온 관세율은 현저하게 하락하였고 수량규제 등도 그 사용이 크게 제한되었다. 그러나 아직까지 국가 간의 경제사정 등 다수의 이유로 관세와 비관세장벽이 현존하고 있는 것이 사실이다. 더욱이 극심한 경기침체(recession)에 직면하는 상황이 발생할 때마다 세계 각국이 보호무역주의 조치를 취하고 있는 것이 현실이다.

본 장에서는 무역정책의 기본적인 개념을 알아보고 관세와 수량규제 등을 중심으로 무역정책의 경제적 효과를 살펴본다.[1]

---

1) 이 부문의 내용은 남종현의 『국제무역론』, 김정수의 『신국제무역론』, 박진근의 『국제경제학』을 중심으로 여러 관련 자료를 자유롭게 인용하였다.

제1절 무역정책의 의의 및 수단

무역정책의 경제적 효과를 살펴보기 전에 먼저 무역정책의 기본적인 개념들에 대해 살펴보기로 하자. 크게 3가지로 나누어 살펴본다. 즉, 무역정책을 정의하고 이를 실시하는 이론적 근거는 무엇이며 구체적인 정책수단으로는 어떠한 것들이 있는지를 알아본다.

1. 무역정책의 의의

정부의 기능과 시장의 기능이 제대로 작동하지 않는다면 자유무역은 후생극대화를 보장할 수 없다. 현실경제에서 이러한 전제조건이 항상 충족되리라는 보장은 없다. 정도의 차이는 있으나 어느 나라에서건 재화시장과 요소시장에 다수의 왜곡(distortion) 현상이 존재하기 마련이다. 경제학에서 시장의 왜곡을 초래하는 요인들은 여러 가지가 있다. 즉, 외부경제성이 존재하거나 독점, 과점 또는 과점적 시장구조와 같은 시장의 불완전성 등이 존재할 경우 시장왜곡이 발생할 수 있다. 또한, 조세정책이나 금융정책(financial policy) 등과 같이 어떤 특정 목적을 위해서 실시되는 여러 가지 정부의 정책에 의해서도 시장의 왜곡이 초래될 수 있다.

이상과 같은 각종 왜곡이 존재할 경우 가격기구(price mechanism)에 의한 자원배분은 최적이 될 수 없으며 후생수준을 극대화하기 위해서는 정부개입에 의한 해결방안이 요구된다. 이러한 경우 경제정책의 일환으로 무역정책(trade policy)이 고려될 수 있다. 여기서 무역정책이라 함은 일국의 정부가 특정한 경제목적을 위해서 수입, 수출 등의 무역거래에 개입함으로써 해당국가의 자원배분에 영향을 미치는 정책수단을 의미한다.

일반적으로 무역정책은 여러 가지 형태를 취할 수 있다. 수입에 대한 규제나 지원방식을 취할 수도 있고 수출에 대한 규제나 지원방식을 취할 수도 있다. 어떤 방식에 의한 정부개입이든지 그 정책이 경제적 타당성(economic validity)을 가지기 위해서는 그 정책의 실시로 인해 그 나라의 자원이 좀더 효율적으로 배분되어 후생수준이 증대되어야 함은 물론이다. 또한, 어떤 정책이 최적정책(optimal policy)이 되기 위해서는 그 정책의 시행과정에서 새로운 왜곡을 초래함이 없이 존재하는 왜곡을 제거함으로써 자원의 최적배분(optimal distribution of resources)을 가져올 수 있어야 한다. 무역정책의 필요성이나 그 정책의 경제적 타당성은 바로 이러한 관점에서 분석되고 평가되어야 한다.

2. 무역정책의 근거

관세나 수입수량규제 등 무역정책을 실시하는 이유는 전술한 바와 같이 재화 및 요소시장이 왜곡되어 있기 때문이라고 하였다. 그렇다면 이러한 무역정책을 실시하는 이유나 근거로 시장의 왜곡을 시정하는 데에만 있는 것일까? 이외에도 국제무역에 참가하고 있는 대부분의 나라들은 다수의 이유 때문에 무역정책을 실시하고 있다. 이에 대해 살펴보기로 한다.

무역정책이 실시되는 근거로는 여러 가지가 있겠으나 크게 5가지 정도로 분류할 수 있다.

2.1 국내산업의 보호

이는 각국이 무역정책을 실시하는 근거로서 가장 널리 사용되어 온 것 중의 하나이다. 국내산업 보호의 타당성을 제공하는 이론에는 유치산업보호론과 사양산업보호론이 있다. 우선 유치산업보호론(infant industry argument)은 해밀턴(A. Hamilton)과 리스트(F. List)에 의해 주장된 것으로 정부가 국내 유치산업을 보호하지 않고 그대로 방치한다면 그 유치산업은 외국산업의 강력한 경쟁력에 밀려 쇠퇴하기 때문에 수입관세 등을 부과하여 보호해야 한다는 것이다. 그러나 이러한 유치산업을 영구히 보호하는 것이 아니라 유치산업이 성장함에 따라 점차 관세를 낮추어가고 유치산업이 외국산업과 충분히 경쟁할 수 있는 경쟁력을 갖추게 되면 관세를 철폐하여 자유무역을 실시한다는 것이다.

유치산업보호론에 따르면 이 산업을 보호하기 위해 그 사회가 부담해야 하는 경제적 비용(economic cost)은 나중에 유치산업의 성장에 의하여 얻는 경제적 이익(economic benefit)에 의하여 충분히 보상될 수 있다는 것이다. 이 이론은 제2차 세계대전 이후에도 산업화(industrialization)를 촉진하려는 개발도상국뿐만 아니라 일부 선진국에서도 국내산업을 보호하기 위한 이론적 근거로 널리 사용되었다.

사양산업보호론(senescent industry argument)은 국내외 경제여건의 변화로 인해 외국 산업과의 경쟁에서 비교우위를 상실해 가는 국내 산업과 이에 종사하는 계층의 소득을 보호해야 한다는 것이다. 장기적으로 볼 때 새로운 산업이 비교우위산업으로 등장하게 되고 기존 산업 중 일부는 비교우위를 상실하여 사양화되는 과정을 거치게 된다. 이러한 과정에서 사양산업이 야기하는 실업문제 등을 극소화하기 위해 정부는 수입관세나 수입규제를 통해 사양산업을 보호해야 한다는 것이다.

2.2 교역조건의 개선

국제시장에서 차지하는 비중이 높아 수출입재화의 가격결정에 영향을 미칠 수 있는 국가는 수입규제를 통해 수입량을 감소시킴으로써 수입재의 국제가격을 하락시킬 수 있다. 반대로 수출규제를 통하여 수출량을 줄임으로써 수출재의 국제가격을 상승시킬 수 있다. 이렇게 함으로써 교역조건이 개선되면 규제국가는 동일한 양의 수출에 대해 더 많은 양의 수입이 가능하게 됨으로써 사회후생이 향상된다.

2.3 정부는 일정의 수입을 얻게 됨

관세는 소득세와 더불어 정부의 조세수입의 주요 원천이다. 그러나 GATT체제 출범과 함께 관세율이 크게 인하됨에 따라 관세수입이 정부의 재정수입에서 차지하는 비율은 크게 낮아졌다. 한국의 경우 관세수입이 재정수입에서 차지하는 비중이 선진국보다는 크게 높으나 그 동안 수입자유화의 진전과 더불어 크게 낮아졌다.

2.4 소비억제

소비억제를 위한 수입규제조치는 개발도상국일수록 흔히 볼 수 있으며 주로 사치성 소비재를 대상으로 하고 있다.

2.5 국제수지의 개선

국제수지 적자가 수입초과에 의해 초래될 경우 국제수지 적자를 개선하기 위해서는 수입규제조치가 필요하다. 이러한 주장은 만성적인 국제수지 적자현상이 해당국의 대외지불능력을 감소시켜 해당국의 원활한 대외거래를 저해함으로써 국민경제의 안정기조를 훼손시킬 뿐만 아니라 경제발전을 기대할 수 없게 만들 수 있다는 것이다.

3. 무역정책의 수단

일반적으로 무역정책을 실시하는 구체적인 수단으로 관세와 비관세를 지적할 수 있다. 관세란 교역되는 상품이 국경을 통과할 때 부과되는 조세이다. 일반적으로 각국은 수출을 장려하기 때문에 관세는 수입상품에만 부과하는 수입관세로 인식되고 있다. 관세를 부과하면 국내 판매가격이 높아져 수입량을 조절하는 효과를 기대할 수 있기 때문에 무역정책을 달성하는 수단으로 널리 사용되고 있다.

반면 비관세란 관세 이외의 무역정책수단을 통틀어 지칭한다. 여기에는 수입수량할당(import quota system), 수출자율규제(VERs : Voluntary Export Restraints), 시장질서유지협정(OMAs : Orderly Market Agreements) 등이 있으며 그 밖에 행정규제, 복잡한 통관절차, 엄격한 안전과 위생에 대한 검사제도, 그리고 수입품에 불리한 국내유통제도와 같은 비공식적인 것도 있다. 비관세 무역정책수단은 관세와 달리 수출입물량을 직접적으로 통제함으로써 특정한 정책목표를 달성하고자 하는데 있다.

역사적으로 볼 때 모든 국가에서 가장 광범위하게 사용되어온 무역정책의 수단은 관세와 수량규제이다. 이중 수량규제는 1948년에 출범한 GATT체제 하에서 그 사용이 크게 제한되었고 관세도 그 동안 여러 번에 걸친 다자간협상을 통하여 모든 국가에서 현저하게 하향 조정되었다. 더구나 대부분의 선진국에서는 관세양허를 하였기 때문에 한번 하향 조정된 관세는 특별한 경우를 제외하고는 다시 올릴 수가 없게 되었다.[2)]

2) 관세양허란 협상 당사국이 특정품목의 관세를 일정 수준 이상으로 부과하지 않겠다는 약속

그러나 1차 석유파동 이후 세계경제가 침체를 거듭하면서 미국을 비롯한 일부 선진국 내에서는 보호무역주의 압력이 증대하자 GATT체제 하에서는 관세와 수량규제와 같은 전통적 수입규제수단의 사용이 여의치 못하였기 때문에 다수의 비관세장벽(NTBs : Non-Tariff Barriers)에 의한 수단들이 동원되었다.

제 2 절 무역정책의 경제적 효과

관세부과는 이를 부과하는 해당국가가 소규모국가인가 아니면 대규모국가인가에 따라 그 경제적 영향이 상이하게 나타난다. 이러한 이유는 소규모국가의 경우 관세부과가 그 나라의 교역조건을 변화시키지 못하지만 대규모국가의 경우 교역조건을 변화시키기 때문이다.

비관세정책의 경제적 효과는 관세정책의 그것과 달리 다소 복잡하다. 물론 수입쿼터나 수출자율규제 등은 관세와 유사하게 그 경제적 영향을 측정하는 것이 가능하겠으나 그렇지 못한 경우가 대부분이다. 이는 비관세정책이 지니고 있는 수단들이 다양하기 때문이기도 하지만 정량적(定量的) 특성(quantitative characteristics)을 지니고 있는 관세정책과 달리 정성적(定性的) 특성(qualitative characteristics)을 지니고 있기 때문이다. 이제 관세정책의 경제적 효과를 살펴본 다음 비관세정책의 종류와 그 경제적 효과를 살펴보자.

1. 관세의 경제적 효과

1.1 관세의 부분균형분석 : 소국인 경우

전술한 바와 같이 관세는 교역되는 상품이 국경을 통과할 때 부과되는 조세를 말한다. 관세는 일반적으로 해외로부터 수입되는 원자재나 상품 등에 부과하는 수입관세를 의미하지만 수출품에 부과되는 경우도 있다. 이를 수입관세라 한다. 그러나

을 말한다.

수출관세는 일부 국가에서 간혹 사용하는 경우는 있지만 현실적으로 매우 드문 경우이다.[3)]

한편, 관세는 물품에 어떻게 부과하느냐에 따라 크게 종가세(ad valorem duty), 종량세(specific duty) 그리고 복합세(compound duty)의 3가지로 분류할 수 있다. 이중 종가세는 상품의 가격에 일정비율을 부과하는 것이고 종량세는 상품의 물량에 대해서 일정액을 부과하는 것이며 복합세는 앞의 2가지의 혼합형태로 부과하는 것을 말한다.

수입품에 대해 관세를 부과하면 그 상품의 국내시장가격은 관세부과만큼 상승한다. 이에 따라 국내소비, 수입, 국내생산 등은 영향을 받게 된다. 간단한 예를 들어보자. 국내의 상당수의 소비자들이 외국에서 생산되고 수출되는 어떤 상품에 대해 소비를 원하고 있다고 하자. 이때 정부가 그 상품에 대해 일정 부분의 관세를 부과할 경우 이를 계속해서 소비하기를 원하는 구매자가 있는가 하면 관세부과로 인해 그 상품의 국내가격이 높아지기 때문에 이 상품의 소비를 포기하려는 소비자도 있을 것이다. 이처럼 관세부과로 그 상품의 수입이 감소하면 국내에서 이와 유사하거나 동일한 상품은 수입의 감소로 소비가 증가하고 따라서 국내생산이 늘어날 것이다.

이제 부분균형분석에 의해 이러한 관세의 경제적 효과를 알아보기로 한다. 먼저 관세부과국이 소규모국가(small country)인 경우를 가정한다. 〈그림 25-1〉은 이러한 경우의 관세의 효과를 보여주고 있다.

그림에서 D와 S는 X재에 대한 국내 수요곡선과 국내 공급곡선을 나타내며 무역이전의 균형은 수요곡선과 공급곡선이 만나는 점 E에서 이루어진다. 이때 X재의 생산은 Q_e에서 결정되며 가격은 P_e에서 결정된다. 한편, X재의 세계시장가격이 P라고 가정하면 세계공급곡선은 무한대의 공급탄력성을 갖는 직선 W가 된다. 이것은 우리가 소규모국가를 가정하여 이 나라는 세계시장의 가격을 주어진 것으로 받아들이기 때문이다.

이제 이 나라가 무역을 하게 되면 〈그림 25-1〉에서 보는 바와 같이 국내소비는 Q_4에서 이루어지며 국내생산은 Q_1에서 이루어진다. 따라서 그 차이인 AH(=

3) 미얀마의 쌀, 가나의 코코아, 브라질의 커피 등을 지적할 수 있다.

Q_4-Q_1)는 수입에 의존하게 된다. 이때 이 나라가 X재의 수입에 대해 t율의 관세를 부과하면 국내시장가격은 세계시장가격인 P에서 P′(=P(1+t))로 상승하게 된다. 이것은 곧 세계공급곡선이 W에서 T로 바뀌게 됨을 의미한다. 즉, 관세를 부과하는 국가의 입장에서는 세계공급곡선은 관세부분 만큼 상향 이동하게 된다. 그 결과 국내소비는 Q_4에서 Q_3로 감소하게 되며 국내생산은 Q_1에서 Q_2로 증가하게 된다. 따라서 수입은 $AH(=Q_4-Q_1)$에서 $BC(=Q_3-Q_2)$로 감소하게 된다. 이처럼 관세를 부과함으로써 나타나는 경제적 효과는 크게 5가지로 요약된다.

① 소비효과

관세를 부과함으로써 소비는 Q_4에서 Q_3로 CH만큼 감소하게 된다.

② 생산효과 또는 보호효과

관세부과로 국내가격은 P에서 P'으로 상승하여 국내생산자들의 이윤은 증대된다. 따라서 국내생산은 X_1에서 X_3로 증가한다.

③ 무역효과

수입량을 AH에서 BC로 감소시킨다. 이러한 수입의 감소는 국내생산의 증가량과 국내소비의 감소량을 합친 것과 동일하다.

④ 재정수입효과

정부는 관세부과로 사각형 $GFBC$에 해당하는 재정수입을 올리게 된다.4)

⑤ 소득재분배효과

관세는 국내생산자와 소비자의 가격을 동시에 인상시켜 생산자의 실질소득을 증대시키고 소비자의 실질소득을 감소시킨다. 이는 마치 정부가 소비자로부터 세금을 거두어 생산자에게 보조금을 주는 것과 같은 것이다.

이상의 결과를 토대로 관세의 경제적 효과를 종합해 보면 다음과 같다. 먼저 관세부과로 소비자잉여(consumer surplus)는 $P'PHG$만큼 감소하고 생산자잉여

---

4) 이는 X재 수입량인 BC에 단위당 관세액 t를 곱한 면적이다.

(producer surplus)는 $P'PAF$ 만큼 증가한다. 따라서 소비자잉여 감소에서 생산자 잉여의 증가를 차감한 사회적 후생순손실은 $AFGH$ 이다. 그러나 이중 $GFBC$ 만큼은 정부의 재정수입으로 귀속되기 때문에 결국 사회적 순손실은 ABF 와 CHG 를 합한 것이다. 이러한 순손실(net loss)의 크기는 국내공급곡선이나 국내수요곡선이 얼마나 탄력적이냐 비탄력적이냐 다시 말해서 수요곡선과 공급곡선의 기울기에 따라서 달라진다.

〈그림 25-1〉 관세효과의 부분균형분석: 소국의 경우

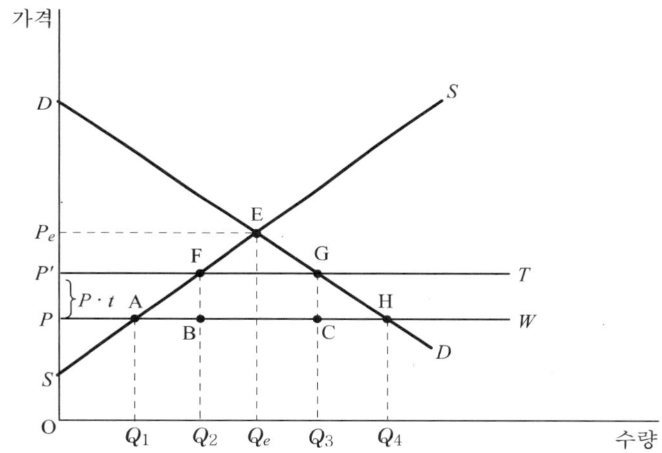

세계공급곡선이 W로 주어질 경우 관세부과 이전의 경우 생산은 Q_1, 소비는 Q_4 에서 이루어지며 수입은 $Q_4 - Q_1$ 이다. 이 때 t만큼의 관세를 부과하면 국내가격은 P에서 P' 으로 상승하고, 생산은 Q_2, 소비는 Q_3, 수입은 $Q_3 - Q_2$ 가 된다. 관세부과로 생산자잉여($P'PAF$)와 정부수입($GFBC$)은 각각 증가하나 소비자잉여는 $P'PHG$만큼 감소한다. 따라서 후생은 ABF와 CGH의 합만큼 감소하게 된다.

1.2 관세의 일반균형분석 : 소국의 경우

지금까지는 부분균형분석에 의해 관세부과의 경제적 효과를 살펴보았다. 다시 말해 관세가 부과된 경우 여타산업(수출재산업)은 일정하다고 가정하고 관세가 부과된 특정산업(수입재산업)에 대한 효과만을 살펴본 것이다. 그러나 이러한 특정산업에 대한 보호는 관세가 부과되지 않은 다른 산업에 또 다른 효과를 가져오게 마련

이다. 그러므로 관세가 경제에 미치는 효과를 총체적으로 파악하기 위해서는 일반균형분석방법을 이용해야 한다. 여기서는 앞에서와 마찬가지로 관세부과국이 소규모국가인 경우를 살펴본다.

(1) 관세의 일반균형효과

일국에 수출 및 수입의 두 재화가 존재할 때 관세부과의 효과를 일반균형분석에 의해 고찰한다는 것은 그 나라의 관세부과가 수입재는 물론 수출재에도 영향을 미친다는 것을 말한다.

논의를 전개하기 위해 이제 소규모국가는 노동과 자본을 생산요소로 사용하여 X재와 Y재를 생산한다고 가정한다. 주어진 국제시장가격비율(교역조건) 하에서 이 나라(A국)는 X재를 수출하고 Y재를 수입하고 있다고 하자. A국이 Y재 산업을 보호할 목적으로 수입재에 대해 관세를 부과할 때 A국 경제에 어떤 효과들이 일어날 것인가를 알아보자. Y재에 대한 관세의 가장 직접적인 효과는 Y재의 국내가격의 상승이다. Y재에 대한 관세부과로 국제시장가격은 불변이나 수입재의 국내시장가격이 관세만큼 상승하게 된다. 따라서 Y재 산업의 이윤은 증대하고 이 산업으로 생산자원이 이전하게 된다. 이러한 변화를 일반균형적 측면에서 살펴보자.

〈그림 25-2〉에서 알 수 있는 바와 같이 수입재(Y재)에 관세를 부과하면 수입재의 국내에서의 상대가격이 상승함에 따라 생산자원은 수출산업(X재)에서 수입대체산업으로 이전한다. 즉, 관세부과 이전에 A국의 생산점은 생산가능곡선 SV와 교역조건인 두 재화의 상대가격 α가 접하는 점 P에서 이루어진다. 이제 A국이 수입품 Y재에 대해 관세를 부과하면 A국에서 Y재의 상대가격이 상승(즉, X재의 상대가격인 교역조건이 하락)하여 X재의 생산량은 감소하고 Y재의 생산량은 증가함에 따라 생산점은 점 P에서 점 P'으로 이동하게 된다. 이와 같이 관세가 수입재의 국내상대가격을 높여 국내생산을 증대시키는 것을 관세의 보호효과(protective effect)라 한다. 그러나 점 P'에서의 생산은 자유무역(관세부과 이전) 하에서의 생산점 P의 생산보다 낮은 후생수준을 가져온다. 이는 관세부과 후의 소비점 C'을 지나는 사회무차별곡선 SIC_0는 자유무역 하의 소비점 C를 지나는 사회무차별곡선 SIC_1보다 낮은 수준의 후생을 나타내기 때문이다. 관세부과 후의 A국은 관세부과 이전인

자유무역하에서보다 무역량이 크게 감소하게 된다. 이는 $P'C'$가 PC보다 작기 때문이다.

〈그림 25-2〉 관세효과의 일반균형분석: 소국의 경우

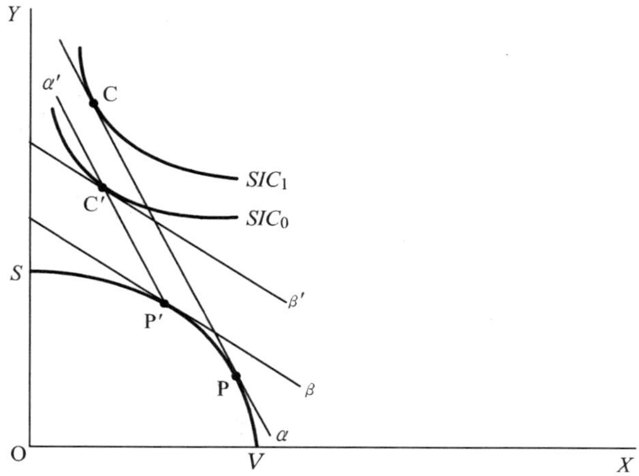

관세부과로 생산점은 P에서 P', 소비점은 C에서 C'으로 이동한다. 따라서 사회후생은 SIC_1에서 SIC_0로 감소한다.

(2) 관세가 소득재분배에 미치는 효과

앞에서 살펴본 바와 같이 관세의 부과는 수입재의 상대가격을 상승시키고 생산자원을 수출산업으로부터 수입대체산업으로 이전시켜 한 나라의 생산패턴을 바꾸어 놓는다. 그렇다면 관세부과가 소득분배에 미치는 효과는 어떠한가? 관세의 소득재분배효과는 스톨퍼-새뮤얼슨(Stolper and Samuelson, 1941)의 정리에 의해 설명할 수 있다. 이를 간략하게 다시 한번 살펴보기로 한다.

우선 수입품 Y재에 대해 관세를 부과하면 Y재의 상대가격이 상승하게 되어 생산자원이 X재 산업에서 Y재 산업으로 이동하게 된다. 따라서 자본집약적인 Y재 산업이 확대되고 노동집약적인 X재 산업이 축소되는 과정에서 자본의 초과수요와 노동의 초과공급이 발생하게 되어 자본의 가격은 상승하게 되고 노동의 가격은 하락하게 된다. 이에 따라 양 산업에서는 상대적으로 가격이 비싸진 자본을 노동으로 대체하

게 될 것이고 결국 양 산업은 이전에 비해 모두 노동집약적이 된다. 따라서 양 산업에서 자본의 한계생산물은 증가하고 노동의 한계생산물은 감소하게 된다. 각 요소의 한계생산물은 각 요소의 실질가격을 나타내므로 이러한 결과는 자본의 실질소득은 증가하고 노동의 실질소득이 감소한다는 것을 의미한다. 결국 스톨퍼-새뮤얼슨 정리에 의하면 소규모국가는 관세부과로 인하여 사회전체로는 후생의 감소를 가져올지라도 수입대체산업에 집약적으로 사용되는 생산요소의 실질소득은 향상된다.

1.3 관세의 일반균형분석 : 대국의 경우

앞에서는 관세를 부과하는 나라가 소국인 경우를 가정하여 이의 경제적 효과를 살펴보았다. 여기서는 대국인 경우를 대상으로 관세부과의 경제적 효과를 살펴본다. 양자 간의 차이점은 앞에서 언급한 바와 같이 소국의 경우는 국제시장에서 해외가격을 주어진 것으로 간주하는 가격순응자인 반면 대국의 경우는 관세를 부과할 경우 교역조건의 변화를 가져온다. 따라서 대국의 경우 관세부과의 효과는 소국과 차이를 보인다. 여기서는 무역오퍼곡선을 이용하여 대국의 경우에 관세부과가 부과국가의 교역조건 및 무역에 미치는 효과와 세계후생에 미치는 효과를 차례로 살펴본다.

(1) 관세가 교역조건 및 무역에 미치는 효과

관세부과국이 대규모국가일 경우 이 나라의 무역정책은 국제시장가격에 영향을 미치며 교역조건의 개선을 가져온다. 즉, 대국의 경우 어떤 상품에 대해 관세를 부과하면 그 상품의 수입은 감소하기 때문에 국제시장에서 초과공급을 보일 것이고 따라서 관세부과상품의 가격은 하락하게 된다. 이러한 경로를 통해 관세부과국의 교역조건은 개선된다. 이제 두 나라(A, B국)와 두 상품(X, Y재)을 가정하고 각 나라의 무역정책은 국제시장가격에 영향을 미칠 수 있을 만큼 그 무역규모가 충분히 크다고 가정하자.

〈그림 25-3〉에서와 같이 자유무역 하에서 균형점은 두 나라 오퍼곡선이 교차하는 점 E가 되고 균형교역조건은 α가 된다. 균형점에서 A국은 C만큼의 X재를 수출해서 D만큼의 Y재를 수입한다. 이때 A국이 Y재에 대해 관세를 부과하면 한 나라의 무역량을 감소시키기 때문에 A국의 오퍼곡선은 왼쪽으로 회전이동을 해서 OA'가

된다.

관세부과 후의 새로운 균형점은 A국의 관세로 인해 왜곡된 오퍼곡선 OA' 와 B국의 오퍼곡선이 서로 교차하는 점 E' 이 되고 이 때 a'는 새로운 균형교역조건이 된다. 교역조건의 기울기가 더 가파르게 된 것은 관세부과 후에 A국의 교역조건이 개선되었음을 알 수 있다. 새로운 균형점 E_1에서 수입량과 수출량은 모두 감소하게 된다.

〈그림 25-3〉 관세효과의 일반균형분석: 대국의 경우

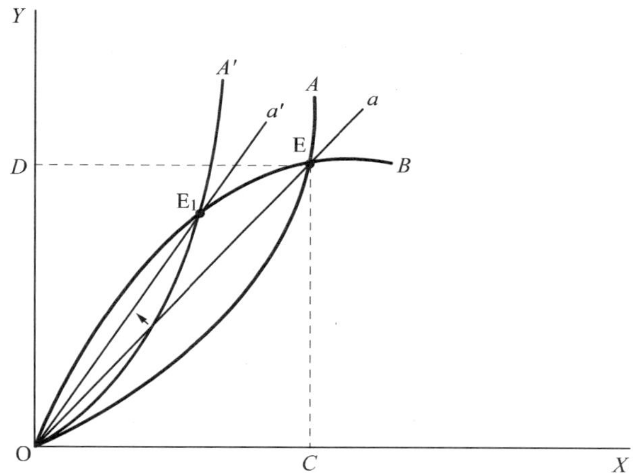

대국의 경우 관세를 부과하게 되면 교역조건은 a에서 a'으로 개선되나, 새로운 균형점인 E_1에서 알 수 있듯이 수출량과 수입량 모두 감소한다.

관세가 A국의 국내가격에 미치는 효과는 어떠한가? 관세부과 후 수입재의 국내가격비율이 과연 상승할 것인가는 중요한 문제인데 이는 다시 말해서 관세가 과연 수입대체산업을 실제로 보호할 것인가 하는 문제이다.

관세부과국이 소규모국가일 경우에는 관세의 부과는 교역조건에 아무런 영향을 미치지 못하고 수입재의 국내가격을 관세만큼 상승시켜 국내재화 간의 상대가격인 P_x^d/P_y^d 가 하락을 가져왔다. 그러나 관세부과국이 대규모국가일 경우에는 수입재의 국내상대가격은 교역조건의 개선에 의해서 동시에 영향을 받기 때문에 국내가격비

율, P_x^d/P_y^d 이 반드시 하락하리라는 보장이 없다.

일반적으로 관세는 국내의 수입대체산업을 보호한다. 이것은 관세부과 후의 수입재의 국제시장에서의 상대가격이 하락함에도 불구하고 결과적으로 관세부과 후 국내에서의 수입재의 상대가격은 상승한다는 것을 의미한다. 그러나 경우에 따라서는 관세가 수입재의 국제시장에서의 상대가격을 충분히 하락시켜 수입재의 국내상대가격까지도 하락시킬 수 있다는 것이 메츨러(Metzler, 1949)에 의해서 발견되었고 이를 메츨러의 패러독스(Metzler's parardox)라 부른다. 이는 다음의 2가지 조건이 만족할 때 성립된다.

① 상대국의 수입수요탄력성이 비탄력적이어야 한다.
② 관세부과국의 수입재에 대한 한계수입성향이 매우 낮아야 한다.

이러한 조건 하에서는 국제시장에서 수입재의 가격은 관세의 폭보다 더 많이 떨어지게 되고 그 결과 수입재의 상대가격은 관세부과국 내에서도 하락하게 된다. 이와 같은 메츨러의 패러독스는 관세의 부과가 수입대체산업에 대한 보호효과를 반드시 가져오는 것은 아니라는 것이다. 그러나 이는 어디까지나 극단적인 조건 하에서만 가능하다는 것이다. 따라서 비록 이론상으로는 가능하다 하더라도 현실적으로 발생할 가능성은 거의 없다고 할 수 있다.

(2) 관세가 세계후생에 미치는 효과

관세는 국제가격과 국내가격 사이에 차이를 발생시킴으로써 자유무역에 비해서 세계후생수준을 감소시키는 효과를 가져온다. 관세로 인한 이러한 비효율성을 간단히 살펴보자.

① 생산면에서의 비효율성

비교우위론에 따르면 각 나라는 비교우위에 있는 상품에 전문화함으로써 세계생산을 극대화할 수 있다. 생산의 최대화는 두 재화 간의 한계전환율(MRT)이 두 나라 사이에 동일할 때 발생하게 된다. 자유무역은 두 나라 사이의 상품가격을 동일하게 하기 때문에 한 상품의 감축없이 다른 상품의 생산을 증가시킬 수는 없다. 그러나 한 나라에서 관세를 부과하면 그것은 그 나라에서 외국과 국내가격 간에 차이를 발생시킴으로써 결국 두 나라의 한계전환율은 상이해지게 되고 세계생산도 극대화를 이루지 못하게 된다.

② 소비에 대한 비효율성

이 문제도 동일한 방법으로 분석할 수 있다. 두 나라 사이의 한계대체율(MRS)이 같을 때에는 한 나라의 후생의 감소없이 다른 한 나라의 후생을 증가시킬 수는 없다. 그러나 두 나라의 한계대체율이 상이하다면 타국의 후생의 감소없이 일국의 후생을 향상시키는 것이 가능하다. 이 상태에서는 세계후생이 최고수준에 도달하지 못한 상태이다. 관세를 부과하면 양국 간에 가격차가 발생하여 양국 간에 한계대체율이 서로 다르게 되고 따라서 상품의 소비가 최적화되지 못한다.

이와 같이 관세는 양국 간의 가격차를 발생시키고 생산과 소비면에서 비효율성을 야기시켜 세계의 후생수준을 감소시킨다.

2. 수량규제의 경제적 효과 : 소국인 경우

수입쿼터 또는 수입수량규제는 수입상품의 양에 대해 직접적으로 그 수량을 제한하는 것이다. 역사적으로 볼 때 이러한 수입수량규제는 관세 못지않게 중요한 무역정책수단으로 사용되어 왔다. 수입수량규제는 여러 가지 면에서 관세와 동일한 경제적 효과를 가지고 있다. 여기서는 부분균형분석에 의하여 수량규제의 경제적 효과를 살펴보고 이를 관세의 그것과 비교하여 살펴본다.

2.1 수입수량규제의 부분균형분석

수량규제의 경제적 효과는 관세의 경우와 몇 가지 차이점이 존재하지만 단순히 분석적인 면에서 볼 때 양자 간의 경제적 효과는 동일하다. 이를 〈그림 25-4〉를 통해서 살펴보자. 수입관세의 효과분석과 다른 점은 수입쿼터의 부과로 인해 국내공급곡선은 S에서 S'로 수입쿼터만큼 이동하게 된다. 왜냐하면 수입되기 전에는 공급량은 공급곡선만큼을 의미하지만 쿼터량만큼 수입을 하게 되는 경우 공급량은 수입량만큼 증가하기 때문이다. 그리고 국내가격이 국제가격 P보다 낮은 경우는 수입이 없을 것이기 때문에 국내공급곡선은 P가격에서는 W의 모양을 보이고 이보다 높은 가격수준에서는 우상향하는 모양을 가지게 된다.

〈그림 25-4〉에서와 같이 만약 이 나라가 폐쇄경제 하에 있었다면 점 E에서 수급균형을 이루게 되어 X재의 생산은 Q_e에서 결정되며 가격은 P_e에서 결정될 것이다. 이 나라가 자유무역을 하게 되면 세계공급곡선은 X재의 세계시장가격 P에서 무한대의 탄력성을 가진 직선 W로 주어지기 때문에 Q_1을 생산하여 Q_4를 소비하게 되고 $AH(=Q_4-Q_1)$만큼을 수입에 의존하게 된다.

〈그림 25-4〉 수입쿼터의 부분균형분석

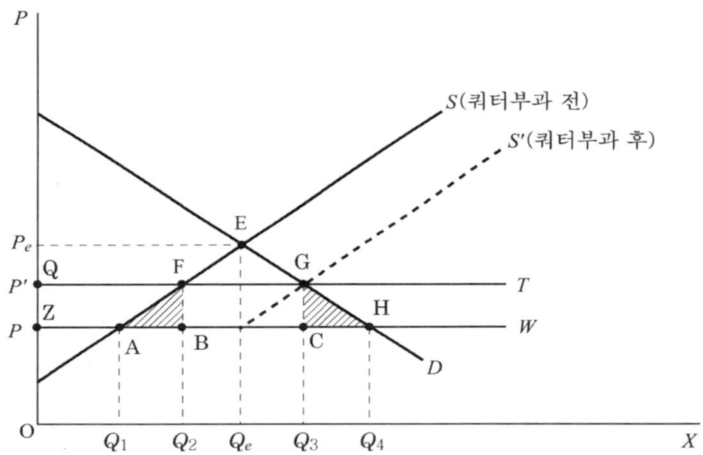

수량규제의 경제적 효과는 재정수입의 귀속과 수입의 감소효과가 불확실할 뿐 분석적인 면에서 관세의 경제적 효과와 동일하다. 즉, 수입량을 AH에서 BC로 줄이기 위해 수입쿼터를 실시하는 경우 국내가격의 상승을 가져와 국내생산은 Q_1에서 Q_2로 증가하고, 국내소비는 Q_4에서 Q_3로 감소하며, 사회후생은 ABF와 CHG의 합만큼 순손실을 가져온다.

이제 이 나라가 수입량을 BC 수준으로 줄이기 위해 수입쿼터를 채택할 경우의 경제적 효과는 어떠한가? 만일 이에 상응하는 가격수준이 $P'(=P(1+t))$이라면 이러한 수입쿼터는 t율의 관세를 부과하는 것과 동일한 효과를 갖게 된다. 즉, X재의 수입량이 AH에서 BC로 감소함에 따라 국내가격은 P에서 P'로 상승하게 된다.

왜냐하면 P'에서 국내소비량(OQ_3)은 국내생산량(OQ_2)과 수입량(BC)을 합한 것과 같아지기 때문이다.

이와 같이 수입량을 AH에서 BC로 제한하는 수입쿼터의 실시로 인해 국내가격의 상승을 가져와 국내생산은 Q_1에서 Q_2로 증가하게 되고 국내소비는 Q_4에서 Q_3로 감소하게 된다. 이러한 결과는 앞에서 살펴본 관세의 경우와 동일하다. 동시에 수입쿼터로 인한 이 나라의 사회후생은 ABF와 CHG의 합만큼 사회적 순손실(social net loss)을 가져와 관세의 경제적 효과와 동일하다.

2.2 수입쿼터와 관세의 차이점

수입쿼터의 효과와 수입관세의 효과의 차이점은 무엇인가? 양자 간에는 유사한 무역효과를 가져오지만 다음의 2가지 점에서 중요한 차이를 보이고 있다.

(1) 재정수입효과의 차이

관세는 정부의 재정수입으로 귀속되지만 수입쿼터는 정부로 귀속되지 않는다. 앞의 〈그림 25-1〉에서 보는 바와 같이 관세의 경우 사각형 $GFBC$가 정부의 재정수입이 되지만 수입쿼터의 경우에는 그것이 수입면허(import licence)를 얻는 자에게 돌아간다. 따라서 정부가 수입면허권을 어떻게 배분하는가에 따라서 그 이윤은 국내수입업자, 국내소비자, 정부관료, 외국수출업자 등에게로 돌아갈 수 있다. 예를 들면, 정부는 그 수입권을 국내의 어떤 특정수입업자나 소비단체 또는 생산조합 등에 배분하여 이들에게 그 이윤을 돌아가게 할 수도 있다. 결국 수입면허권에 따라오는 이러한 이윤은 소비자로부터 수입권을 얻는 자에게로 소득이전을 의미한다.

그러나 수입면허의 배분이 정부관리의 자의적인 판단에 의해서 이루어질 경우 그 프리미엄을 둘러싸고 각종 비리와 부패가 발생할 가능성이 있다. 그렇다면 재정수입의 감소에도 불구하고 정부가 관세 대신에 수입쿼터를 실시하는 이유는 무엇일까? 이는 관세는 수입의 감소효과가 불확실하지만 수입쿼터는 직접적이고 확실하기 때문이다. 이에 대한 자세한 대답은 바로 아래에 설명되어 있는 양자 간의 2번째 차이점에서 자세히 설명되어 있다.

(2) 국내가격과 수입량에 대한 불확실성의 문제

관세를 부과할 경우 수입상품의 국내가격에 미치는 효과는 확실하다. 즉, 수입규제를 통해서 국내산업에 대한 일정수준의 가격보호를 하는 목적이라면 수입쿼터보다는 관세가 우월한 수단이라고 할 수 있다. 그러나 관세로 인해서 발생하는 무역효과는 정확히 예측하기 어렵다. 왜냐하면 수입량의 감소는 수입상품의 국내수요와 공급곡선의 가격탄력성(price elasticity)에 의해서 결정되는데 이에 대한 정보를 얻기란 매우 어렵기 때문이다.

반면에 수입쿼터는 수입량 자체를 규제하기 때문에 수입규제의 목적이 수입량을 조절하여 확실한 무역수지 효과를 노리는 것이라면 수입쿼터가 관세보다는 더 우월한 방법이 될 수 있다. 그러나 수입쿼터의 경우에는 수입상품의 국내가격이 얼마가 될 것인가를 예측하는 것은 어려운 일이다. 왜냐하면 국내수요와 공급곡선에 대한 가격탄력성에 대한 정보를 정확히 알기 어렵기 때문이다. 결국 수입관세는 가격기구를 통한 수입규제이기 때문에 만약 국내기업이 독점생산자라 하더라도 독점가격이나 독점이윤을 누린다는 것은 불가능하지만 수입쿼터 하에서는 국내공급이 독점기업에 의해서 이루어질 경우 그 기업은 독점가격과 독점이윤을 누릴 수 있게 된다.

3. 수출세의 경제적 효과 : 소국인 경우

수출세는 관세와 달리 수출국의 정부가 수출물품에 부과하는 세금을 말한다. 이의 경제적 효과를 요약하면 수출세의 부과로 수출재의 생산은 감소하고 소비는 늘어난다. 또한, 국내생산자로부터 국내소비자와 정부로 소득이전이 발생한다. 이러한 수출세는 선진국에서는 매우 드문 일이다. 그러나 일부 개발도상국에서는 자국의 재정수입의 증대와 교역조건의 개선을 위하여 또는 1차산품의 수출을 제한하기 위한 목적 등으로 간혹 사용되고 있다.

만약 어떤 나라가 X재 수출재에 t율의 수출세를 부과한다고 하자. 수출자는 국제가격 P에 수출하여 $P \cdot t$의 수출세를 정부에 지불하기 때문에 그들이 직면하는 세후가격은 P' $(=P(1\text{-}t))$가 될 것이고 국내소비자도 이 가격에 소비하게 된다. 결국 국내가격과 생산은 모두 하락하고 소비는 증가하게 되므로 수출은 감소하게 된다. 결국 수출세를 부과하게 되면 국내생산자로부터 국내소비자와 정부로 소득이전이 발생하며 사회후생은 관세나 수량규제와 마찬가지로 감소한다.

4. 수출보조금의 경제적 효과 : 소국인 경우

일반적으로 관세나 수입쿼터는 국내의 수입대체산업을 보호, 육성하기 위해 사용되는 수입규제인 반면 수출보조금은 수출의 확대를 통해 수출산업을 육성하기 위한 목적으로 사용된다. 과거 한국, 대만 등을 비롯한 신흥공업국에서 이러한 정책을 동시에 추구한 바 있다. 단순한 분석적인 면에서 수출보조금은 음(-)의 수출세와 같다. 따라서 수출보조금의 경제적 효과는 수출세의 그것과 정반대로 나타난다.

즉, 세계시장가격이 P일 때 정부가 수출보조율 s율의 종가보조금을 지불한다고 하자. 그러면 국내 생산자가 직면하게 될 실효가격은 $P(1+s)$가 되며 따라서 국내생산은 증가하고 국내소비는 감소하게 된다. 여기서 한 가지 유의할 점은 X재의 국내가격이 $P(1+s)$로 유지되기 위해서는 정부가 수출보조율 s율과 동일한 율의 수입관세를 X재에 동시에 부과해야 한다는 것이다. 그렇지 않을 경우 수출업자는 국내가격 P에 역수입하여 보조금을 받고 다시 P에 수출하는 현상이 반복될 수 있기 때문이다. 이처럼 같은 율의 수입관세와 수출보조율이 동시에 적용되었을 경우 생산자잉여는 증가하지만 정부의 수출보조금과 소비자잉여의 감소라는 사회적 비용을 치르고 얻어진 효과이며 사회적으로는 결국 순손실을 보게 된다.

5. 기타 보호주의수단

1970년대 초 1차 석유파동을 계기로 세계경제가 침체국면에 빠져들면서 미국을 비롯한 일부 선진국들이 자국산업에 대한 보호조치를 강화하였다. 그렇지만 GATT 체제 하에서는 관세와 수량규제와 같은 전통적인 수입규제방법은 채택하기 어렵게 되자 이들 국가는 GATT체제를 회피하거나 불분명한 GATT규정을 남용하는 방법 등 소위 비관세장벽에 크게 의존하였다. 이러한 보호조치를 회색지대조치(grey area methods)라고 지칭한다.

5.1 수출자율규제

수출자율규제(VERs : Voluntary Export Restraints)란 어떤 특정국가가 특정상품의 수출량을 자발적으로 줄임으로써 수입국의 입장에서는 마치 수입규제의 효과를 갖게 되는 것을 말한다. 수출자율규제는 수출국에서 규제를 하고 있으나 일종의 수량규제와 유사하여 수입국의 입장에서 보면 그 경제적 효과는 수량규제의 그것과 유사하다. 수출자율규제는 일반적으로 수입국의 강요에 의해 규제의 폭과 양, 그리고 기간 등이 결정되기 때문에 진정한 의미에서는 자율적 규제와는 거리가 멀다.

1960년대 초 미국이 일본의 면직물수출을 통제하기 위해서 일본과 맺은 면직물협정을 시발로 해서 수출자율규제는 점차 기타 선진국으로 확대되었고 1970년대에는 면직물 이외의 모든 섬유류와 의류를 포함하는 소위 다자간섬유협정(multi-fiber arrangement)으로 발전되어 현재까지 지속되고 있다. 또한, 그 동안 수출자율규제의 대상품목도 섬유류에서 신발류, 철강제품, 기계류는 물론 전자제품, 자동차, 반도체 등으로 계속 확대되어 왔다. 그 결과 수출자율규제는 신흥공업국들이 직면하고 있는 선진국들의 비관세장벽 중 중요한 비중을 차지하는 수단이 되었다.

경제적 효과에서 볼 때 수출자율규제가 수입국에 미치는 경제적 효과는 수입쿼터의 그것과 동일하나 한 가지 점에서 차이를 보이고 있다. 즉, 수입쿼터는 발생하는 프리미엄이 수입국의 수입면허자에게 귀속되는데 반해 수출자율규제의 경우 수출국의 수출면허자에게로 이전된다는 점에서 차이를 보인다. 즉, 〈그림 25-1〉에서 사각형 *GFBC* 에 해당하는 수입국의 소득이 수출국의 공급자에게로 이전된다는 것이다.

따라서 수입국의 후생측면에서 볼 때 수출자율규제가 관세나 수량규제보다 더 선호될 이유는 없다고 할 수 있다. 그럼에도 불구하고 주요 선진국들이 수출자율규제를 선호하는 이유는 WTO규정에 위반하지 않고 국내산업을 보호할 수 있기 때문이다. 또 다른 이유로는 법적, 제도적 관점에서 수출자율규제는 실행하기가 비교적 쉽다. 일반적으로 관세나 긴급수입제한(safeguard) 그리고 수입쿼터를 실시하기 위해서는 국내는 물론 국제적으로 합법적인 복잡한 절차를 거쳐야 하나 수출자율규제는 관련국 간의 협상에 의해서 쉽게 실시될 수 있다.

5.2 반덤핑관세와 상계관세

덤핑이란 어떤 상품을 자국의 국내시장보다 낮은 가격으로 해외에 판매하는 것을 말한다. 따라서 덤핑은 일종의 가격차별행위이다. 덤핑이 가능하기 위해서는 국내시장과 해외시장을 분할할 수 있어야 한다. 왜냐하면 시장이 분할되지 않으면 값싸게 수출한 상품이 동일한 가격으로 다시 역수입될 수 있기 때문이다. 국제무역은 관세장벽이나 다른 무역장벽으로 인해 덤핑으로 수출한 상품이 역수입되는 것이 어려울 수 있다.

수입국의 입장에서는 덤핑이 반드시 나쁜 것이라고만 할 수 없다. 왜냐하면 국내 경쟁산업에 심각한 피해가 없을 경우에는 적어도 단기적으로 국내 소비자가 값싼 가격으로 그 상품을 구입할 수 있기 때문이다. 그러나 국제무역에서는 이러한 덤핑을 불공정행위로 간주하여 그 사용을 엄격히 금지하고 있다. 이는 앞서 말한 바와 같이 수입국의 입장에서는 덤핑으로 말미암아 국내산업이 피해를 입게 되며 심지어는 낮은 가격으로 국내산업을 도태시킨 후 독점력을 이용하여 높은 가격으로 수입국의 국내시장을 착취한다는 소위 약탈적 덤핑이 가능하기 때문이다.

동시에 유사한 이유로 수출이나 수입에 영향을 미칠 수 있는 어떤 형태의 정부보조금도 국제협정에 의해 불공정행위로 간주되어 그 사용이 금지되어 있다. 덤핑과 보조금에 대한 규정은 GATT 제6조(anti-dumping and countervailing duties)와 제16조(subsidies)에 수록되어 있다. 이 규정에 따르면 덤핑행위나 보조금 행위가 발견되고 이로 인해서 수입국의 산업이 '실질적 피해(material injury)'를 입혔을 경우 수입국의 정부는 덤핑마진이나 부여된 보조금의 범위 내에서 반덤핑관세(anti-dumping duties)나 상계관세(countervailing duties)를 부과하는 것을 허용하고 있다.

반덤핑행위나 보조금행위가 수입국의 경쟁산업에 피해를 주는 것도 문제이지만 이와 같이 GATT조항에 허용된 불공정무역행위의 규제조항이 일부 선진국에 의해서 자국산업의 보호수단으로 남용되고 있다는 것도 큰 문제로 지적되고 있다. 이러한 사실은 덤핑판정의 기초가 되는 공정가격을 어떻게 산정할 것인가, 보조금의 종류와 범위를 어떻게 선정할 것인가, 그리고 어느 정도를 실질적 피해라고 볼 것인가 하는 것들에 대한 해석이 수입국의 입장에서 자의적으로 행해질 수 있기 때문이다.

[사례 1] 세계 100대 시장에서의 한국의 시장점유율

수출이 특정 국가들에게 집중되면 해당 수입국으로부터 수입규제조치를 당할 수 있다. 따라서 이러한 조치를 받지 않기 위해서는 수출시장다변화가 필요한 것이다. 이러한 차원에서 한국 수출이 세계 각국의 수입시장에서 차지하는 점유율을 살펴볼 필요가 있다.

한국의 수출은 지난 수십 년 동안 괄목한 말한 성장을 보인 덕분에 최근 들어 수출규모는 세계에서 12~13위를 보이고 있고 세계수출시장에서 차지하는 비중은 2.6% 내외를 보이고 있다. 그렇다면 해당국가의 수입시장에서 한국이 차지하는 시장점유율은 비슷할까 아니면 판이하게 다를까? 한마디로 말하자면 대체로 수입시장별로 별 차이를 보이지 않고 있다. 그 만큼 한국의 수출이 시장다변화가 이루어졌음을 의미한다. 그러나 유럽시장에서 만큼은 매우 낮은 점유율을 보이고 있다.

한국의 수출을 국가별로 순위를 주어 세계 100대시장에서 한국의 수출이 차지하는 점유율은 분석해보면 2.7%로 나타나 세계전체에서 차지하는 점유율 2.6%와 비슷하게 나타났다. 100대 시장 중 해당국의 수입시장에서 차지하는 점유율이 1% 미만은 27개국이며 이 중 23개국이 유럽국가들이다. 유럽국가 중 폴란드가 2.58%로 가장 높으며 1% 미만의 국가는 스위스(0.28), 오스트리아(0.36), 스웨덴(0.43), 벨기에(0.45), 체코(0.56), 덴마크(0.56), 프랑스(0.57) 등으로 나타났다. 반면 점유율이 높은 지역으로는 아시아, 중동이며 국가별로는 베트남(11.3), 중국(9.9), 인도네시아(9.1), 이란(8.0), 과테말라(7.9), 필리핀(7.6), 일본(5.4%)으로 나타났다. 한편, 경쟁국인 중국과 비교해 보면 중국은 100대 수출시장에서 차지하는 점유율은 6.15%로 나타나 한국의 2배를 넘어서고 있다. 지역별로 양국의 점유율을 비교해 보면 아프리카와 중동지역은 비슷하게 나타났고 그 외 아시아와 대양주, 유럽지역은 중국의 시장점유율이 한국에 비해 2배 이상을 보이고 있다.

〈표 25-1〉 세계지역별 한국과 중국의 시장점유율(2000년) (단위 : %)

	한국	중국
100대 국가 계	2.71	6.15
아 시 아	5.92(5.10)	16.08(7.30)
아 프 리 카	4.00	4.51
대 양 주	3.55	7.55
중 동	3.45	3.55
북 미	2.98	7.63
중 남 미	2.70	1.81
유 럽	0.97	2.35

주: ( )안은 홍콩 제외시

자료 : IMF, Direction of Trade Statistics

5.3 기타

비관세장벽은 위에서 살펴본 것 외에도 다양한 형태가 있다. 예를 들면, 기술적 또는 행정적 규제, 복잡한 유통구조 그리고 심지어는 상행위에 대한 관습이나 법적 제도 등이 있다. 이 중 정부의 기술이나 행정규제는 자국상품과 타국상품 간에 차별적으로 이용될 때 무역장벽이 된다. 즉, 수입허가를 다양하게 하거나 통관절차를 복잡하고 비용이 많이 들게 함으로써 수입을 제한시키는 행정적 규제가 있으며 정부가 수입품에 대한 안전규제, 보건규제, 규격규제, 그리고 표시규제 등을 까다롭게 만들어 수입을 저해하는 각종 기술적 규제가 있다. 또한, 정부가 재화 및 서비스를 민간부문으로부터 조달할 때 국내공급자에게 상대적으로 유리한 혜택을 주는 정부 구매제도 등이 있다 이러한 비관세장벽은 공식적이든 비공식적이든 모두 수입상품의 비용을 상승시킴으로써 수입을 억제하는 역할을 한다.

[사례 2] 미국의 수입규제의 경제적 효과

미국이 수입규제를 실시함으로써 발생하는 경제적 효과는 어떠할까? 즉, 미국은 교역상대국에 대해 여러 수입규제조치를 실시함으로써 경제적 이득을 보고 있는가 아니면 손실을 보고 있는가?

최근 국제무역위원회(USITC)는'The Economic Effects of Significant U.S. Import Restraints(제4판)'에서 그 질문에 대답을 해주고 있다. 이 보고서에 따르면 미국이 현재 실시하고 있는 주요 수입규제를 동시에 폐지할 경우 미국경제의 고용, 생산, 수출입, 후생이 모두 증가하는 것으로 나타났다. 수입규제를 폐지할 경우 고용은 17,370명 창출되고 생산은 588억 달러 증가하는 것으로 나타났다. 또한, 수입과 수출은 각각 206억 달러, 78억 달러 증가하며 사회후생도 144억 달러 증가하는 것으로 분석되었다.

산업별로 보면 수입규제 폐지대상 주요 산업들의 대부분에서 생산, 고용, 수출이 감소하고 수입은 증가하는 것으로 나타났다. 즉, 의류 및 섬유산업과 해상운송의 생산 및 고용이 크게 감소하는 것으로 나타났으며 반면 수입규제가 없는 다른 산업 즉 서비스, 도소매, 내구재 제조업의 생산 및 고용이 크게 증가하는 것으로 추정되었다. 본 연구에서 분석대상 수입규제로는 1999년 기준으로 관세, 관세율쿼터, 통상법 201조의 긴급수입제한, 쿼터 등 비관세장벽을 포함하고 있다.

〈표 25-2〉 주요 수입규제 폐지가 미국경제에 미치는 효과

(단위 : 명, 백만 달러)

경제지표	증가효과	증가율(%)
고 용	17,370	0.01
생 산	58,814	0.4
수 입	20,656	1.7
수 출	7,849	0.8
후 생	14,350	0.2

주 : 1999년 기준임

자료 : 미 국제무역위원회(USITC)

〈표 25-3〉 미국의 주요수입규제 유형 및 규제산업

수입규제	규제산업
고관세	세라믹 타일, 중국식 식탁용 기구, 신발, 냉동과일 · 과일주스 · 채소, 시계, 의상장신구
관세율쿼터	쇠고기, 면화, 유제품, 땅콩, 담배, 올리브, 연료용 에틸알코올, 참치통조림, 설탕 및 설탕함유제품
쿼터	섬유 · 의류
201조(세이프가드)	양고기 및 밀 글루텐
서비스 제한	트럭운송
서비스 금지	해상운송

제26장

전략적 무역정책과 시장왜곡

제 1 절 전략적 무역정책

1. 브랜더-스펜서 모형

브랜더-스펜서(Brander-Spencer) 모형은 정형화된 사례를 통해서 설명하는 것이 오히려 그 시사점을 파악하는데 도움을 준다.[1] 새로운 형태의 여객기를 생산할 수 있는 기술을 갖고 있는 두 기업을 X와 Y라고 하고 X는 A국에, Y는 B국에 존재한다고 가정하자. 각 기업은 진입하여 신형여객기를 생산할 것인가 아니면 진입하지 않고 그 여객기 생산에 전혀 참여하지 않을 것인가를 선택하여야 한다. 이들이 만일 개별적으로 시장에 진입한다면 이윤을 획득할 수 있고 두 기업 모두 시장에 진입하면 손해를 본다고 가정하자. 이러한 상황은 〈표 26-1〉에 정리할 수 있다.

1) 브랜더-스펜서 모형의 사례에 대한 논의는 Paul Krugman, 'Is free Trade Passe?', Journal of Economic Perspectives(Fall, 1987) 논문에서 알기 쉽게 다루고 있다.

〈표 26-1〉 두 기업의 경쟁

Y ＼ X	생 산	생산하지 않음
생 산	-10 -10	0 100
생산하지 않음	100 0	0 0

위쪽의 숫자는 X기업의 이윤을 나타내고, 아래쪽의 숫자는 Y기업의 이윤을 나타낸다. 두 기업 모두 진입하지 않기로 결정한다면 이윤은 0이 될 것이다. 단독으로 진입한 기업의 이윤은 100이다. 그러나 두 기업 모두 진입하면 각각 10의 손실을 보게 된다. 각 기업이 동시에 결정을 내릴 경우 게임의 유일한 해결책은 존재하지 않는다.[2)]

즉, X기업이 생산할 경우 Y기업은 생산하지 않는 것이 최선의 전략이고(0>-10), Y기업이 생산할 경우 X기업은 생산하지 않는 것이 최선이다(0>-10). 그러나 이유야 어떠하든 X기업이 Y기업보다 먼저 시장에 진입할 수 있다고 가정하자. 선발기업 X는 신형 비행기를 생산할 것이고 Y기업의 최선의 전략은 진입하면 손해를 보기 때문에(-10) 정부개입이 없는 경우 X기업은 시장에 진입하여 100의 이윤을 얻을 수 있으며 Y기업의 시장진입은 저지된다.

이러한 상황에서 경쟁의 초기에 정부가 개입한다고 가정하자. B국이 X기업의 생산여부에 관계없이 Y기업이 시장에 진입한다면 15의 수출보조금(export subsidy)을 Y기업에게 지원해 준다고 하자. 그러면 그 결과는 〈표 26-2〉와 같이 정리할 수 있다.

수출보조금 지급으로 인한 상황변화는 게임의 양상을 바꾸어 놓는다. X기업이 시장에 진입하든지 안 하든지 무엇을 하든 Y기업은 시장진입으로 이윤을 확신할 수 있다. 그러나 X기업의 입장에서는 Y기업과 같은 수출보조금이 없으면 손실을 보게 된다(-10). 그러므로 Y기업은 신형 비행기를 생산하고 X기업은 진입하지 않는 것이 최선의 전략이다.

2) 상대방의 균형전략에 대하여 자신의 균형전략이 최선의 대응이 되도록 하는 전략을 내쉬(Nash)균형이라고 한다.

〈표 26-2〉 보조금과 두 기업의 경쟁

X Y	생 산	생산하지 않음
생 산	-10 -10	0 115
생산하지 않음	100 0	0 0

수출보조금 15로 인해 Y기업은 이윤을 0에서 115만큼 증가시켰다. 그러나 수출보조금은 불과 15이다. 다른 100의 이윤은 A국으로부터 B국으로의 부(wealth)의 이동을 의미한다. 결과적으로 수출보조금은 Y기업에게 게임에서 이길 수 있도록 전략적 우위(strategic superiority)를 제공한다. 이러한 수출보조금이 전략적 무역정책이다. 물론 이것은 가설적인 예에 불과하다. 그러나 외국의 경쟁산업에 대한 자국산업의 적극적인 보호가 국가에 이윤을 가져다 줄 수 있다는 원리를 내포하고 있다.

결국 전략적 무역정책의 논리는 불완전경쟁 하에서 한 기업의 행위가 외국기업들에 영향을 미치게 된다.[3] 이러한 상황 하에서는 수출보조금이나 수입관세 같은 정책이 국내의 경제적 후생을 증가시킬 수 있다는 것이다. 국제무역이 마치 스포츠시합처럼 승자와 패자를 가리는 국제경쟁을 의미한다면 자국의 이익을 위해서 할 수 있는 모든 일을 다 할 수 있다. 이러한 사고는 경제학의 기본 원리 중 하나인 자유무역에 대한 이념을 기초부터 뒤흔드는 것이다.

2. 전략적 무역정책과 외국독점

A국이 B국의 독점기업으로부터 X재를 수입한다고 가정하자. A국의 수요곡선이 D_A이고 수요곡선이 직선일 경우 그 수요곡선에 상응하는 한계수입 MR_A는 D_A의 P_X축 절편에서 시작하여 D_A의 X축 절편의 절반을 지나게 된다. B국의 독점기업의 한계비용을 C라고 하자. 한계비용이 일정한 경우 MC곡선은 수평선으로 그려진다.

3) 한국의 의류공장이 생산량을 증가시키기로 결정한 경우 그러한 결정은 미국의 의류공장의 생산계획에 영향을 미치지 않는다. 그러나 일본의 도요타가 자동차생산을 증가시키기로 결정하면 GM이나 Ford의 자동차 생산계획에 영향을 줄 수 있다.

고정비용(FC : Fixed Cost)이 존재하지 않으면 총비용(TC : Total Cost)은 $TC = CX$이므로 평균비용(AC : Average Cost)은 $AC = \frac{TC}{X} = \frac{CX}{X} = C$가 된다. 따라서 평균비용과 한계비용은 같아진다.

독점기업의 이윤극대화조건(profit maximization condition)은 $MR = MC$이므로 자유무역 하에서 B국의 독점기업은 P_X' 가격으로 생산량 X'를 A국에 수출하게 된다. 총수입(TR : Total Revenue)은 $TR = P_X' \cdot X'$이므로 직사각형 $0X'QP_X'$의 넓이가 되며, 총비용(TC)은 $TC = C \cdot X'$이기 때문에 직사각형 $0X'PC$의 넓이가 된다. 따라서 독점이윤(monopoly profit)의 크기는 총수입에서 총비용을 제한 것이므로 빗금친 부분이 된다. 이러한 경제적 상황이 〈그림 26-1〉에 정리되어 있다.

〈그림 26-1〉 독점기업과 관세

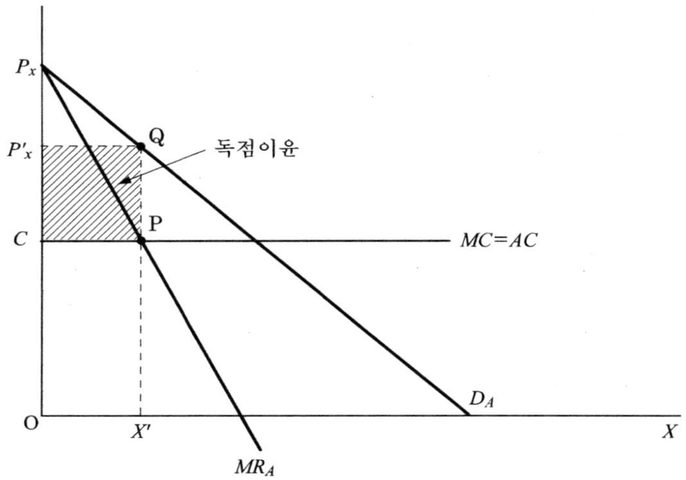

P_X'의 수출가격 하에서는 A국의 X재 생산업자는 경쟁할 수 없다고 가정할 경우 A국은 B국의 독점이윤을 획득할 수 있도록 관세를 부과할 수 있다. B국의 독점기업이 A국의 X재 시장을 석권하려고 하면 B국은 X재에 대해 관세부과 후에도 여전히 X재를 수출할 것이다. 이러한 경우에 B국의 독점이윤은 단순히 A국으로 옮겨질 뿐 A국과 B국의 무역수준은 변화하지 않기 때문에 경제적 순손실이 발생하지

않는다. 비록 극단적인 예에 불과하지만 전략적인 무역정책인 관세부과가 국내후생을 증가시킬 수 있다.

[사례 1]

국제무역은 언제나 상황이 특수하기 때문에 악순환의 명확한 사례를 지적하기가 용이하지 않다. 그러나 영국 항공산업의 쇠퇴를 생각해 보자. 이는 미국의 항공산업 성장의 이면이다. 영국은 한 때 항공산업의 선두주자였다. 제2차 세계대전 중 영국의 스핏파이어 전투기들은 독일이나 미국이 공중에 띄울 수 있는 어떤 것보다 기술적으로 우위에 있었다. 최초의 민간 제트여객기는 미국이 아닌 영국에서 나왔다. 영국의 기술적 쇠퇴는 필연적인 것이 아니었다. 쇠락하는 경제에도 불구하고 영국은 제약산업, 더욱이 제트엔진(롤스로이스에 의해 제작됨)을 포함한 다수의 첨단산업에서 우월한 위치를 확보하고 있었다. 그러나 항공산업은 1960년대에 위축되고 있었다.

영국 항공산업의 경쟁력 상실의 주요 요인은 미 국방부에 의해 초래되었다. 1950년대 미 군부의 방대한 발주량이 미국의 기업들로 하여금 제트기술에서 결정적인 우위를 차지하도록 하였다. 일단 세계시장에서 축출되자 영국은 재진입을 가능하게 할 수도 있는 지식, 관련 부품공급자, 숙련노동자라는 기반을 상실해 버렸다.

* 자료 : P. Krugman 지음. 김이수 · 오승훈 옮김, 경제학의 향연, pp. 284~285 참조

제 2 절 시장왜곡

전통적 무역이론은 재화 및 요소시장이 완전경쟁적이라고 가정한다. 그러나 현실경제에서는 시장왜곡이 존재하여 가격기구만으로 자원의 최적배분이 이루어지지 않을 경우가 많다. 시장왜곡은 시장실패(market failure)에 의해 발생한다. 즉 생산, 소비활동에 외부경제성이 존재하거나 시장규모가 협소하여 완전경쟁이 이루어지지 않을 경우에 시장왜곡이 주로 발생한다.

시장실패에 의한 시장왜곡이 존재하는 경우 이를 시정하기 위해 정부의 개입이 요구되고 이러한 수단으로 무역정책이 활용된다. 예를 들면, 국내시장에서 어떤 산업이 독과점적 시장구조를 가질 때에는 국내시장에 경쟁적 요인을 도입하기 위해서

무역자유화정책이 사용될 수 있으며 국제시장이 독과점적 시장구조를 가질 때에는 자국산업이 이러한 독과점적 이윤을 획득할 수 있도록 최적관세나 전략적 무역정책이 고려될 수 있다. 반면에 시장왜곡은 적절하지 못한 정부정책의 결과로 초래되는 경우도 있다. 예를 들면, 일국이 특정산업의 육성을 위해서 금융 및 세제상의 지원할 실시할 때 자원배분의 왜곡을 초래할 수 있고 또한 유치산업보호라는 명분으로 특정산업에 대해 수입장벽을 설치하는 경우에는 그것은 소비자의 손실은 물론 다른 산업에 대한 역보호를 초래하여 자원배분의 효율성을 저해할 수 있다.[4)]

1. 불완전한 국내시장

1.1 독과점적 시장구조

일국의 국내시장에서 어떤 재화가 독과점을 보일 경우 재화 간의 한계전환율과 상대가격이 서로 일치하지 않게 되어 생산에서의 왜곡이 발생하게 된다. 이는 불완전경쟁 하에서 자원이 효율적으로 활용되지 못한다는 것을 의미한다. 이를 그림을 이용해서 살펴보자.

〈그림 26-2〉에서 보는 바와 같이 수입재인 Y재의 국내생산이 어떤 기업에 의해서 독과점을 보일 경우 그것이 국내생산과 가격에서 왜곡이 발생하는 것을 보여주고 있다. 먼저 폐쇄경제 하에서 X, Y재의 두 산업이 모두 완전경쟁적이라면 국내생산과 소비는 생산가능곡선상의 점 C_1에서 이루어지며 이 점에서의 접선의 기울기인 $(P_x/P_y)^1$ 이 균형가격이 된다. 이제 Y재의 생산이 독점상태에 있다고 가정하자. 그러면 Y재 산업은 완전경쟁상태보다 생산량을 줄이고 가격은 한계비용보다 더 높게 책정함으로써 이윤을 극대화할 것이다. 이러한 독점행위는 재화의 상대가격을 왜곡시킴으로써 결과적으로 재화의 상대가격은 $(P_x/P_y)^1$ 에서 $(P_x/P_y)^m$ 으로 낮아지고 생산 및 소비점은 점 C_1에서 점 M으로 이동하게 된다. 따라서 이 나라의 후생수준은 SIC_1에서 SIC_m 으로 하락하게 된다. 이러한 결과는 이 나라가 금지적 관

4) 본 장의 내용은 P. R. Krugman and M. Obstfeld의 「*Internatioanl Economics*」와 남종현의 『국제무역론』을 중심으로 하고, 여러 무역이론교재들을 자유롭게 인용하였다.

세를 적용함으로써 폐쇄상태에 있을 때 일어나는 경우이다.

이제 이 나라가 무역자유화를 하게 되면 국내 독점산업인 Y재산업은 세계시장에서 값싼 Y재 수입품과의 경쟁에 직면하게 된다. 이 경우 이 나라는 소규모 국가로서 세계시장가격에 영향을 미칠 수 없다면 국내독점산업은 더 이상 독점적 지위를 유지할 수 없게 되고 주어진 세계시장가격에서 순수한 경쟁산업으로 바뀌게 된다. 따라서 이 나라의 생산은 점 A로 이동하게 되고 따라서 소비는 C_2에서 이루어지며 사회후생은 SIC_2로 극대화된다. 결국 국내시장에서 독점기업이 존재할 때 자유무역이 보다 나은 정책임을 알 수 있다.

〈그림 26-2〉 국내독점에 의한 왜곡과 무역자유화정책

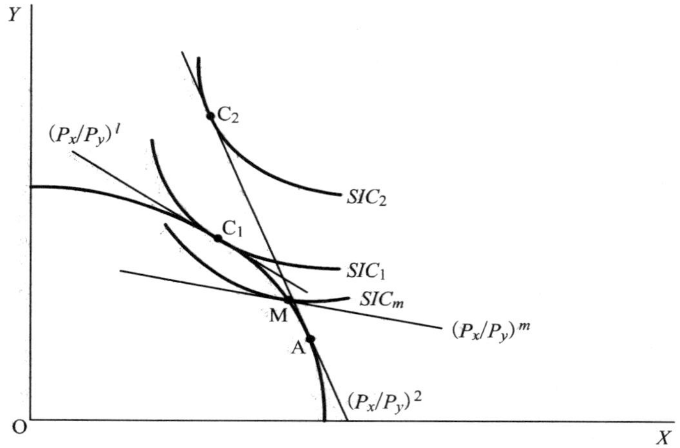

국내독점에 의해 국내생산과 가격에서 왜곡이 발생할 경우 무역자유화 조치는 사회후생을 향상시킬 수 있다. 즉, 무역자유화조치로 생산은 점 A에서, 소비는 C_2에서 이루어지며 사회후생은 SIC_2로 극대화된다.

한편, 수출상품에 대해서도 국내생산자로 하여금 국내시장에서 독점적 이윤을 누리게 허용하는 경우가 있다. 이것이 가능하기 위해서는 그 상품의 국내생산자가 소수이고 수출상품의 국내시장이 금지적 관세 등으로 보호되어 있어 수출한 상품이 역수입되는 것이 불가능할 경우에만 가능하다. 그 결과로 수출상품의 국내가격은 국제가격보다 높아지고 그 재화의 국내공급도 자유무역의 경우보다 적어진다. 따라

서 사회후생수준도 자유무역에서 보다 낮아진다. 그럼에도 불구하고 이러한 정책이 실시되는 이유는 그것이 정부의 직접적 보조금에 의존하지 않고 수출초기단계에 있는 국내 수출기업들의 채산성을 높여 주거나 해외시장에서의 손실을 간접적으로 보전해 줄 수 있다는데 근거하고 있다. 그러나 최근에는 국내시장에 대한 무역장벽도 거의 사라지고 이러한 정책은 상대국가에 덤핑규제의 구실을 제공하게 되어 그 사용이 어렵게 되었다.

1.2 외부경제효과

어떤 재화시장에 왜곡상태가 존재할 수 있는 또 하나의 경우는 그 재화를 생산함으로써 외부경제(external economy)나 외부비경제(external diseconomy)를 발생시키는 경우이다. 어떤 재화의 생산이 외부경제를 발생시키는 경우는 그 재화의 사적 한계비용이 사회적 한계비용보다 크다는 것을 의미한다. 예를 들면, 수목원을 경영하는 경우 인근의 사람들에게 외부경제를 가져온다. 이러한 경우 정부는 적절한 조세를 통해서 그 나라의 자원배분의 효율성을 높일 수 있다. 그림을 통해 이를 살펴보자.

〈그림 26-3〉에서 S와 D는 각각 A국에서의 X재 산업의 공급곡선—이 기업의 공급곡선은 동시에 사적 한계비용곡선을 의미한다—과 수요곡선을 나타낸다. 이때 외국의 공급곡선이 무한대의 탄력성을 가진 W라고 하면 자유무역 하에서 A국은 국제가격 P에서 Q_4 만큼을 소비하고 Q_1 만큼을 생산하게 되며 그 차이인 DC만큼을 해외로부터 수입하게 될 것이다.

이제 A국이 X재 생산에 외부경제효과를 발생한다고 하자. 그러면 X재 생산에 있어서 사회적 한계비용이 사적 한계비용보다 적기 때문에 사회적 한계비용은 사적 한계비용을 나타내는 S곡선보다 아래에 위치한 S'로 나타난다. 따라서 자유무역 하에서 X재의 국내생산량은 사회적으로 바람직한 생산량인 Q_2보다 적은 Q_1으로 나타난다.

〈그림 26-3〉 외부경제 하의 관세 및 보조금정책

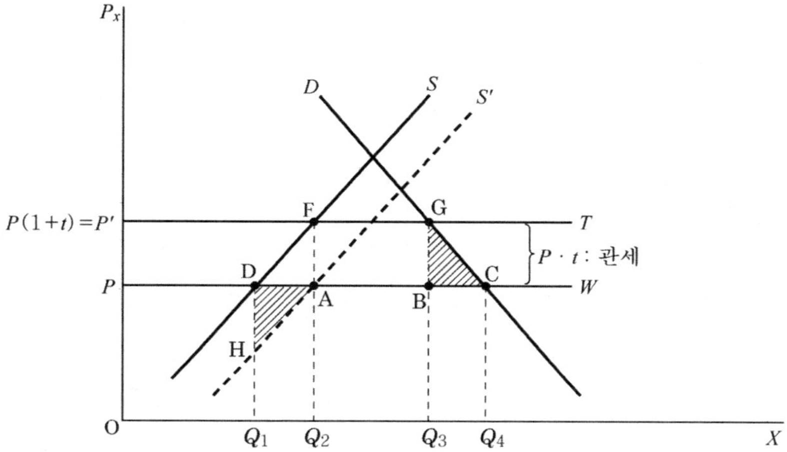

외부경제가 발생할 경우 그 재화의 사적 한계비용이 사회적 한계비용보다 커서 자유무역 하에서 국내생산량은 사회적으로 바람직한 생산량보다 적게 나타난다. 이러한 경우 관세나 보조금정책을 실시하면 사회적으로 바람직한 생산량을 유도할 수 있다.

이러한 경우 국내생산량을 사회적으로 바람직한 Q_2 수준으로 증가시키기 위해서는 관세와 같은 무역정책에 의존하게 된다. 〈그림 26-3〉에서 보는 바와 같이 X재의 수입에 t만큼의 관세율을 부과하면 X재의 국내가격은 P에서 $P'(=P(1+t))$로 상승하게 된다. 국내생산량 또한 DA만큼 증가하여 사회적으로 바람직한 생산량인 Q_2가 된다. 그러나 소비는 Q_3에서 Q_4로 BC만큼 감소하게 된다. 따라서 관세를 부과하면 생산면에서의 왜곡이 시정됨으로써 사회후생은 삼각형 DAH만큼 증가하지만 국내소비가 감소하여 소비자잉여는 삼각형 GCB만큼 감소한다. 결국 생산왜곡을 시정하기 위한 관세정책이 후생에 미치는 효과는 생산자잉여의 증가분 DAH와 소비자잉여의 감소분 GCB의 크기에 달려 있다.

그러나 생산을 증가시키려는 정부의 목표는 관세정책대신 생산보조금을 지급함으로써 더 효율적으로 달성할 수 있다. 즉, X재 산업의 단위생산당($P \cdot$t)의 크기에 해당하는 보조금을 지급하면 X재의 공급곡선은 S에서 S'로 이동시켜 Q_2를 생산하게 된다. 즉, 보조금을 포함한 사적 한계비용(private marginal cost)은 모든 산출량에서 사회적 한계비용(social marginal cost)과 일치하게 된다. 이때 X재의 국내가격 P는 아무런 변동이 없으므로 소비수준은 자유무역 하에서의 소비량 Q_4와 동일하다. 따라서 생산왜곡을 시정함으로써 DAH만큼의 후생이 증가한다. 위의 분석을 통해 알 수 있는 것은 생산면에서의 왜곡을 시정하려는 무역정책은 관세정책보다는 자유무역 하에서 정부가 보조금을 지급하는 정책이라는 것이다.

1.3 유치산업보호의 동태적 외부경제효과

정부개입이 요구되는 경우로서 외부경제를 근거로 한 유치산업보호론을 들 수 있다. 유치산업보호론에 의하면 한 나라에서 새로운 산업이 성장하는 과정에서 일정기간 동안에 걸쳐 동태적 외부경제효과가 발생하며 이를 보상하기 위해서는 적절한 정부개입이 요구된다는 것이다. 그런데 대부분의 개발도상국에서는 유치산업으로 간주되는 제조업을 보호, 육성하기 위하여 관세나 다른 수입규제와 같은 무역정책을 사용하였다. 그러나 앞에서 살펴보았던 것처럼 이러한 경우 무역정책보다는 보조금정책에 의한 정부개입이 더 효율적인 정책이라는 것이다.

이러한 이론적 근거에도 불구하고 역사적으로 볼 때 오늘날 가장 앞선 선진국인 미국, 일본, 독일조차도 그들의 공업화 초기단계에서는 높은 관세나 광범위한 수입규제와 같은 무역정책을 통해서 공업화를 추구하였다. 이처럼 유치산업을 보호, 육성하기 위해서 무역정책이 주로 활용된 데에는 이 이론의 역사적 발전과정과 밀접한 연관성을 가지고 있다. 초기 유치산업보호론은 미국의 해밀턴(A. Hamilton, 1791)과 독일의 리스트(F. List, 1837), 영국의 밀(J. S. Mill:1848)에 의해 주장되었는데 이들에 따르면 외국과 경쟁할 수 있는 산업을 보호하기 위해서는 보호관세가 가장 편리한 수단이라는 것이다. 이후 바스테이블(Bastable, 1903)은 유치산업 보호가 정당화되기 위해서는 보호의 결과로 언젠가는 경쟁력을 갖게 된다는 조건만으로는 부족하다는 것이다. 다시 말해서 보호기간 동안에 치러진 비용을 보상할 수 있을 만큼 충분한 이익을 가져와야 한다고 주장하고 있다. 그러던 것이 최근의 유치산업보호론(H. G. Johnson, 1965)에 의하면 유치산업은 성장해서 국제경쟁력을 갖추어야 함은 물론 성장기간동안 외부경제효과를 발생함으로써 정부의 개입이 필요하며 이를 위한 최선의 정책은 관세정책이 아니라 유치산업에 대한 보조금이라고 주장하고 있다.

현실적으로 유치산업보호론은 전후 개발도상국의 무역정책에 지대한 영향을 미쳤다. 특히, 브라질, 아르헨티나와 같은 남미국가들은 무역정책을 무분별하게 사용함으로써 경쟁력없는 수입대체산업을 양산하여 자원의 낭비는 물론 무역의 축소를 초래하였다. 이에 비하여 한국, 대만 등을 비롯한 아시아 신흥공업국은 수출지원정책을 사용하여 유치산업을 효과적으로 쉽게 경쟁력을 확보함으로써 지원의 낭비가 방지되었던 것으로 평가된다.

2. 불완전한 국제시장

2.1 독과점적 국제시장구조와 전략적 무역정책

앞에서는 한 나라 안에서 어떤 상품에 대한 시장이 독과점적 구조를 가질 때 생산의 왜곡에 의해 자원의 낭비가 발생하며 따라서 이를 시정하기 위한 효과적인 방법이 자유무역이라는 것을 살펴보았다. 이것은 국제시장은 그 규모가 크기 때문에 완전경쟁적 구조를 갖게 되며 어떠한 기업도 독점력을 가질 수 없기 때문에 가능한 것이다. 그러나 규모의 경제로 인하여 최적단위의 기업규모가 워낙 커서 하나 혹은 소수의 기업에 의해서 세계수요가 효과적으로 발생하는 경우가 있다. 이러한 경우 세계시장은 독과점적 시장구조를 갖게 되고 여기에 참여한 기업들은 정상이윤을 초과하는 독과점적 이윤을 누리게 된다. 따라서 국제무역에서 이 같은 상황이 발생하게 되면 그 이윤을 가져가기 위해 국가간 경쟁이 발생하게 된다. 예를 통해 살펴보자.

국제시장에서 상품 X재를 생산할 수 있는 기업으로는 A, B의 두 기업만이 존재하고 이들은 본국과 외국에 속해 있다고 하자. 그런데 X재의 국제시장은 한 기업만이 생산활동을 하는 경우 큰 초과이윤을 남길 수 있지만 두 기업이 생산하게 되면 두 기업 모두 손해를 보게 되는 특징을 가지고 있다. 〈표 26-3〉은 이러한 상황 하에서 두 기업이 각각의 결정에 따라 어떠한 손익을 얻게 될 것인가를 나타내는 보수행렬(payoff matrix)이다. 각 칸의 두 수치는 두 기업이 얻을 수 있는 이윤을 나타내는데 첫 번째 수치는 A기업의 이윤을 나타내고 두 번째 수치는 두 기업이 얻을 수 있는 이윤을 나타낸다.

〈표 26-3〉 각 기업의 생산여부와 손익행렬

B사 \ A사	생산참여	생산불참
생산참여	-10 -10	50 0
생산불참	0 50	0 0

〈표 26-3〉에서 보는 바와 같이 각 기업이 혼자만 생산하는 경우 20의 이윤을 얻을 수 있으나 두 기업 모두가 생산하는 경우에는 두 기업 모두 10만큼의 손해를 보게 된다. 이러한 경우 과연 어느 기업이 X재 생산에서 발생하는 이윤을 얻게 될 것인가? 이는 어느 기업이 먼저 생산을 하느냐에 달려 있다. 만일 외국의 B기업이 본국의 A기업보다 먼저 X재를 생산한다고 가정해 보자. 이러한 경우 본국의 A기업은 생산에 참여하는 경우 -10의 이윤을, 생산에 참여하지 않을 경우 0의 이윤을 얻게 되므로 생산에 참여하지 않을 것이다. 따라서 외국의 B기업만이 독점적으로 생산하게 되고 이 경우 50의 이윤을 얻게 된다.

이러한 상황에서 본국의 정부가 개입하여 A기업이 X재 생산에 참여하는 경우 20만큼의 보조금을 준다고 가정하자. 이 경우 보수행렬은 〈표 26-4〉로 나타난다. 이러한 경우 A기업은 비록 B기업이 이미 생산을 하고 있더라도 10의 이윤을 얻을 수 있으므로 생산에 참여하게 된다. A기업이 생산에 참여하게 되는 경우 외국의 B기업은 이윤이 -10이 되므로 결국 생산을 포기할 것이다. 이러한 경우 최종적으로 A기업은 70의 이윤을, B기업은 0의 이윤을 얻게 된다. 위의 분석을 정리하면 본국정부가 전략적으로 보조금을 지급함으로써 외국기업의 생산을 막고 외국이 누리는 이윤을 본국으로 돌릴 수 있게 된다. 이 경우 본국정부는 20만큼의 비용을 사용하지만 자국의 A기업이 70의 이윤을 가져다줌으로 국가 전체적으로는 전략적 무역정책을 통해 50만큼의 순이익을 얻게 된다.

〈표 26-4〉 A사 보조금 하의 각 기업의 손익행렬

B사 \ A사	생산참여	생산불참
생산참여	-10, 10	50, 0
생산불참	0, 70	0, 0

위의 분석과 달리 이러한 무역정책을 현실에 적용하는 데는 다음 3가지 문제점들이 존재한다.

① 이러한 산업이 얼마나 존재하는가 하는 것임
현실적으로 이러한 산업을 발견하기란 결코 쉽지 않을 것이다.

② 위에서 살펴본 보수행렬을 정확히 파악한다는 것은 거의 불가능함
왜냐하면 외국기업의 보수행렬을 파악하기 위해서는 방대한 정보가 요구되고 있기 때문이다.

③ 일국이 전략적 무역정책을 구사할 경우 이는 무역보복 또는 무역전쟁을 불러일으킬 가능성이 큼

예를 들면, A국 정부가 자국 기업이 국제시장에서 독점적 이윤을 누리도록 하기 위해 보조금을 지급하는 경우 상대국인 B국 또한 자국 기업에 보조금을 지급할 수 있다. 어떠한 이유로 설령 보조금을 지급하지 않는다고 하더라도 상대국 정부나 기업에 대해 관세나 비관세 등 가능한 정책수단을 동원하여 불이익을 가할 것이다.

[사례 2] 미국, 일본, 대만의 TFT-LCD 경쟁현황

독과점적 시장구조의 한 예를 살펴보자. IT제품의 대표적인 품목 중 하나인 초박막액정화면표시장치라 불리우는 TFT-LCD(Thin Film Transistor-Liquid Crystal Display)는 한국, 일본, 대만이 최근 세계시장을 석권하고 있는 제품 중의 하나이다. 이것은 고화질 TV와 같은 차세대 전자제품은 물론 휴대용 컴퓨터, 캠코더 등의 화면표시장치로 쓰이는 소자로서 색상이 매우 선명하고 대용량 표시가 가능해 기존 브라운관을 빠르게 대체하고 있다. 2001년 5월 도쿄미쓰비시 은행의 보고서를 보면 이들 3개 국가의 경쟁현황을 잘

보여주고 있다.

TFT-LCD에서 한·일·대만의 경쟁관계는 일본 독점 → 한국·일본 경합 → 한국 대 일·대만 연합의 경합구도로 변천하고 있다. 1990년대 중반이후 일본이 독주를 보이다가 1995~1996년 중 한국이 이 시장에 뛰어 들었고 1999~2000년에는 대만이 신규로 진입하여 3개국 간의 경쟁이 가속화되고 있다. 특히, 한국은 1995년에 신규로 진입한 이후 5년만에 세계시장 점유율은 28.8%를 보이고 있다. 대만도 1998년에 진입한 이후 2년만에 점유율이 11.2%를 기록하여 급성장세를 보이고 있다. 그러나 한국은 독자기술 개발을 통해 일본과 경쟁관계를 정립하였으나 대만은 일본과 제휴를 통해 기술과 판매처를 확보하고 있다는 점에서 차이를 보이고 있다. 2000년 기준으로 생산수량을 보면 한국의 삼성전자와 LG필립스가 나란히 1위와 2위를 달리고 있고 뒤이어 일본의 히타치가 3위를 보이고 있다. 세계 10위권 이내에는 한국이 2개사, 일본이 7개사, 대만이 2개사(일본의 미쓰비시와 대만의 中華映管이 공동 10위를 기록)를 보이고 있다.

〈표 26-5〉 한·일·대만의 TFT-LCD 세계시장점유율 (단위 : %)

	1995년	1998년	2000년
한 국	0.1	20.9	28.8
일 본	99.9	78.6	60.1
대 만	-	0.6	11.2

주 : 2000년 세계시장 규모 약 170억 달러(전년 대비 약 33% 증가)

〈표 26-6〉 주요기업별 TFT-LCD 생산실적 (2000년 실적, 수량기준)

순 위	업 체 명	국 가	생 산 대 수	점유율
1	삼 성 전 자	한 국	6,273	20.5
2	LG 필립스	한 국	4,284	14.0
3	히 타 치	일 본	3,091	10.1
4	샤 프	일 본	2,326	7.6
5	도 시 바	일 본	2,081	6.8
:	:	:	:	:
9	達碁科技(Acer)	대 만	1,102	3.6

주 : 6위 NEC(일), 7위 鳥取三洋電機(일), 8위 일본 IBM(일)

2.2 최적관세와 보복관세 : 대국의 경우

일국의 무역규모가 세계시장에서 차지하는 비중이 클 경우 관세정책을 통해서 세계시장가격에 영향을 미칠 수 있고 따라서 교역조건을 개선할 수 있다. 그러나 교역조건의 개선이 곧 그 나라의 후생증가를 보장하는 것은 아니다. 왜냐하면 관세부과는 다른 한편으로 생산 및 소비의 왜곡을 발생시키며 무역의 감소를 가져와 사회후생을 감소시키기 때문이다. 따라서 관세부과는 이들 두 가지의 효과의 합으로 나타난다. 만약 A국이 수입재에 관세를 부과할 경우 수입재의 수입수요 감소로 국제시장에서의 수입재의 상대가격은 하락하고 따라서 A국의 교역조건은 개선된다. 이때 A국은 후생을 극대화시키는 최적의 관세율을 도모할 수 있다.

그러나 최적관세는 무역상대국의 보복관세를 하지 않는다는 가정에서 성립한다. 그러나 일반적으로 한 나라의 관세부과는 필연적으로 교역상대국의 교역조건의 악화와 후생감소를 초래하게 되므로 교역상대국 역시 보복관세를 부과함으로써 대응하게 된다. 양국이 서로 보복관세를 되풀이하게 되는 사태를 관세전쟁(tariff war)이라 한다. 이러한 경우 결국 폐쇄경제상태로 돌아감으로써 무역이익은 사라져 양국 모두 손해를 보게 된다. 이와 같이 최적관세정책은 일시적으로 한 나라의 후생을 높여주지만 무역거래 상대방이 동시에 보복관세를 부과하게 되면 결국은 무역량이 감소하여 양국 모두의 후생은 하락하게 된다. 실제로 제1차 세계대전 이후 유럽 각국은 서로 자국의 교역조건을 향상시키기 위해 관세를 경쟁적으로 인상하였으며 그 결과 세계무역은 현저히 감소하였고 이는 1929년에 발생한 세계대공황(Great Depression)의 중요한 이유 중의 하나가 되었다.

부 록*

Ⅰ. 세계속의 한국경제

Ⅱ. 무역개방의 경제성장 촉진 효과 분석

Ⅲ. 주요 지역별 경제지표

Ⅳ. 한국의 국가별 · 지역별 수출입 추이

* 한국은행, 한은정보, 2005. 5. pp. 16～19 요약·재구성
한국은행, 한은정보, 2006. 3. pp. 61～63 요약·재구성
대외경제정책연구원, 세계경제, 2006. 2. pp. 110～122 재인용

Ⅰ. 세계 속의 한국경제

1. 국민소득(GNI)

1.1 명목국민소득(nominal GNI)

한국의 명목 GNI 규모(2003년 기준)는 5,764억 달러(2002년 5,430억 달러)로 2002년과 동일한 세계 11위로 나타났다. 한국의 GNI 규모를 100으로 볼 때 미국은 1,910(2002년 1,880), 일본은 757(2002년 796), 중국은 246(2002년 227), ASEAN은 109(2002년 104), EU는 1,658(2002년 1,560)로 조사되었으며 미국의 경제규모(GNI 기준)는 일본의 2.5배, 일본의 경제규모는 중국의 3.1배로 나타났다.

※세계은행은 당해연도를 포함한 최근 3개년의 가중평균 환율을 적용(Atlas방식)하는 반면 한국은행은 연평균 환율을 적용(IMF방식)하기 때문에 한국은행 발표자료(6,086억 달러)와의 차이는 적용환율에서 비롯된 것임

경제규모(GNI기준)의 세계순위는 1위 미국(11조 126억 달러), 2위 일본(4조 3,608억 달러), 3위 독일(2조 855억 달러)이며 중국은 6위(1조 4,168억 달러)로 나타났다.

1.2 1인당 GNI(per capita GNI)

한국의 1인당 GNI(2003년 기준)는 12,030달러(2002년 11,400달러)로 2002년과 동일한 세계 49위로 조사되었다. 한국의 1인당 GNI는 슬로베니아(11,920달러, 50위), 포르투갈(11,800달러, 51위) 등과 비슷하나 홍콩(25,860달러, 19위)과 싱가포르(21,230달러, 29위)에는 크게 미달되는 수준으로 평가할 수 있다.

※ IMF 방식에 의한 한국의 1인당 GNI는 12,720달러임

1인당 GNI의 세계순위는 1위 룩셈부르크(45,740달러), 2위는 버뮤다(추정), 5위 미국(37,870달러), 일본은 7위(34,180달러)이다. 한편, 세계전체의 1인당 GNI(2003년 기준)는 5,510달러로 2002년의 5,120달러보다 390달러(7.6%) 증가한 것으로 나타났다.

1.3 구매력평가(PPP) 환율로 본 1인당 국민소득

한국의 1인당 GNI는 18,000달러(2002년 16,960달러)로 시장환율(market exchange rake)로 평가한 1인당 GNI(12,030달러)의 1.5배 수준(세계순위 47위)을 보이고 있다.

※ PPP(Purchasing Power Parity) 환율은 환율이 각국의 물가수준에 의해서 결정된다는 이론에 근거한 것으로 1달러로 미국에서 구매할 수 있는 상품(서비스 포함)을 비교국시장에서 비교국 화폐로 구매할 때의 가격으로 평가한 것임. 따라서 PPP환율은 통화간의 교환비율이라기보다는 자국통화의 실질구매력(real purchasing power)을 나타냄

구매력으로 평가할 경우 미국(37,750달러)은 세계 4위로 2002년과 동일하고 일본(28,450달러)은 19위로 1단계 상승하였다.

2. 선 · 후진국간 소득격차 현황

소득그룹별로 세계경제(GNI)에서 차지하는 비중(2003년 기준)을 보면 고소득국가군(인구비중 15.5%)이 전체 소득의 80.4%를 차지(2002년 80.7%)한 것으로 나타났다. 세계전체(208개국)의 1인당 GNI(평균)는 5,510달러로 2002년(5,120달러)보다 7.6% 증가하였고 저소득국가군은 440달러로 2002년(430달러)보다 2.3% 증가, 고소득국가군도 28,600달러로 2002년(26,490달러)보다 7.9% 증가한 것으로 조사되었다. 이에 따라 선·후진국간 소득격차(고소득국가의 1인당 GNI/저소득국가의 1인당 GNI)는 2002년의 62배에서 65배로 확대되었다.

〈표 1〉 소득그룹별 GNI 현황(2003)[1]

소득그룹별	인구 (백만명)	GNI(미십억달러)	1인당 GNI(미달러)
저소득국가 ($765이하: 61개국)	2,312 (36.9)	1,021 (3.0)	440 〈8.0〉
중하위소득국가 ($766~3,035: 56개국)	2,655 (42.3)	3,944 (11.4)	1,490 〈27.0〉
중상위소득국가 ($3,036~9,385: 37개국)	333 (5.3)	1,812 (5.2)	5,440 〈98.7〉
고소득국가 ($9,386이상: 54개국)	972 (15.5)	27,806 (80.4)	28,600 〈519.1〉
계	6,273(100.0)	34,583(100.0)	5,5102) 〈100.0〉

주: 1) ( ) 안은 전체규모에 대한 비중(%), 〈 〉 안은 1인당 GNI의 세계평균(100.0)에 대한 비율(%)
2) 세계 평균치

〈표 2〉 주요국의 경제규모(GNI) (2003년) (십억달러, 시장환율적용)

국가명	순위	금액	한국대비규모 (한국=100)
미국	1	11,013	1,910
일본	2	4,361	757
독일	3	2,085	362
영국	4	1,680	291
프랑스	5	1,522	264
중국	6	1,417	246
이탈리아	7	1,243	216
캐나다	8	774	134
스페인	9	700	122
멕시코	10	637	111
한국	11	576	100
인도	12	571	99
브라질	13	480	83
호주	14	436	76
네덜란드	15	426	74
러시아	16	375	65
스위스	17	299	52
벨기에	18	267	46
스웨덴	19	259	45
오스트리아	20	217	38

〈표 3〉 EU 국가들의 경제규모(GNI) (2003년) (백만달러, 시장환율적용)

국가명	순위	금액	한국대비규모 (한국=100)
EU	..	9,541,239	1,658
독일	3	2,085,464	362
영국	4	1,680,069	291
프랑스	5	1,521,613	264
이탈리아	7	1,243,168	216
스페인	9	700,475	122
네덜란드	15	425,556	74
벨기에	18	267,250	46
스웨덴	19	258,882	45
오스트리아	20	216,903	38
폴란드	22	201,660	35
덴마크	25	180,859	31
그리스	28	145,970	25
핀란드	29	141,039	24
포르투갈	34	123,288	21
아일랜드	36	107,894	19
체코	45	72,899	13
헝가리	47	64,302	11
슬로바키아	61	26,631	5
슬로베니아	65	23,777	4
룩셈부르크	70	20,492	4
리투아니아	80	15,557	3
라트비아	91	10,215	2
키프러스	96	9,373	1.6
에스토니아	101	7,276	1.3
몰타	125	4,302	0.7

〈표 4〉 ASEAN 국가의 경제규모(GNI) (2003년) (백만달러, 시장환율적용)

국가명	순위	금액	한국대비규모 (한국=100)
ASEAN*	..	626,358	109
인도네시아	27	173,540	30
태국	31	135,877	24
말레이시아	37	96,082	17
싱가포르	39	90,228	16
필리핀	41	87,771	15
베트남	58	38,772	7
캄보디아	126	4,088	0.7

* ASEAN 국가 중 WDI에 GNI가 수록되지 않은 라오스, 미얀마, 브루나이는 제외

〈표 5〉 주요국의 1인당 국민소득 (2003) (달러)

국가명	시장환율		PPP환율	
	순위	금액	순위	금액
룩셈부르크	1	45,740	1	55,500
버뮤다	2	..	2	..
노르웨이	3	43,400	3	37,910
스위스	4	40,680	7	32,220
미국	5	37,870	4	37,750
일본	7	34,180	19	28,450
덴마크	8	33,570	8	31,050
스웨덴	11	28,910	26	26,710
영국	12	28,320	21	27,690
핀란드	13	27,060	24	27,460
아일랜드	14	27,010	9	30,910
오스트리아	16	26,810	12	29,740
네덜란드	18	26,230	18	28,560
홍콩	19	25,860	16	28,680
벨기에	20	25,760	14	28,920
독일	22	25,270	23	27,610
프랑스	23	24,730	22	27,640
캐나다	24	24,470	11	30,040
호주	27	21,950	15	28,780
이탈리아	28	21,570	25	26,830
싱가포르	29	21,230	30	24,180
스페인	36	17,040	34	22,150
이스라엘	38	16,240	44	19,440
뉴질랜드	40	15,530	36	21,350
그리스	45	13,230	40	19,900
한국	49	12,030	47	18,000
슬로베니아	50	11,920	45	19,100
포르투갈	51	11,800	50	17,710
사우디아라비아	56	9,240	61	13,230

Ⅱ. 무역개방의 경제성장 촉진효과 분석

무역개방(trade opening)은 일반적으로 효율적인 자원배분(efficient distribution of resources), 선진기술 및 지식의 전파, 경쟁 강화 등을 통하여 개방국의 소득수준을 크게 제고시키는 것으로 인식되어 있다. 다수의 경제학자들(Young 1991, Grossman and Helpman 1993 등)은 비교우위(comparative advantage)로 인한 특화산업이 규모에 따른 수확체증(increasing returns to scale) 산업일 경우, 개방은 단기적인 소득개선 효과뿐만 아니라 장기적인 경제성장 효과도 발생시키게 됨을 분석하였다. 그러나 제도적 여건이 미흡한 신흥시장국(emerging market)의 경우 무역개방 이후 근시안적 시각으로 비교우위산업을 선택함으로써 장기적으로는 경제성장을 둔화시킬 수 있는 가능성도 지적되고 있다.

Acemoglu와 Zilibotti(2001)는 인적자원(human resources) 향상 및 지적재산권(intellectual property rights) 제도 확립에 실패한 신흥시장국의 경우 신기술 채용과 기술개발 유인 저하로 무역개방이 생산성 제고를 발생시키지 못함을 지적하였다. Benerjee와 Newman(2004)도 금융발전 수준이 낮고 요소이동성(factor mobility)이 제한적인 국가의 경우 무역개방으로 인하여 소득수준이 오히려 감소할 수 있다고 지적하였다. 그러나 이 같은 효과를 명확히 보여준 실증분석(empirical analysis) 사례는 충분하지 않기 때문에 세계은행(2005)은 무역개방의 생산제고 효과가 구조적 요소에 의해 좌우되는지를 다수 국가의 데이터를 이용하여 실증적으로 분석하였다.

1. 실증분석 모형

세계은행(2005)은 1인당 실질GDP 증가율을 피설명변수로 두고 무역개방도 이외에도 다양한 구조적 요소들 및 무역개방과 구조적 요소간 교차항을 설명변수로 하여 분석 모형을 설정하였다. 설명변수에는 시간적 변동성이 상대적으로 높은 인적자본투자, 금융시장의 성숙도, 물가 안정성, 공공인프라 구축정도와 시간적 변동성이 상대적으로 낮은 지배구조, 노동시장의 유연성, 개별기업 시장진입 및 퇴출의 유연성 등이 포함된다. 이 중 전자의 요소들은 각각 중등학교 입학률, GDP 대비 민간신용비율, 인플레이션율, 1인당 전화선 개수를 통하여 파악하고, 후자의 요소들은 Political Risk Service 및 World Bank 등에서 제공하는 지수들을 근거로 국가별 차이를 분석에 반영하였다. 한편, 무역개방도는 실질GDP에 대한 실질수출입 비율을 이용하여 측정하였다.

2. 실증분석 결과

실증분석을 위하여 82개국을 대상으로 1960~2000년 간의 기간을 5개년씩 나누어 각각 5년 평균을 구한 총 8기간의 패널자료를 구성하였다.

※ 분석대상국은 22개의 선진국과 60개의 신흥시장국으로 이루어져 있으며 신흥시장국은 남부아프리카(18개국), 아시아(12개국), 중앙아시아 및 북아프리카(9개국), 라틴아메리카 및 카리브해 연안국(21개국)으로 구성됨

2.1 패널자료 측정결과 무역개방을 통한 성장촉진 효과가 실현되기 위해서는 무역개방과 더불어 구조적·제도적 보완이 중요한 것으로 나타남

무역개방, 인적자본 투자, 금융시장의 성숙도, 공공인프라 구축정도는 경제성장과 유의하게 정(+)의 관계를, 인플레이션은 유의하게 부(-)의 관계를 가지는 것으로 분석되었다. 특히, ① 인적자본 투자, ② 금융시장의 성숙도, ③ 공공인프라 구축정도, ④ 지배구조, ⑤ 노동시장의 유연성, ⑥ 개별기업의 시장진입 유연성의 경우 무역개방과의 교차항의 계수 또한 유의한(significant) 정(+)의 값으로 나타났다.

따라서 이들 부문에서 개선이 이루어질 경우 무역개방의 성장효과가 강화되어 무역자유화(trade liberalization)가 진전될수록 더욱 높은 경제성장을 달성할 수 있다. 한편, 인플레이션 및 개별기업의 시장퇴출 용이성과 무역개방간 교차항의 계수는 유의하지 않은(insignificant) 것으로 나타났다.

2.2 무역개방의 직접적 효과뿐만 아니라 각 구조적 요소와의 상호작용까지 포함한 총 경제성장 효과를 계산한 결과 무역개방과의 상호작용이 유의하게 나타난 6개의 요소 중 5개가 적정수준으로 개선되어야 개방의 종합적인 성장효과가 부(-)에서 정(+)으로 전환되었음

이는 이들 부문의 발전이 저조한 상황에서의 개방은 오히려 성장을 저해할 수 있음을 보여준다. 특히, 노동시장 및 개별기업 시장진입의 유연성은 다양한 방식으로 검증해도 그 유의성(significance)이 매우 안정적인 것으로 나타나 동 요소들이 개방의 성장촉진 여부에 중요한 결정요인임을 의미한다고 할 수 있다.

3. 시사점

무역개방의 성장 촉진 효과에 대한 세계은행의 실증분석은 다음 2가지 시사점을 던져준다.

1. 무역개방의 성장촉진 효과는 다양한 경제구조 및 제도가 동시에 개선될 때 발생될 수 있음

인적자본 투자, 금융시장의 성숙도, 공공인프라 구축정도, 지배구조, 노동시장의 유연성, 개별기업의 시장진입 유연성이 강화될수록 무역개방으로 인해 더욱 높은 경제성장을 유도할 수 있다.

2. 노동시장의 유연성 및 개별기업의 시장진입 유연성이 현저히 낮은 경우 무역개방의 총 성장효과가 부(-)인 것으로 나타나 이들 부문의 발전이 저조한 여러 신흥시장국의 경우 개방으로 인해 오히려 성장이 지연될 수 있음

자유무역협정(FTA) 협상체결 등을 통해 무역개방을 확대할 경우에는 무역개방에 앞서 여러 구조적·제도적 보완책을 마련할 필요가 있다. 특히, 노동시장 및 기업의 시장진입 유연성(flexibility of market entry)을 강화함으로써 개방을 통한 경제성장 효과의 극대화(maximization of economic growth effect through openness)를 이루어야 한다.

Ⅲ. 주요 지역별 경제지표

1. 동북아

구분		2003년	2004년	2005년											
				1월	2월	3월	4월	5월	6월	7월	8월	9월	10월	11월	12월
실질 GDP 증가율 (%)	한국	3.1	4.6	←	2.7	→	←	3.3	→	←	4.5	→	←	5.2	→
	중국	9.1	9.5	←	9.4	→	←	9.5	→	←	9.4	→	←	9.9	→
	일본	2.0	1.9	←	1.3	→	←	2.1	→	←	2.9	→			
	대만	3.2	5.7	←	2.5	→	←	3.0	→	←	4.4	→			
	홍콩	3.1	8.2	←	6.2	→	←	7.3	→	←	8.2	→			
공업 생산 증가율 (%)	한국[1]	5.0	10.7	14.6	-8.0	4.6	3.7	4.1	4.1	7.2	6.6	7.3	8.2	12.6	11.3
	중국	17.0	11.5	20.9	7.6	15.1	16.0	16.6	16.8	16.1	16.0	16.5	16.1	16.6	16.5
	일본[2]	3.5	4.1	2.0	1.0	1.2	0.3	0.3	0.2	-2.3	1.5	1.2	3.0	3.4	3.8
	대만	7.1	9.9	13.3	-13.4	-0.2	0.9	-1.3	2.0	-1.7	6.5	6.9	8.6	9.5	9.3
	홍콩[3]	-9.2	2.9	←	-0.6	→	←	-0.1	→	←	4.1	→			
소비자 물가 상승률 (%)	한국	3.6	3.6	3.1	3.3	3.1	3.1	3.1	2.7	2.5	2.0	2.7	2.5	2.6	2.8
	중국	1.2	3.9	1.9	3.9	2.7	1.8	1.8	1.6	1.8	1.3	0.9	1.2	1.3	1.6
	일본	-0.2	-0.2	-0.3	-0.4	-0.3	-0.2	0.0	-0.2	-0.2	-0.1	-0.1	0.0	0.1	0.1
	대만	-0.3	9.9	0.5	1.9	2.3	1.6	2.3	2.4	2.4	3.6	3.2	2.7	2.5	2.2
	홍콩	-2.6	-0.4	-0.5	0.8	0.8	0.5	0.8	1.2	1.3	1.4	1.6	1.8	1.7	1.8
수출 (십억 달러)	한국	193.8	253.8	22.4	20.4	23.9	22.9	23.2	23.7	23.2	23.3	24.5	25.5	25.9	25.7
	중국	438.4	593.4	50.8	44.5	60.9	62.2	58.4	66.0	65.6	67.8	70.2	68.1	68.7	75.4
	일본	469.9	565.0	42.6	46.6	55.1	51.4	45.3	50.8	49.5	46.8	53.8	52.2	50.7	53.4
	대만	144.2	174.0	15.3	11.8	15.8	15.7	16.3	14.9	15.4	15.9	16.2	17.9	17.2	17.2
	홍콩[4]	1,742	2,019	183	128	169	173	193	189	198	206	210	214	200	189
수입 (십억 달러)	한국	178.8	224.5	19.4	18.4	22.8	21.2	21.1	21.3	21.5	22.0	22.7	22.7	23.9	24.2
	중국	412.8	561.4	44.3	39.9	55.1	57.6	49.4	56.3	55.2	57.8	62.6	56.1	59.6	64.4
	일본	381.5	454.7	40.7	36.2	44.4	42.4	42.5	42.7	41.5	45.8	45.1	44.9	45.6	45.7
	대만	127.3	167.9	15.5	10.9	16.2	15.6	16.1	15.0	15.1	15.4	15.5	16.4	15.8	14.2
	홍콩[4]	1,806	2,111	185	138	183	183	203	197	202	210	214	210	204	206
경상 수지 (십억 달러)	한국	12.32	27.8	3.87	0.97	1.11	1.98	1.42	2.30	1.38	-0.50	1.64	2.99	2.1	0.5
	중국	45.9	68.7												
	일본	135.9	172.0	7.5	19.7	17.2	15.1	12.9	8.0	14.7	11.0	16.7	12.0	12.0	
	대만	29.2	18.6	←	4.4	→	←	1.7	→	←	0.9	→			
	홍콩[4]	125.7	127.4	←	33.4	→	←	31.1	→	←	41.2	→			
환율 (자국 화폐/ US$)	한국	1,198	1,044	1,026	1,008	1,024	1,003	1,003	1,024	1,028	1,031	1,038	1,043	1,041	1,024
	중국	8.28	8.28	8.28	8.28	8.28	8.28	8.28	8.28	8.11	8.10	8.09	8.08	8.08	8.07
	일본	113.4	107.5	103.2	104.9	105.3	107.4	106.9	108.6	111.9	110.7	111.1	114.8	118.4	118.6
	대만	33.98	31.9	31.9	31.5	31.6	31.3	31.4	31.6	32.0	32.8	33.2	33.6	33.5	32.9
	홍콩	7.790	7.79	7.80	7.80	7.80	7.80	7.80	7.78	7.78	7.77	7.76	7.76	7.75	7.75

주: 1) 제조업생산지수증가율, 2) 광공업생산증가율, 3) 제조업생산지수증가율, 4) 홍콩달러 기준, 5) 월별 또는 분기별 통계 중 변화율(%)로 표시된 것은 전년동기 대비임

2. 동남아

구분		2004년	2005년											
			1월	2월	3월	4월	5월	6월	7월	8월	9월	10월	11월	12월
실질 GDP 증가율 (%)	인도네시아	5.1	←	6.1	→	←	5.8	→	←	5.3	→	-	-	-
	태 국	6.1	←	3.2	→	←	4.6	→	←	5.3	→	←	4.8	→
	말레이시아	7.1	←	6.2	→	←	4.4	→	←	5.3	→	-	-	-
	필 리 핀	6.1	←	4.5	→	←	5.1	→	←	4.1	→	←	4.3	→
	싱가포르	8.4	←	2.7	→	←	5.4	→	←	7.0	→	-	-	-
소비자 물가상승률 (%)	인도네시아	6.1	7.3	7.2	8.8	8.1	7.4	7.4	7.8	8.3	9.1	17.9	18.4	17.1
	태 국	2.8	2.7	2.5	3.2	3.6	3.7	3.8	5.3	5.6	6.0	6.2	5.9	5.8
	말레이시아	1.4	2.4	2.4	2.6	2.7	3.1	3.2	3.0	3.7	3.4	3.3	3.5	-
	필 리 핀	6.0	8.4	8.5	8.5	8.5	8.5	7.6	7.1	7.2	7.0	7.0	7.1	6.6
	싱가포르	1.7	0.4	0.0	0.4	0.4	0.0	-0.2	0.1	0.7	0.6	1.1	1.0	-
수출 (십억달러)	인도네시아	69.6	6.1	6.4	7.4	6.8	7.2	6.9	7.2	7.3	7.5	7.8	-	-
	태 국	96.3	7.7	7.6	9.3	8.1	9.0	9.1	9.4	10.1	10.3	9.4	9.7	9.6
	말레이시아	125.9	10.3	9.7	12.3	11.5	11.2	11.7	11.5	12.4	12.7	13.2	11.5	-
	필 리 핀	39.4	3.3	3.0	3.3	3.3	3.6	3.6	3.5	3.5	3.7	3.6	3.6	3.5
	싱가포르	179.4	15.0	13.9	17.3	16.2	16.7	16.9	17.0	18.7	18.1	19.1	18.4	-
수입 (십억달러)	인도네시아	45.6	4.1	4.3	5.2	5.1	5.0	4.8	5.0	5.5	4.9	4.8	-	-
	태 국	95.3	9.2	8.2	10.4	9.8	10.6	10.9	9.7	10.3	9.5	9.8	9.9	8.9
	말레이시아	104.8	8.3	7.8	9.6	9.2	9.5	9.7	9.9	9.8	10.6	10.4	9.2	-
	필 리 핀	40.8	3.3	3.0	3.7	3.9	3.6	4.0	3.6	4.1	4.1	3.9	4.0	3.5
	싱가포르	163.9	14.4	12.2	16.3	15.2	15.0	15.7	15.7	17.0	16.5	18.0	16.3	-
경상수지 (십억달러)	인도네시아	3.8	←	1.2	→	←	-0.8	→	←	0	→			
	태 국	6.9	-0.9	0.1	-0.7	-1.6	-1.6	-1.5	0.2	0.1	0.9	0.1	-	-
	말레이시아	14.9	←	3.4	→	←	4.4	→	←	5.0	→	-	-	-
	필 리 핀	5.1	0.27	0.4	0	-0.03	0.26	0.14	0.33	0.02	-0.18	-	-	-
	싱가포르	28.6	←	7.9	→	←	8.0	→	←	10.0	→	-	-	-
외환 보유고 (십억달러)	인도네시아	35.6	36.1	36.5	36.0	36.4	34.6	33.9	32.2	31.2	30.3	32.6	33.2	-
	태 국	48.3	48.9	49.7	48.7	49.2	48.2	48.4	48.4	49.4	49.8	49.8	50.7	52.1
	말레이시아	62.9	69.1	71.3	72.0	73.3	74.4	74.8	78.3	79.8	80.0	76.7	72.7	70.2
	필 리 핀	15.9	16.0	15.8	16.5	16.7	17.3	17.7	17.7	17.9	18.5	18.1	18.1	18.5
	싱가포르	110.1	112.0	113.9	113.0	116.6	116.0	115.2	116.3	116.4	115.6	115.6	114.9	116.6
환율 (자국화폐/미국달러)	인도네시아	8,937	9,201	9,251	9,381	9,555	9,525	9,629	9,809	9,994	10,231	10,085	10,041	9,847
	태 국	40.3	38.74	38.46	38.61	39.55	39.84	4.093	41.70	41.15	41.05	40.91	41.13	41.09
	말레이시아	3.80	3.80	3.80	3.80	3.80	3.80	3.80	3.80	3.80	3.80	3.80	3.80	3.80
	필 리 핀	56.3	55.70	54.78	54.41	54.44	54.33	55.26	55.99	55.96	56.13	55.60	54.51	53.45
	싱가포르	1.69	1.64	1.64	1.63	1.65	1.65	1.67	1.68	1.66	1.68	1.69	1.70	1.67

주: 월별 또는 분기별 통계 중 변화율(%)로 표시된 것은 전년동기 대비임

3. 미주

구분		2004년	2005년												2006년
			1월	2월	3월	4월	5월	6월	7월	8월	9월	10월	11월	12월	1월
실질 GDP 증가율 (%)	미 국	4.2	←	3.8	→	←	3.3	→	←	4.1	→	←	1.1	→	
	캐나다	2.9	←	2.0	→	←	3.4	→	←	3.6	→				
	아르헨티나	9.0	←	8.0	→	←	10.1	→	←	9.2	→				
	브라질	4.9	←	2.8	→	←	4.0	→	←	1.0	→				
	칠 레	6.1	←	6.3	→	←	6.8	→	←	5.2	→				
	멕시코	4.0	←	2.4	→	←	3.1	→	←	3.3	→				
소비자 물가 상승률 (%)	미 국	3.3	0.1	0.4	0.6	0.5	-0.1	0.0	0.5	0.5	1.2	0.2	-0.6	-0.1	
	캐나다	1.9	-0.1	0.4	0.6	0.3	0.1	0.2	0.2	0.4	0.9	-0.5	-0.2	-0.1	
	아르헨티나	6.1	1.5	1.0	1.5	0.5	0.6	0.9	1.0	0.4	1.2	0.8	1.2	1.1	
	브라질[1)]	6.1	0.6	0.4	0.7	0.9	0.7	-0.1	0.0	0.0	0.2	0.6	0.5	0.4	
	칠 레	2.4	-0.3	-0.1	0.6	0.9	0.3	0.4	0.6	0.3	1.0	0.5	-0.2	-0.4	
	멕시코	5.2	0.0	0.3	0.4	0.3	-0.2	-0.1	0.4	0.1	0.4	0.2	0.7	0.6	
수출 (십억 달러)	미 국	807.6	71.6	70.7	71.5	74.6	74.5	138.5	74.9	76.7	73.4	75.2	77.3		
	캐나다	330.6	29.4	28.8	29.8	29.5	29.2	26.0	31.1	31.5	33.8	30.3	29.3		
	아르헨티나	34.5	2.8	2.6	3.0	3.6	3.7	2.7	3.6	3.8	3.5	3.4	3.2		
	브라질	96.5	7.4	7.8	9.3	9.2	9.8	6.2	11.1	11.3	10.6	9.9	10.8	10.9	
	칠 레	31.4	2.9	2.5	3.6	3.4	3.0	2.4	3.2	3.3	3.2	3.4	3.7	3.7	
	멕시코	188.6	14.1	15.4	17.3	17.4	18.3	18.1	16.5	19.5	18.3	19.2	20.3	19.4	
수입 (십억 달러)	미 국	1,473.1	134.3	135.5	130.4	136.9	135.3	138.5	137.5	140.5	144.5	148.3	146.2		
	캐나다	279.0	25.9	25.4	25.9	25.5	26.0	26.0	26.3	26.9	27.8	26.0	23.2		
	아르헨티나	22.3	1.9	1.9	2.2	2.4	2.5	2.7	2.3	2.6	2.5	2.5	2.7		
	브라질	62.8	5.3	5.0	5.9	5.3	6.4	6.2	6.1	7.7	6.3	6.2	6.7	6.6	
	칠 레	24.5	2.2	2.0	2.5	2.4	2.5	2.4	2.6	2.6	2.8	2.8	2.7	2.5	
	멕시코	197.1	15.3	16.0	17.5	18.0	18.3	18.1	17.1	20.1	18.6	19.8	21.8	20.6	
경상 수지 (십억 달러)	미 국	-668.1	←	-198.7	→	←	-195.7	→	←	-195.8	→				
	캐나다	22.1	←	3.3	→	←	3.8	→	←	7.9	→				
	아르헨티나	3.3	←	0.01	→	←	1.8	→		5.8					
	브라질	11.6	←	2.7	→	←	2.6	→	←	5.8	→	←	3.1	→	
	칠 레	1.4	←	0.4	→	←	0.3	→	←	-1.1	→				
	멕시코	-7.3	←	-3.1	→	←	0.1	→	←	-0.6	→				
외환 보유고 (십억 달러)	미 국	87.5	85.4	79.8	78.8	79.5	78.0	78.0	76.6	72.8	71.4	70.9	68.8	64.4	65.6
	캐나다	34.5	34.6	35.6	36.3	35.6	35.0	34.9	33.3	34.3	33.6	34.2	34.2	33.0	
	아르헨티나	19.6	20.1	20.8	20.3	20.9	22.1	23.0	25.1	25.3	25.6	26.5	26.5	28.1	19.5
	브라질	52.9	54.0	59.0	62.0	61.5	61.0	59.9	54.7	54.8	57.0	60.2	64.3	53.8	56.8
	칠 레	16.0	15.6	15.5	15.4	17.0	17.4	16.6	16.2	16.3	15.6	15.0	16.0	16.9	15.3
	멕시코	61.5	61.7	61.5	61.7	60.7	60.5	61.8	59.3	60.9	62.8	65.1	66.9		
환율(자국화폐/미국달러)	미 국[2)]	1.2438	1.3123	1.3013	1.3185	1.2943	1.2697	1.2154	1.2041	1.2295	1.2235	1.2022	1.1789	1.1861	1.2126
	캐나다	1.3017	1.2248	1.2401	1.2160	1.2359	1.2555	1.2403	1.2229	1.2043	1.1777	1.1774	1.1815	1.1615	1.1572
	아르헨티나[3)]	2.97	2.93	2.93	2.92	2.91	2.89	2.89	2.86	2.91	2.91	3.01	2.97	3.03	3.05
	브라질[3)]	2.65	2.62	2.59	2.67	2.53	2.40	2.35	2.39	2.36	2.22	2.25	2.21	2.34	2.21
	칠 레[4)]	559.83	586.18	577.52	586.45	582.87	580.20	578.92	563.44	545.02	533.69	543.72	518.96	514.21	525.67
	멕시코[5)]	11.264	11.299	11.095	11.294	11.103	10.903	10.842	10.643	10.893	10.849	10.909	10.567	10.777	10.503

주: 1) 브라질통계청(IBGE), 소비자물가기준(INPC), 2) 유로당 미달러 환율, 3) 기말기준,
4) observado 기준 기말 기준, 5) 외채지불·기말기준, 6) 미국 수치는 전분기 대비 변화율이고 캐나다는 연율 기준이며 그 외 국가는 전년동기 대비임, 7) 월별수치는 전월대비 상승률임

4. 서유럽

구분		2003년	2004년	2005년											
				1월	2월	3월	4월	5월	6월	7월	8월	9월	10월	11월	12월
실질 GDP 증가율 (%)	EU 25	1.0	2.3	←	1.2	→	←	1.2	→	←	1.6	→			
	유로지역[1]	0.7	2.0	←	1.5	→	←	1.4	→	←	1.7	→			
	독 일	0.0	1.6	←	0.6	→	←	0.7	→	←	1.4	→			
	이탈리아	0.3	1.2	←	-0.3	→	←	0.1	→	←	0.0	→			
	영 국	2.5	3.2	←	1.7	→	←	1.5	→	←	1.7	→			
	프랑스	0.8	2.3	←	1.8	→	←	1.1	→	←	1.8	→			
실업률 (%)	EU 25	9.0	9.0	8.8	8.9	8.8	8.8	8.7	8.7	8.6	8.7	8.6	8.5	8.5	8.5
	유로지역[1]	8.7	8.9	8.8	8.8	8.8	8.8	8.7	8.7	8.6	8.6	8.4	8.3	8.3	8.4
	독 일	9.0	9.5	9.7	9.7	9.8	9.9	9.5	9.5	9.3	9.6	7.9	9.1	9.3	9.5
	이탈리아	8.4	8.0	7.8	7.8	7.8	7.7	7.7	7.7	7.5	7.5	7.5			
	영 국	4.9	4.7	4.7	4.6	4.6	4.7	4.7	4.6	4.6	4.6	4.8	4.9		
	프랑스	9.5	9.7	9.7	9.8	9.8	9.7	9.7	9.7	9.7	9.6	9.4	9.3	9.3	9.2
소비자 물가 상승률 (%)	EU 25	1.9	2.1	2.0	2.1	2.1	2.1	2.0	2.0	2.1	2.2	2.5	2.4	2.2	2.1
	유로지역[1]	2.1	2.1	1.9	2.1	2.1	2.1	2.0	2.1	2.2	2.2	2.6	2.5	2.3	2.2
	독 일	1.0	1.8	1.6	1.8	1.7	1.4	1.6	1.8	1.9	1.9	2.6	2.4	2.3	2.1
	이탈리아	2.8	2.3	2.0	2.0	2.1	2.2	2.3	2.2	2.2	2.2	2.2	2.6	2.4	2.1
	영 국	1.4	1.3	1.6	1.6	1.9	1.9	1.9	2.0	2.3	2.4	2.5	2.3	2.1	2.0
	프랑스	2.2	2.3	1.6	1.9	2.1	2.0	1.7	1.8	1.8	2.0	2.4	2.0	1.8	1.8
수출 (십억 유로)	EU 25	882.9	968.3	71.7	75.7	87.2	86.5	86.5	93.9	91.3	86.3	96.3	94.6	96.9	
	유로지역[1]	1,055.9	1,148.5	87.3	91.0	102.8	100.5	100.1	107.2	105.2	97.7	110.3	108.4	114.0	
	독 일	664.7	731.0	60.6	59.7	65.2	64.5	63.5	68.7	64.5	63.3	69.4	68.6	71.5	
	이탈리아	264.6	280.7	18.8	21.9	26.7	24.2	25.8	25.8	28.5	19.4	25.9	26.4		
	영 국	15.8	15.9	14.5	15.4	17.4	17.1	16.6	18.4	17.0	16.3	18.5	18.1		
	프랑스	346.6	360.8	21.0	28.8	32.4	30.8	29.8	33.0	29.4	24.9	33.6	32.5		
수입 (십억 유로)	EU 25	940.8	1,029.6	85.6	82.6	93.8	95.5	93.5	96.2	94.4	100.4	105.1	105.7	111.1	
	유로지역[1]	986.1	1,075.2	88.7	87.6	98.6	98.5	97.4	100.8	98.0	99.9	108.3	107.8	116.3	
	독 일	530.4	576.0	47.2	46.2	48.9	51.8	51.5	52.0	50.0	51.7	54.4	56.4	58.2	
	이탈리아	263.0	282.2	21.1	23.3	27.5	25.6	26.1	26.3	26.0	19.8	28.1	26.7		
	영 국	19.7	21.0	20.7	20.4	22.5	22.5	21.4	22.9	22.5	21.9	23.3	23.2		
	프랑스	352.6	374.3	29.6	30.9	35.3	33.4	32.7	34.0	30.6	28.9	35.5	34.4		
경상 수지 (십억유로)	EU 25	-13.8	-21.8	←	-18.4	→	←	-21.2	→	←	-21.1	→			
	유로지역[1]	20.4	45.3	-5.8	5.9	3.5	-11.0	-3.0	0.4	1.4	-2.8	-2.4	-7.5	-8.5	
	독 일	45.2	83.5	6.8	9.1	12.1	7.2	5.6	11.0	7.6	2.6	7.4	6.3		
	이탈리아	-17.4	-12.0	-3.5	-1.4	-3.3	-3.4	-2.7	-1.4	2.8	-1.6	-0.9			
	영 국	-16.8	-23.3	←	-6.6	→	←	-1.4	→	←	10.2	→			
	프랑스	7.0	-6.8	-2.9	-0.5	-1.4	-8.1	-3.6	1.1	-2.8	-2.0	-0.5	-6.6		
환율 (미국달러/자국화폐)	유로지역[1]	1.132	1.342	1.312	1.301	1.319	1.294	1.269	1.216	1.204	1.234	1.203	1.199	1.179	1.184
	영 국	1.930	1.634	1.880	1.888	1.905	1.896	1.855	1.819	1.751	1.803	1.764	1.770	1.730	1.721

주: EU25와 유로지역의 수출입 및 경상수지는 역외기준임

1) 유로지역(EMU)에 참여하고 있는 회원국은 독일, 프랑스, 이탈리아, 벨기에, 네덜란드, 룩셈부르크, 오스트리아, 아일랜드, 스페인, 포르투갈, 핀란드, 그리스 등 12개국임, 2) 십억 파운드, 3) 월별 또는 분기별 중 변화율(%)로 표시된 것은 전년동기 대비임

5. 러시아 · CIS

구분		2002년	2003년	2004년	2005년											
					1월	2월	3월	4월	5월	6월	7월	8월	9월	10월	11월	12월
실질 GDP 증가율 (%)	러 시 아	4.7	7.3	7.1	4.1	5.2	7.1	6.1	5.3	6.7	5.2	5.9	6.2	6.2		
	우크라이나	4.8	9.4	11.2	6.5	5.5	5.2	3.9	3.6	1.1	2.4	-1.6	3.0			
	카자흐스탄	9.5	9.2	9.0	←	9.1	→	←	9.1	→	←	8.6	→			
	우즈베키스탄	4.2	4.4	7.7	←	4.8	→	←	7.2	→	←	7.2	→			
공업생산 증가율 (%)	러 시 아	3.7	7.0	6.1	2.1	5.1	4.0	5.5	1.4	8.7	4.9	3.4	5.2	5.8	5.5	2.0
	우크라이나	7.0	15.8	12.7	6.5	6.0	6.6	5.1	4.3	4.3	-2.6	0.9	0.9	2.4	2.0	5.6
	카자흐스탄	9.8	8.8	10.0	9.0	6.2	3.9	9.8	6.9	5.8	-0.3	7.9	5.2	4.6	3.2	1.9
	우즈베키스탄	7.8	6.2	10.2	←	8.3	→	←	7.7	→	←	7.5	→			
소비자 물가 상승률 (%)	러 시 아	15.1	12.0	11.7	12.7	12.8	13.5	13.7	13.9	13.3	13.2	12.6	12.4	11.8	11.7	10.9
	우크라이나	0.8	5.2	8.4	12.5	13.3	14.7	14.7	14.7	14.4	14.8	14.9	13.9	12.4	12.0	10.3
	카자흐스탄	6.0	6.6	6.9	6.8	6.9	7.3	7.3	7.4	7.5	8.2	7.9	7.9	7.9	7.5	7.7
	우즈베키스탄	27.2	3.8	3.7	←	2.2	→									
수출 (십억 달러)	러 시 아	107.3	135.9	182.0	15.0	16.6	20.1	20.2	20.5	19.6	21.5	22.0	22.2	22.0	20.4	
	우크라이나	18.0	23.1	31.9	2.5	2.6	3.3	3.0	2.8	2.8	2.7	2.8	2.8			
	카자흐스탄	9.1	14.2	18.0	1.8	1.9	1.9	2.0	2.7	2.6	2.2	2.3	2.7			
	우즈베키스탄	2.8	3.1	4.8	←	1.33	→	←	1.49	→	←	1.05	→			
수입 (십억 달러)	러 시 아	61.0	75.4	94.8	6.7	8.2	9.9	9.7	9.6	10.1	10.6	10.5	10.4	11.2	14.2	
	우크라이나	17.0	23.0	29.2	1.8	2.4	3.3	3.1	2.8	3.2	2.9	3.3	3.2			
	카자흐스탄	7.6	9.7	11.5	1.1	1.0	1.1	1.2	1.7	1.5	1.6	1.4	1.5			
	우즈베키스탄	2.45	2.1	3.9	←	0.97	→	←	1.05	→	←	0.95	→			
경상수지 (십억 달러)	러 시 아	29.1	35.8	58.2	←	22.4	→	←	22.5	→	←	22.7	→			
	우크라이나	3.2	2.9	5.0	←	1.7	→	←	1.6	→	←	-0.2	→			
	카자흐스탄	-0.6	-0.2	0.53	←	0.5	→	←	0.4	→						
	우즈베키스탄	0.02	0.54	0.69												
환율[1)] (자국화폐/미국달러)	러 시 아	31.8	29.5	27.75	28.0	27.9	27.6	27.8	27.9	28.7	28.7	28.5	28.5	28.4	28.8	28.8
	우크라이나	5.33	5.33	5.31	5.30	5.30	5.26	5.05	5.05	5.05	5.05	5.05	5.05	5.05	5.05	5.05
	카자흐스탄	156	144	130	130	130	131	131	132	132	135	136	134	134	134	133
	우즈베키스탄	771	971	969	1,076	1,076	1,076	1,076	1,076	1,076	1,076	1,076	1,076	1,076	1,076	1,076

주: 월별 또는 분기별 통계 중 변화율(%)로 표시된 것은 전년동기 대비임

6. 중 · 동부 유럽

구분		2002년	2003년	2004년	2005년										
					1월	2월	3월	4월	5월	6월	7월	8월	9월	10월	11월
실질 GDP 증가율 (%)	폴 란 드	1.4	3.8	5.4	←	2.2	→	←	2.6	→	←	3.5	→		
	헝 가 리	3.5	3.0	4.2	←	3.0	→	←	4.1	→	←	4.2	→		
	체크공화국	1.5	3.2	4.4	←	4.7	→	←	5.0	→	←	4.3	→		
	루마니아	5.0	4.9	8.3	←	6.4	→	←	4.8	→	←	5.2	→		
	슬로바키아	4.6	4.5	5.5	←	5.2	→	←	5.2	→	←	5.1	→		
	불가리아	4.9	4.5	5.6	←	6.4	→	←	6.1	→	←	5.3	→		
공업생산 증가율 (%)	폴 란 드	1.4	8.7	12.7	4.7	2.4	-3.7	-1.1	0.9	6.9	2.6	4.8	5.9	7.6	8.5
	헝 가 리	2.6	6.7	8.2	3.6	0.9	1.8	9.5	13.4	6.5	5.9	12.2	8.9	9.8	
	체크공화국	4.8	5.8	9.8	7.2	5.6	0.1	5.7	4.0	3.7	11.2	8.6	7.1	6.3	
	루마니아	4.6	2.9	5.5	8.6	3.6	4.0	8.4	-4.4	-1.2	-6.8	1.5	1.7	0.9	
	슬로바키아	4.0	11.8	6.9	4.8	0.0	-3.1	5.7	1.9	1.7	4.9	4.5	5.4	4.5	
	불가리아	2.6	15.5	18.3	10.9	7.9	14.2	14.6	8.0	6.0	6.9	6.5	3.0	8.0	
소비자 물가 상승률 (%)	폴 란 드	1.9	0.7	3.9	3.7	3.6	3.4	3.0	2.5	1.4	1.3	1.6	1.8	1.6	1.0
	헝 가 리	5.3	4.7	6.8	4.1	3.2	3.5	3.9	3.6	3.8	3.7	3.6	3.7	3.2	3.3
	체크공화국	1.8	0.1	2.8	1.7	1.7	1.5	1.6	1.3	1.8	1.7	1.7	2.2	2.6	2.4
	루마니아	22.5	15.3	11.7	8.9	8.9	8.7	10.0	10.0	9.7	9.3	8.9	8.5	8.1	8.7
	슬로바키아	3.3	8.5	7.5	3.2	2.7	2.5	2.7	2.4	2.5	2.0	2.0	2.2	3.3	3.4
	불가리아	5.8	2.3	7.3	3.3	3.9	4.3	5.1	4.6	5.1	3.9	5.0	5.4	6.5	6.9
수출 (십억 달러)	폴 란 드	43.4	47.5	60.0	5.21	10.59	16.36	22.30	27.75	33.95	39.61	45.14	51.61	58.52	
	헝 가 리	36.5	36.9	44.1	3.41	6.98	11.07	15.09	19.08	23.44	27.34	31.13	35.82		
	체크공화국	40.6	43.1	54.0	4.64	9.39	14.65	19.86	25.05	30.57	35.21	40.30	46.06	51.66	
	루마니아	14.7	15.6	18.9	1.51	3.16	5.10	6.89	8.67	10.53	12.52	14.38	16.46	18.39	
	슬로바키아	15.3	19.4	22.4	1.72	3.57	5.59	7.63	9.72	11.95	13.95	16.02	18.39	20.88	
	불가리아	5.9	6.7	8.0	0.64	1.29	2.08	2.83	3.57	4.39	5.25	6.03	6.80	7.72	
수입 (십억 달러)	폴 란 드	58.3	60.3	71.8	5.65	11.62	18.30	24.94	31.42	38.29	44.71	51.10	58.36	65.87	
	헝 가 리	40.0	42.2	47.9	3.55	7.41	11.66	16.06	20.16	24.65	28.83	33.02	37.88		
	체크공화국	43.0	45.2	54.8	4.21	8.74	13.73	18.96	23.95	29.18	33.84	39.05	44.65	50.19	
	루마니아	18.9	21.2	26.3	1.90	4.06	6.67	9.22	11.90	14.74	17.51	20.21	23.06	26.13	
	슬로바키아	17.5	19.9	23.5	1.77	3.73	5.94	8.19	10.43	12.76	14.88	16.96	19.39	22.00	
	불가리아	8.3	9.6	11.6	0.91	1.84	2.96	4.08	5.30	6.59	7.86	9.14	10.40	11.83	
경상수지 (십억 달러)	폴 란 드	-5.41	-3.66	-8.39	-0.41	-0.73	-1.00	-0.84	-1.60	-1.52	-1.96	-2.34	-2.65	-2.90	
	헝 가 리	-4.90	-6.49	-7.12	←	-1.56	→	←	-3.25	→					
	체크공화국	-4.43	-4.94	-4.49	0.05	0.52	0.64	0.32	0.09	-0.41	-0.81	-1.19	-1.50	-1.81	
	루마니아	-1.62	-2.92	-4.40	-0.41	-0.52	-0.90	-1.39	-2.18	-2.71	-2.95	-3.25			
	슬로바키아	-2.06	-0.25	-1.15	-0.11	-0.09	-0.19	-0.34	-0.92	-1.24	-1.42	-1.51	-1.73	1.88	
	불가리아	-0.92	-1.50	-1.45	-0.28	-0.46	-0.70	-0.97	-1.24	-1.42	-1.50	-1.61	-1.83	-2.23	
환율[1] (자국화폐 /미국 달러)	폴 란 드	4.08	3.89	3.66	3.10	3.06	3.05	3.21	3.29	3.34	3.40	3.29	3.20	3.26	3.37
	헝 가 리	257.9	224.4	202.8	187.8	187.2	185.9	191.7	198.3	204.6	204.6	198.8	200.6	209.4	213.0
	체크공화국	32.7	28.2	25.7	23.1	23.0	22.6	23.3	23.8	24.7	25.0	24.1	23.9	24.7	24.8
	루마니아	3.306	3.320	3.262	2.908	2.824	2.757	2.804	2.851	2.969	2.961	2.851	2.865	2.993	3.097
	슬로바키아	45.3	36.8	32.3	29.3	29.3	28.9	30.2	30.7	31.6	32.2	31.5	31.4	32.4	32.8
	불가리아	2.07	1.73	1.58	1.49	1.50	1.48	1.51	1.54	1.61	1.63	1.59	1.60	1.63	1.66

주: 1) 수출, 수입 및 경상수지의 월간통계는 당해연도 1월부터의 누적치임, 2) 환율은 기간평균임, 3) 월간 또는 분기별 통계 중 변화율(%)로 표시된 것은 전년동기 대비 수치임

7. 중동 · 아프리카

구분		2000년	2001년	2002년	2003년	2004년	2005년			
							1분기	2분기	3분기	4분기
실질GDP 증가율(%)	사우디	4.9	0.5	0.1	7.2	5.5	5.7	5.8	5.9	5.9
	이스라엘	8.0	-0.9	-0.7	1.3	4.3	5.1	5.1	5.5	4.1
	이란	5.2	5.0	7.5	6.7	5.9	5.5	5.7	5.7	
	이집트	5.1	3.5	3.2	3.1	5.0	4.8	4.6	5.5	4.6
	남아공	4.2	2.7	3.6	2.8	3.7	5.5	5.2	4.6	4.9
소비자물가 상승률(%)	사우디	-1.1	-1.1	0.2	0.6	0.2	0.5	0.3	0.8	1.1
	이스라엘	1.1	1.1	5.7	0.7	-0.4	0.8	0.4	1.7	2.5
	이란	14.4	11.3	14.3	16.5	14.7	16.0	16.1	11.1	10.3
	이집트	2.7	2.3	2.7	4.5	11.3	7.4	4.8	4.3	3.2
	남아공	7.7	6.6	9.3	6.8	1.4	2.8	3.2	3.9	3.8
수출 (십억달러)	사우디	77.6	68.1	72.6	93.4	121.0	33.4			
	이스라엘	31.2	28.0	27.3	30.1	36.2	9.4	9.0	9.1	
	이란	28.3	23.9	28.2	33.8	40.1	13.4	15.3		
	이집트	7.1	7.2	7.3	9.0	11.7	3.4	4.1	4.0	
	남아공	31.9	30.9	31.5	38.5	48.3	12.2	13.5	13.0	
수입 (십억달러)	사우디	27.7	28.6	29.7	33.9	40.3	13.0			
	이스라엘	34.0	31.0	31.2	32.3	38.6	10.9	11.1	11.8	
	이란	15.2	18.1	22.0	28.8	34.6	9.1	9.9		
	이집트	17.6	15.8	14.7	15.0	15.8	5.6	7.2	7.2	
	남아공	27.3	25.8	26.8	35.0	48.4	13.0	13.7	13.9	
경상수지 (십억달러)	사우디	14.3	9.4	11.9	28.1	45.4				
	이스라엘	-1.4	-1.8	-1.8	0.1	0.5	0.9	0.1	0.2	
	이란	12.6	6.0	3.6	2.1	5.1	3.2	3.8		
	이집트	-0.8	0.3	0.8	3.9	2.1	0.9	0.0	0.3	
	남아공	-0.2	-0.1	0.7	-1.6	-7.0	-1.8			
외환 보유고 (십억달러)	사우디	19.6	17.6	20.6	22.6	27.2	23.3	23.2	23.2	
	이스라엘	23.2	23.2	23.7	25.8	27.1	27.2	26.6	27.6	
	이란	12.5	17.5	22.3	25.8	31.4				
	이집트	13.1	12.9	13.2	13.6	14.3	16.9	18.0		
	남아공	6.1	6.1	5.9	6.5	13.1	14.1	16.9		
환율 (자국화폐/ 미국달러)	사우디	3.8	3.8	3.8	3.8	3.8	3.8	3.8	3.8	3.8
	이스라엘	4.1	4.2	4.7	4.6	4.5	4.4	4.4	4.5	4.7
	이란	8,078.0	7,922.0	7,958.0	8,282.0	8,613.0	8,846.7	8,934.8	9,006.0	9,070.9
	이집트	3.5	4.0	4.5	5.8	6.2	5.8	5.8	5.8	5.8
	남아공	7.0	8.6	10.5	7.6	6.4	6.0	6.4	6.5	6.5

주: 분기별 통계 중 변화율(%)로 표시된 것은 전년동기 대비임

8. 남아시아 · 대양주

구분		2003년	2004년	2005년											
				1월	2월	3월	4월	5월	6월	7월	8월	9월	10월	11월	12월
실질 GDP 증가율[1] (%)	인 도	8.5	6.9	←	7.0	→	←	8.1	→	←	8.0	→			
	파키스탄	5.1	6.4	←	←	→	8.4	→	→						
	스리랑카	6.0	5.4	←	4.8	→	←	6.0	→	←	6.4	→			
	호 주	3.3	3.2	←	1.5	→	←	2.3	→	←	2.8	→			
	뉴질랜드	3.6	4.8	←	2.2	→	←	2.7	→	←	2.3	→			
소비자 물가 상승률 (%)	인 도	4.4	3.8	4.4	4.2	4.0	4.2	4.2	3.9	4.1	3.5	4.8	4.5	5.5	5.7
	파키스탄	3.1	4.6	8.5	10.0	10.3	11.1	9.8	8.7	9.0	8.4	8.5	8.3	7.9	8.5
	스리랑카	6.3	7.6	14.6	15.9	15.5	14.0	11.8	9.4	10.8	10.9	10.5	10.4	9.1	8.0
	호 주	2.8	2.3	←	2.4	→	←	2.5	→	←	3.0	→	←	2.8	→
	뉴질랜드	1.8	2.4	←	2.8	→	←	2.8	→	←	3.4	→	←	3.2	→
수출 (억달러)	인 도	552	725	67	67	85	66	72	71	72	74	72	81	62	83
	파키스탄	115	129	12	12	14	13	14	15	13	14	15	13	11	15
	스리랑카	51	58	5	5	5	4	5	5	6	6	5	6	5	
	호 주	919	1,126	101	107	79	89	91	87	93	89	87	94	89	
	뉴질랜드	169	203	16	19	20	20	21	18	17	16	16	17	18	18
수입 (억달러)	인 도	704	939	96	93	101	104	109	111	99	105	105	114	99	110
	파키스탄	130	183	16	18	21	19	20	22	20	22	23	23	23	25
	스리랑카	67	80	6	6	7	5	4	8	12	8	9	9	7	
	호 주	1,088	1,298	121	125	98	98	97	98	99	103	105	100	113	100
	뉴질랜드	186	231	18	20	22	21	22	22	21	24	23	23	26	20
경상 수지1) (억달러)	인 도	106	-64	←	1.6	→	←	-53	→	←	-77	→			
	파키스탄	53	18	←	-5.2	→	←	-3.7	→	←	-2.8	→	→	→	
	스리랑카	-1.0	-6.5	←	0.2	→	←	-2.7	→	←	-2.2	→			
	호 주	-317	-116	←	-117	→	←	-99	→	←	-96	→			
	뉴질랜드	-37	-94	←	-13	→	←	-20	→	←	-35	→			
외환[2] 보유고 (금,SDR 포함, 억달러)	인 도	1,018	1,312	1,297	1,357	1,409	1,419	1,398	1,385	1,406	1,438	1,430	1,437	1,431	1,310
	파키스탄	122	119	128	127	128	130	124	126	126	121	120	117	113	110
	스리랑카	32.2	34.4	32.7	34.2	35.4	36.8	34.2	36.9	36.0	36.6	38.3	40.6	38.5	
	호 주	333	370	360	347	364	405	423	430	434	404	359	412	429	433
	뉴질랜드	61	69	75	60	64	77	75	74	76	79	75	83	90	91
환율[2] (자국화폐 / 미국 달러)	인 도	45.63	43.58	43.69	43.64	43.75	43.65	43.69	43.51	43.49	44.02	43.99	45.09	45.94	45.07
	파키스탄	57.25	59.45	59.32	59.34	59.35	59.44	59.57	59.67	59.62	59.65	59.76	59.69	59.75	59.78
	스리랑카	96.95	104.7	99.4	97.4	99.4	99.8	99.9	99.7	100.3	100.8	101.2	101.8	102.0	102.1
	호 주	1.33	1.28	1.29	1.27	1.30	1.28	1.32	1.31	1.32	1.34	1.31	1.34	1.35	1.36
	뉴질랜드	1.52	1.49	1.41	1.39	1.37	1.39	1.39	1.41	1.47	1.44	1.43	1.43	1.45	1.44

주: 1) 실질 GDP 증가율과 경상수지는 각국의 회계연도를 기준으로 함(호주 제외). 인도와 뉴질랜드의 회계연도는 4월 1일부터 다음해 3월 31일이고, 호주와 파키스탄의 회계연도는 7월 1일부터 다음해 6월 31일까지임. 2004년 파키스탄의 실질 GDP 증가율과 경상수지는 2003년 7월 1일부터 2004년 6월 30일까지의 수치임. 2) 기간말 기준(뉴질랜드의 외환보유고는 가용외환보유고로 금 제외). 3) 월별 또는 분기별 통계 중 변화율(%)로 표시된 것은 전년동기 대비임

Ⅳ. 한국의 국가별 · 지역별 수출입 추이

1. 한국의 국가별 · 지역별 상품 수출 실적

(단위: 백만 달러, 경상가격, %)

	2002년	2003년	2004년	2005년							
				5월	6월	7월	8월	9월	10월	11월	12월
총수출	162,471 (8.0)	193,817 (19.6)	253,845 (31.0)	23,125 (11.0)	23,716 (9.5)	23,236 (10.6)	23,347 (17.9)	24,527 (17.7)	25,368 (11.9)	25,894 (12.2)	25,632 (10.5)
미국	32,780 (5.0)	34,219 (4.4)	42,849 (25.2)	3,049 (-14.3)	3,281 (-20.1)	3,275 (-9.6)	3,255 (-6.2)	3,536 (-2.2)	3,603 (-10.8)	3,939 (3.4)	3,674 (-3.5)
EU	21,694 (10.5)	24,887 (14.7)	37,830 (52.0)	3,471 (20.4)	3,389 (4.2)	3,445 (12.2)	3,338 (15.8)	3,632 (29.4)	4,003 (18.5)	4,295 (10.0)	3,901 (7.3)
일본	15,143 (-8.3)	17,276 (14.1)	21,701 (25.6)	2,112 (13.3)	2,016 (18.8)	1,948 (6.1)	1,905 (18.7)	2,039 (17.9)	2,053 (8.6)	2,130 (4.8)	2,209 (8.7)
캐나다	2,341 (15.0)	2,682 (14.6)	3,383 (26.1)	290 (43.8)	285 (22.1)	259 (8.9)	244 (14.1)	237 (-25.9)	320 (-7.7)	335 (-15.5)	324 (-1.8)
중국	23,754 (30.6)	35,110 (47.8)	49,763 (41.7)	5,085 (18.3)	5,432 (32.0)	5,342 (19.2)	5,423 (32.2)	5,541 (33.0)	5,494 (20.6)	5,532 (23.7)	5,485 (23.5)
홍콩	10,146 (7.3)	14,654 (44.4)	18,127 (23.7)	1,205 (-28.3)	1,274 (-8.8)	1,223 (-5.2)	1,251 (-9.1)	1,398 (3.1)	1,508 (21.3)	1,519 (21.0)	1,456 (18.3)
ASEAN	18,400 (11.8)	20,253 (10.1)	24,024 (18.6)	2,397 (20.2)	2,294 (16.8)	2,499 (25.3)	2,408 (25.9)	2,506 (23.9)	2,218 (1.5)	2,350 (13.9)	2,380 (9.0)
대만	6,632 (13.7)	7,045 (6.2)	9,844 (39.7)	892 (6.3)	872 (4.6)	894 (5.5)	920 (9.5)	919 (2.6)	949 (7.4)	1,016 (15.0)	961 (8.3)
중남미	8,864 (-8.9)	8,802 (-0.7)	11,563 (31.4)	1,357 (63.8)	1,225 (9.4)	1,022 (12.5)	1,501 (97.9)	1,106 (35.6)	1,726 (44.5)	1,212 (-12.7)	1,484 (27.6)
대양주	3,643 (10.5)	4,906 (34.7)	4,924 (0.4)	543 (32.4)	452 (17.8)	546 (21.9)	399 (-9.2)	603 (-1.3)	589 (21.8)	500 (49.7)	587 (37.4)

주: ( )안은 전년 동기간 대비 증가율임

* 2004년부터는 신규가입국을 포함한 25개국 실적임

자료: 한국무역협회, KOTIS

2. 한국의 국가별 · 지역별 상품 수입 실적

(단위: 백만 달러, 경상가격, %)

	2002년	2003년	2004년	2005년							
				5월	6월	7월	8월	9월	10월	11월	12월
총수입	152,126 (7.8)	178,827 (17.6)	224,463 (25.5)	21,142 (18.1)	21,263 (14.7)	21,470 (16.7)	21,954 (21.1)	22,670 (24.6)	22,716 (11.3)	23,929 (17.8)	24,186 (15.4)
미국	23,009 (2.8)	24,814 (7.8)	28,783 (16.0)	2,401 (-0.1)	2,630 (3.6)	2,571 (8.1)	2,648 (2.9)	2,357 (-2.1)	2,459 (-9.3)	2,567 (11.0)	2,745 (4.5)
EU	17,107 (14.6)	19,383 (13.3)	24,187 (24.8)	2,277 (16.8)	2,282 (14.6)	2,429 (21.9)	2,383 (22.7)	2,228 (22.6)	2,118 (7.3)	2,318 (14.6)	2,486 (12.8)
일본	29,856 (12.1)	36,313 (21.6)	46,144 (27.1)	3,790 (6.2)	4,089 (4.2)	3,916 (-4.9)	3,964 (11.3)	4,280 (16.2)	4,243 (5.2)	4,196 (8.3)	4,114 (0.1)
캐나다	1,846 (1.3)	1,860 (0.8)	2,189 (17.7)	208 (8.1)	192 (0.9)	233 (14.9)	225 (50.2)	268 (44.0)	230 (12.7)	222 (44.3)	240 (31.3)
중국	17,400 (30.8)	21,909 (25.9)	29,585 (35.0)	3,418 (40.8)	3,239 (36.7)	3,095 (28.1)	3,212 (29.8)	3,189 (28.8)	3,351 (16.4)	3,593 (21.8)	3,388 (15.6)
홍콩	1,695 (38.1)	2,735 (61.4)	3,268 (19.5)	168 (-50.3)	172 (-22.6)	168 (-16.5)	159 (-4.3)	165 (-33.2)	181 (0.0)	213 (13.2)	180 (0.6)
ASEAN	16,757 (5.3)	18,458 (10.2)	22,383 (21.3)	2,020 (18.4)	2,047 (21.1)	2,019 (12.7)	2,086 (21.7)	2,310 (23.8)	2,356 (14.8)	2,537 (23.4)	2,472 (18.5)
대만	4,832 (12.3)	5,880 (21.7)	7,312 (24.4)	668 (6.6)	657 (5.3)	661 (-1.0)	694 (9.5)	701 (17.3)	700 (1.8)	782 (31.5)	756 (30.7)
중남미	3,743 (8.6)	4,594 (22.8)	6,651 (44.8)	595 (26.1)	599 (9.5)	626 (13.7)	663 (21.7)	559 (8.9)	553 (-6.4)	625 (11.2)	685 (22.2)
대양주	6,822 (6.4)	6,765 (-0.8)	8,498 (25.6)	1,063 (65.8)	841 (26.3)	1,021 (47.0)	853 (15.3)	972 (38.0)	969 (30.8)	1,071 (30.9)	1,031 (28.1)

주: ( )안은 전년 동기간 대비 증가율임

* 2004년부터는 신규가입국을 포함한 25개국 실적임

자료: 한국무역협회, KOTIS

3. 한국의 주요 상품별 수출 실적

(단위: 백만 달러, 경상가격, %)

	2002년	2003년	2004년	2005년							
				5월	6월	7월	8월	9월	10월	11월	12월
총수출	162,471 (8.0)	193,817 (19.3)	253,845 (31.0)	23,123 (11.0)	23,708 (9.5)	23,236 (10.6)	23,343 (17.9)	24,519 (17.7)	25,353 (11.9)	25,826 (11.9)	25,632 (10.5)
반도체	16,631 (16.6)	19,535 (17.5)	26,516 (35.7)	2,486 (5.9)	2,526 (11.4)	2,624 (19.0)	2,612 (15.2)	2,598 (15.5)	2,628 (8.3)	2,534 (5.9)	2,389 (13.4)
자동차	14,779 (10.9)	19,119 (29.4)	26,577 (39.0)	2,463 (19.7)	2,629 (14.2)	2,408 (19.2)	1,860 (-0.1)	1,741 (-21.7)	2,433 (-2.5)	2,981 (6.4)	2,993 (-0.5)
무선통신기기	13,619 (38.2)	18,697 (37.3)	26,223 (40.3)	2,153 (-3.3)	2,183 (-0.4)	2,080 (-6.5)	2,191 (2.6)	2,482 (9.6)	2,673 (4.8)	2,793 (1.1)	2,112 (4.8)
컴퓨터	12,941 (15.1)	14,977 (15.7)	17,123 (14.3)	1,137 (-26.5)	1,183 (-24.7)	1,161 (-14.2)	1,195 (-7.4)	1,232 (-4.3)	1,276 (-3.6)	1,222 (-7.1)	1,154 (-8.2)
선박해양구조물 및 부품	10,867 (9.7)	11,334 (4.3)	15,657 (38.1)	1,546 (92.0)	1,370 (-29.5)	1,065 (-2.3)	1,314 (27.8)	1,433 (55.2)	1,664 (48.8)	1,178 (-9.4)	1,765 (8.7)
석유제품	6,382 (-18.1)	6,623 (3.8)	10,203 (54.1)	1,147 (4.4)	1,151 (267.2)	1,383 (64.2)	1,579 (94.1)	1,696 (73.9)	1,537 (39.8)	1,660 (59.5)	1,563 (35.4)
합성수지	4,955 (9.5)	6,260 (26.3)	8,426 (34.6)	771 (21.5)	952 (32.0)	830 (12.4)	866 (10.1)	891 (24.5)	829 (-3.2)	837 (8.2)	929 (20.6)
영상기기	4,052 (15.2)	5,618 (38.7)	7,630 (35.8)	570 (-6.4)	596 (5.9)	582 (3.2)	643 (3.0)	688 (-0.4)	709 (-13.6)	653 (-11.8)	617 (-11.2)
철강판	4,024 (-1.3)	5,841 (45.1)	8,527 (46.0)	901 (33.9)	828 (17.8)	798 (6.1)	820 (7.7)	851 (21.9)	843 (10.6)	810 (8.9)	857 (-4.6)
의류	3,644 (-7.1)	3,350 (-8.1)	3,085 (-7.9)	170 (-28.9)	195 (-35.5)	217 (-37.1)	237 (-21.4)	233 (-21.9)	206 (-19.9)	179 (-24.2)	191 (-15.9)

주: 1. ( )안은 전년 동월(연간 실적은 전년)대비 증가율임.
2. 품목 구분은 MTI 분류에 따름. 반도체: 831, 자동차: 741, 무선통신기기: 812, 컴퓨터: 813, 선박해양구조물 및 부품: 746, 석유제품: 133, 합성수지: 214, 영상기기: 121, 철강판: 613, 의류: 441

자료: 한국무역협회, KOTIS

4. 한국의 주요 상품별 수입 실적

(단위: 백만달러, 경상가격, %)

	2002년	2003년	2004년	2005년							
				5월	6월	7월	8월	9월	10월	11월	12월
총수입	152,126 (7.8)	178,827 (17.6)	224,463 (25.5)	21,162 (18.3)	21,289 (14.8)	21,509 (17.0)	22,001 (21.4)	22,719 (24.9)	22,653 (11.0)	23,850 (17.4)	24,186 (15.4)
원유	19,200 (-10.1)	23,082 (20.2)	29,917 (29.6)	3,365(4 6.5)	3,285(4 1.4)	3,564(5 5.7)	3,859 (47.3)	4,185 (67.3)	3,973 (31.3)	4,241 (19.4)	4,116 (45.1)
반도체	17,476 (12.4)	21,328 (22.0)	23,618 (10.7)	2,034 (3.8)	2,027 (1.1)	2,084 (3.8)	2,209 (12.9)	2,292 (16.6)	2,323 (5.7)	2,276 (12.8)	2,108 (13.6)
컴퓨터	5,682 (-4.7)	5,672 (-0.2)	6,339 (11.8)	580 (31.8)	662 (28.5)	641 (19.6)	624 (19.6)	641 (21.4)	662 (20.3)	664 (28.0)	787 (25.9)
석유제품	4,967 (4.9)	5,987 (20.5)	6,848 (14.4)	566 (12.0)	591 (-5.5)	582 (11.8)	741 (36.3)	603 (-6.0)	740 (37.4)	698 (13.3)	786 (7.1)
천연가스	4,120 (3.3)	5,082 (23.3)	6,552 (28.9)	462 (36.0)	374 (-7.3)	503 (45.6)	567 (76.7)	705 (35.1)	841 (24.8)	1,021 (57.2)	1,182 (47.4)
철강판	2,679 (29.9)	3,320 (23.9)	5,709 (72.0)	758 (67.8)	771 (43.9)	583 (7.6)	514 (13.3)	519 (8.5)	518 (0.3)	529 (-4.5)	515 (-12.9)
석탄	2,475 (5.5)	2,552 (3.1)	4,438 (73.9)	465 (16.4)	404 (10.3)	575 (40.3)	454 (9.4)	534 (60.5)	484 (15.2)	497 (29.6)	425 (-0.7)
정밀화학원료	2,366 (5.0)	2,704 (14.3)	3,380 (25.0)	331 (31.8)	324 (19.9)	310 (10.5)	326 (21.9)	337 (36.2)	341 (14.5)	345 (8.9)	371 (5.8)
계축제어분석기	2,237 (13.4)	2,609 (16.7)	3,254 (24.7)	308 (23.0)	345 (30.5)	311 (9.8)	354 (29.5)	360 (37.0)	403 (38.2)	373 (22.1)	370 (10.6)
의류	2,177 (39.4)	2,457 (12.9)	2,652 (7.9)	178 (11.6)	150 (-9.1)	191 (-12.4)	325 (12.7)	341 (22.3)	343 (4.8)	269 (14.8)	214 (28.8)

주: 1. ( )안은 전년 동월(연간 실적은 전년) 대비 증가율임
2. 품목 구분은 MTI 분류에 따름. 원유: 131, 반도체: 831, 컴퓨터: 813, 석유제품: 133, 천연가스: 134, 철강판: 613, 석탄: 132, 정밀화학원료: 228, 계측제어분석기: 815, 의류: 441

자료: 한국무역협회, KOTIS

찾아보기

〈국문〉

[ㄱ]

[ㅇ]

[ㅍ]

[ㅎ]

〈영문〉

〈주요 저서〉

동아시아지역연구(공저), 도서출판 두남, 2001.
남북한경제의 이해, 굿북스 코리아, 2001.
국제지역학의 이해, 도서출판 두남, 2002.
국제투자의 이해(공저), 경문사, 2002.
현대금융환경론, 도서출판 두남, 2002.
현대무역의 이해(공저), 연암사, 2002.
유럽지역연구, 도서출판 두남, 2003.
미주지역연구, 시그마 프레스, 2003.
현대투자론(공저), 시그마 프레스, 2003.
신경영패러다임의 이해, 도서출판 두남 2003.
국제기업의 이해(공저), 도서출판 두남, 2003.
세계지역연구, 한올출판사, 2004.
국제무역론, 한올출판사, 2004.
국제통상환경론, 청목출판사, 2005.
현대중국경제론, 청목출판사, 2005.
21세기 글로벌기업론, 청목출판사, 2006.
APEC·ASEM·ASEAN+3 Focus, 청목출판사, 2006.
21세기 글로벌금융의 이해, 청목출판사, 2006. 외 다수

〈주요 논문〉

- "미국과 일본의 거시경제적 충격이 한국경제에 미치는 상대적 영향", 경제학연구, 제43집 제3호, 한국경제학회, 1995.
- "Empirical Test of The Market-oriented CAPM and January Effect", LSU Working Paper, 1997.
- "Money Demand Model of Inflation : Reexamined", LSU Working Paper, 1997.
- "Cointegration Test of Purchasing Power Parity", Western Social Science Association, 40th Annal Conference Proceeding, 1998.
- "A VAR Analysis of the Influence of the U.S. Economic Disturbances on the Korean Economy", Journal of Korea Trade, Vol. 3, 1999.
- "Economic Interdependence between Korea and Japan : Empirical Inquiry", Journal of Korea Trade, Vol. 4, No. 2, 2000.
- "교육용 유사주문형 비디오에 대한 지불의사액 분석", 경제학연구, 제48집 제13호, 한국경제학회, 2000.
- "산업연관 분석을 이용한 전파통신산업의 산업파급효과 분석", 중소기업연구, 제22권 제2호, 한국중소기업학회, 2000.
- "남북경협과 중소기업의 대북한 진출방안", 무역학회지, 제26권 제1호, 한국무역학회, 2001.
- "Modeling Zero Response Data from Willingness to Pay Surveys", Economics Letters, Vol. 71, No. 2, 2001.
- "Real Exchange Rate-Interest Rate Differentials : Empirical Inquiry", Journal of Korea Trade, Vol. 5, No. 1, 2001.
- "International Transmission of Economic Disturbances : Reexamined", 국제통상연구, 제7권 제1호, 한국국제통상학회, 2002.
- "An Empirical Analysis of Economic Linkages between Korea and U.S.", 산업경제연구, 제16권 제5호, 2003.
- "남북한 금융협력에 관한 연구", 국제통상연구, 제8권 제3호, 한국국제통상학회, 2003.
- "동북아허브 발전전략에 대한 고찰", 한국항만경제학회지, 제19집 제2호, 한국항만경제학회, 2003. 외 다수

21세기 글로벌무역의 이해

2006년 8월 10일 초판인쇄
2006년 8월 20일 초판발행

저 자 이 재 기
발행인 유 성 렬
발행처 청 목 출 판 사
150-845
서울특별시 영등포구 신길4동 233-96
전화 (02) 849-6157(代) · 2820
FAX (02) 849-0817
등록 제318-1994-000090/1994.2.2

·파본은 바꾸어 드립니다.
값 22,000원

http : //www.chongmok.co.kr

ISBN 89-5565-157-0